IMPRESSUM: STAR TREK: THE NEXT GENERATION THE U.S.S. ENTERPRISE NCC-1701-D ILLUSTRIERTES HANDBUCH wird herausgegeben von Cross Cult | Andreas Mergenthaler; Teinacher Straße 72, 71634 Ludwigsburg; verantwortlicher Redakteur und Lektorat: Markus Rohde; Lektorat: Katrin Aust; Übersetzung: Björn Sülter und Claudia Kern; Satz: Rowan Rüster; Druck: Hagemayer, Wien.

ISBN: 978-3-96658-414-2 | September 2021

Informationen zum STAR TREK-Roman- und -Sachbuchprogramm:
www.cross-cult.de

Originalausgabe: Published by Hero Collector Books, a division of Eaglemoss Ltd. 2019, 1st Floor, Kensington Village, Avonmore Road, W14 8TS, London, UK.

General Editor: Ben Robinson | Project Manager: Jo Bourne

™ & © 2021 CBS Studios Inc. © 2021 Paramount Pictures Corp. STAR TREK and related marks and logos are trademarks of CBS Studios Inc. All Rights Reserved.

Most of the contents of this book were originally published as part of
The Official STAR TREK Fact Files 1997-2002

DIE *U.S.S.* ENTERPRISE NCC-1701-D

CAPTAIN PICARDS SCHIFF AUS *STAR TREK: THE NEXT GENERATION*

ILLUSTRIERTES HANDBUCH

INHALT

- 08: **VORGÄNGERMODELLE**
- 10: **KONSTRUKTIONSGESCHICHTE**
- 14: **SCHIFFSHISTORIE**
- 18: **ERLÄUTERTE AUSSENANSICHT**
- 24: **SKELETTTSTRUKTUR**
- 26: **KOORDINATENSYSTEM**
- 28: **UNTERTASSENABTRENNUNG**
- 30: **UNERTASSENLANDUNG**
- 32: **HAUPTMASCHINENRAUM**
- 34: **HAUPTSYSTEMMONITOR**
- 36: **WARPTRIEBWERKE**
- 40: **WARPANTRIEBSSYSTEM**
- 42: **WARPGONDELN**
- 44: **WARPGONDELKONTROLLRAUM**
- 46: **WARPKERNABWURF**
- 48: **IMPULSANTRIEB**
- 50: **MANÖVRIERTRIEBWERKE**
- 52: **EPS-NETZWERK**
- 54: **STRUKTURELLE INTEGRITÄT**
- 56: **TRÄGHEITSDÄMPFUNG**
- 58: **HAUPTBRÜCKE**
- 60: **BRÜCKENSTATIONEN**
- 62: **KOMMANDOSITZE**
- 64: **NAVIGATIONSKONSOLE**
- 66: **OPS-KONSOLE**
- 68: **SICHERHEITSKONSOLE**
- 70: **MISSIONSSPEZIFISCHE KONSOLEN**
- 74: **UMBAU DER HAUPTBRÜCKE**
- 76: **BEREITSCHAFTSRAUM DES CAPTAINS**
- 78: **AUSSICHTSLOUNGE**
- 80: **TURBOLIFTNETZWERK**
- 82: **TURBOLIFTKABINE**
- 84: **KAMPFBRÜCKE**
- 86: **WAFFEN- UND VERTEIDIGUNGSSYSTEME**
- 88: **PHASERPHALANGEN**
- 90: **PHOTONENTORPEDOS**
- 92: **VERTEIDIGUNGSSCHILDE**
- 94: **SELBSTZERSTÖRUNGSSYSTEME**
- 96: **PHASERSCHIESSSTAND**
- 98: **HAUPTDEFLEKTOR**
- 100: **NAVIGATIONSVERFAHREN**
- 102: **STELLARKARTOGRAFIE**
- 104: **COMPUTERKERN**
- 106: **LCARS-SOFTWARE**

108: **ISOLINEARE CHIPS**
110: **PADD**
112: **TRANSPORTERRAUM**
114: **BEDIENUNG DER TRANSPORTERSYSTEME**
120: **MUSTERVERSTÄRKER**
122: **JEFFERIES-RÖHREN**
124: **FRACHTRÄUME**
128: **HAUPTSHUTTLEHANGAR**
130: **SHUTTLEKAPSEL TYP 15**
132: **SHUTTLE TYP 6**
134: **SHUTTLE TYP 7**
136: **RETTUNGSKAPSEL**
138: **SPHINX-ARBEITSKAPSEL**
140: **JACHT DES CAPTAINS**
142: **ARRESTZELLEN**
144: **ZEHN VORNE**
146: **HOLOGRAFISCHE UMGEBUNGSSIMULATOREN**
150: **BESATZUNGSQUARTIERE**
154: **QUARTIER DES CAPTAINS**
156: **REPLIKATOREN**
158: **SENSORSYSTEME**
160: **SENSORWARTUNGSRAUM**
162: **HAUPTKRANKENSTATION**
164: **DIAGNOSTISCHES BIOBETT**
166: **CHIRURGISCHES BIOBETT**
168: **MEDIZINISCHES HYPOSPRAY**
170: **MEDIZINISCHER TRIKORDER**
172: **MEDIZINISCHE AUSRÜSTUNG**
174: **ISOLATIONSRAUM**
176: **LANGSTRECKENKOMMUNIKATION**
178: **SUBRAUMRELAISSTATIONEN**
180: **KURZSTRECKENKOMMUNIKATION**
182: **LEBENSERHALTUNGSSYSTEME**
184: **KÜNSTLICHE SCHWERKRAFT**
186: **TRAKTORSTRAHLEN**
190: **AUSRÜSTUNGE DES AUSSENTEAMS**
192: **HANDPHASER DES 24. JAHRHUNDERTS**
194: **PHASER TYP 1**
196: **HANDPHASER 2366**
198: **HANDPHASER 2371**
200: **STANDARDTRIKORDER**
202: **STERNENFLOTTENUNIFORMEN**
201: **INDEX**

DANKSAGUNGEN

Die Arbeit an diesem Buch begann vor fast zwanzig Jahren, als *Die offiziellen Star Trek Fakten und Infos* langsam Gestalt annahmen. Kurz zur Erklärung für alle, denen das nichts sagt: Die *Fakten und Infos* waren ein gewaltiges, mit zahlreichen Illustrationen und Bildern versehenes Nachschlagewerk, das wöchentlich herauskam. Im Laufe der Jahre deckte es alle Aspekte des *Star Trek*-Universums ab, darunter auch die *Enterprise-D*. Alle Informationen in diesem Buch stammen aus den *Fakten und Infos*, wurden allerdings noch einmal überarbeitet und nachgebessert. Wir möchten uns in erster Linie bei unseren talentierten Zeichnern Stuart Wagland, Ian Fulwood und Peter Harper bedanken und ganz besonders bei Rob Garrard, dessen wunderschöne Illustrationen man auf den nächsten Seiten bewundern kann. Das CG-Rendering in diesem Buch stammt von Rob Bonchune und Adam »Mojo« Lebowitz. Wir können nicht mehr nachvollziehen, wer die Texte zu den *Fakten und Infos* geschrieben hat, aber sie wären ohne die harte Arbeit von Jenny Cole, Tim Gaskill, Tim Leng und Marcus Riley nie herausgekommen.

Natürlich basieren die Fakten und Infos und auch unser Buch hauptsächlich auf der Arbeit von Rick Sternbach und Mike Okuda. Sie schrieben das erste *Star Trek: Die Technik der U.S.S. Enterprise* sowie zahlreiche interne Technikreferenzen für die *Star Trek*-Autoren. Sie waren Pioniere auf ihrem Gebiet und sorgten dafür, dass die *Star Trek*-Welt Sinn ergab. Wir möchten uns auch bei Andy Probert bedanken, der das Schiff mit großer Liebe zum Detail entwarf.

Außerdem möchten wir uns bei unseren Freunden bei CBS Consumer Products bedanken, die uns seit Jahren zur Seite stehen: Risa Kessler, die von Anfang an dabei war, Guy Vardaman, Paul Ruditis, Tim Gaskill und seit Kurzem auch Marian Cordry und John Van Citters.

Und wie immer möchten wir Gene Roddenberry danken, der in *Star Trek* mehr als nur eine Fernsehserie sah und mit viel Arbeit in eine kohärente Welt erschuf, in der man sich tatsächlich vorstellen kann, was passiert, wenn jemand auf der Brücke einen Knopf drückt.

VORWORT

Star Trek war schon immer mehr als eine Geschichte. Es ist eine Welt, ein Ort, der in unserer Fantasie existiert. Einigen von uns ist das sehr wichtig. Wenn wir sehen, wie Picard und seine Besatzung durch die Gänge der *Enterprise* gehen, stellen wir uns vor, was sich hinter den Türen befindet. Wenn der Navigationsoffizier die Koordinaten eingibt, wollen wir genau wissen, wie das funktioniert. Die Macher von *Star Trek* haben das von Anfang an erkannt. Sie achteten darauf, dass alles – solange es der Geschichte diente – Sinn ergab und nicht widersprüchlich war. Weil sie sich über solche Dinge Gedanken machten, fühlte sich die *Enterprise* wie ein realer Ort mit realer Technologie und realen Bereichen an. Man konnte sich vorstellen, dort aufzuwachen.

In diesem Buch versuchen wir, alle Informationen zusammenzufügen und euch auf die *Enterprise-D* zu versetzen. Es ist unser Ziel, diese Welt so gut wie möglich zu erklären und die wichtigsten Bereiche und Systeme vorstellbar zu machen. Dabei haben wir uns um größtmögliche Vollständigkeit bemüht. So haben wir isometrische Illustrationen von selten zu sehenden Bereichen angefertigt, unter anderem vom Kontrollraum in den Gondeln und dem Isolationsraum in der Krankenstation. Wir erklären die wichtigsten Technologien, zum Beispiel den Warpantrieb und die Transporter, aber auch weniger bekannte Systeme wie die Trägheitsdämpfer, ohne die alle den Bord der *Enterprise* zerquetscht würden. Das alles haben wir in eine gut verständliche Sprache verpackt, die man auch ohne Ausbildung an der Sternenflottenakademie verstehen kann.

Blättert also um und betretet das 24. Jahrhundert.

VORGÄNGER-MODELLE

Der Name *Enterprise* steht für Generationen von Sternenflottenoffizieren seit über zwei Jahrhunderten für Stolz und Hingabe. Die Schiffe dieses Namens leisteten historische Beiträge in der Erforschung des Weltalls.

Von allen Schiffen der Sternenflotte waren es insbesondere die Vorgänger der *U.S.S. Enterprise* NCC-1701-D, die exemplarisch für die Ideale der Erforschung unbekannter Bereiche der Galaxis standen.

Die 2151 eingeführte NX-01 erlangte als erstes Schiff, das zu Warp 5 fähig war, besondere Bedeutung für die Entwicklung der Erde. Unter dem Kommando von Captain Jonathan Archer wurde sie zu einem wichtigen Symbol für den Aufstieg der Erde zu einer weltraumfahrenden Zivilisation. Sie wurde 2161 außer Dienst gestellt.

Die *U.S.S. Enterprise* NCC-1701 der *Constitution*-Klasse hatte ebenfalls einen besonderen Platz in der Geschichte der Sternenflotte. Mit über vierzig Jahren im aktiven Dienst wurde sie im 23. Jahrhundert unter ihren Kommandanten Robert April, Christopher Pike und James T. Kirk zum Vorreiter in der Entwicklung und Ausdehnung der Föderation. Sie wurde mehrere Male auf den neuesten technischen Stand gebracht und im Jahr 2270 sogar fast vollständig neu gebaut. Sie beendete ihre Dienstzeit als Trainingsschiff unter dem Kommando von Captain Spock. Die *Enterprise* wurde 2285 nach einem Zwischenfall mit den Klingonen im Orbit des Genesis-Planeten zerstört.

Die *U.S.S. Enterprise* NCC-1701-A erhielt ihren Namen im Gedenken an die heldenhaften Taten von Admiral Kirk und seiner Mannschaft, nachdem diese die Erde vor einer außerirdischen Sonde gerettet hatten. Kirk übernahm erneut als Captain das Kommando dieses neuen Schiffs der *Constitution*-Klasse und setzte mit seiner Mannschaft seine weithin gerühmte Arbeit fort. Kurz bevor man sie außer Dienst stellte, spielte das Schiff eine entscheidende Rolle während des Khitomer-Abkommens im Jahr 2293.

Die *U.S.S. Enterprise* NCC-1701-B der *Excelsior*-Klasse musste einen tragischen Start in ihre Dienstzeit hinnehmen. Unter dem Kommando von Captain John Harriman wurde die Jungfernfahrt zu einer dringenden Rettungsmission, die mit dem Tod von James T. Kirk endete. Dieser Zwischenfall sollte jedoch nicht die Verdienste des Schiffs und seiner Besatzung vergessen lassen.

Das fünfte Schiff mit dem Namen *Enterprise* war die *U.S.S. Enterprise* NCC-1701-C der *Ambassador*-Klasse unter dem Kommando von Captain Rachel Garrett. Das Eingreifen der *Enterprise* im Jahr 2344 zur Verteidigung eines klingonischen Außenpostens auf Narendra III vor angreifenden romulanischen Schiffen markierte einen Wendepunkt in der friedlichen Koexistenz der Föderation und des Klingonischen Reichs. Allerdings verlor bei der Zerstörung des Schiffs die gesamte Besatzung ihr Leben. Ihr Opfer wurde jedoch mit der Fortführung des Namens *Enterprise* in Ehren gehalten.

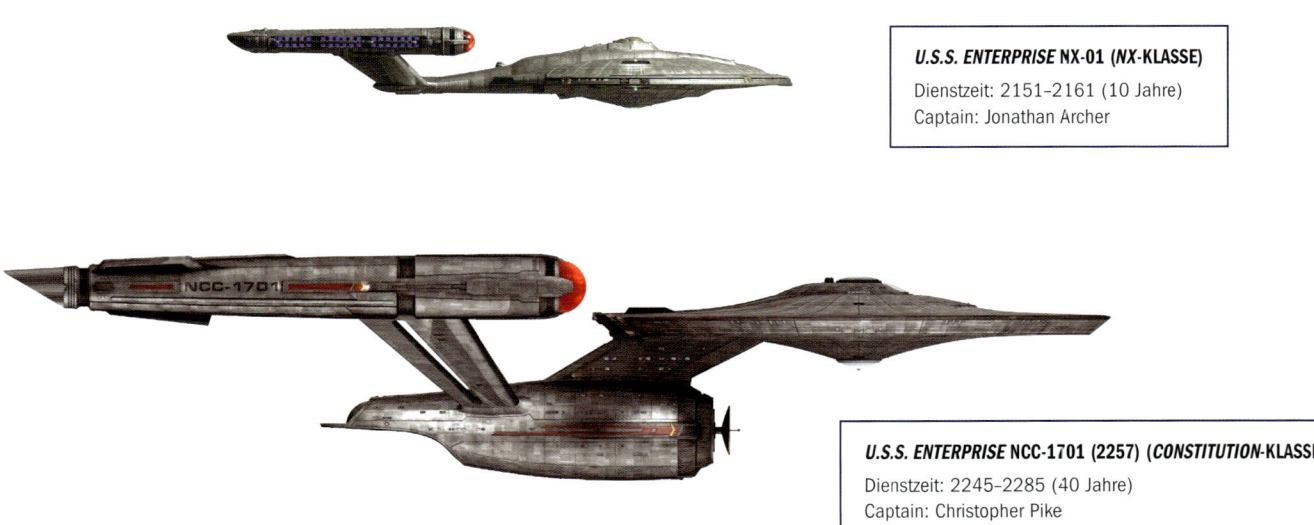

U.S.S. ENTERPRISE NX-01 (NX-KLASSE)
Dienstzeit: 2151–2161 (10 Jahre)
Captain: Jonathan Archer

U.S.S. ENTERPRISE NCC-1701 (2257) (CONSTITUTION-KLASSE)
Dienstzeit: 2245–2285 (40 Jahre)
Captain: Christopher Pike

VORGÄNGERMODELLE

U.S.S. ENTERPRISE NCC-1701 (2266) (CONSTITUTION-KLASSE)
Dienstzeit: 2245–2285 (40 Jahre)
Captains: Christopher Pike, James T. Kirk

U.S.S. ENTERPRISE NCC-1701-A (CONSTITUTION-KLASSE)
Dienstzeit: 2286–2293 (7 Jahre)
Captains: Spock, James T. Kirk

U.S.S. ENTERPRISE NCC-1701-B (EXCELSIOR-KLASSE)
Dienstzeit: 2293–2329 (36 Jahre)
Captain: John Harriman

U.S.S. ENTERPRISE NCC-1701-C (AMBASSADOR-KLASSE)
Dienstzeit: 2332–2344 (12 Jahre)
Captain: Rachel Garrett

KONSTRUKTIONS-GESCHICHTE

Die Entwicklung der Schiffe der *Galaxy*-Klasse wie der *U.S.S. Enterprise* NCC-1701-D dauerte vom Zeichenbrett bis zum Stapellauf zwei Jahrzehnte und führte zur Produktion der fortschrittlichsten Schiffe der Sternenflotte, die je gebaut wurden.

Das Ziel des Raumschiffentwicklungsprojekts für Schiffe der *Galaxy*-Klasse, das um das Jahr 2340 begann, war, ein vollkommen neues Flaggschiff für die Sternenflotte zu bauen.

Schiffe der *Galaxy*-Klasse waren für die Erforschung der Tiefen des Alls bestimmt und nahmen den Platz der in die Jahre gekommenen *Oberth*- und *Ambassador*-Klasse ein. Die neuen Schiffe sollten der Stolz der Sternenflotte und der Föderation werden. Aus dem Projekt ging eine ganze Reihe an Schiffen hervor, die völlig neue Standards setzten. Um diese Ziele zu erreichen, waren zwanzig Jahre Entwürfe, Ingenieurskunst, Forschung und Konstruktion notwendig, die schließlich im Stapellauf des neuen Flaggschiffs, der *U.S.S. Enterprise* NCC-1701-D, im Jahre 2363 gipfelten.

2343 — 2344 — 2345 — 2346 — 2347

Das Büro für fortschrittliches Raumschiffsdesign beginnt, Missionssimulatoren mit den Basisspezifikationen der *Galaxy*-Klasse zu testen. In dieser Phase steckt die *Galaxy*-Klasse immer noch in den Kinderschuhen.

Sobald ihre Arbeit offiziell genehmigt ist, erhalten die Ingenieure, die am Entwicklungsprojekt der *Galaxy*-Klasse beteiligt sind, ein eigenes Logo.

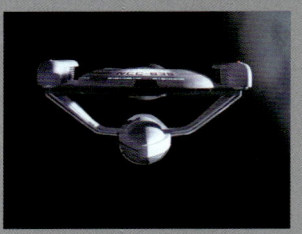

Anhand von Prototypen des Rahmens beginnen Masse- und Volumenuntersuchungen für alle internen Systeme. Die Auswahl wird von 40 auf 15 mögliche Typen eingeschränkt. Noch bevor über die externe Struktur entschieden ist, werden der Computerkern und die Softwarearchitektur ersten Tests, der Design Revision 0, unterzogen.

Um 2340 wird die *Oberth*-Klasse als überholt eingestuft, ein Nachfolger wird erforderlich.

Das Raumschiffentwicklungsprojekt der *Galaxy*-Klasse, das in der Utopia-Planitia-Flottenwerft auf dem Mars beheimatet ist, erhält grünes Licht. Grundlegende Pläne werden erstellt, in die das Design früherer Raumschiffe eingearbeitet wird. In dieser Phase liegt der Schwerpunkt auf dem Schiffsrahmen, den Warp- und Impulsantriebssystemen, den Computerkernen und der Hülle.

Das Projekt *Galaxy*-Klasse soll ein neues Mehrzweckraumschiff für die Erforschung des Alls schaffen, um die veraltete *Ambassador*-Klasse zu ersetzen.

Die Tests des Hüllenmaterials beginnen. Die Hülle oder auch Haut des Raumschiffs der *Galaxy*-Klasse muss Leitungen für verschiedene Systeme Platz bieten, darunter das Strukturintegritätsfeld (SIF), das Trägheitsdämpfungsfeld (TDF) und das Deflektorschildgitter. Das Antriebssystem wird der Design Revision 0 unterzogen, bei der sich Probleme mit dem geplanten Warpspulenmaterial andeuten. Die Designarbeit am Impulssystem ist abgeschlossen. Das Computerdesign besteht die Revisionen 1 und 2, die Sensoren werden weiterentwickelt. Wohn- und Arbeitsraummodule können erstellt werden. Tests ergeben, dass die Biofilter der Transporter verändert werden müssen. Die Verbesserung der Photonentorpedos wird fortgesetzt. Das Design des Hauptdeflektors ist abgeschlossen.

Die Hülle der neuen *Galaxy*-Schiffe besteht aus einer externen Schicht miteinander verflochtener Duraniumfasern. Darunter sind drei Schichten biaxial belastetes Titaniumgewebe.

KONSTRUKTIONSGESCHICHTE

Die Rahmenkonstruktion der *Galaxy*-Klasse und das Andockverriegelungssystem bestehen die Revision 0. Die Legierungen für den Schiffsrahmen werden ausgewählt und bestellt. Das Design des Warpantriebs und der Warpgondeln wird abgeschlossen, die Gondeln durchlaufen die Revisionen 0 und 1. Erste Prototypen für Warp- und Impulsantrieb sowie Computer- und Transportersysteme werden hergestellt. Kommunikationssysteme und Traktorstrahl sind entworfen, die Produktion wird aber verschoben, um weitere Energiesimulationen durchzuführen. Nach dem dritten Neudesign bestehen die Phaseremitter die Revision 0. Auf die Revisionen 1 und 2 wird verzichtet. Das Energiesystem für den Hauptdeflektor wird überarbeitet, die Bauphase beginnt.

Die Hauptmaterialien, die beim Bau der Skelettstruktur der Raumschiffe der *Galaxy*-Klasse verwendet werden, sind Tritanium und Duranium. Mikroextrudiertes Terminium stellt die Hauptkomponente für die Träger dar, die den sekundären Rahmen bilden.

Der Bau des Rahmens für die *Galaxy*-Klasse wird fortgesetzt, gleichzeitig werden wichtige Hardware-Komponenten eingefügt. Kurz darauf werden die Hüllenplatten mit dem Rahmen verbunden. Der Warpantriebskern ist zu 65 Prozent fertiggestellt, die Gondeln bestehen die Revision 3, nachdem die bei den Spulenmaterialien aufgetretenen Probleme behoben sind. Die Installation des Impulsantriebs ist nun fast abgeschlossen. Die ausgelagerte Produktion des Computerkerns ist zu 50 Prozent fertig. Die erste Reihe der Wohnmodule wird installiert. Wegen Problemen bei der Arbeitseinteilung verzögert sich der Bau der Transporter. Veränderungen an der Hülle bedingen Modifikationen an den Traktorstrahlemittern. Die Installation der Phaserbänke und der Energie- und Versorgungsleitungen wird fortgesetzt.

Nachdem Rahmen und Andocksysteme der *Galaxy*-Klasse die Revision 1 bestanden haben, beginnt der Bau der Andockverriegelungen. Trotz einzelner Änderungen ist das Hüllendesign nun abgeschlossen. Bedauerlicherweise gibt es eine Verzögerung, als sich die vorgesehenen Warpantrieb-Materialien als unbrauchbar erweisen. Die Warpgondeln bestehen die Revision 2, ihre Konstruktion beginnt kurz darauf. Inzwischen befinden sich auch die Traktorstrahlsysteme im Bau, die Planung des Designs der Photonentorpedorampen ist abgeschlossen. Die Sensorplatten werden gebaut, an allen Behelfsfahrzeugen, so auch an der Jacht des Captains, wird die Entwicklungsarbeit vorangetrieben.

2348 — 2349 — 2350 — 2351 — 2352

Die Probleme mit den Materialien für den Antriebskern wurden endlich gelöst. Der Warpkern wird fertiggestellt und im Maschinenraum installiert.

Auf der Orbitalkonstruktionsplattform der Utopia-Planitia-Flottenwerft auf dem Mars wird die Gamma-Verschweißung der Grundrahmenelemente gefeiert. Die Konstruktion der Hüllen für die Warpgondeln wird fortgesetzt, während die inneren Spulen weiter getestet werden, bis alle Probleme gelöst sind. Einige Komponenten des Impulsantriebs werden Mitte des Jahres testweise in den Rahmen eingepasst, ebenso die Wohnmodule. Computerkern, Waffensysteme, Photonentorpedos und Phaserbänke befinden sich in Bau.

Nachdem die Materialprobleme gelöst sind, wird der Warpantriebskern fertiggestellt. Die Produktion der Warpfeldspulen verzögert sich, während andere Einrichtungen termingerecht arbeiten. Erste Impulsflugtests werden vorbereitet. Flugtaugliche Attrappen werden ein letztes Mal auf Passgenauigkeit überprüft. Die Hauptcomputerkerne sind nun zu 80 Prozent fertig. 55 Prozent der Wohnsektionen sind installiert, ebenso die Generatoren für zeitweise Schwerkrafterzeugung und die Phaserbänke. Die Elektroplasmazuleitung zu den Phasern wird zurückgestellt, bis das Energieniveau der Warptriebwerke verifiziert worden ist. Die Transportersysteme, ausgenommen die Hüllenemitter, werden installiert. Die Energiezuleitung für die Photonentorpedorampen muss überarbeitet werden.

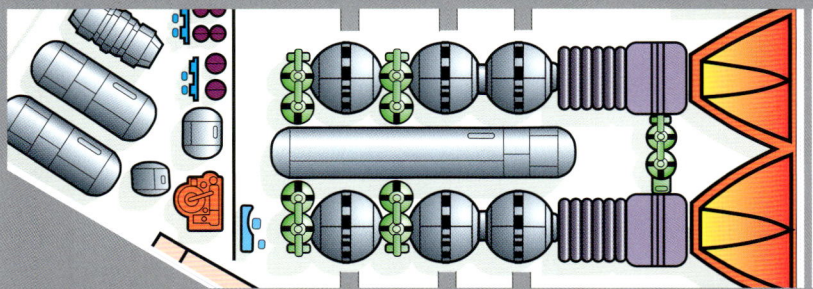

Im Jahr 2350 werden die Impulstriebwerke testweise in den Rahmen der *Galaxy*-Klasse eingepasst. Nachdem die Konstruktion abgeschlossen ist, ermöglichen sie dem Schiff das Reisen mit Unterlichtgeschwindigkeit.

Mehr als die Hälfte der Habitatsektionen, wie beispielsweise die Decks, in denen sich die Privatquartiere der Offiziere befinden, sind fertig.

Der Entwurf des Warpantriebs der *Galaxy*-Klasse steht, erfordert aber weitere Tests der Warpgondeln. Der Entwurf für den Impulsantrieb wird ebenfalls weiter verbessert. Die Computerkerne bestehen die Revisionen 3 und 4. Die Entwicklung der Biofilter der Transporter ist nach einer Überarbeitung abgeschlossen und die Herstellung des Systems beginnt. Das Neudesign für die Phaseremitter besteht die Revision 0. Die Energieversorgung des Hauptdeflektors wird verändert, um den zusätzlichen wissenschaftlichen Instrumenten gerecht zu werden, die dieser Schiffsklasse zur Verfügung stehen werden.

U.S.S. ENTERPRISE NCC-1701-D

Die Konstruktion von Rahmen und Hülle verläuft planmäßig, ebenso die Fertigstellung der Andockverriegelungen und die Passgenauigkeitschecks. Die Deuterium-Reaktionsstofftanks und die Antimateriekapsel-Baugruppen werden geliefert, um sie in die bestehende Struktur einzupassen. Das beeinträchtigt die Warpspulen, die daraufhin angepasst werden. Das Impulsantriebssystem wird probeweise betrieben, wobei die Fusionskammern in verschiedenen Kombinationen getestet werden. Die Schubdüsengruppen für das Reaktionskontrollsystem (RKS) werden installiert. Zwei der Computerkerne sind fertig; einer von ihnen wird in der Untertassensektion, der andere in der Antriebssektion eingebaut. Die Fertigstellung des dritten Kerns wird durch einen Mangel an isolinearen Chips verzögert. Energieflussregulatoren und -leitungen für die Phaser werden installiert. Der vorausgesagte Warpkernenergieschwund bestätigt sich. Die Arbeit an der Huckepack-Energieversorgung für den Hauptdeflektor wird abgeschlossen.

Ein Lieferproblem bei den isolinearen Chips verzögert die Installation eines der drei Hauptcomputerkerne, während viele andere Systeme fertig sind.

Der finale äußere Rahmen der *U.S.S. Enterprise* NCC-1701-D wird fertiggestellt, jedoch erfordern Designänderungen in der vorderen Sektion zusätzliche Längsstreben. Die Tests des Warpantriebskerns werden fortgesetzt, während der Impulsantrieb nun ebenso komplett ist wie die Schwerkraftsysteme. Die Transporter und die Antennen des Subraumkommunikationssystems werden so modifiziert, dass sie mit den Emissionen des Deflektorschildgitters kompatibel sind. Das Strukturintegritätsfeld wird aktiviert und auf niedriger Stufe betrieben, um mögliche Fehler in der Rahmenstruktur ausfindig zu machen. Der Fokustest für das Hauptdeflektorfeld verläuft nach den vorgenommenen Änderungen am Ausgangssetting erfolgreich. Auf der Steuerbordseite wird die Phaserbank in der Pylone mit jener der *U.S.S. Yamato* getauscht, um einen besseren Sitz zu erreichen. Das Wärmeausdehnungsproblem am Photonentorpedolader taucht erneut auf, kann aber behoben werden. Die Hälfte der Sensorpaletten ist jetzt installiert.

Die Transporter werden verändert, um ihre Kompatibilität mit anderen Systemen, zum Beispiel den Deflektorschilden, zu garantieren.

2353 — 2354 — 2355 — 2356 — 2357

Scans der Hülle zeigen einige schlechte Schweißnähte, Nacharbeiten im Rahmen von zwei Prozent sind notwendig, um das Problem zu beheben. Das in die Hülle eingebettete Verteidigungsschildgitter ist von den Problemen nicht betroffen. Der Warpkern wird bei niedriger Leistung getestet und erreicht das Energieäquivalent von Warp 2. Den Warpgondeln fehlen noch geeignete Spulenbaugruppen. Die Impulsantriebstests verlaufen planmäßig und die Software für die Manövrierdüsen wird korrigiert. Der Einbau des dritten Computerkerns verzögert sich unglücklicherweise um zwei weitere Jahre, was sich auf die nachfolgenden Versionen der Schiffe aus der *Galaxy*-Klasse auswirkt. Die Wohndecks sind zu 70 Prozent fertig. Behelfsfahrzeuge, wie etwa Shuttles, Rettungskapseln oder Arbeitspods, treffen ein und werden Integrationstests unterzogen. Eine Anomalie in der Wärmeausdehnung eines Photonentorpedoladers wird behoben.

Kleine Behelfsfahrzeuge werden den Schiffen der *Galaxy*-Klasse zugewiesen und geliefert.

Die Hüllenintegrität ist vollständig, alle SIF- und TDF-Systeme sind funktionsfähig. Die Warpgondeln werden befestigt, das Schiff ist flugbereit. Lediglich letzte Einstellungen am Impulsystem sind noch vorzunehmen, doch bei der Subraumfeldabschirmung eines Computerkerns ergibt sich ein Problem. Ein Drittel der Energiesysteme wird von einem fehlgeschlagenen Testlauf lahmgelegt, bis eine Lösung gefunden werden kann. Das Kommunikationssystem ist nach einer kleineren Umleitung fertig. Ein ferngesteuerter Abschuss eines Photonentorpedos ist erfolgreich, die Verteidigungsschilde sind angeschlossen. Die Sensorphalanx ist funktionsfertig. Die *U.S.S. Galaxy* wird in Dienst gestellt. Das Schiff wird für warptauglich erklärt und ist damit in der Lage, in die Tiefen des Alls vorzustoßen. Es darf nun bis zum Rand des Sonnensystems fliegen.

Die äußere Hülle des Schiffs ist nun zu 95 Prozent fertig. Die Tests des Warpantriebs haben Werte äquivalent zu Warp 8 erreicht. Neue Warpspulen werden geliefert und installiert. Die Impulsfusionsgeneratoren erreichen bei Tests ihre volle Leistung. Der dritte Computerkern wird endlich geliefert und installiert, weitere Tests dauern aber an. Der erste Wohnmodulaustausch per Transporter verläuft erfolgreich. Die Tests der Transporter werden abgeschlossen und die endgültigen SIF- und TDF-Anschlüsse installiert. Das Kommunikationssystem ist nun zu 90 Prozent komplett. Die Zuleitung von Impulsenergie an die Phaser wird bestätigt. Fast ein Drittel aller Rettungskapseln ist installiert. Die *U.S.S. Galaxy* läuft, angetrieben von den Manövrierdüsen, im orbitalen Raumdock vom Stapel.

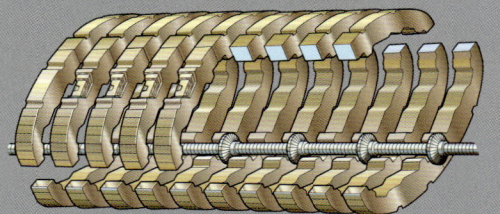

Neue Warpspulen werden in die Gondeln der *U.S.S. Enterprise* eingebaut. Sie kann damit nun bis zu Warp 8 erreichen.

Die Geschichte der *Galaxy*-Klasse beginnt, als das erste Schiff an den Rand des Sonnensystems gebracht wird. Die *U.S.S. Enterprise* soll bald folgen.

KONSTRUKTIONSGESCHICHTE

An den fertiggestellten Warp- und Impulsantriebssystemen werden weitere Tests vorgenommen. Der Rest der schiffsinternen Systeme wird in Betrieb genommen, während Tests zwischen den Systemen weitergehen. Brandneue Flugsoftware wird in allen drei Computerkernen des Schiffs installiert. Ein abstoßbares Brückenmodul dockt an. Eine Minimalbesatzung für Tests des Flugprogramms schließt ein erstes Training an Bord des Schiffs ab. Ein nicht flugfähiges Testmodell der Jacht des Captains wird angedockt. Die *U.S.S. Enterprise* läuft vom Stapel und verlässt das Dock mithilfe der Manövrierdüsen.

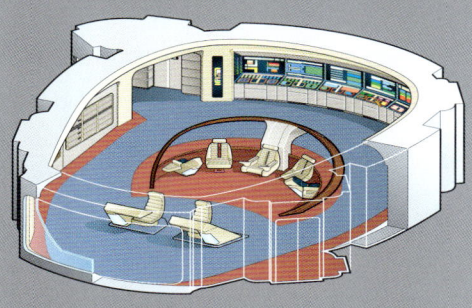

Das Brückenmodul der *U.S.S. Enterprise* wird eingepasst, eine Testbesatzung nimmt letzte Überprüfungen vor. Das Schiff fliegt zum ersten Mal, ist aber noch Jahre von der Indienststellung entfernt.

Die *U.S.S. Enterprise* absolviert den ersten Warpflug außerhalb des Sonnensystems. Während der Beschleunigung auf hohe Warpgeschwindigkeit sind zunächst Vibrationen zu spüren, aber dieses Problem wird durch eine Anpassung der Kontrollsoftware der Warpgeometrie gelöst. Besatzung und Systeme werden unter Einsatz von Phasern und Photonentorpedos getestet. Schwächen in der Energieversorgung der Verteidigungsschilde werden durch ein verbessertes Design der Schildgeneratoren beseitigt. Alle Rettungskapseln und Behelfsraumfahrzeuge sind nun angedockt, darunter auch die finale Jacht des Captains und das Brückenmodul.

An der *U.S.S. Enterprise* werden letzte Tests vorgenommen. Inzwischen sind die meisten Systeme und Module fertiggestellt.

2358 — 2359 — 2360 — 2361 — 2362

Die Testflugbesatzung setzt die für die Entwicklung notwendigen Flugmanöver in der Nähe des Mars fort. Die *U.S.S. Enterprise* NCC-1701-D wird kontinuierlich mit neuen Daten von der *U.S.S. Galaxy* versorgt, die sich zu dieser Zeit im Orbit um den Pluto befindet. Verschiedene Aufgaben werden in dieser Testphase erledigt, darunter Gefechtssimulationen und Notfallprozeduren. Die Warpspulen erfahren ihre erste Standbeschleunigung auf ein Niveau, das etwa Warp 1 entspricht. Danach werden die Warpspulen bis auf Warp 8 hochgefahren. Der Hauptcomputer des Schiffs entwickelt ein Systembewusstsein, während er Leistungstests durchführt. Die *Enterprise* wird für weltraum- und warptauglich erklärt. Auf der Hülle wird eine gelbe Beschichtung aufgetragen, um die Warpbelastung sichtbar zu machen.

In dieser Phase sind die Hauptcomputersysteme der *U.S.S. Enterprise* vollständig installiert und entwickeln ein Systembewusstsein.

Mit einer Feier wird am 4. Oktober auf der Utopia-Planitia-Flottenwerft die neue *U.S.S. Enterprise* NCC-1701-D in Dienst gestellt. Zwei weitere Schiffe der *Galaxy*-Klasse, die *U.S.S. Yamato* und die *U.S.S. Galaxy*, übermitteln ihre Glückwünsche.

Captain Donald Varley von der *U.S.S. Yamato*, dem Schwesterschiff der *Enterprise*, übermittelt seinen Glückwunsch via Subraumnachricht. Sein Schiff und die *U.S.S. Galaxy* sind zu dieser Zeit bereits in Dienst gestellt.

SCHIFFS-HISTORIE

Die *U.S.S. Enterprise-D* hat ausgezeichnete Dienste geleistet und war an vielen Schlüsselmomenten der 2360er maßgeblich beteiligt, unter anderem auch an der Verteidigung gegen die erste Borg-Invasion.

Die *U.S.S. Enterprise* NCC-1701-D der *Galaxy*-Klasse wurde von 2363 bis 2371 eingesetzt und als Flaggschiff der Sternenflotte mit zahlreichen unterschiedlichen Missionen betraut. Kurz nach dem ersten Testflug der *Enterprise* übernahm Captain Jean-Luc Picard bei Sternzeit 41148 im Jahr 2364 das Kommando.

Bei Sternzeit 41153,7 flog die *Enterprise* nach Deneb IV, um ihre restliche Besatzung aufzunehmen. Außerdem sollte sie prüfen, ob sich die Farpoint-Station als Sternenbasis eignet. Auf dem Weg dorthin stieß das Schiff zum ersten Mal auf das pandimensionale Wesen Q und musste die Untertasse in einem Manöver mit hoher Warpgeschwindigkeit abtrennen, was in der Geschichte der Sternenflotte so gut wie noch nie vorgekommen war.

Die *Enterprise* war bei der ersten historisch dokumentierten Begegnung mit dem Volk der Ferengi im Jahr 2364 dabei. Während einer Antriebsverbesserung, die von dem Sternenflottenoffizier Kosinki geleitet wurde, überschritt das Schiff kurz darauf die Warp-10-Geschwindigkeitsgrenze. Aus den Missionslogbüchern geht hervor, dass dieses außergewöhnliche Ereignis durch die Anwesenheit eines als Reisender bezeichneten Wesens beeinflusst wurde. Bei Sternzeit 41365,9 dockte die *Enterprise* an Sternenbasis 74 an. Dort sollten routinemäßige Wartungsarbeiten und Systemerneuerungen

Die *U.S.S. Enterprise* NCC-1701-D, ein Schiff der *Galaxy*-Klasse, wurde in der Flottenwerft Utopia Planitia in der Umlaufbahn des Mars erbaut. Sie sollte eine Dienstzeit von hundert Jahren haben, wurde aber nach nur acht Jahren zerstört. In dieser Zeit erbrachte sie jedoch beachtliche Leistungen.

Captain Jean-Luc Picard übernahm im Jahr 2364, bei Sternzeit 41153,7, auf Befehl von Admiral Noah Satie das Kommando über die *Enterprise-D*. Lieutenant Yar flog ihn mit einem Shuttle zum Schiff, wo er bei einer Zeremonie in Shuttlehangar 2 offiziell als Kommandant bestätigt wurde. Die *Enterprise* flog dann weiter nach Deneb IV, um den Rest der Besatzung aufzunehmen.

unter der Leitung von Commander Quinteros durchgeführt werden. Während diesem Zwischenstopp wurde das Schiff von Abgesandten der Binären gekapert. Captain Picard und sein Erster Offizier William Riker waren an Bord und konnten die Kontrolle über das Schiff zurückerlangen. Die Binären entgingen einer Bestrafung, da man ihre Taten nicht als einen Akt der Aggression wertete.

KONTAKT MIT DEN BORG

2365 führte eine weitere Begegnung mit dem Q-Wesen zum Erstkontakt mit den Borg, der größten Bedrohung, der die Vereinigte Föderation der Planeten je ausgesetzt war. Die *Enterprise* wurde 7.000 Lichtjahre vom Kurs abgebracht und landete in der Nähe des Systems J-25. Beim ersten Gefecht mit den Borg kamen achtzehn Besatzungsmitglieder ums Leben, als Sektionen der Decks 4, 5 und 6 vom Schiffsrumpf abgetrennt wurden. Der *Enterprise* gelang es trotz eines Ausfalls der Schilde und des Warpantriebs, vor ihrem gnadenlosen neuen Feind zu fliehen, und sie wurde von Q zu ihrem Ausgangspunkt zurückgebracht. Allerdings ließ sich der angerichtete Schaden nicht mehr beheben und

die Föderation musste sich auf zukünftige Borg-Begegnungen einstellen.

2366, bei Sternzeit 43510,7, konnte die Besatzung der *Enterprise-D* dank ihres schnellen, entschlossenen Handelns Terroristen von Rutia IV davon abhalten, das Schiff zu kapern. Bei diesem Überfall wurde Captain Picard als Geisel genommen und Lieutenant Commander La Forge musste einen Sprengsatz aus dem Warpkern entfernen. Picard und Dr. Beverly Crusher kehrten später wohlbehalten auf das Schiff zurück.

Zum unvermeidlichen nächsten Konflikt mit den Borg kam es 2366, als ein Borg-Kubus in das Territorium der Föderation eindrang. Die *Enterprise* stellte sich dem Borg-Schiff zum Kampf, trug jedoch schwere Schäden davon, als ein Strahl das Schiff aufschnitt und der Hauptmaschinenraum evakuiert werden musste. Die Besatzung der *Enterprise* suchte Schutz im Paulson-Nebel und arbeitete dort einen neuen Plan aus: Mit dem Hauptdeflektorschirm sollte ein starker Energiestoß auf den Borg-Kubus gerichtet werden. Der Plan scheiterte; Captain Picard wurde als Locutus von den Borg in ihr Kollektiv integriert und die im All treibende *Enterprise* musste mitansehen, wie der Kubus sich der Erde näherte.

Schon bei ihrer ersten Mission traf die *Enterprise* auf den beinahe allmächtigen Q, der ihre Besatzung und die gesamte Menschheit vor Gericht stellte.

Ende des Jahres 2364 nahm die *Enterprise* Kontakt zum feindlichen Romulanischen Imperium auf, das seit Jahrzehnten nicht mehr mit der Sternenflotte kommuniziert hatte.

Die *Enterprise-D* war das erste Sternenflottenschiff, das offiziell in Berührung mit den Borg kam, einer kybernetischen Spezies, die schon bald die Föderation angreifen sollte.

Dem hastig zum Captain beförderten William Riker gelang es nicht, mit der *Enterprise* nach Wolf 359 zu fliegen, wo die Sternenflotte sich den Borg mutig entgegenstellte. Dabei wurde die Flotte fast vollständig zerstört und nun konnte nur noch die *Enterprise* die Menschheit vor den Borg schützen. Dies gelang dank einer Mission, bei der die Untertasse abgetrennt wurde und ein Außenteam in den Borg-Kubus eindrang, um Jean-Luc Picard zu befreien. Er konnte vor der Zerstörung des Kubus vom Borg-Kollektiv getrennt werden.

WEITERE ERKUNDUNGEN

Unmittelbar nach diesem heroischen Kampf gegen die Borg flog die *Enterprise* zur Erdstation McKinley für einen sechswöchigen Umbau. Anschließend setzte sie ihre Erkundungsmission fort.

2367 wurde die *Enterprise* auch von Dr. Leah Brahms besucht, einer bekannten Antriebsspezialistin, die maßgeblich an der Konstruktion des Warpantriebssystems der *Galaxy*-Klasse beteiligt gewesen war. Während dieses Besuchs kam es zu einem Zwischenfall, bei dem ein namenloses kindliches Weltraumwesen die *Enterprise* mit seiner Mutter verwechselte, sich am Rumpf festsetzte und dem Schiff Energie entzog. Lieutenant Commander La Forge und Brahms gelang es gemeinsam, das Wesen sanft von der *Enterprise* zu trennen und es zu seinem Volk zurückzubringen, bevor die Schäden ein irreparables Ausmaß annehmen konnten.

2368 sorgten der Streit um die Nachfolge des klingonischen Kanzlers und der daraus resultierende Bürgerkrieg für Spannungen. Geheimdienstinformationen zufolge hatte das Haus Duras Unterstützung von romulanischen Agenten erhalten, um die Nachfolge für sich zu beanspruchen. Die *Enterprise* führte eine Blockade an, um mithilfe eines Tachyongitters zu verhindern, dass getarnte romulanische Schiffe durchbrechen und ihre klingonischen Alliierten mit Gütern versorgen konnten.

GELÖSTE RÄTSEL

Das Rätsel der 2278 verschwundenen *U.S.S Bozeman* wurde 2368 gelöst, als die *Enterprise* in der Nähe der Typhon-Ausdehnung in ein Temporalphänomen geriet und in einer siebzehn Tage währenden Endlosschleife immer wieder mit der *Bozeman* zusammenstieß. Als sie der Schleife entkam – und damit die eigene Zerstörung und den Tod aller an Bord befindlichen Lebewesen verhinderte –, stellte sich heraus, dass die *Bozeman* und ihre Besatzung neunzig Jahre lang in derselben Zeitschleife festgesessen hatten.

Die *Enterprise* konnte 2369 ein weiteres Rätsel lösen – und enthüllen, was aus einem der berühmtesten Chefingenieure der Sternenflotte geworden war –, als das Schiff dem Notruf der verschollenen *U.S.S. Jenolan* nachging. Die *Jenolan* war auf der Oberfläche einer Dysonsphäre abgestürzt und Ingenieur Montgomery Scott hatte 75 Jahre lang in den Musterpuffern des Transporters überlebt. Scott war später maßgeblich an der Befreiung der *Enterprise* aus der Dysonsphäre beteiligt, nachdem das Schiff ihren Ursprung und ihr Inneres hatte erkunden wollen.

CAPTAIN JELLICO

Bei Sternzeit 46238,1, im Jahr 2369, wurde Captain Edward Jellico der dritte Kommandant der *U.S.S. Enterprise* NCC-1701-D, nachdem Captain Picard zu einer Geheimmission abgestellt worden war. Jellico sorgte mit der *Enterprise* dafür, dass Minos Korva nicht von den Cardassianern erobert wurde, und konnte durch Verhandlungen die Freilassung des inhaftierten Picard bewirken, der daraufhin erneut das Kommando über die *Enterprise* erhielt.

Als die *Enterprise* an der Remmler-Phalanx bei Sternzeit 46682,4 von Baryon-Partikeln gesäubert werden sollte, geriet sie erneut ins Visier einer kleinen terroristischen Gruppe, die

Die Borg übernahmen Captain Picard und konnten der Sternenflotte dank seines taktischen Wissens bei der Schlacht von Wolf 359 schwere Verluste zufügen. Allerdings konnte Picard sie nach seiner Rettung mit dem Wissen, das er über die Borg erlangt hatte, besiegen.

Die *Enterprise* und ihre Besatzung wurden in den Konflikt um die Nachfolge des klingonischen Kanzlers verstrickt und verhinderten, dass die Romulaner das Haus Duras unterstützen konnten, woraufhin Gowron 2368 Kanzler wurde.

Captain Edward Jellico befehligte kurzzeitig die *Enterprise*, als Captain Picard in cardassianisches Territorium eingeschleust wurde.

Die Besatzung der *Enterprise* machte eine Entdeckung von historischen Ausmaßen, als sie herausfand, dass alle humanoiden Lebensformen einen gemeinsamen Vorfahren haben, der seine »Sporen« in der Galaxis verteilt hat.

die Evakuierung der Besatzung nutzen wollte, um hochgiftiges Trilithiumharz zu stehlen. Captain Picard, der das Schiff vor der Abschaltung der Transportersysteme nicht verlassen hatte, konnte diesen Plan im Alleingang verhindern.

2370 installierte Captain Erik Pressman kurzzeitig eine illegale »Phasen«-Tarnvorrichtung auf der *Enterprise*, die er zuvor auf seinem Schiff, der *U.S.S. Pegasus*, getestet hatte. Dadurch konnte das Schiff, um den Romulanern zu entgehen, die feste Materie eines Asteroiden durchdringen. Damit gehörte die *Enterprise* nun zu einer Handvoll Föderationsschiffe, die eine Tarnvorrichtung eingesetzt hatten.

Als die *Enterprise* bei Sternzeit 47615,2 einen Kometen untersuchen wollte, wurde sie von dem uralten Archiv der D'arsay-Kultur mit einem ungewöhnlichen und aggressiven Virus angegriffen. Dieses Virus übernahm Lieutenant Commander Data und verwandelte Materie in uralte Steinartefakte. Berichte des Zwischenfalls geben an, dass auf Deck 12 ein Aquädukt entstand. Das Virus wurde deaktiviert und das Schiff – und Data – kehrten zu ihrem Normalzustand zurück.

DIENSTENDE

Die Dienstzeit der *Enterprise-D* endete abrupt im Jahr 2371, als das Schiff Dr. Tolian Soran bei seiner Untersuchung eines Phänomens unterstützte, das als Nexus bezeichnet wurde. Die *Enterprise* geriet in der Nähe von Veridian III in einen gewalttätigen Konflikt mit einem klingonischen Bird-of-Prey, der von Lursa und B'Etor vom Haus Duras kommandiert wurde. Die *Enterprise* konnte das klingonische Schiff zwar besiegen, trug jedoch schwere Schäden davon, die nach dem Riss der magnetischen Sperrvorrichtungen zu einem Warpkernbruch führten.

Commander Riker, der wegen Captain Picards Abwesenheit das Schiff kommandierte, befahl der gesamten Besatzung, in die Untertassensektion zu fliehen, und leitete die Trennsequenz ein. Die Untertasse konnte sich vor der Explosion des Warpkerns von der Antriebssektion entfernen, die daraufhin vollständig zerstört wurde. Die Schockwelle der Explosion traf die fliehende Untertasse. Da die Steuerung ausgefallen war, wurde die Untertassensektion in die Atmosphäre von Veridian III gezogen und raste der Oberfläche entgegen. Die seitlichen Schubdüsen konnten sie zwar ein wenig stabilisieren, doch das reichte nicht aus, um ihren Absturz zu bremsen, und die *Enterprise* schlug in einem dicht bewaldeten Teil des Planeten auf.

Bei der Bruchlandung gab es nur wenige Verluste, aber das Schiff war nicht mehr zu retten. Captain Jean-Luc Picard und Commander William Riker verließen das Flaggschiff als Letzte. Die *U.S.S. Enterprise* NCC-1701-D ging zu früh von uns, aber aus der Geschichte wissen wir, dass es noch weitere Schiffe mit dem Namen *Enterprise* gab.

Die *Enterprise* wird 2371 im Orbit um den Planeten Veridian III zerstört. Das Schiff wurde von einem klingonischen Bird-of-Prey angegriffen, der die Schilde durchdrang und einen Warpkernbruch verursachte. Der Großteil der Besatzung konnte sich mit der Untertassensektion retten, die auf dem Planeten eine Bruchlandung hinlegte.

ERLÄUTERTE AUSSENANSICHT

Die schematischen Darstellungen der *U.S.S. Enterprise* NCC-1701-D offenbaren eine grundlegende Ästhetik, die bahnbrechend für das Design von Raumschiffen für die nächste Stufe der Erforschung der Galaxis war.

Wie man an den verschiedenen Ansichten der *U.S.S. Enterprise* NCC-1701-D erkennen kann, begründete das Design der Schiffe der *Galaxy*-Klasse eine neue Ära der Konstruktion von Raumschiffen und spiegelte den Fortschritt in Technologie und Missionskriterien wider. Auch wenn man die Designvorbilder der *Galaxy*-Klasse in der *Enterprise* gut erkennen kann, zeigen die Darstellungen doch eine neue Ästhetik, die sich von reiner Funktionalität und militärischen Überlegungen und Gefechtsstrategien löst.

Eine der größten Innovationen stellte das Design der Untertassensektion dar, die deutlich größer und ovaler daherkam als die eher runden Designs der Vergangenheit. Dies wurde beeinflusst durch den neuen Ansatz der Sternenflotte, der Besatzung zu ermöglichen, ihre Familien auf ihren langen Reisen durchs All bei sich zu haben. Die Untertassensektion verband nun also Komfort und Funktionalität. Mit der Mannschaft und deren Familien mussten schließlich über 1.014 Personen adäquat untergebracht werden.

Die Ansichten der *Enterprise* verdeutlichen auch die Fortschritte in Sachen Warptechnologie. So befanden sich die Warpgondeln nun in einer gefälligeren Position hinter und unter der Untertassensektion. Die Seitenansicht wiederum zeigt die aerodynamische Konfiguration des Schiffs und die Notwendigkeit für eine effizientere Abtrennung der Untertassensektion von der Antriebssektion. Diese sollten und konnten in Erwartung unterschiedlicher Situationen nun so unabhängig wie möglich voneinander funktionieren und agieren.

AUFSICHT

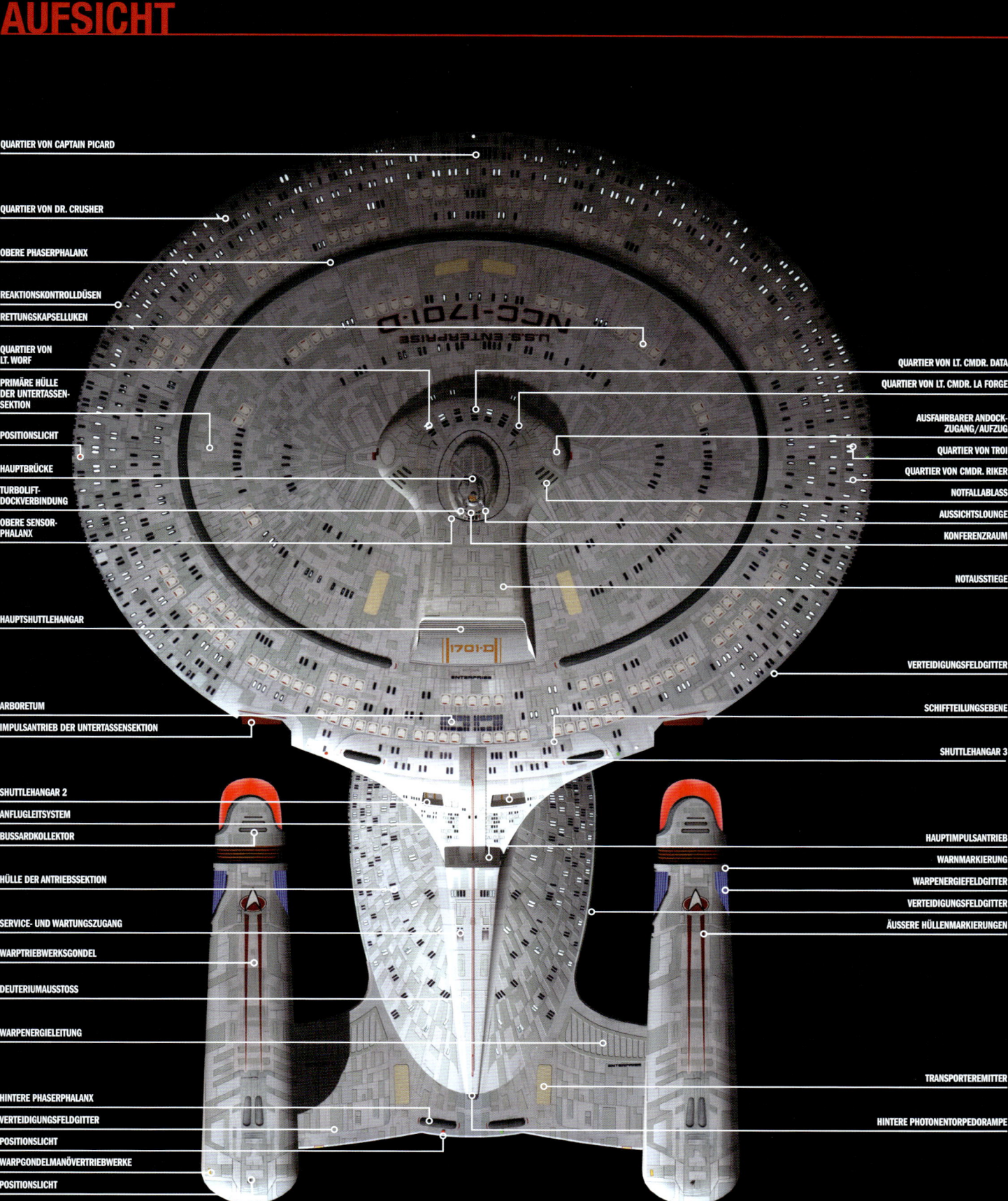

- QUARTIER VON CAPTAIN PICARD
- QUARTIER VON DR. CRUSHER
- OBERE PHASERPHALANX
- REAKTIONSKONTROLLDÜSEN
- RETTUNGSKAPSELLUKEN
- QUARTIER VON LT. WORF
- PRIMÄRE HÜLLE DER UNTERTASSENSEKTION
- POSITIONSLICHT
- HAUPTBRÜCKE
- TURBOLIFT-DOCKVERBINDUNG
- OBERE SENSORPHALANX
- HAUPTSHUTTLEHANGAR
- ARBORETUM
- IMPULSANTRIEB DER UNTERTASSENSEKTION
- SHUTTLEHANGAR 2
- ANFLUGLEITSYSTEM
- BUSSARDKOLLEKTOR
- HÜLLE DER ANTRIEBSSEKTION
- SERVICE- UND WARTUNGSZUGANG
- WARPTRIEBWERKSGONDEL
- DEUTERIUMAUSSTOSS
- WARPENERGIELEITUNG
- HINTERE PHASERPHALANX
- VERTEIDIGUNGSFELDGITTER
- POSITIONSLICHT
- WARPGONDELMANÖVERTRIEBWERKE
- POSITIONSLICHT

- QUARTIER VON LT. CMDR. DATA
- QUARTIER VON LT. CMDR. LA FORGE
- AUSFAHRBARER ANDOCKZUGANG/AUFZUG
- QUARTIER VON TROI
- QUARTIER VON CMDR. RIKER
- NOTFALLABLASS
- AUSSICHTSLOUNGE
- KONFERENZRAUM
- NOTAUSSTIEGE
- VERTEIDIGUNGSFELDGITTER
- SCHIFFTEILUNGSEBENE
- SHUTTLEHANGAR 3
- HAUPTIMPULSANTRIEB
- WARNMARKIERUNG
- WARPENERGIEFELDGITTER
- VERTEIDIGUNGSFELDGITTER
- ÄUSSERE HÜLLENMARKIERUNGEN
- TRANSPORTEREMITTER
- HINTERE PHOTONENTORPEDORAMPE

UNTERSICHT

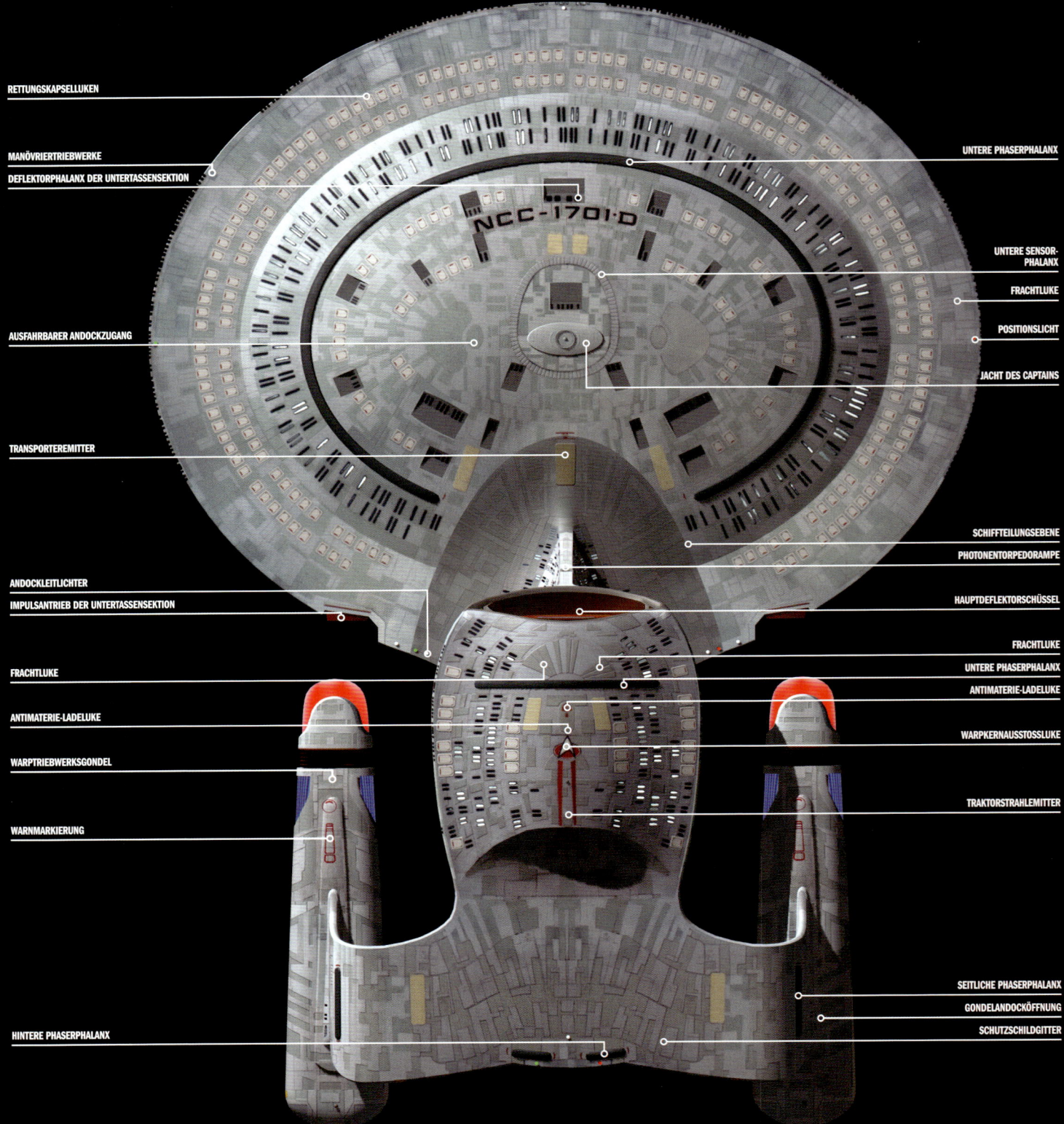

BACKBORDANSICHT

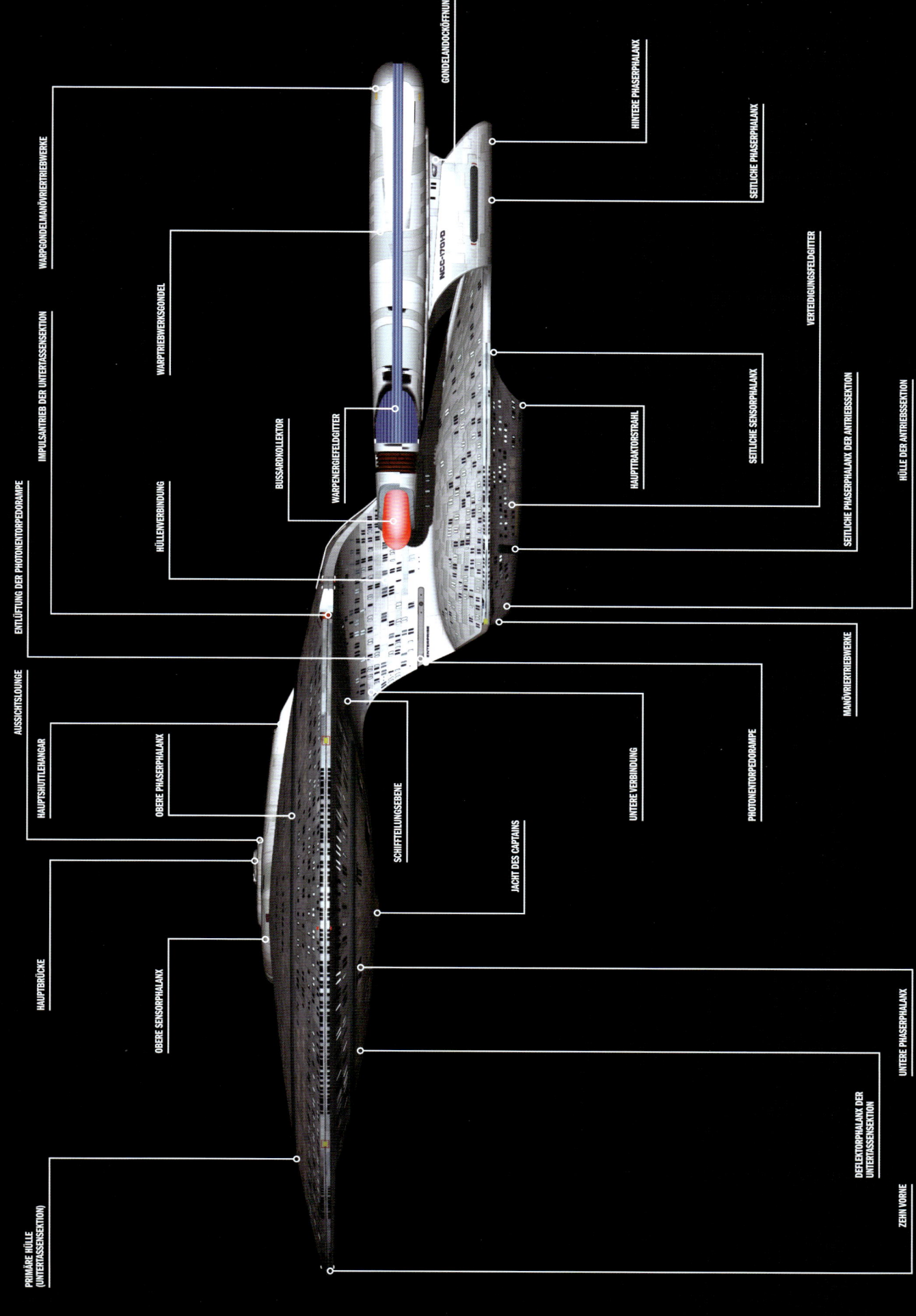

FRONTANSICHT

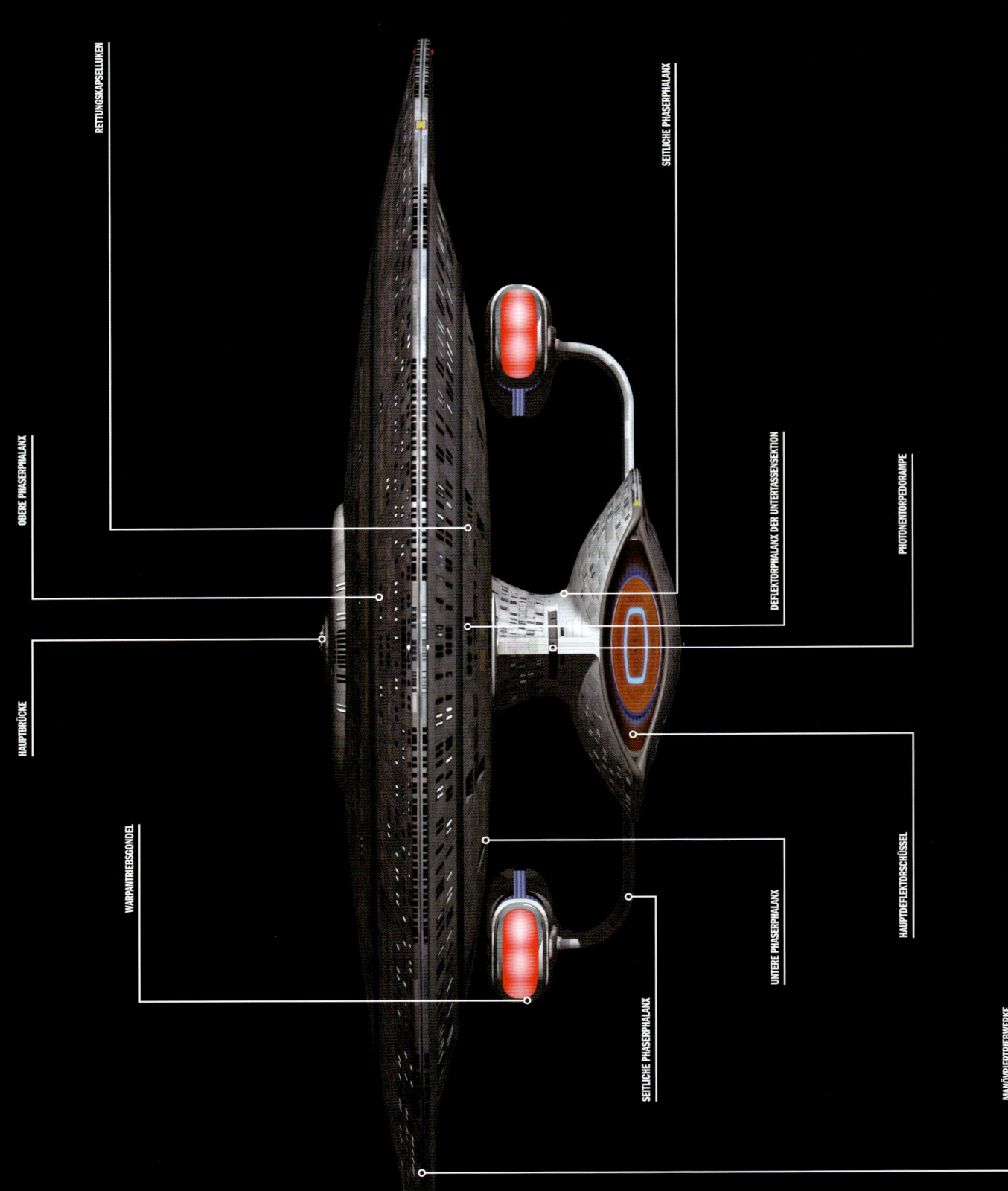

- RETTUNGSKAPSELLUKEN
- SEITLICHE PHASERPHALANX
- OBERE PHASERPHALANX
- HAUPTBRÜCKE
- DEFLEKTORPHALANX DER UNTERTASSENSEKTION
- PHOTONENTORPEDORAMPE
- WARPANTRIEBSGONDEL
- HAUPTDEFLEKTORSCHÜSSEL
- UNTERE PHASERPHALANX
- SEITLICHE PHASERPHALANX
- MANÖVRIERTRIEBWERKE

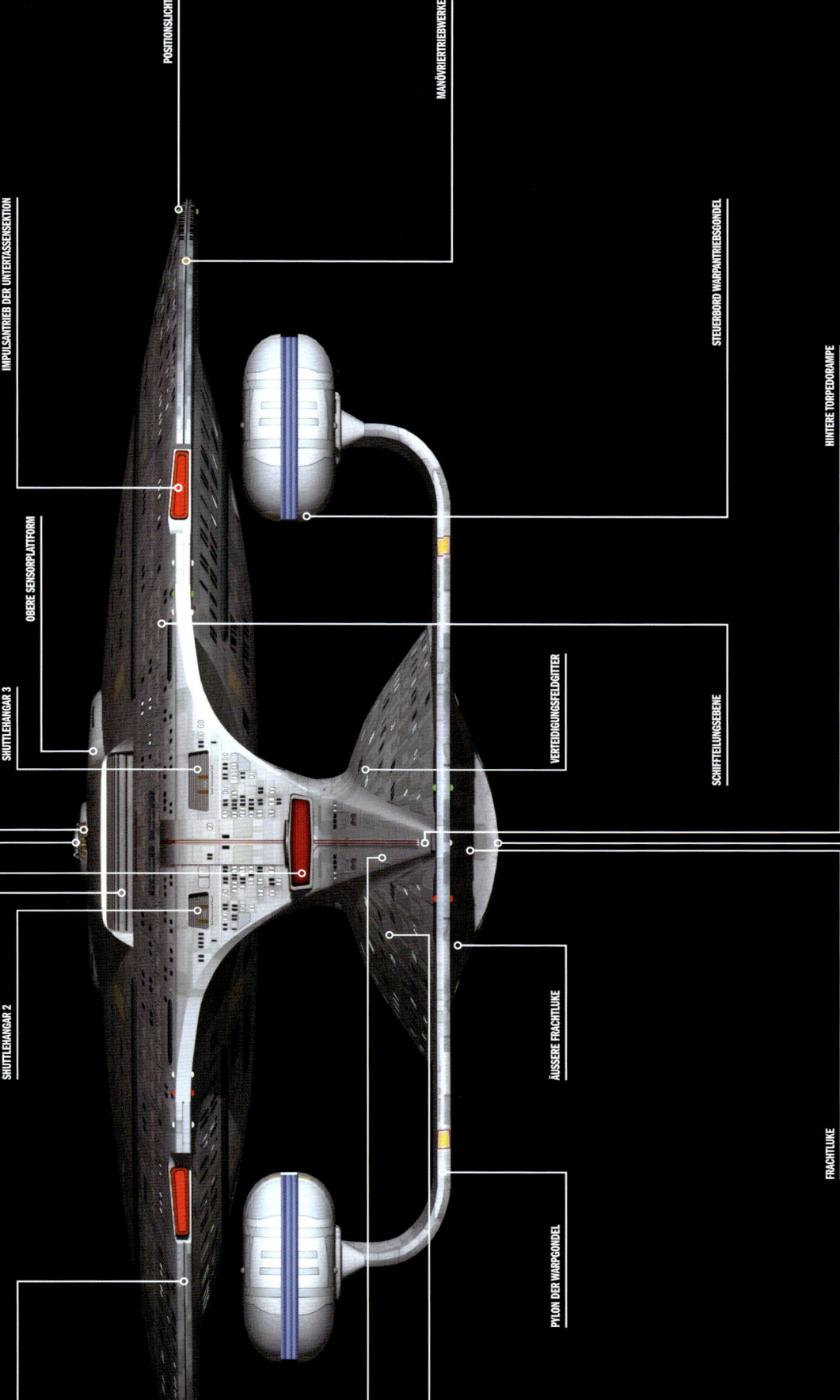

SKELETT-STRUKTUR

Die komplexe Skelettstruktur der *U.S.S. Enterprise* NCC-1701-D wurde konzipiert und konstruiert, um den Belastungen der Warpgeschwindigkeit standzuhalten.

Commander Orfil Quinteros leitete das Team, das die *U.S.S. Enterprise* NCC-1701-D in der Flottenwerft von Utopia-Planitia zusammengebaut hat.

Die ersten Rahmenelemente der *U.S.S. Enterprise* NCC-1701-D der *Galaxy*-Klasse wurden am 3. Juni 2350 in den Werften auf Utopia Planitia zusammengeschweißt. Danach dauerte es fünf weitere Jahre, um die gesamte Skelettstruktur zu montieren. Das Skelett des Schiffs bestand aus einer Reihe ineinander verschachtelter Titanium/Duranium-Mikrofilament-Trägerrahmen und mikroextrudierter Terminium-Träger. Die Platten der äußeren Hülle waren an den Hauptträgern der Skelettstruktur durch gamma-verschweißte, elektronenverbundene Duranium-Bolzen befestigt.

Große Träger bildeten die Außenhülle, kleinere formten die Deck- und Kernstruktur im Inneren. Die Struktur der inneren Hülle war direkt mit dem Rahmen aus Terminium-Trägern verbunden.

Beide Rahmen wurden konstruiert, um maximale Tragfähigkeit bei einem Minimum an Vibrationen zu gewährleisten, die die Konstruktion hätten beschädigen können. Während des Fluges wurde die *Enterprise* außerdem durch das strukturelle Integritätsfeld geschützt, ohne das das Schiff den hohen Belastungen nicht hätte standhalten können.

VERMEIDUNG VON SCHÄDEN

Der gesamte Rahmen war so verbunden, dass bei Schäden kleine Sektionen abgetrennt und ersetzt werden konnten, ohne große Teile des Schiffs zu demontieren. Das traf vor allem für die kleinen Polyduranium-Stützstreben zu, die das innere Sekundärrahmenwerk bildeten.

BESCHICHTUNG DES RAHMENS

Die Skelettstruktur der *U.S.S. Enterprise* NCC-1701-D bestand aus einem Rahmen aus Titanium/Duranium-Mikrofilament-Trägern. Die Platten der äußeren Hülle wurden dann auf diese Balken aufgelegt, um das Schiff einzufassen.

STRUKTURELLER AUFBAU

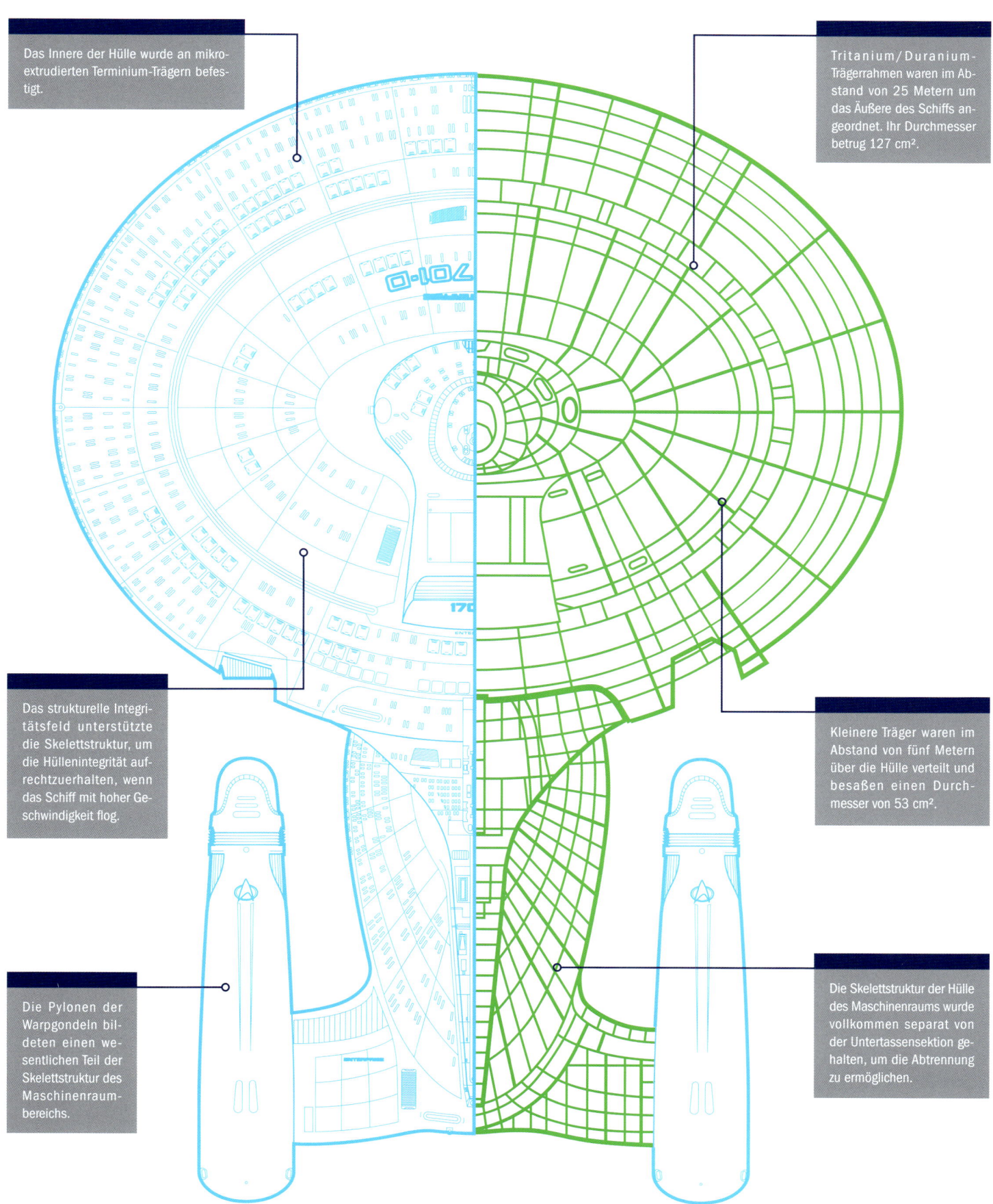

Das Innere der Hülle wurde an mikroextrudierten Terminium-Trägern befestigt.

Tritanium/Duranium-Trägerrahmen waren im Abstand von 25 Metern um das Äußere des Schiffs angeordnet. Ihr Durchmesser betrug 127 cm².

Das strukturelle Integritätsfeld unterstützte die Skelettstruktur, um die Hüllenintegrität aufrechtzuerhalten, wenn das Schiff mit hoher Geschwindigkeit flog.

Kleinere Träger waren im Abstand von fünf Metern über die Hülle verteilt und besaßen einen Durchmesser von 53 cm².

Die Pylonen der Warpgondeln bildeten einen wesentlichen Teil der Skelettstruktur des Maschinenraumbereichs.

Die Skelettstruktur der Hülle des Maschinenraums wurde vollkommen separat von der Untertassensektion gehalten, um die Abtrennung zu ermöglichen.

KOORDINATEN-SYSTEM

Die U.S.S. Enterprise NCC-1701-D verwendete externe und interne Koordinaten, um sicherzustellen, dass jeder Ort auf dem Schiff problemlos vom Personal bestimmt werden konnte.

Die internen und externen Koordinatensysteme von Raumschiffen basierten auf dem dreidimensionalen Drei-Achsen-System der Mathematik, in dem die X-Achse waagerecht von Backbord nach Steuerbord durch das gesamte Schiff verläuft, die Y-Achse senkrecht von oben nach unten und die Z-Achse waagerecht von vorne nach hinten.

Im Fall der U.S.S. Enterprise NCC-1701-D wurde die Genauigkeit dieses Systems noch erhöht, indem man die Koordinaten spezifisch für jede Konfiguration berechnete. Beispielsweise gab es einen Koordinatsatz für Zeiträume, in denen beide Sektionen des Schiffs gekoppelt waren (man bezeichnet diese als Verbundkonfiguration), und gesonderte Systeme für die Untertassensektion und die Antriebssektion (auch bekannt als Kampfsektion), wenn sie getrennt waren.

Das jeweils verwendete Koordinatensystem wurde durch einen zusätzlichen Buchstaben näher definiert. Die Verbundkonfiguration versah man mit einem „V" (XYZ-V), die Untertassensektion mit einem „U" (XYZ-U) und die Kampfsektion mit einem „K" (XYZ-K).

Andere Sektionen des Schiffs erhielten ebenfalls ihre eigenen Koordinaten. So stand bei den Warpgondeln XYZ-GB für die Backbordgondel und XYZ-GS für die Steuerbordgondel.

ABMESSUNGEN

Die Entfernung von jedem Anfangspunkt maß man in Zentimetern. So wurde ein Punkt auf der Hülle der Untertassensektion, der vom Anfangspunkt aus 489 Zentimeter in Richtung Steuerbord, 1.034 Zentimeter vom obersten Punkt und 1.269 Zentimeter vom vorderen Rand entfernt lag, mit den Koordinaten XYZ-U 0489/1034/1296 bezeichnet. Der Index „U" machte deutlich, dass dieser Punkt mit den Koordinaten der Untertassensektion und nicht der Verbundkonfiguration berechnet worden war.

Innerhalb des Schiffs wurde sogar noch eine genauere 15-ziffrige Koordinatenreihe verwendet. Zu den XYZ-Koordinaten kamen zwei weitere Zahlen hinzu. Diese begannen mit einer zweistelligen Zahl, bei der es sich um die Decknummer handelte. Alle Koordinaten auf diesem Deck starteten mit der gleichen Zahlenfolge. Die nächsten beiden Zahlen gaben die Sektionsnummer an. Die Untertasse unterteilte man dabei in Sektionen von jeweils 10 Grad, was zu insgesamt 36 Sektionen führte.

ANTRIEBSSEKTION

In der Antriebssektion war das Schiff von vorne nach hinten in zehn Sektionen unterteilt, wobei die null für den vorderen, die neun für den hinteren Bereich stand. Um Verwechslungen mit den Untertassensektionen zu vermeiden, wurde der Sektionsnummer der Antriebssektion die Zahl fünf vorangestellt. Somit trugen diese also die Zahlen 50 bis 59.

Nach den beiden Ziffern der Sektionsnummer folgten zwei Ziffern für die Abteilung oder Station innerhalb der Sektion. Die verbleibenden neun Zahlen waren die XYZ-Koordinaten innerhalb der Abteilung. Also bezeichneten die Koordinaten 12-2306-234/426/187 einen Standort, der sich 234 Zentimeter von backbord, 426 Zentimeter von oben und 187 Zentimeter von achtern entfernt in Abteilung 6 der Sektion 23 auf Deck 12 befand. Mit diesem System konnte ein Sternenflottenoffizier jeden Punkt des Schiffs nur aufgrund der Koordinaten lokalisieren, selbst wenn er diese Sektion des Schiffs im Rahmen seines Dienstes noch nie besucht hatte.

Das auf der U.S.S. Enterprise NCC-1701-D verwendete interne und externe Koordinatensystem ermöglichte es, jeden Punkt exakt zu definieren, vergleichbar mit dem Prinzip der irdischen Postleitzahlen des 20. Jahrhunderts.

Das Zentrum der Hauptbrücke lag bei den Koordinaten XYZ-U 0/3712/21131. Das zeigt uns, dass es sich genau mittig zwischen Back- und Steuerbord befand, 3.712 Zentimeter von der Schiffsoberkante und 21.131 Zentimeter von vorne entfernt.

EXTERNE KOORDINATEN

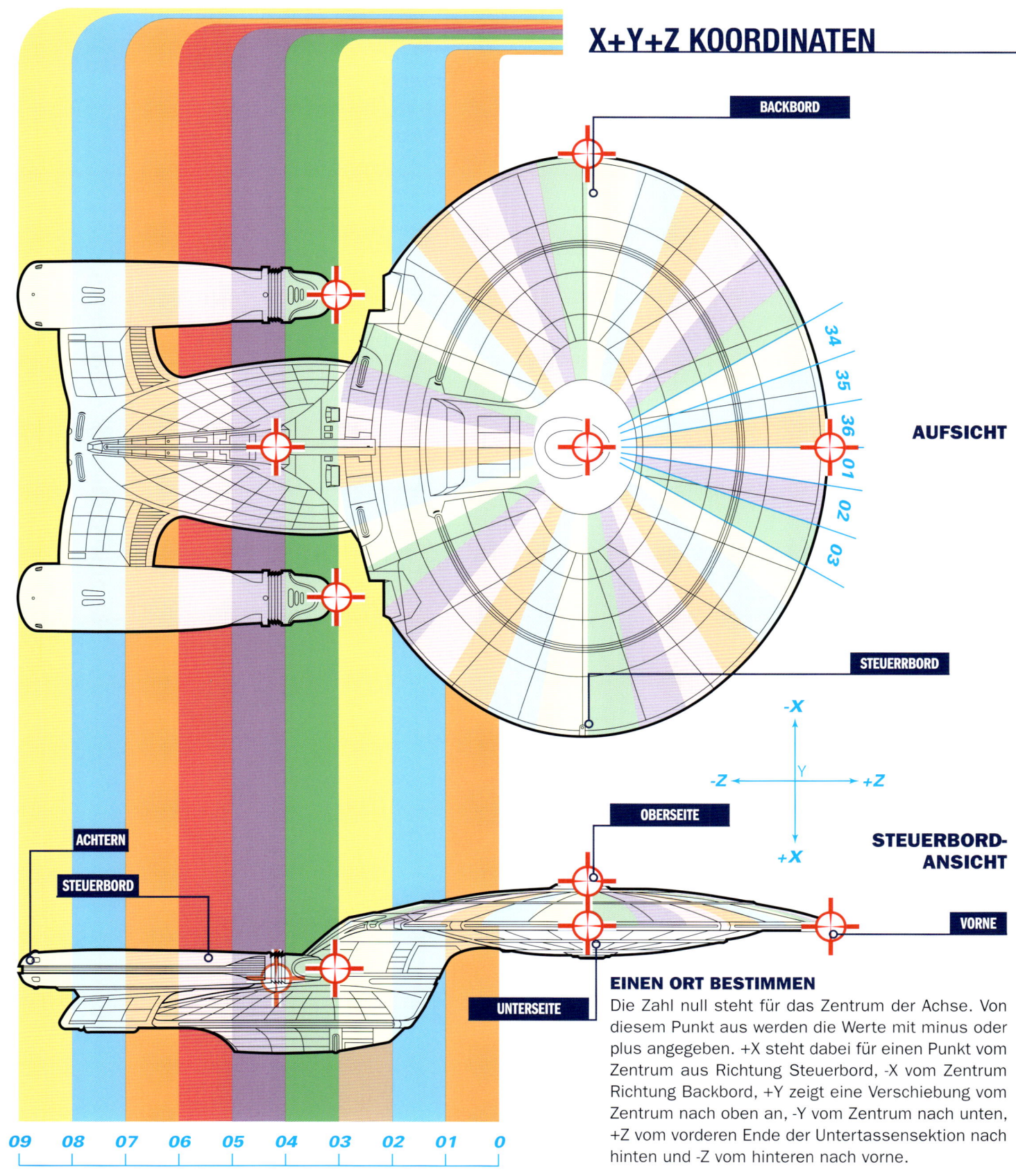

X+Y+Z KOORDINATEN

EINEN ORT BESTIMMEN
Die Zahl null steht für das Zentrum der Achse. Von diesem Punkt aus werden die Werte mit minus oder plus angegeben. +X steht dabei für einen Punkt vom Zentrum aus Richtung Steuerbord, -X vom Zentrum Richtung Backbord, +Y zeigt eine Verschiebung vom Zentrum nach oben an, -Y vom Zentrum nach unten, +Z vom vorderen Ende der Untertassensektion nach hinten und -Z vom hinteren nach vorne.

UNTERTASSEN-ABTRENNUNG

Die *U.S.S. Enterprise* NCC-1701-D konnte die Untertassensektion von der Antriebssektion trennen, was sie in Notlagen flexibler machte – und die Zivilisten an Bord schützte.

Im Jahr 2366 trennte der frisch beförderte Captain Riker die Untertassensektion der *Enterprise* ab. Es gehörte zu einer Strategie, mit der er Captain Picard aus dem Borg-Kubus retten wollte.

Als die Schiffe der Sternenflotte anfingen, die unbekannten Regionen des Weltraums zu erforschen, hatte die Besatzung keine andere Wahl, als ihre Familien zurückzulassen, manchmal in der Gewissheit, dass bis zu einem Wiedersehen viele Jahre vergehen würden. Fortschritte im Raumschiffdesign führten jedoch dazu, dass man erweiterte Wohnquartiere einbauen konnte. Dies ermöglichte es dem Sternenflottenpersonal, ihre Partner und Kinder mit an Bord zu bringen, um mit ihnen während längerer Missionen im All zu leben.

SCHUTZ VOR GEFAHREN

Dass sich so viele Zivilisten an Bord des Schiffs befanden, führte zu neuen Problemen. Sternenflottenoffiziere wollten sich zwar während der Missionen mit ihren Lieben umgeben, sie aber nicht in Gefahr bringen. Aus diesem Grund verfügten viele Familienschiffe wie die *U.S.S. Enterprise* NCC-1701-D über ein sehr wichtiges Sicherheitskonzept: eine Untertassensektion, die vom Rest des Schiffs abgetrennt werden konnte.

Dies ermöglichte es der Sternenflottenbesatzung, sich in gefährliche Situationen zu begeben, während ihre Familien in die Untertassensektion evakuiert und so aus der Schusslinie gebracht werden konnten. Diese Funktion erwies sich auch im Falle eines Warpkernbruchs als lebensrettend. Das gesamte nicht benötigte Personal konnte in die Untertassensektion evakuiert werden, weg von der Antriebssektion, in der sich der Warpkern befand. Solange die Untertassensektion genügend Zeit hatte, um sich in sichere Entfernung zu begeben, konnten Verluste auf ein Minimum beschränkt werden.

EIGENSTÄNDIGER BETRIEB

Untertassensektion und Antriebssektion waren so konzipiert, dass sie unabhängig voneinander arbeiten konnten, wobei der kommandierende Offizier für den Hauptantrieb und ein ranghoher Offizier für die Untertassensektion zuständig war.

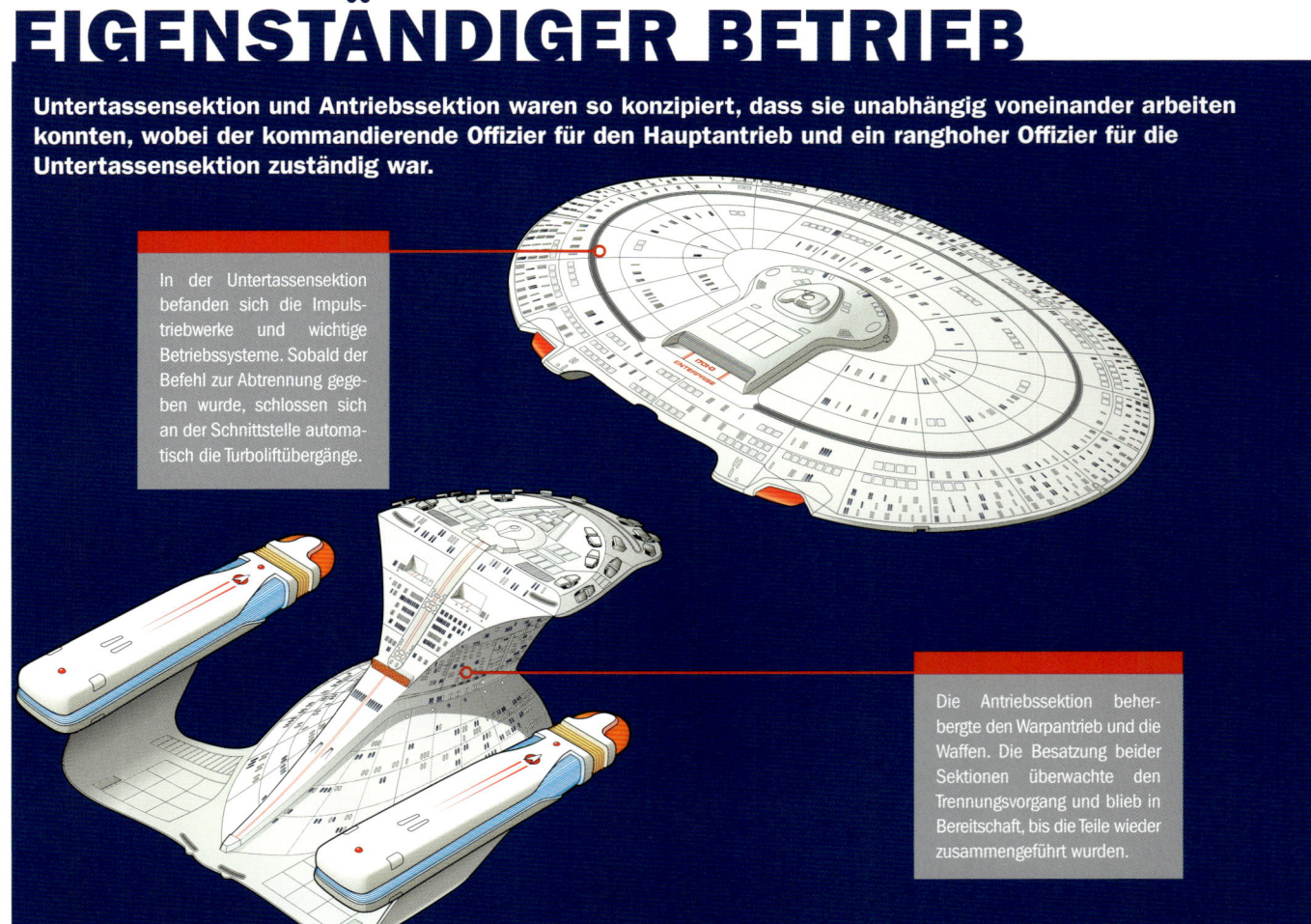

In der Untertassensektion befanden sich die Impulstriebwerke und wichtige Betriebssysteme. Sobald der Befehl zur Abtrennung gegeben wurde, schlossen sich an der Schnittstelle automatisch die Turboliftübergänge.

Die Antriebssektion beherbergte den Warpantrieb und die Waffen. Die Besatzung beider Sektionen überwachte den Trennungsvorgang und blieb in Bereitschaft, bis die Teile wieder zusammengeführt wurden.

NOTFALLTRENNUNG

Die beiden Schiffsteile wurden normalerweise von achtzehn Andockklammern zusammengehalten, die jeweils aus zwei sich ausbreitenden Greifplatten bestanden. Die Greifplatten bezogen ihre Energie von strukturellen Integritätsfeldgeneratoren.

Die Trennung veränderte das Flugverhalten der beiden Sektionen, aber die Bordcomputer und die Trägheitsdämpfungsfelder sorgten dafür, dass der Vorgang sicher und so reibungslos wie möglich ablief.

Die Hauptwarpgondeln der *U.S.S. Enterprise* NCC-1701-D befanden sich an der Antriebssektion, aber die Untertassensektion war mit eigenen Triebwerken ausgestattet, die für Impuls- und niedrige Warpgeschwindigkeiten geeignet waren.

Die Untertassensektion versuchte, sich so schnell wie möglich von der Antriebssektion zu entfernen, vor allem, wenn die Trennung durch einen bevorstehenden Warpkernbruch notwendig geworden war und eine Druckwelle drohte.

Die Antriebssektion war nun für eine Krise bereit, für die das Schiff im Ganzen ungeeignet gewesen wäre. So konnten Verluste minimiert werden und niemand musste sich unnötig in Gefahr begeben.

Sobald die Gefahr vorüber war, wurden die Sektionen wieder zusammengefügt. Wenn die Antriebssektion zerstört worden war und die Untertassensektion sich außer Reichweite einer Sternenbasis befand, konnte sie notfalls auf einem Planeten landen.

U.S.S. ENTERPRISE NCC-1701-D

UNTERTASSEN-LANDUNG

Die Untertassensektion eines Raumschiffs der *Galaxy*-Klasse war so konzipiert, dass sie im Falle eines extremen Notfalls sicher auf der Oberfläche eines Planeten landen konnte, ohne das Leben der Passagiere und der Besatzung zu gefährden.

Das Sternenflottenpersonal wurde darauf trainiert, das Untertassenmodul im Notfall zu landen. Dieses Manöver wurde jedoch nur selten durchgeführt, da es nur für den absoluten Katastrophenfall gedacht war und wenn alle anderen Optionen ausgeschöpft waren.

KAMPFSCHÄDEN

Als die *U.S.S. Enterprise* NCC-1701-D von der Torpedosalve eines klingonischen Bird-of-Prey getroffen wurde, führte ein Warpkernbruch zur Zerstörung der Antriebssektion. Die Besatzung überlebte an Bord der Untertassensektion, die auf dem Planeten Veridian III notlandete.

Diese Landung verlief nicht gerade reibungslos, denn die Untertassensektion geriet in eine gewaltige Druckwelle und raste auf den Planeten zu. Die Untertasse schlug mit hoher Geschwindigkeit auf und pflügte sich durch die Landschaft. Zum Glück trug die Besatzung nur geringfügige Verletzungen davon, doch die Rumpf wurde so stark beschädigt, dass das Schiff nicht mehr zu retten war.

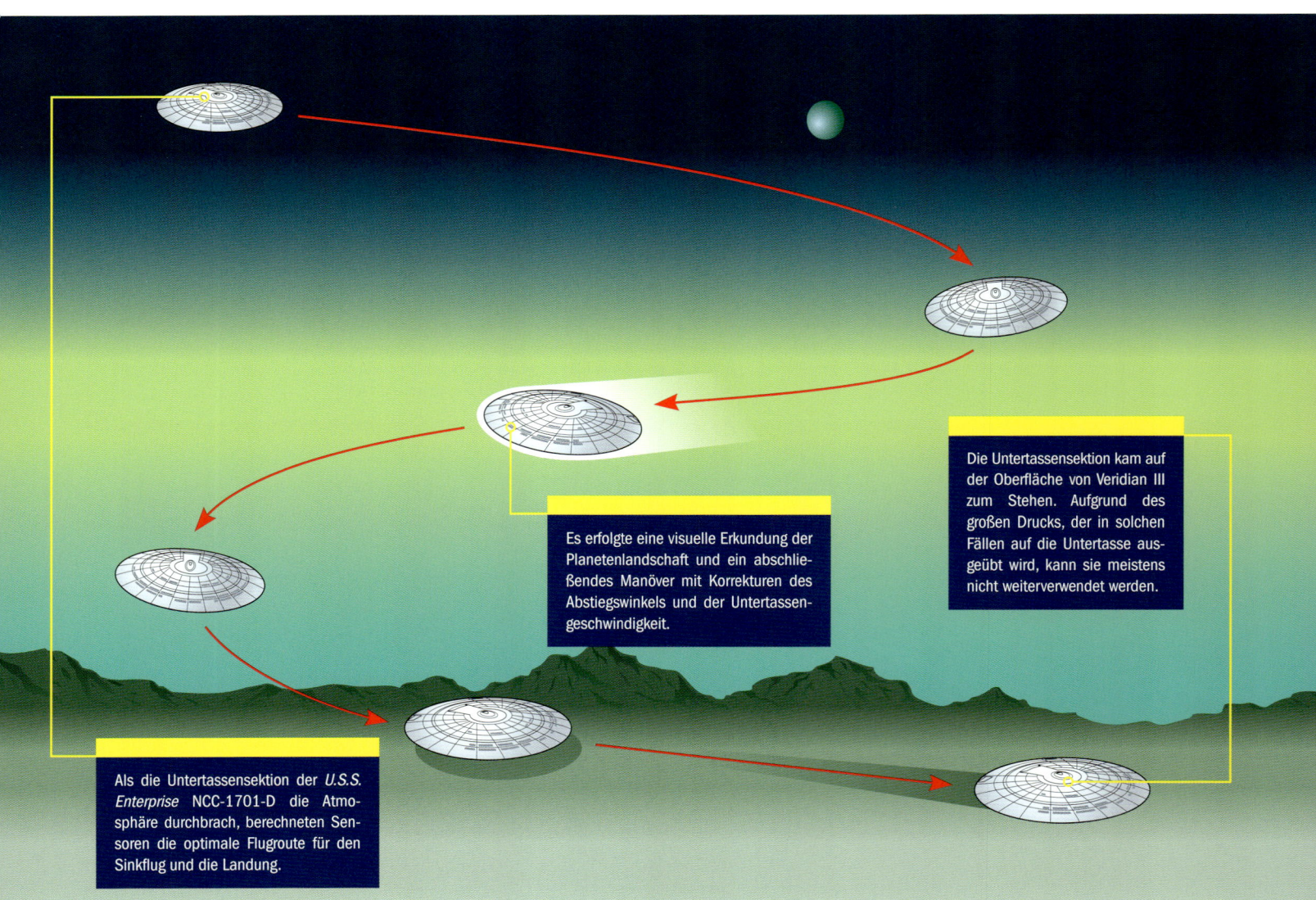

Als die Untertassensektion der *U.S.S. Enterprise* NCC-1701-D die Atmosphäre durchbrach, berechneten Sensoren die optimale Flugroute für den Sinkflug und die Landung.

Es erfolgte eine visuelle Erkundung der Planetenlandschaft und ein abschließendes Manöver mit Korrekturen des Abstiegswinkels und der Untertassengeschwindigkeit.

Die Untertassensektion kam auf der Oberfläche von Veridian III zum Stehen. Aufgrund des großen Drucks, der in solchen Fällen auf die Untertasse ausgeübt wird, kann sie meistens nicht weiterverwendet werden.

BRUCHLANDUNG

Die Enterprise trug beim Kampf gegen einen klingonischen Bird-of-Prey schwere Schäden davon.

Die Besatzung begab sich in das Untertassenmodul, woraufhin der Trennungsvorgang eingeleitet wurde.

Die Untertasse wurde durch die Druckwelle der Antriebssektion in Richtung des Planeten geschleudert.

Die Untertasse blieb intakt, obwohl sie mit hoher Geschwindigkeit aufschlug.

Die Besatzung setzte einen Notruf ab und wartete auf ihre Rettung.

U.S.S. ENTERPRISE NCC-1701-D

HAUPT-MASCHINENRAUM

Auf Schiffen der *Galaxy*-Klasse wie der *U.S.S. Enterprise* NCC-1701-D befand sich der Hauptmaschinenraum auf Deck 36 der Antriebssektion und diente als Kontrollzentrum für die Triebwerke und technischen Systeme.

Die Hauptmaschinenraumsektion der *U.S.S. Enterprise* NCC-1701-D fungierte als primäres Kontrollzentrum für die Warp- und Impulsantriebe des Schiffs und die dazugehörigen technischen Systeme. Sie befand sich tief im Inneren der Antriebssektion, sodass sie im Falle eines Angriffs oder einer Beschädigung des Schiffs maximalen Schutz genoss. Bei einem Notfall konnte der Hauptmaschinenraum als Ersatzkontrollzentrum verwendet werden. Die Arbeitsstationen konnten mühelos rekonfiguriert werden, um mit ihnen die meisten wesentlichen Brückenfunktionen zu steuern.

Der Warpkern verlief durch den von der Materie-Antimaterie-Reaktionseinheit beherrschten Raum. Der Bereich rund um den Warpkern bestand aus zwei Ebenen, wobei die obere Ebene über eine Leiter oder eine offene Liftplattform erreicht werden konnte. Der Bereich unmittelbar vor dem Warpkern war als Büro des Chefingenieurs vorgesehen. Ein speziell verstärktes Fenster ermöglichte es dem Chefingenieur, den Warpkern visuell zu überwachen. Die Computerterminals duplizierten die meisten wichtigen Anzeigen im Hauptmaschinenraum.

Im Falle eines Versagens der Warpkerneindämmung konnte der Hauptmaschinenraum mit zwei Isolationstüren vom Reaktionskern abgeschottet werden. Eindämmungskraftfelder rund um den Warpkern sorgten für weiteren Schutz. In extremen Situationen konnte das gesamte Materie-Antimaterie-System ins All geschossen werden.

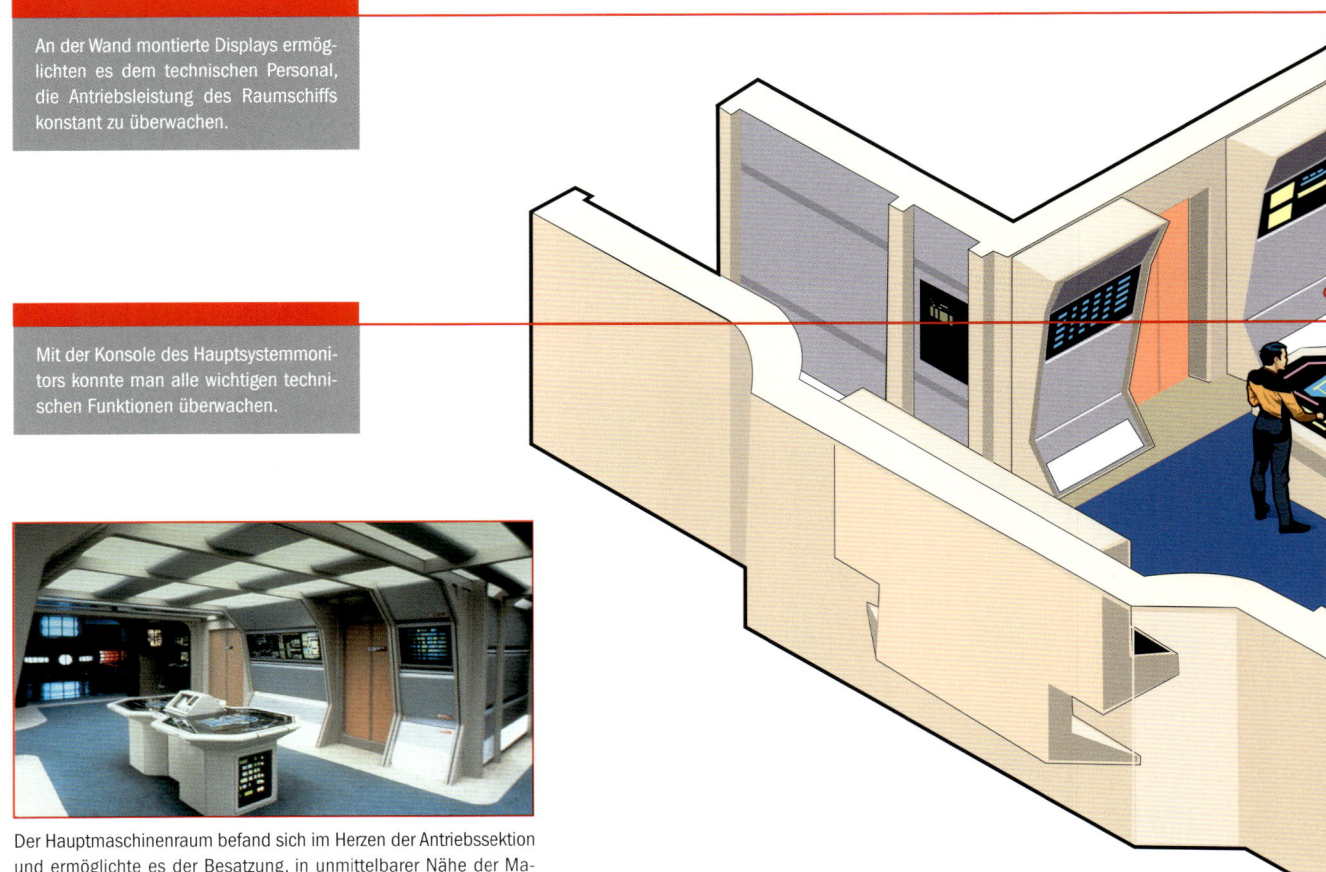

An der Wand montierte Displays ermöglichten es dem technischen Personal, die Antriebsleistung des Raumschiffs konstant zu überwachen.

Mit der Konsole des Hauptsystemmonitors konnte man alle wichtigen technischen Funktionen überwachen.

Der Hauptmaschinenraum befand sich im Herzen der Antriebssektion und ermöglichte es der Besatzung, in unmittelbarer Nähe der Materie-Antimaterie-Reaktionskammer zu arbeiten.

HAUPTMASCHINENRAUM

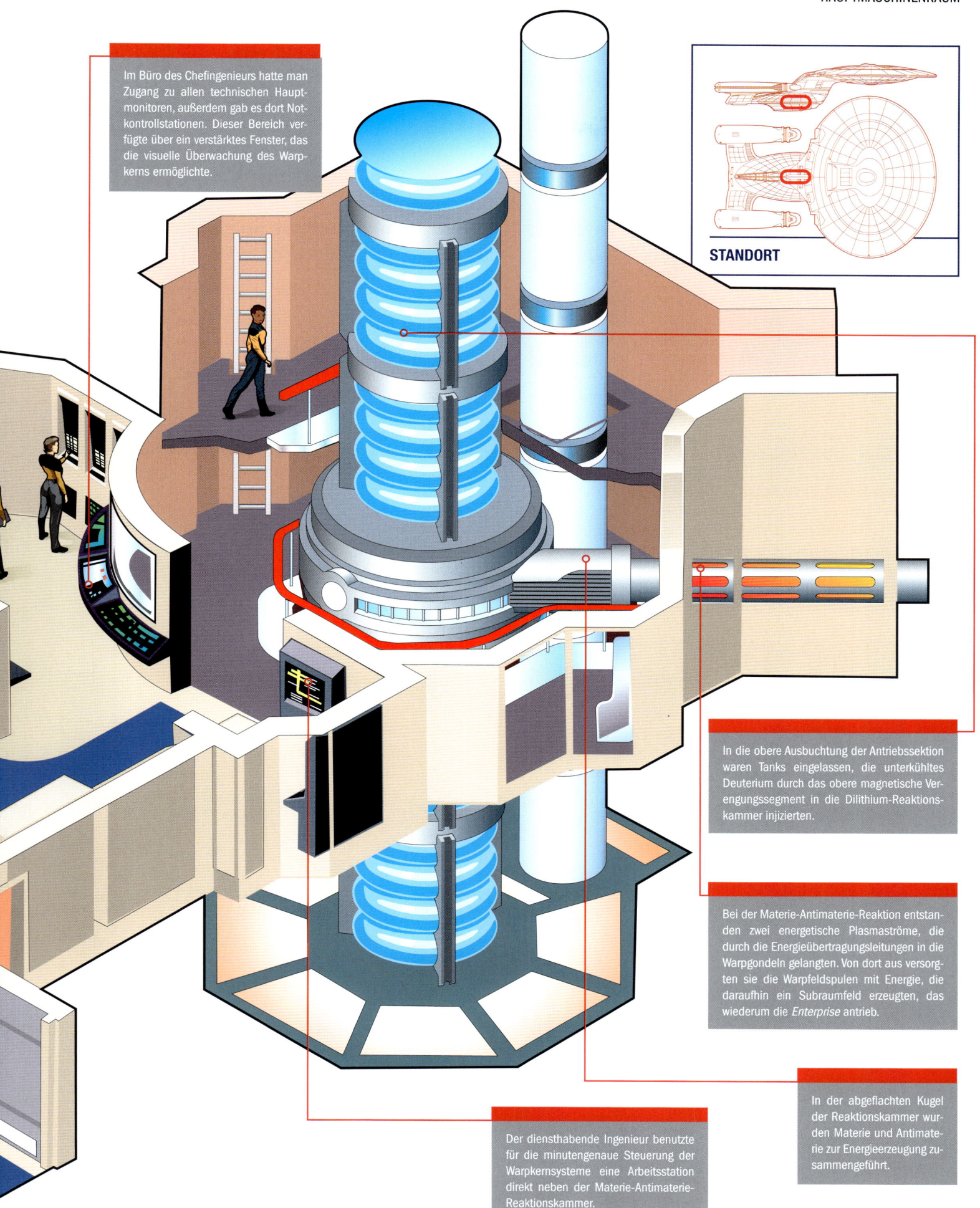

Im Büro des Chefingenieurs hatte man Zugang zu allen technischen Hauptmonitoren, außerdem gab es dort Notkontrollstationen. Dieser Bereich verfügte über ein verstärktes Fenster, das die visuelle Überwachung des Warpkerns ermöglichte.

STANDORT

In die obere Ausbuchtung der Antriebssektion waren Tanks eingelassen, die unterkühltes Deuterium durch das obere magnetische Verengungssegment in die Dilithium-Reaktionskammer injizierten.

Bei der Materie-Antimaterie-Reaktion entstanden zwei energetische Plasmaströme, die durch die Energieübertragungsleitungen in die Warpgondeln gelangten. Von dort aus versorgten sie die Warpfeldspulen mit Energie, die daraufhin ein Subraumfeld erzeugten, das wiederum die Enterprise antrieb.

In der abgeflachten Kugel der Reaktionskammer wurden Materie und Antimaterie zur Energieerzeugung zusammengeführt.

Der diensthabende Ingenieur benutzte für die minutengenaue Steuerung der Warpkernsysteme eine Arbeitsstation direkt neben der Materie-Antimaterie-Reaktionskammer.

HAUPTSYSTEM-MONITOR

Fehlfunktionen zu identifizieren und sie zu beheben war essenziell für effizientes Arbeiten an Bord des Schiffs. Der Hauptsystemmonitor verschaffte dem technischen Stab der *Enterprise* zu jeder Zeit den vollen Überblick.

Die große Tischkonsole im Zentrum des Maschinenraums war als Hauptsystemmonitor bekannt. Von hier aus konnten die Schiffsingenieure alle Funktionen der *U.S.S. Enterprise* NCC-1701-D überwachen.

Der Hauptsystemmonitor bestand aus zwei achteckigen Elementen, die zwei separate Arbeitsstationen enthielten. Diese beiden Stationen wurden von einer erhöhten Kontrollkonsole in der Mitte unterteilt.

ABSOLUTE EFFIZIENZ

Die Konsole konnte doppelt belegt werden, was es zwei Technikern erlaubte, an ihren jeweiligen Aufgaben simultan zu arbeiten, während die größeren Konsolentafeln an den Wänden im Hauptmaschinenraum für den restlichen Stab frei blieben. In einer Notfallsituation konnte der Hauptsystemmonitor schnell rekonfiguriert werden, um die Flugkontrolle des Raumschiffs zu übernehmen.

VIELSEITIGE KONTROLLEN

Die Kontrollfunktionen der Konsole waren äußerst vielseitig. Sie boten komplette diagnostische Informationen über den allgemeinen Betriebszustand des Raumschiffs. Das System konnte außerdem dazu verwendete werden, laufende Experimente auf dem Schiff zu überwachen und zu beobachten.

Im Falle einer extremen Notsituation konnte vom Hauptsystemmonitor aus ebenfalls die Selbstzerstörungssequenz aktiviert werden, obwohl diese nur durch die beiden höchstrangigen Offiziere ausgelöst werden konnte, nicht vom technischen Stab.

TISCHKONSOLE

Die Tischeinheit in der Mitte des Maschinenraums versetzte das Personal in die Lage, schnell den Status der wichtigsten Systeme und Geräte zu analysieren. Mögliche Anomalien konnten somit identifiziert und geeignete Maßnahmen zur Lösung des Problems eingeleitet werden.

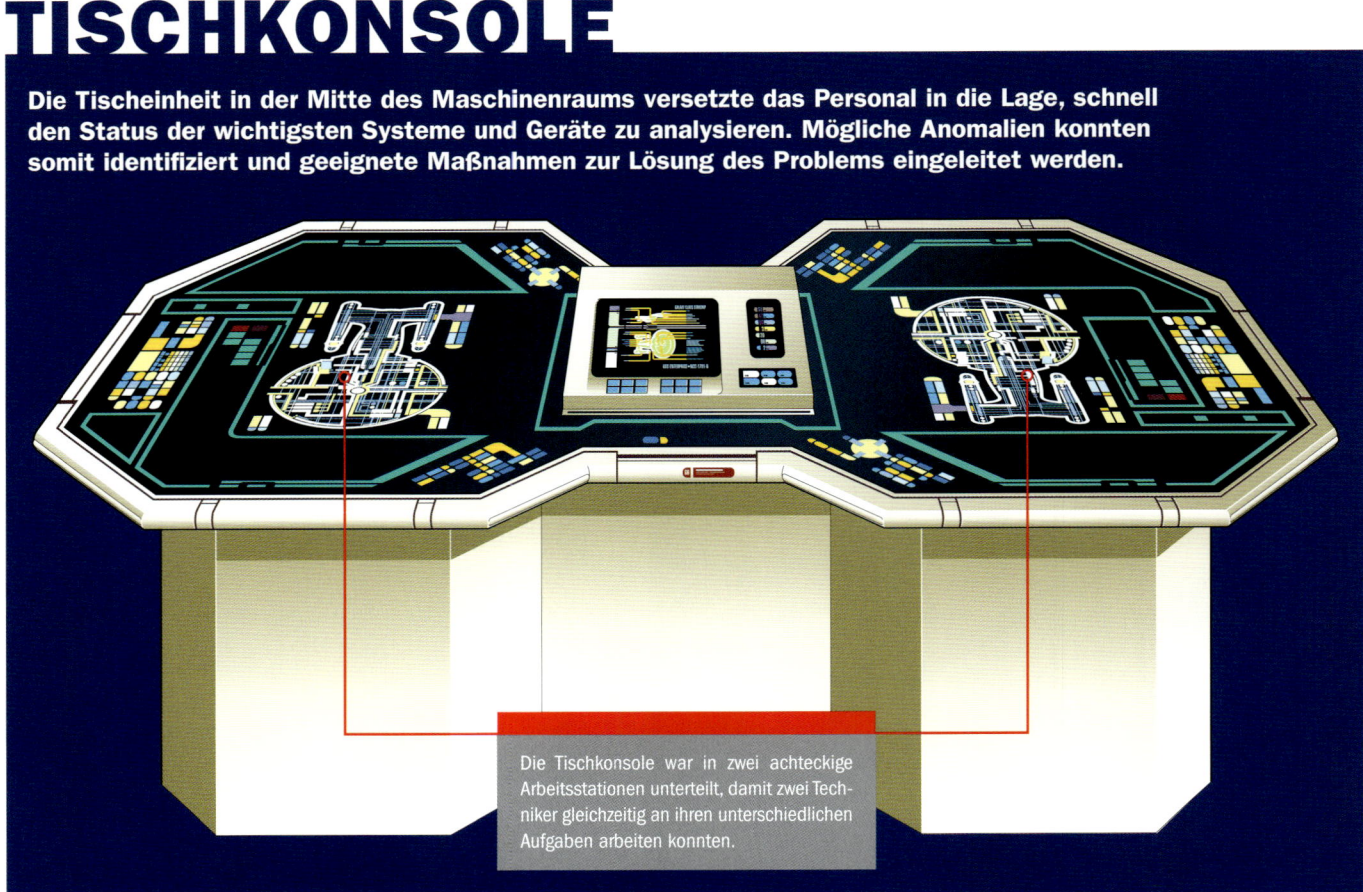

Die Tischkonsole war in zwei achteckige Arbeitsstationen unterteilt, damit zwei Techniker gleichzeitig an ihren unterschiedlichen Aufgaben arbeiten konnten.

HAUPTSYSTEMMONITOR

ZENTRALE KONSOLE

Die erhöhte Kontrollkonsole in der Mitte des Hauptsystemmonitors konnte für Notfallkommandos wie die Selbstzerstörungssequenz genutzt werden. Aus Sicherheitsgründen war sie zudem mit einem Handabdruckscanner ausgestattet.

Befehle konnten per Schaltfläche an der Seite der Konsole eingegeben werden.

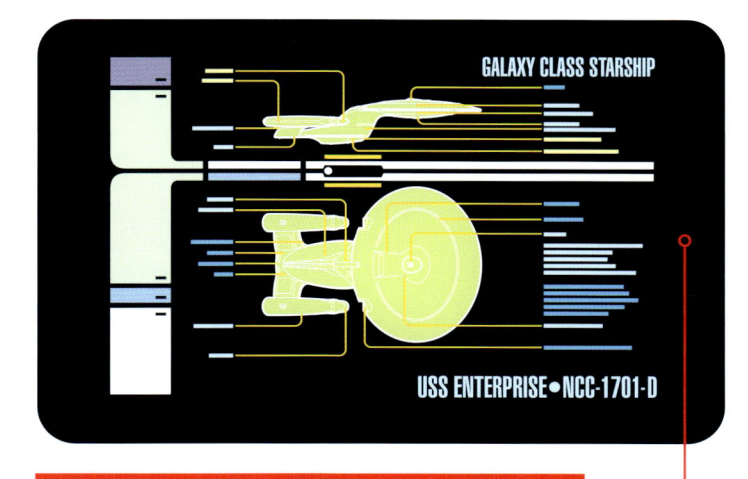

GALAXY CLASS STARSHIP

USS ENTERPRISE • NCC-1701-D

Das Display im Zentrum der Konsole informierte über den Status verschiedener Schlüsselsysteme. Die Informationen waren mit denen auf dem Hauptsystemmonitor vergleichbar.

Der Hauptsystemmonitor bot dem technischen Stab Zugang von allen Seiten.

Die Displays auf der Konsole zeigten normalerweise eine schematische Darstellung des Schiffs. Das Personal konnte dann mit verschiedenen Zoomstufen arbeiten, um jeden Bereich im Detail zu betrachten.

Jeweils zwei Techniker waren in der Lage, eine Vielzahl von Aufgaben an den beiden Arbeitsstationen zu verrichten, sodass die spezifizierten Anzeigen vom restlichen Personal überwacht werden konnten.

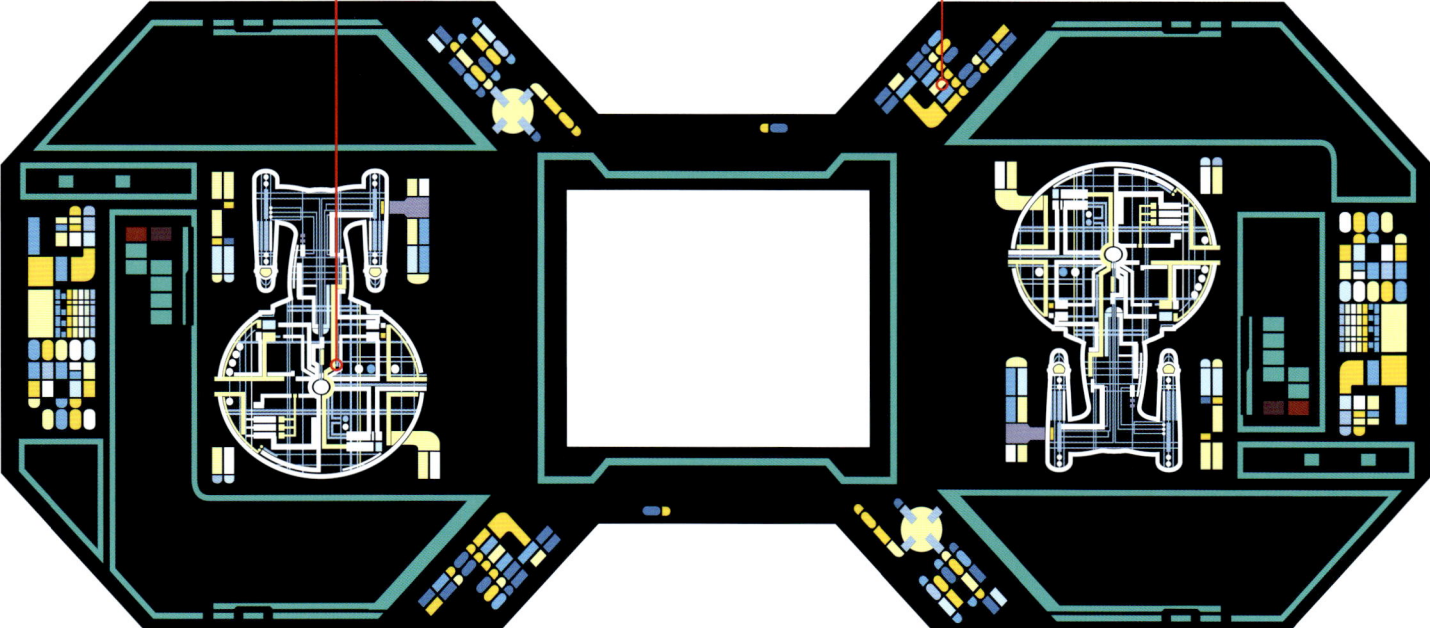

WARP-TRIEBWERKE

Ein Warpantrieb verzerrt das Raum-Zeit-Kontinuum, drückt ein Schiff in den Subraum und reduziert dadurch seine scheinbare Masse. Raumschiffe der *Galaxy*-Klasse konnten Warp 9,6 für zwölf Stunden aufrechterhalten.

Sobald die effektive Masse eines Schiffs reduziert ist, kann es die Beschränkungen von Einsteins allgemeiner Relativitätstheorie ($E = mc^2$ oder Energie = Masse multipliziert mit der Lichtgeschwindigkeit zum Quadrat) überwinden und eine Geschwindigkeit erreichen, die schneller als das Licht (c) ist.

Nach dem Modell von Zefram Cochrane gelingt den Warptriebwerken der Föderationsschiffe der Übergang in den Subraum, indem sie eine Materie-Antimaterie-Reaktion erzeugen, bei der eine Reihe von Warpfeldern entsteht, die aufeinander Druck ausüben. Die Materie-Antimaterie-Reaktion findet im Warpkern statt, die Warpfelder werden in den Gondeln erzeugt.

Der Warpantrieb eines Schiffs besteht aus drei separaten Elementen: einer Materie-Antimaterie-Reaktionseinheit (allgemein als Warpkern bekannt), Energieübertragungsleitungen und den Warpgondeln.

Der Warpkern erzeugt nicht nur Energie für die Antriebssysteme des Schiffs, sondern auch für alle anderen Systeme. Er fungiert somit als Hauptenergiegenerator.

Vereinfacht ausgedrückt verbrennt der Warpkern Deuterium, um Gase zu erzeugen, die dann mit Antimaterie in Form von Antiwasserstoff zusammengepresst werden. Dilithium-Kristalle steuern diese Reaktion und erzeugen einen Plasmastrom, der geteilt und zu den Warpgondeln geleitet wird.

In den Gondeln regt das Plasma die aus Verteriumcortenid bestehenden Warpfeldspulen an. Wenn diese Substanz mit Energie versorgt wird, verschieben sich die Energiefrequenzen des Plasmas in den Subraum und erzeugen Warpfelder.

Gemeinsam erzeugen die Gondeln ein mehrschichtiges Warpfeld, das sich um das Schiff legt. Raumschiffe überschreiten die Lichtgeschwindigkeit, indem sie dieses Feld beeinflussen.

Die Feldspulen in den Gondeln sind in Reihen angeordnet, sodass sie separate Schichten aus Warpfeldenergie erzeugen, die sich ineinander verschachteln, wobei jede Schicht kontrollierten Druck auf ihren äußeren Nachbarn ausübt. Die kumulative Kraft der verschachtelten Felder treibt das Schiff an. Diesen Effekt bezeichnet man als asymmetrische peristaltische Feldmanipulation (APFM).

ENERGIEÜBERTRAGUNG

Wenn sich die Feldschichten von den Gondeln ausdehnen, unterliegen sie einer raschen Kraftkopplung und -entkopplung; sie übertragen gleichzeitig Energie und trennen sich von der vorherigen Schicht mit Geschwindigkeiten zwischen 0,5 c und 0,9 c. Bei der Kraftkopplung der Felder geht die abgestrahlte Energie in den Subraum über, wodurch die Masse des Raumschiffs effektiv reduziert wird. Dies bringt die Einstein'sche Formel aus dem Gleichgewicht und ermöglicht es einem Schiff, die Beschränkungen der allgemeinen Relativitätstheorie zu überwinden. Da die Masse des Schiffs reduziert wurde, kann nun ausreichend Energie erzeugt werden, um über die Lichtgeschwindigkeit hinaus zu beschleunigen.

Die Warpfeldspulen werden in sequentieller Reihenfolge von vorne nach hinten angeregt. Je öfter die Spulen angeregt werden, desto mehr Felder erzeugen sie und desto höher fällt die Warpgeschwindigkeit aus.

MANÖVRIEREN BEI WARPGESCHWINDIGKEIT

Die meisten Schiffe verwenden zwei Warpgondeln, damit sie zwei ausgeglichene Felder erzeugen können, die miteinander interagieren. Man manövriert das Schiff, indem man die Geometrie des Warpfelds verändert, wodurch sich das Gleichgewicht der ausgeübten Kräfte ändert und die Richtung des Schiffs modifiziert wird.

Warpfelder werden nach dem Ausmaß der von ihnen erzeugten Subraumspannung gemessen; Feldspannungen werden in Cochrane angegeben. Felder, die unter Warp 1 liegen, misst man in tausendfach kleineren Einheiten, Millicochrane. Ein Feld von einem Cochrane oder größer wird oft als Warpfeld bezeichnet.

Die Warpskala ist so angelegt, dass Warp 10 einer unendlichen Geschwindigkeit entspricht. Theoretisch würde ein Schiff bei dieser Geschwindigkeit jeden Punkt im Universum gleichzeitig einnehmen.

Warptriebwerke werden von einer Materie-Antimaterie-Reaktionseinheit, die allgemein als Warpkern bezeichnet wird, mit Energie versorgt. Sie erzeugt durch die kontrollierte Vermischung von Deuterium und Antiwasserstoff Warpplasma.

WARPTRIEBWERKE

WARPGESCHWINDIGKEIT/WARPENERGIE

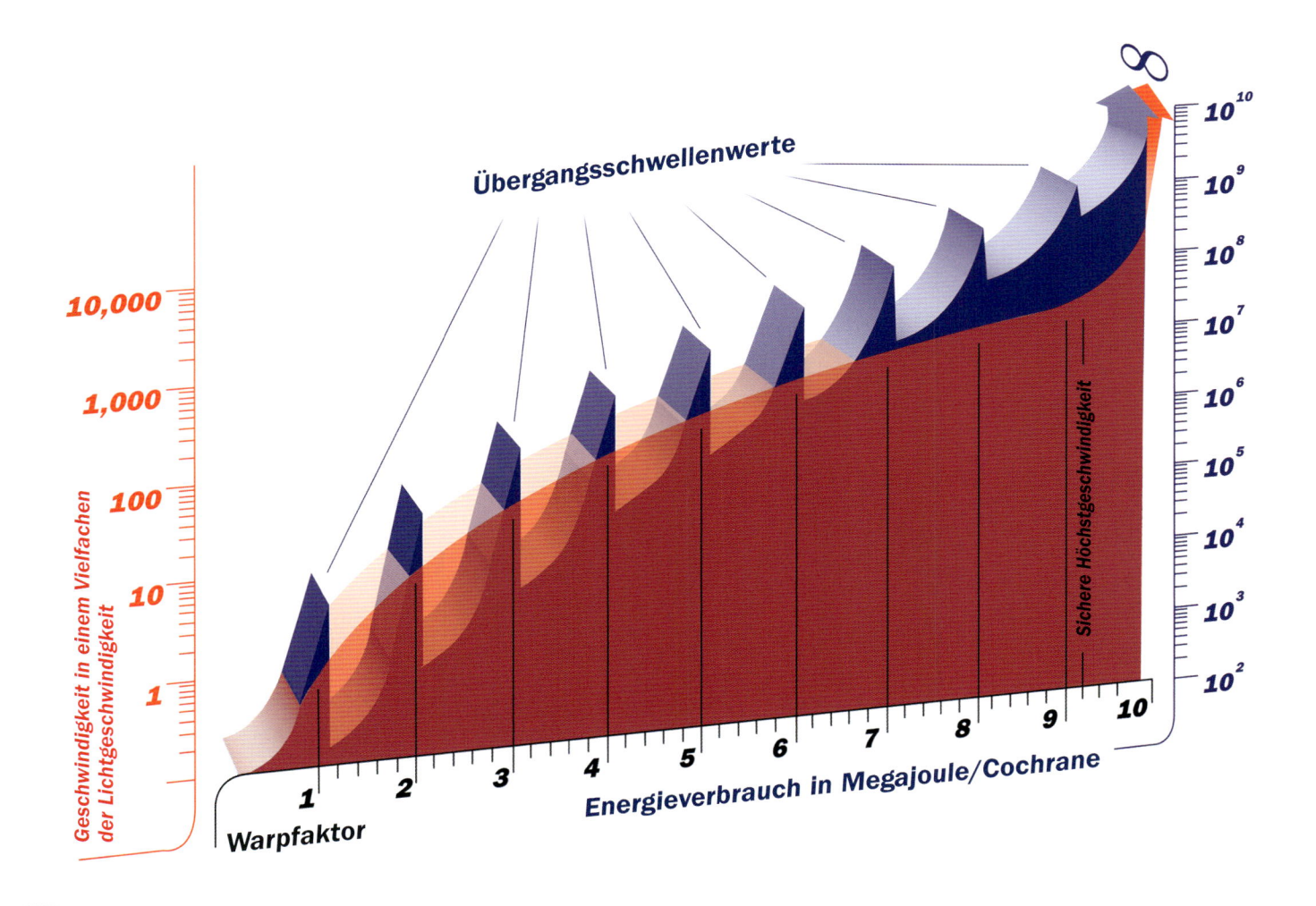

Übergangsschwellenwerte

Geschwindigkeit in einem Vielfachen der Lichtgeschwindigkeit: 1, 10, 100, 1,000, 10,000

Warpfaktor: 1, 2, 3, 4, 5, 6, 7, 8, 9, 10

Energieverbrauch in Megajoule/Cochrane: $10^2, 10^3, 10^4, 10^5, 10^6, 10^7, 10^8, 10^9, 10^{10}$

Sichere Höchstgeschwindigkeit

Die aktuelle Warpgeschwindigkeitstabelle wurde so gestaltet, dass Warp 1 der Lichtgeschwindigkeit (c) und Warp 10 der unendlichen Geschwindigkeit entspricht. Die Sternenflotte verwendete im 23. Jahrhundert eine andere Tabelle: Geschwindigkeiten von Warp 6 auf dieser alten Skala entsprechen Geschwindigkeiten von ungefähr Warp 5. Der Energiebedarf erreicht seinen Höhepunkt, wenn die Grenze zwischen den Warpfaktoren überschritten wird. Dann geht er zurück und nimmt vor der nächsten Grenze erneut zu. Je näher die Grafik Warp 10 kommt, desto höher wird der Energiebedarf, bis er an unendlich (∞) grenzt.

Auf der Erde wurde der Warpantrieb von Zefram Cochrane, einem Wissenschaftler des 21. Jahrhunderts, entwickelt. Er revolutionierte die Physik, indem er bewies, dass ein Schiff durch die Verzerrung des Raum-Zeit-Kontinuums schneller als das Licht reisen kann.

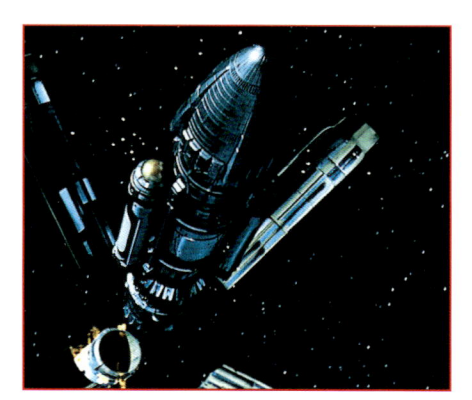

Cochrane absolvierte den ersten erfolgreichen Warpflug am 5. April 2063. Sein Schiff, die Phoenix, unternahm nur einen winzigen Warpsprung, aber der führte zum ersten Kontakt der Menschheit mit Außerirdischen und leitete eine Ära der interstellaren Erkundung ein.

Die Materie-Antimaterie-Reaktion findet in einer Kammer im Zentrum des Warpkerns statt. Die Materie wird von oben in die Kammer injiziert, die Antimaterie von unten. Die Reaktion wird durch Dilithium gesteuert, die einzig bekannte Substanz, die nicht mit Antimaterie reagiert.

Wenn sich ein Warpfeld der Belastungsgrenze nähert, die zur Erreichung dieser Geschwindigkeit nötig ist, steigt der Energiebedarf dramatisch an und die Effizienz des Warpantriebs sinkt.

Viele Jahre lang glaubte die Sternenflotte, dass es praktisch unmöglich sei, Warp 10 zu erreichen, aber einem experimentellen Antrieb, der von der Besatzung der U.S.S. Voyager NCC-74656 entwickelt wurde, scheint dies gelungen zu sein. Leider erwies sich diese Technologie als extrem gefährlich und die Materialien, die zum Bau des Antriebs benötigt werden, sind nicht ohne Weiteres verfügbar.

Geschwindigkeiten unterhalb von Warp 10 steigen exponentiell an. Bei Warp 1 fliegt ein Schiff mit 1 c, bei Warp 4 bereits mit 102 c und bei Warp 9 mit 1.516 c.

Die Kurve wird im Bereich von Warp 9,9 extrem steil und es sind enorme Geschwindigkeitssteigerungen nötig, um von Warp 9,91 auf Warp 9,92 zu kommen. In einigen seltenen Fällen haben Raumschiffe unglaubliche, sogar intergalaktische Entfernungen in wenigen Sekunden zurückgelegt. Diese Reisen fanden wahrscheinlich im Bereich von Warp 9,9999999996 statt, aber die Föderationswissenschaft kann keine Geschwindigkeiten messen, die sich diesem Bereich annähern.

Das Überschreiten der Warpgeschwindigkeitsgrenze (d. h. der Aufbau eines Felds von einem Cochrane) erfordert eine unverhältnismäßig große Menge Energie. Sobald die Warpschwelle überschritten ist, sinkt der Energiebedarf zur Aufrechterhaltung des Felds. Die meisten Föderationsschiffe bewegen sich im Bereich von Warp 6 und können für eine begrenzte Zeit Geschwindigkeiten oberhalb von Warp 9 erreichen. Zum Beispiel sind Raumschiffe der Galaxy-Klasse in der Lage, zwölf Stunden lang mit Warp 9,6 zu fliegen.

Dank technologischer Fortschritte verschieben sich die Obergrenzen der Warpgeschwindigkeitsskala zwar immer weiter, doch der stark ansteigende Energiebedarf wird signifikante Steigerungen wahrscheinlich verhindern. Es ist anzunehmen, dass man für höhere Geschwindigkeiten andere Technologien benötigen wird.

Die Form des Schiffsrumpfs sorgt dafür, dass sich Warpgeschwindigkeiten einfacher erreichen lassen, und beeinflusst außerdem die Geometrie des Felds.

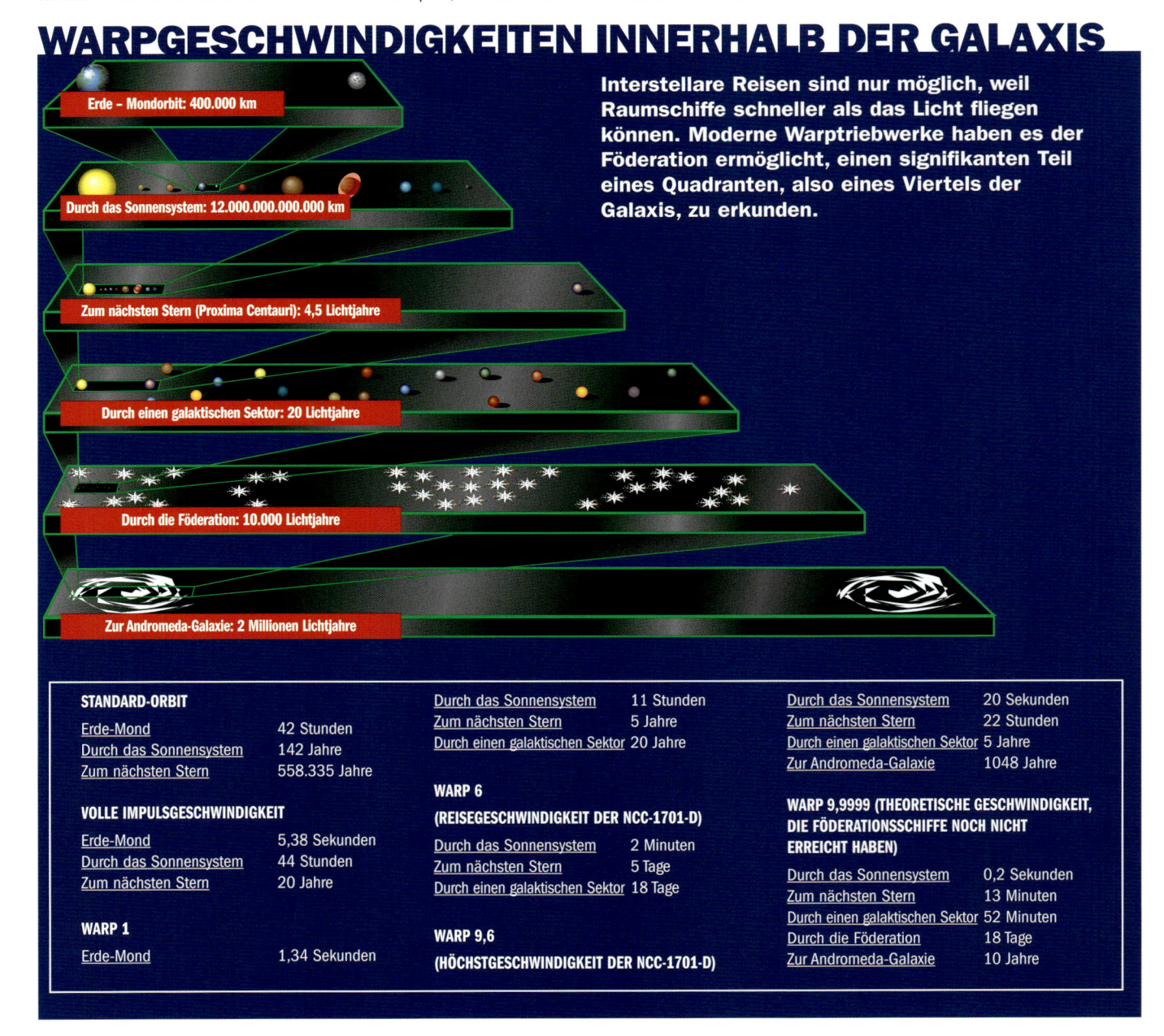

WARPGESCHWINDIGKEITEN INNERHALB DER GALAXIS

Erde – Mondorbit: 400.000 km

Durch das Sonnensystem: 12.000.000.000.000 km

Zum nächsten Stern (Proxima Centauri): 4,5 Lichtjahre

Durch einen galaktischen Sektor: 20 Lichtjahre

Durch die Föderation: 10.000 Lichtjahre

Zur Andromeda-Galaxie: 2 Millionen Lichtjahre

Interstellare Reisen sind nur möglich, weil Raumschiffe schneller als das Licht fliegen können. Moderne Warptriebwerke haben es der Föderation ermöglicht, einen signifikanten Teil eines Quadranten, also eines Viertels der Galaxis, zu erkunden.

STANDARD-ORBIT

Erde-Mond	42 Stunden
Durch das Sonnensystem	142 Jahre
Zum nächsten Stern	558.335 Jahre

VOLLE IMPULSGESCHWINDIGKEIT

Erde-Mond	5,38 Sekunden
Durch das Sonnensystem	44 Stunden
Zum nächsten Stern	20 Jahre

WARP 1

Erde-Mond	1,34 Sekunden

Durch das Sonnensystem	11 Stunden
Zum nächsten Stern	5 Jahre
Durch einen galaktischen Sektor	20 Jahre

WARP 6
(REISEGESCHWINDIGKEIT DER NCC-1701-D)

Durch das Sonnensystem	2 Minuten
Zum nächsten Stern	5 Tage
Durch einen galaktischen Sektor	18 Tage

WARP 9,6
(HÖCHSTGESCHWINDIGKEIT DER NCC-1701-D)

Durch das Sonnensystem	20 Sekunden
Zum nächsten Stern	22 Stunden
Durch einen galaktischen Sektor	5 Jahre
Zur Andromeda-Galaxie	1048 Jahre

WARP 9,9999 (THEORETISCHE GESCHWINDIGKEIT, DIE FÖDERATIONSSCHIFFE NOCH NICHT ERREICHT HABEN)

Durch das Sonnensystem	0,2 Sekunden
Zum nächsten Stern	13 Minuten
Durch einen galaktischen Sektor	52 Minuten
Durch die Föderation	18 Tage
Zur Andromeda-Galaxie	10 Jahre

ANTRIEBSSYSTEME

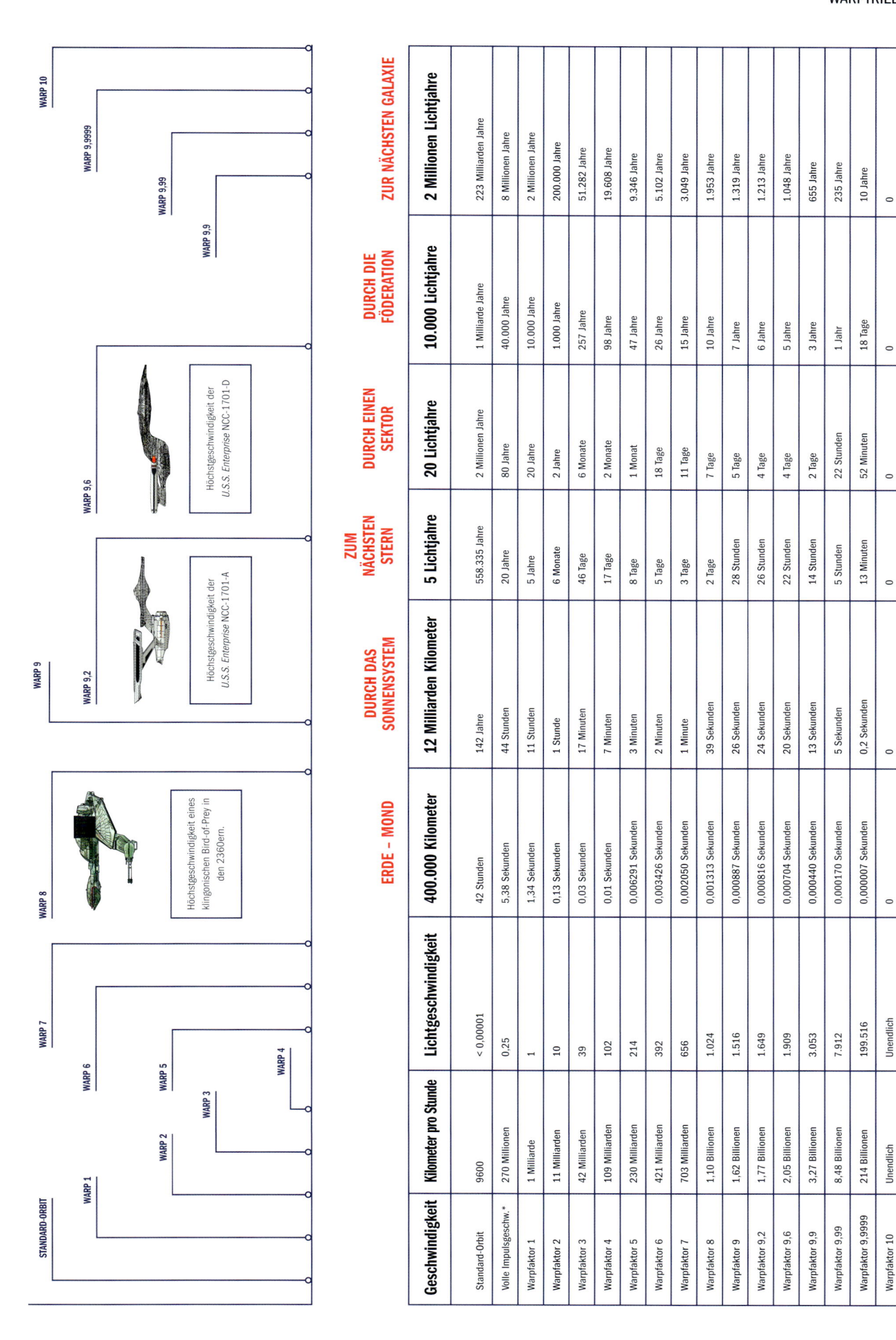

WARPTRIEBWERKE

STANDARD-ORBIT
WARP 1
WARP 2
WARP 3
WARP 4
WARP 5
WARP 6
WARP 7
WARP 8
WARP 9
WARP 9,2
WARP 9,6
WARP 9,9
WARP 9,99
WARP 9,9999
WARP 10

Höchstgeschwindigkeit eines klingonischen Bird-of-Prey in den 2360ern.

Höchstgeschwindigkeit der U.S.S. Enterprise NCC-1701-A

Höchstgeschwindigkeit der U.S.S. Enterprise NCC-1701-D

Geschwindigkeit	Kilometer pro Stunde	Lichtgeschwindigkeit	ERDE – MOND 400.000 Kilometer	DURCH DAS SONNENSYSTEM 12 Milliarden Kilometer	ZUM NÄCHSTEN STERN 5 Lichtjahre	DURCH EINEN SEKTOR 20 Lichtjahre	DURCH DIE FÖDERATION 10.000 Lichtjahre	ZUR NÄCHSTEN GALAXIE 2 Millionen Lichtjahre
Standard-Orbit	9600	< 0,00001	42 Stunden	142 Jahre	558.335 Jahre	2 Millionen Jahre	1 Milliarde Jahre	223 Milliarden Jahre
Volle Impulsgeschw.*	270 Millionen	0,25	5,38 Sekunden	44 Stunden	20 Jahre	80 Jahre	40.000 Jahre	8 Millionen Jahre
Warpfaktor 1	1 Milliarde	1	1,34 Sekunden	11 Stunden	5 Jahre	20 Jahre	10.000 Jahre	2 Millionen Jahre
Warpfaktor 2	11 Milliarden	10	0,13 Sekunden	1 Stunde	6 Monate	2 Jahre	1.000 Jahre	200.000 Jahre
Warpfaktor 3	42 Milliarden	39	0,03 Sekunden	17 Minuten	46 Tage	6 Monate	257 Jahre	51.282 Jahre
Warpfaktor 4	109 Milliarden	102	0,01 Sekunden	7 Minuten	17 Tage	2 Monate	98 Jahre	19.608 Jahre
Warpfaktor 5	230 Milliarden	214	0,006291 Sekunden	3 Minuten	8 Tage	1 Monat	47 Jahre	9.346 Jahre
Warpfaktor 6	421 Milliarden	392	0,003426 Sekunden	2 Minuten	5 Tage	18 Tage	26 Jahre	5.102 Jahre
Warpfaktor 7	703 Milliarden	656	0,002050 Sekunden	1 Minute	3 Tage	11 Tage	15 Jahre	3.049 Jahre
Warpfaktor 8	1,10 Billionen	1.024	0,001313 Sekunden	39 Sekunden	2 Tage	7 Tage	10 Jahre	1.953 Jahre
Warpfaktor 9	1,62 Billionen	1.516	0,000887 Sekunden	26 Sekunden	28 Stunden	5 Tage	7 Jahre	1.319 Jahre
Warpfaktor 9,2	1,77 Billionen	1.649	0,000816 Sekunden	24 Sekunden	26 Stunden	4 Tage	6 Jahre	1.213 Jahre
Warpfaktor 9,6	2,05 Billionen	1.909	0,000704 Sekunden	20 Sekunden	22 Stunden	4 Tage	5 Jahre	1.048 Jahre
Warpfaktor 9,9	3,27 Billionen	3.053	0,000440 Sekunden	13 Sekunden	14 Stunden	2 Tage	3 Jahre	655 Jahre
Warpfaktor 9,99	8,48 Billionen	7.912	0,000170 Sekunden	5 Sekunden	5 Stunden	22 Stunden	1 Jahr	235 Jahre
Warpfaktor 9,9999	214 Billionen	199.516	0,000007 Sekunden	0,2 Sekunden	13 Minuten	52 Minuten	18 Tage	10 Jahre
Warpfaktor 10	Unendlich	Unendlich	0	0	0	0	0	0

In der Theorie würde ein Raumschiff bei Warp 10 alle Punkte im Universum gleichzeitig einnehmen. Unter außergewöhnlichen Umständen wurde dies einmal erreicht.

*Voller Impuls entspricht 1/4 Lichtgeschwindigkeit.

WARPANTRIEBS-SYSTEME

Das Warpantriebssystem der *Enterprise-D* beruhte auf dem effizienten Betrieb der Materie-Antimaterie-Reaktionseinheit und der daraus resultierenden Reaktion, bei der energetisches Plasma erzeugt wurde, das die Warpgondeln mit Energie versorgte.

Das Warpantriebssystem der *Enterprise-D* durchlief während der Planungsphase der *Galaxy*-Klasse mehrere Entwicklungsstadien. Die Antriebsspezifikationen wurden schließlich auf eine normale Reisegeschwindigkeit von Warp 6 bis zur Erschöpfung des Treibstoffs, eine maximale Reisegeschwindigkeit von Warp 9,2 und eine über zwölf Stunden aufrechtzuerhaltende Höchstgeschwindigkeit von Warp 9,6 festgelegt.

WARPREAKTOR

Das Herzstück des Warpantriebssystems der *Enterprise* war die Materie-Antimaterie-Reaktionseinheit (MARE), die oft als Warpreaktor, Warpantriebskern oder Hauptantriebskern bezeichnet wurde. Dieses essentielle System bestand aus vier Untersystemen: den Reaktionsinjektoren, den magnetischen Verengungsinjektoren, der Materie-Antimaterie-Reaktionskammer und den Energieübertragungsleitungen.

Der Materiereaktionsinjektor (MRI) befand sich auf Deck 30 an der Spitze der Anlage, der Antimaterie-Injektor auf Deck 42 am entgegengesetzten Ende der MARE. Beim MRI handelte es sich um eine konische Struktur mit einer Größe von 5,2 x 6,3 Metern. Sie enthielt sechs redundante, über Kreuz gespeiste Injektorensätze. Der MRI erhielt aus dem Hauptdeuteriumtank unterkühltes Deuterium, das in einem Gasfusionsprozess vorverbrannt wurde und dann an die obere magnetische Verengungssektion weitergeleitet wurde. Der Antimaterie-Injektor erinnerte äußerlich zwar an den MRI, funktionierte aber aufgrund der Gefahren, die mit der Injektion von Antiwasserstoff verbunden waren, ganz anders. Intern bestand er aus drei gepulsten Antimaterie-Gasstromseparatoren, mit denen die Injektion von Antiwasserstoff in kontrollierbare Pakete zerlegt wurde, die dann von den Separatoren über Injektordüsen in die magnetischen Verengungssegmente eingespritzt wurden.

Das obere und das untere magnetische Verengungssegment (MVS) sorgten für eine wichtige strukturelle Stärkung des Materie-Antimaterie-Kerns und für eine entsprechende Druckumgebung, die den korrekten Betrieb des Kerns gewährleistete. Gleichzeitig richteten sie die ankommenden Ströme aus Materie und Antimaterie vor deren Vermischung innerhalb der Materie-Antimaterie-Reaktionskammer aus.

Das obere MVS war 18 Meter lang, das untere 12 Meter, beide hatten einen Durchmesser von 2,5 Metern und bestanden aus acht Spannrahmenelementsätzen, zwölf magnetischen, aus hochverdichtetem, formgepresstem Kobalt-Lanthanoid-Boronit konstruierten Verengungsspulsätzen sowie Stromversorgungs- und Steuerungshardware. Die jeweiligen Materie- und Antimaterieströme wurden aus ihren Düsen freigesetzt und in der Y-Achse komprimiert, um für die korrekte Ausrichtung innerhalb der Materie/Antimaterie-Reaktionskammer zu sorgen.

REAKTIONSKAMMER

Die Materie-Antimaterie-Reaktionskammer war 2,3 Meter hoch und hatte einen Durchmesser von 2,5 Meter. Sie bestand aus zwei glockenförmigen Hohlräumen, in denen die Materie-Antimaterie-Reaktion stattfand. Erbaut wurde sie aus zwölf Lagen mit Hafnium-6-Excelion durchsetztem Karbonitrium. Die drei äußeren Schichten wurden zum zusätzlichen Schutz mit Acrossenit-Arkenid verstärkt. Im sogenannten Äquatorialband der Reaktionskammer befand sich der Dilithium-Kristall-Gliederungsrahmen (DKGR). Der Austausch der Kristalle erfolgte über eine gepanzerte Klappe. Die Kammer enthielt etwa 1.200 Kubikzentimeter Dilithium-Kristalle, die bei Materie-Antimaterie-Reaktionen unerlässlich sind, da sie als einzig bekannte Substanz nicht reagieren, wenn sie einem hochfrequenten elektromagnetischen Feld ausgesetzt werden. Der Antiwasserstoff konnte also die »poröse« Struktur der Kristalle durchdringen, ohne sie zu berühren.

Das energetische Plasma, das bei der Materie-Antimaterie-Reaktion entstand, wurde dann in zwei Ströme aufgeteilt und in die Energieübertragungsleitungen gespeist. Diese Leitungen bestanden aus sechs abwechselnd angeordneten Schichten aus bearbeitetem Tritanium und transparentem Aluminium-Borosilikat. Wie auch die magnetischen Verengungselemente sorgten sie dafür, dass das Plasma in der Mitte des Kanals blieb, während es zum Endpunkt des gesamten Antriebssystems – den beiden Warpgondeln – transportiert wurde.

Die normale Reisegeschwindigkeit der Enterprise-D betrug Warp 6. Je nach Missionsanforderung konnte das Schiff der Galaxy-Klasse aber bis auf Warp 9,6 beschleunigen.

WARPANTRIEBSSYSTEME

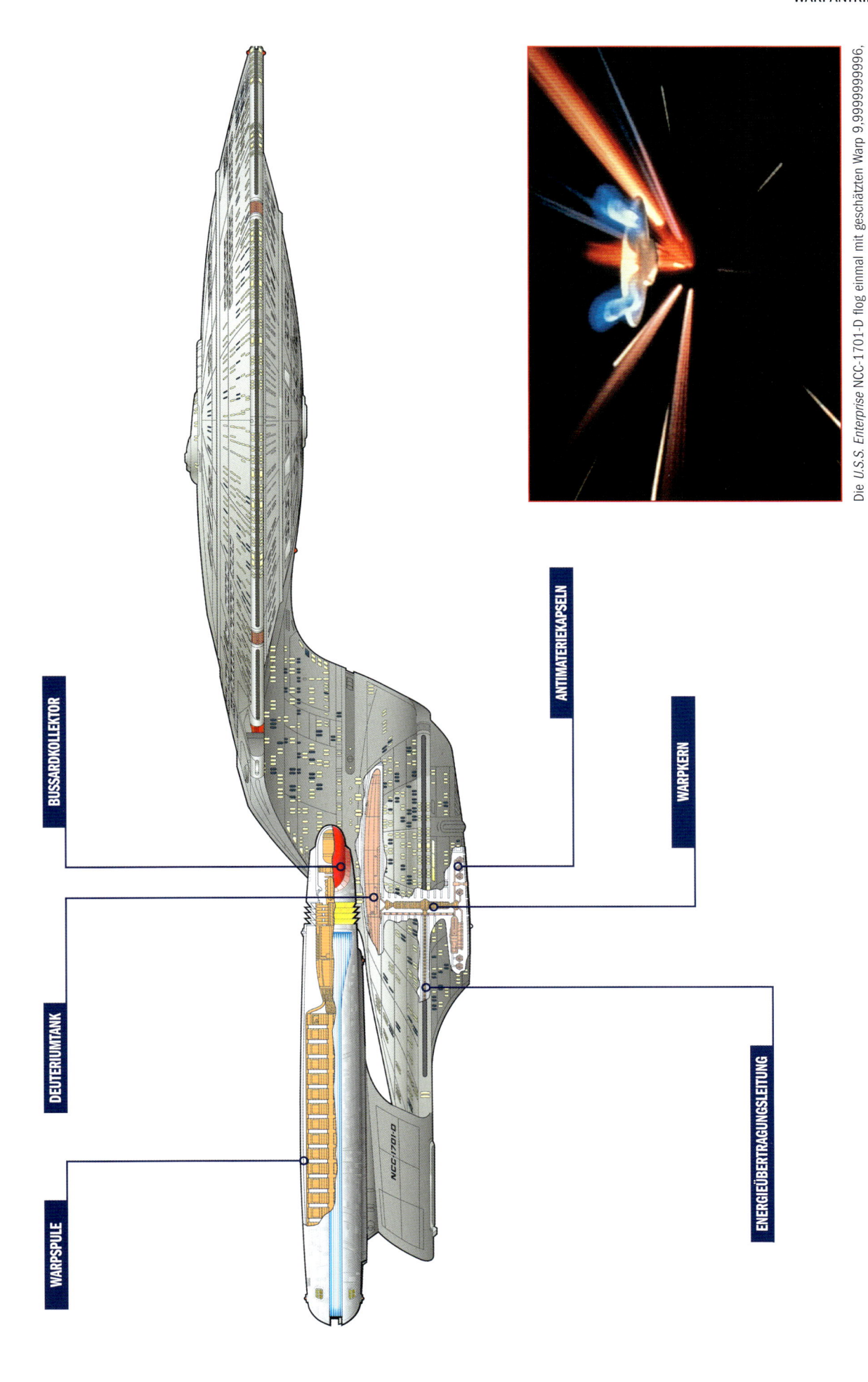

Die U.S.S. *Enterprise* NCC-1701-D flog einmal mit geschätzten Warp 9,9999999996, wodurch ihre intergalaktische Reise nur wenige Minuten dauerte.

- BUSSARDKOLLEKTOR
- DEUTERIUMTANK
- WARPSPULE
- ANTIMATERIEKAPSELN
- WARPKERN
- ENERGIEÜBERTRAGUNGSLEITUNG

WARP-GONDELN

Der kleine zylindrische Plasmainjektor führte den Gondeln Warpplasma zu, damit es von den Warpfeldspulen in jene Energie umgewandelt werden konnte, die die Warpantriebsblase bildete.

Die Warpgondeln der *U.S.S. Enterprise* NCC-1701-D der *Galaxy*-Klasse waren der wichtigste Teil des Antriebssystems. Sie besaßen sogar ihr eigenes System interner Schiffskoordinaten, damit der technische Stab jedes potenzielle Problem genau lokalisieren konnte. Betrieb und Wartung erfolgten vom Warpgondelkontrollraum aus.

KRAFTVOLL UND GEFÄHRLICH

Wie der Rest des Schiffs waren die Gondeln aus Duranium gefertigt. Sie wurden mit 2,5 Meter dickem, gamma-verschweißtem Tritanium überzogen. Dem extrem starken Druck auf die Gondeln wirkte man mit der durch drei Schichten Kobalt-Kortenid ausgekleideten Innenhülle entgegen. Die Energie in den Gondeln war so groß, dass es im Falle einer Fehlfunktion äußerst gefährlich werden konnte. Daher wurden Sicherheitseinrichtungen integriert, um sie in einer Notsituation abzusprengen. In einem solchen Fall wurden die strukturellen Verriegelungen ausgelöst und die Gondeln trieben mit einer Geschwindigkeit von 30 Metern pro Sekunde vom Schiff weg.

Die *Enterprise* besaß zwei Warpgondeln und manövrierte mithilfe leichter Unausgeglichenheiten zwischen den von jeder Gondel produzierten Warpfeldern. Vereinfacht kann man es sich wie bei einem Kajak vorstellen, das nach dem gleichen Prinzip gesteuert wird, indem man auf einer Seite schneller paddelt als auf der anderen.

Auch die symmetrische Anordnung der Gondeln diente der Schaffung dieser Unausgeglichenheiten. Im Falle der Beschädigung einer Gondel hätte der Betrieb einer einzelnen Warpgondel das Schiff buchstäblich in Stücke reißen können. Beide Gondeln befanden sich im Achterbereich des Schiffs und waren mit der Maschinenraumsektion durch lange, geschwungene Pylonen verbunden. So wurden die bewohnten Bereiche der Untertassensektion von den gefährlichen Warpfeldern abgeschirmt.

In den Gondeln wurde das vom Warpkern erzeugte Warpplasma in Antriebsenergie umgewandelt. In Notfällen, wenn das Plasma die Warpgondeln nicht erreichen konnte, konnten die Bussardkollektoren an der Vorderseite jeder Gondel winzige galaktische Materie ansaugen und als alternative Energiequelle nutzen. Die Warpgondeln bestanden aus zwei Hauptkomponenten: dem Plasmainjektionssystem und den Warpfeldspulen. Ein Plasmainjektionssystem befand sich am Ende jeder Energietransferleitung, die das im Maschinenraum erzeugte Plasma zu den Warpfeldspulen leitete, wo es in Energie umgewandelt wurde. Jede Warpfeldspule besaß ihren eigenen Injektor.

PLASMAINJEKTIONSSYSTEM

Die Zündsequenzen der Injektorpaare waren je nach Flugfunktion variabel. Der Öffnungs-Verschluss-Zyklus variierte zwischen 25 und 50 Nanosekunden. Bei niedrigen Warpfaktoren wurden die Injektoren mit niedriger Frequenz gezündet und blieben nur kurz geöffnet, höhere Warpgeschwindigkeiten benötigten höhere Frequenzen und längere Öffnungszeiten. Der längste Zyklus, den ein Injektor gefahrlos geöffnet bleiben konnte, betrug 53 Nanosekunden.

Die Warpfeldspulen erzeugten das eigentliche Warpfeld, das die *Enterprise* antrieb. Das Schiff wurde dabei von einem intensiven und vielschichtigen Feldeffekt umgeben und erreichte durch die Beeinflussung der Form dieses Feldes Überlichtgeschwindigkeit. Jede Gondel war mit 18 Warpfeldspulen bestückt, die zusammengenommen beinahe ein Viertel des Gesamtgewichts des Raumschiffs ausmachten.

Lud man die Warpspulen mit Energie auf, verschob sich durch das Vertium-Kortenid in den äußeren Schichten der Spulen die Energiefrequenz des Plasmas in den Subraumbereich. In den Spulen entstand ein Feld, das nach außen hin abstrahlte. Während sich die Warpfeldschichten aufbauten, übten sie Druck aufeinander aus, wodurch die scheinbare Masse des Raumschiffs verringert und dieses auf Warpgeschwindigkeiten gebracht wurde.

Das Innere der Warpgondeln bestand aus einer Reihe von Verterium-Kortenid-Spulen, die den Raum krümmten, wenn sie durch das Plasma erhitzt wurden. Das Plasma wurde in die Gondeln injiziert, nachdem es im Warpkern erzeugt worden war.

WIE WARPGESCHWINDIGKEIT ENTSTEHT

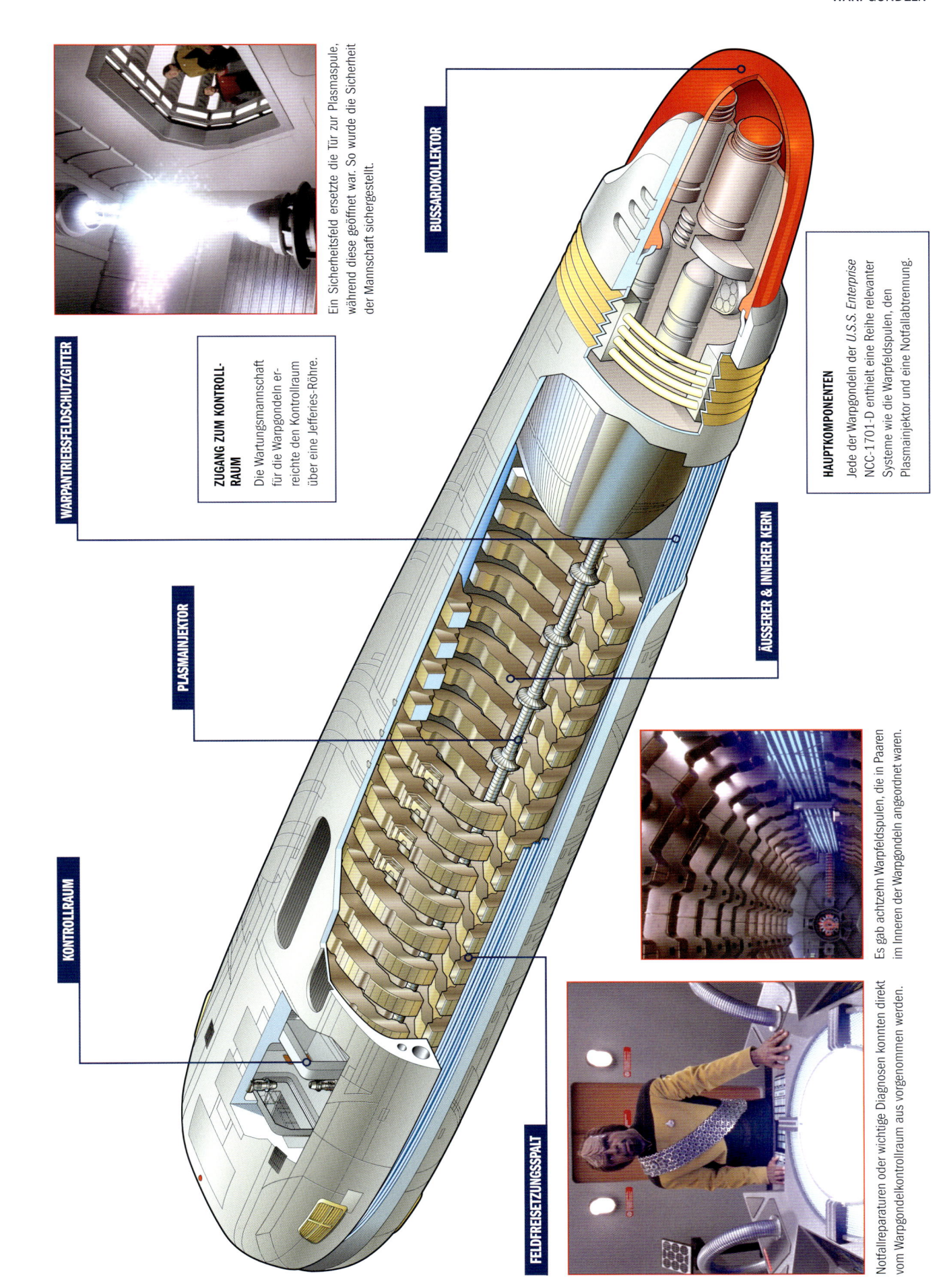

WARPGONDELN

BUSSARDKOLLEKTOR

HAUPTKOMPONENTEN

Jede der Warpgondeln der *U.S.S. Enterprise* NCC-1701-D enthielt eine Reihe relevanter Systeme wie die Warpfeldspulen, den Plasmainjektor und eine Notfallabtrennung.

Ein Sicherheitsfeld ersetzte die Tür zur Plasmaspule, während diese geöffnet war. So wurde die Sicherheit der Mannschaft sichergestellt.

WARPANTRIEBSFELDSCHUTZGITTER

ZUGANG ZUM KONTROLL-RAUM

Die Wartungsmannschaft für die Warpgondeln erreichte den Kontrollraum über eine Jefferies-Röhre.

PLASMAINJEKTOR

ÄUSSERER & INNERER KERN

KONTROLLRAUM

Es gab achtzehn Warpfeldspulen, die in Paaren im Inneren der Warpgondeln angeordnet waren.

FELDFREISETZUNGSSPALT

Notfallreparaturen oder wichtige Diagnosen konnten direkt vom Warpgondelkontrollraum aus vorgenommen werden.

43

WARPGONDEL-KONTROLLRAUM

Die Besatzung der U.S.S. Enterprise NCC-1701-D behielt den Plasmastrom, der die Energie für das Reisen mit Warpgeschwindigkeit zur Verfügung stellte, vom Warpgondelkontrollraum aus im Auge.

Der Warpgondelkontrollraum auf Deck 25 gehörte zu den kleinsten Sektionen eines Schiffs der *Galaxy*-Klasse. Dennoch war es der einzige Ort, an dem man die Quelle des Subraumfelds des Schiffs wirklich sehen konnte: den Plasmastrom.

Auf der U.S.S. Enterprise NCC-1701-D konnte man die Warpgondelkontrollräume durch Jefferies-Röhren auf Deck 25 betreten. Auf allen Schiffen der *Galaxy*-Klasse befanden diese sich stets am hinteren Ende jeder Warpgondel.

KONSTANTE WARPGESCHWINDIGKEIT

Diese kompakten, multifunktionalen Kontrollräume enthielten Einrichtungen zur Wartung und Überwachung. Sie erlaubten es dem Schiffspersonal, den Plasmastrom durch die Energietransferleitungen bis zu den Antriebsgondeln sowie die Spulen der Subraumfeldgeneratoren im Blick zu behalten. Üblicherweise war jeder Warpgondelkontrollraum mit zwei Mitgliedern des technischen Stabs besetzt.

Vom Laufsteg konnte der gesamte Kontrollraum sowie der Plasmastrom eingesehen werden, sofern die Türen geöffnet waren.

*Die **abgeschrägten Seiten** des Kontrollraums spiegelten die Form der Warpgondeln wider, in denen er sich befand.*

Von der Hauptkonsole wurden die meisten Funktionen ausgeführt, wie zum Beispiel auch das Öffnen der Isolationstür zur Injektionskammer.

Die höher gelegene Ebene war über eine Trittleiter zu erreichen, bei der ein dünner Handlauf für Sicherheit bei der Arbeit sorgte. Rote Farbmarkierungen befanden sich auf halber Höhe der Metallpfeiler, die den erhöhten Laufsteg stützten.

Lt. Daniel Kwan führte in einer Doppelschicht eine Überarbeitung der Steuerbordgondel aus. Im Jahr 2370 beging er an dieser Stelle Selbstmord, indem er aufgrund von Halluzinationen in den Plasmastrom sprang.

WARPGONDELKONTROLLRAUM

Die Warpspulen befanden sich normalerweise hinter verschlossenen Türen, die jedoch geöffnet werden konnten, um der Besatzung einen Blick ins Innere der Warpgondeln zu gewähren.

Die kleinen Anzeigefelder an der Stirnseite dieser Konsole gab es seit 2368. Sie leuchteten im Notfall rot.

STANDORTE

Die Arbeitskonsolen entlang der Wand im oberen Bereich wurden im Sitzen bedient. Die Stützträger des Raums trennten dabei jede Konsole von der anderen ab und ermöglichten den diensthabenden Offizieren ein wenig Privatsphäre.

Die Besatzung betrat den Warpgondelkontrollraum auf der unteren Ebene.

45

WARPKERN-ABWURF

Eine ernsthafte Beschädigung des Warpantriebssystems der *Enterprise-D* konnte zu einem katastrophalen Warpkernbruch führen. In so einer ausweglosen Situation konnte man nur noch einen vollständigen Abwurf des Warpkerns einleiten.

Der Warpkern, das Herzstück der Antriebssysteme der *U.S.S. Enterprise* NCC-1701-D, diente dazu, das Schiff sicher und effizient auf Warpgeschwindigkeit zu bringen. Wie viele andere Raumschiffsysteme auch, barg der Antimaterie-Antrieb jedoch Gefahren und eine Beschädigung des Warpantriebssystems, einschließlich eines Warpkernbruchs, war in einer Vielzahl von Einsatzszenarien denkbar.

Nahm ein Warpkernbruch extreme Formen an, konnte der gesamte Kern, inklusive der Antimaterie-Speichereinheiten, aus dem Schiff entfernt werden. Dies war ein letzter Ausweg, der nur gewählt wurde, wenn der Schaden nicht durch das technische Personal eingedämmt und repariert werden konnte. Wenn der Abwurf des Warpkerns als notwendig erachtet wurde, sprengte man die äußeren Platten an der Unterseite des Rumpfs ab. Dadurch konnten der Warpkern und die Antimateriespeicherkapseln rasch abgeworfen und vom Schiff entfernt werden.

MANUELLER ABWURF

Wenn eine Beschädigung des Warpkerns erkennen ließ, dass ein Bruch des Sicherheitskraftfelds wahrscheinlich bevorstand, konnte man einen manuellen Abwurf des Warpkerns einleiten. Dieser wurde normalerweise vom Chefingenieur durchgeführt. Der Abwurf des Warpkerns war die ultimative Sicherheitsmaßnahme, um das Schiff und seine Besatzung zu schützen. Wenn ein Schaden am Warpantriebssystem nicht behoben werden konnte, lösten bestimmte Missionsparameter einen automatischen, vom Hauptcomputer der *Enterprise* initiierten Abwurf des Warpkerns und der Antimateriespeichereinheiten aus. Stand weiterhin Impulskraft zur Verfügung, konnte sich das Schiff vor der Explosion in eine sichere Entfernung begeben. In Kampfsituationen konnte auch ein Selbstzerstörungsbefehl erteilt und der Kern gezielt gesprengt werden.

ZEITSCHLEIFE

Im Jahr 2368 saß die *Enterprise* in der Nähe der Typhon-Ausdehnung in einer Zeitschleife fest. Die wiederholten Zusammenstöße mit der *U.S.S. Bozeman* machten einen Abwurf des Warpkerns notwendig. Bei dieser Gelegenheit waren die Abwurfsysteme jedoch außer Betrieb, sodass der Warpkernabwurf nicht durchgeführt werden konnte. Die Zeitschleife konnte schließlich durchbrochen werden und der Warpkern musste nicht mehr abgeworfen werden.

In bestimmten Situationen wurde der Abwurf des Warpkerns manuell eingeleitet, um ein bestimmtes Ergebnis zu erzielen, zum Beispiel die Versiegelung eines Subraumrisses. Doch auch ein solches Szenario wurde als letzter Ausweg betrachtet, nachdem man alle anderen Möglichkeiten ausgeschöpft hatte.

Bei einem Warpkernbruch wurde die Energie- und Treibstoffzufuhr vor den betroffenen Systemen gestoppt, damit die Besatzung, wenn möglich, die entsprechenden Reparaturen vornehmen konnte.

Wenn der Kern seinen Flammpunkt erreichte, wurde die Lage kritisch und konnte in einem Warpkernabwurf gipfeln.

WARPKERNABWURF

ABWURFVORGANG

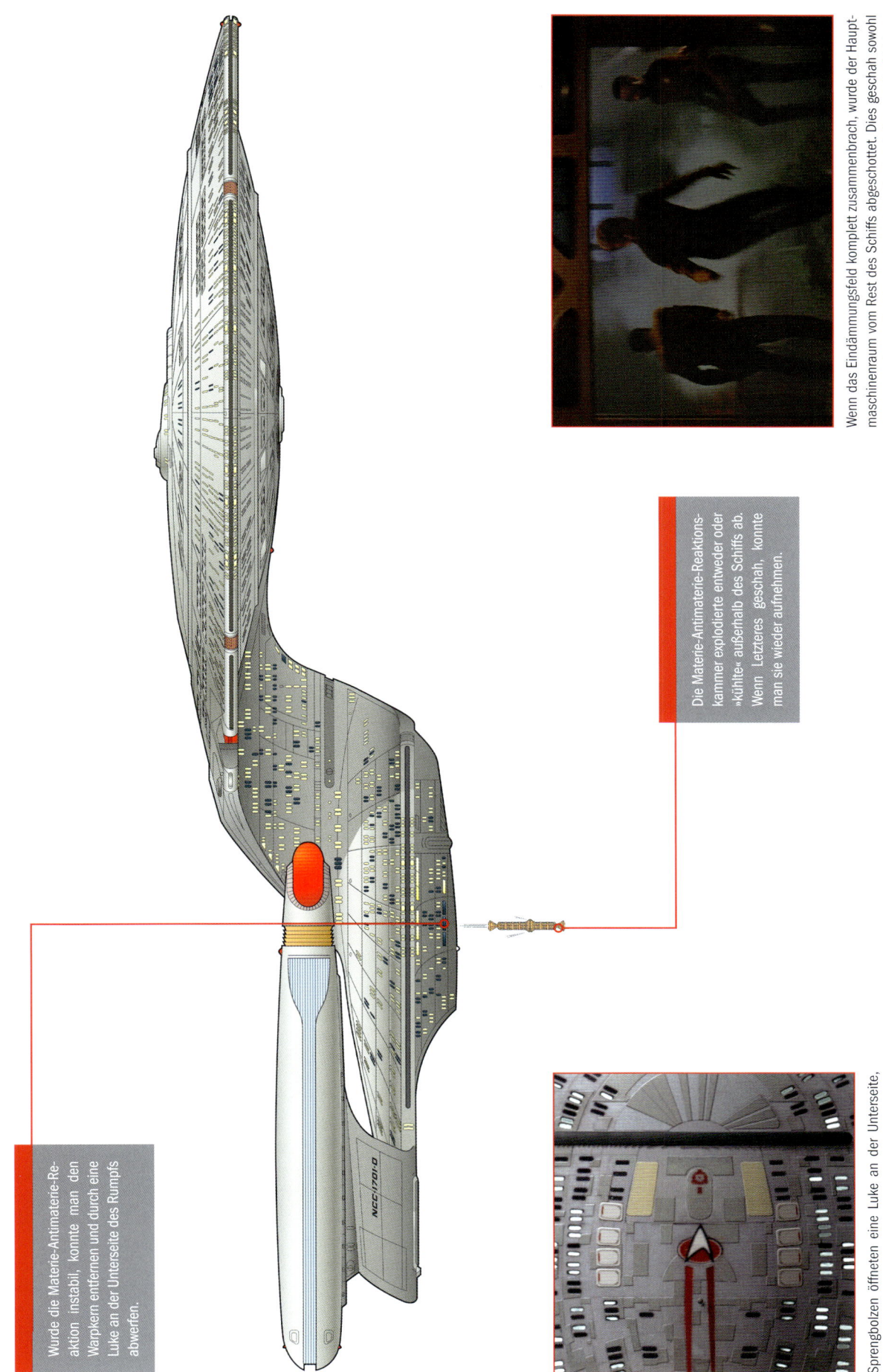

Wurde die Materie-Antimaterie-Reaktion instabil, konnte man den Warpkern entfernen und durch eine Luke an der Unterseite des Rumpfs abwerfen.

Die Materie-Antimaterie-Reaktionskammer explodierte entweder oder »kühlte« außerhalb des Schiffs ab. Wenn Letzteres geschah, konnte man sie wieder aufnehmen.

Wenn das Eindämmungsfeld komplett zusammenbrach, wurde der Hauptmaschinenraum vom Rest des Schiffs abgeschottet. Dies geschah sowohl durch reale Feuerschutztüren als auch durch eine Reihe von Kraftfeldern.

Sprengbolzen öffneten eine Luke an der Unterseite, durch die man sonst Antimaterie ins Schiff brachte.

47

IMPULS-ANTRIEB

Die Impulstriebwerke der *U.S.S. Enterprise* NCC-1701-D stellten eine wichtige Energiequelle dar und wurden insbesondere für das planetennahe Manövrieren eingesetzt. Sie wurden mit Deuterium angetrieben, das der primäre Deuteriumtank lieferte.

Die Impulstriebwerke wurden für den Unterlichtgeschwindigkeitsflug eingesetzt und um eine zweite Energiequelle für die Systeme des Schiffs zu haben.

Jedes Impulstriebwerk bestand aus vier Teilen: der Impulsreaktionskammer, dem Beschleuniger/Generator, der Antriebsspuleneinheit und dem gerichteten Antriebsexhaustor.

Ein Impulstriebwerk auf der *Enterprise* benötigte drei kugelförmige Impulsreaktionskammern, die miteinander verbunden waren, sowie vier Reservekammern.

Die Impulsreaktionskammern mussten der Fusionsreaktion von Protonen und Antiprotonen standhalten, die durch Deuterium ausgelöst wurde, das hochenergetisches Plasma erzeugte. Kryogenisches Deuterium lagerte in primären und zusätzlichen Tanks in beiden Sektionen der *Enterprise*.

Wenn sich die Reaktion (oder die Explosion) in der Reaktionskammer ereignet hatte, hing der Bestimmungsort des resultierenden Plasmas davon ab, ob mit der Energie der Antrieb oder die Systeme des Schiffs selbst versorgt werden sollten.

ANTRIEBSKRAFT

Wenn Fortbewegung erreicht werden sollte, wurde das hochenergetische Plasma an den Beschleuniger/Generator geleitet, wodurch es weiter angeregt wurde. Dann wurde das Plasma durch die Raum-Zeit-Antriebsspulen gepresst, wodurch sich die innere Masse der *Enterprise* verringerte. So ermöglichte man es der Raum-Zeit, leichter am Schiff vorbeizugleiten.

Schließlich wurden die Nebenprodukte der Reaktion durch die gerichteten Antriebsexhaustoren ausgestoßen, um Bewegung zu erzielen – ein ähnliches Prinzip wie bei den alten chemisch betriebenen Raketen.

Die Impulstriebwerke der *Enterprise* befanden sich im hinteren Bereich des Schiffs. Sie bedienten sich der Newton'schen Gesetze, um Vorwärtsschub zu erzeugen.

Wenn die Energie für die Schiffssysteme benötigt wurde, schickte man das hochenergetische Plasma von den Impulsreaktionskammern durch einen inaktiven Beschleuniger/Generator und leitete es in das Elektroplasmasystem, welches die Energie verteilte.

Es war auch möglich, Impulsenergie gleichzeitig für den Antrieb und für die internen Systeme zu nutzen. Dabei blieb der Beschleuniger/Generator aktiv und gab einen Teil des angeregten hochenergetischen Plasmas zur Verteilung über das magnetohydrodynamische (MHD) Energiesystem ab.

WARTUNGSINTENSIV

Der Antrieb wurde noch auf fast die gleiche Weise gebaut wie im Jahr 2169 und benötigte nur ein Millionstel der Energie, die für den Warpantrieb nötig war. Der Impulsantrieb stellte die Mannschaft aber auch vor eine größere Herausforderung als der Warpantrieb. Für jede Wartungsstunde, die auf den Warpantrieb entfiel, waren für den Impulsantrieb 1,6 Stunden notwendig. Die Reaktionskammer musste alle 10.000 Stunden ersetzt werden und der Beschleuniger/Generator wurde alle 6.250 Stunden ausgetauscht. Die meisten dieser Komponenten mussten im Raumdock ersetzt werden.

Auf einem Schiff der *Galaxy*-Klasse teilten sich die vier Hauptimpulstriebwerke auf Deck 23 mit den Warptriebwerken die Aufgabe, den Computer und die internen Systeme des Schiffs mit Energie zu versorgen. Wenn Warpenergie nicht zur Verfügung stand oder ausfiel, konnte die gesamte Arbeit vom Hauptimpulsantrieb übernommen werden.

Die Verteilung der Last wurde vom Befehlskoordinator für die Impulsenergiesysteme computergesteuert. Dieser Koordinator war mit dem Warpenergiekoordinator und dem Reaktionskontrollsystem verbunden. Letzteres sorgte dafür, dass die richtige Energie an die richtigen Stellen geleitet wurde.

STANDORT DES ANTRIEBS

Zwei Impulsantriebswerkspaare befanden sich auf Deck 9 der Untertassensektion, achtern auf der Steuerbord- und Backbordseite. Sie versorgten die internen Systeme und die Antriebssysteme mit Energie, wenn die Untertasse abgetrennt war.

Bei Einsatz der Impulsantriebe beider Sektionen konnten 0,75 c (drei Viertel Lichtgeschwindigkeit) erreicht werden. Wegen der Relativitätsprobleme blieb die Impulsgeschwindigkeit jedoch meist auf 0,25 c beschränkt.

AUFBAU DES ANTRIEBS

EINDÄMMUNGSBEREICH

INTERNER SENSOR

ÜBERDRUCK-GASBEHÄLTER

ANTIMATERIEVORRATSKAPSEL

TYPE-5-FLÜSSIGKEITSDEPOT

EPS-VERTEILERKNOTEN

EINDÄMMUNGSWAND

Sowohl die Untertassen- als auch die Antriebssektion besaßen ihre eigenen Impulskraftgeneratoren, sodass beide Sektionen unabhängig voneinander effizient arbeiten konnten.

STANDORTE

SYSTEMKONTROLLPROGRAMMIERUNG

GELAGERTE FUSIONSREAKTIONSKAMMER

SELBSTZERSTÖRUNGSLADUNG

SUBRAUMANTRIEBSSPULE

ANTRIEBSEXHAUSTOR

STANDARD-FUSIONSREAKTIONSKAMMER

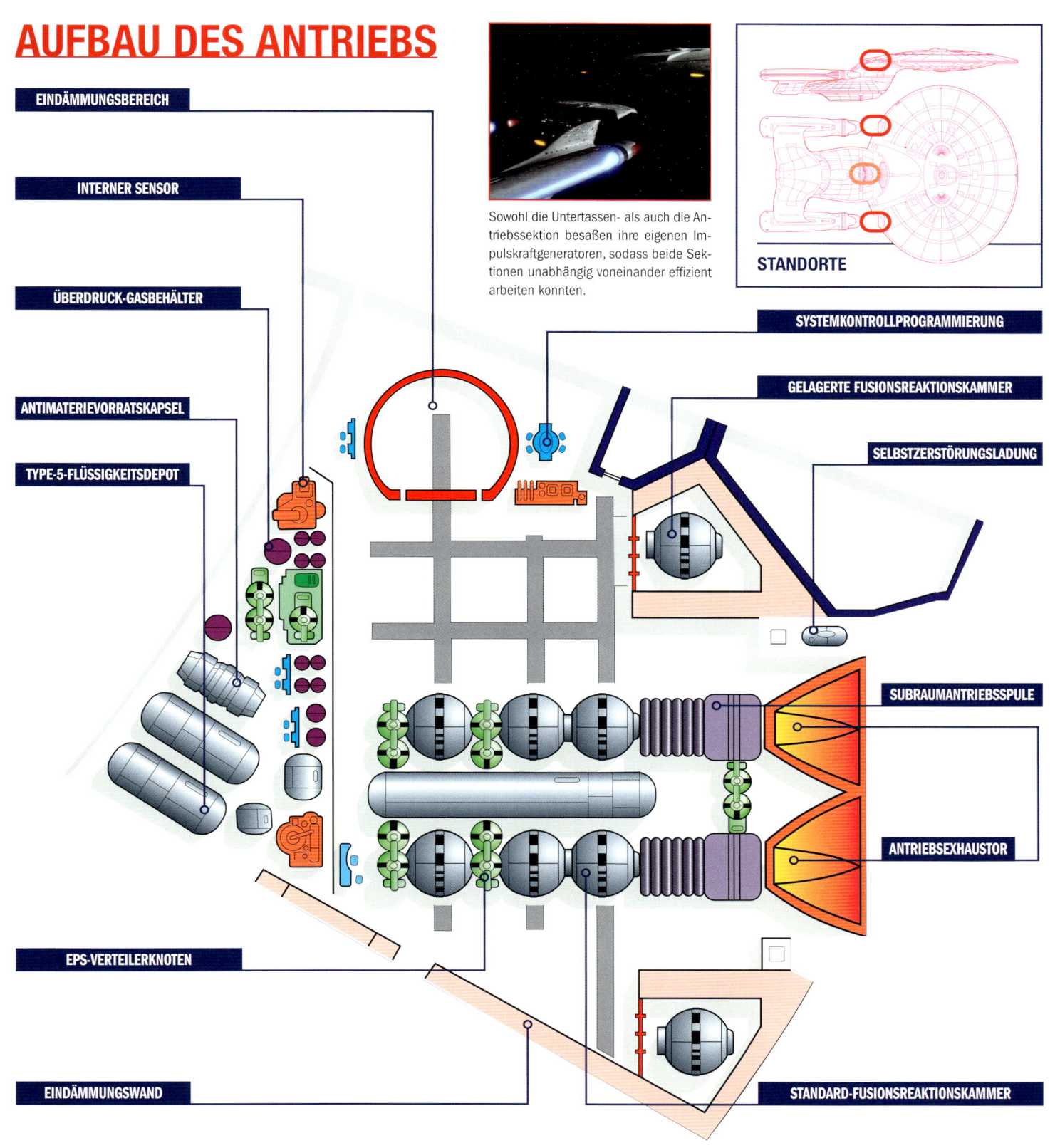

ZEITVERZERRUNGEN

Das Reisen mit hoher Unterlichtgeschwindigkeit kann zu Synchronisationsproblemen führen. Je schneller man reist, desto langsamer läuft die Zeit. Das bedeutet, dass eine Stunde an Bord des Schiffs im Vergleich zur Erde immer länger dauert, je näher man der Lichtgeschwindigkeit kommt. Da die Warptriebwerke viele Probleme der Newton'schen Gesetze bewältigen können, existiert dieses Problem bei Warpgeschwindigkeit nicht.

Um diesen Effekt zu minimieren, flog das Schiff nur selten mit mehr als einem Viertel Impulskraft und die Uhren auf der *Enterprise* synchronisierten sich ständig, um die Sternenflottenzeit beizubehalten. Das Reisen mit höheren Impulsgeschwindigkeiten oder über längere Zeiträume konnte diese Systeme stören.

MANÖVRIER-TRIEBWERKE

Manövriertriebwerke wurden an verschiedenen Punkten des *Enterprise*-Rumpfs platziert, um Manöver mit niedriger Geschwindigkeit zu ermöglichen, bei denen punktgenaue Kurskorrekturen und Positionskontrolle notwendig waren.

Bei langsamen, unterwarpschnellen Manövern konnte die U.S.S. Enterprise NCC-1701-D mithilfe des Reaktionskontrollsystems (RKS) winzige Kurskorrekturen vornehmen. Diese Triebwerke befanden sich sowohl in der Untertassensektion als auch in der Antriebssektion. Zu den Manövriertriebwerken, die in regelmäßigen Abständen am Außenrand der Untertassensektion angebracht waren, gehörten vier Haupt- und vier Hilfstriebwerke. An der Antriebssektion befanden sie sich zu beiden Seiten des Hauptdeflektors.

Die Haupt-RKS-Anlagen bestanden aus oberen und unteren Vektorschubdüsen und wurden durch Deuterium, das man in die Gasfusionsreaktionskammer eines jeden Triebwerks einspritzte, angetrieben. Die lokalen Vorratstanks wurden aus den Hauptdeuteriumtanks in der Antriebssektion gespeist.

Die Hilfstriebwerke bestanden aus einer einzelnen Vektorschubdüse und einer Mikrofusionskammer, in die der Deuterium-Treibstoff eingespritzt wurde.

Ein einzelnes Manövriertriebwerk konnte insgesamt 5,5 Millionen Newton erzeugen, wenn beide Schubdüsen aktiv waren. Die Hilfstriebwerke brachten es auf 450.000 Newton.

2366 wurde die Präzision der Manövriertriebwerke unter Beweis gestellt, nachdem die *Enterprise* im Asteroidenfeld von Orelious IV durch eine Menthar-Sprengfalle außer Gefecht gesetzt worden war. Captain Picard manövrierte die *Enterprise* höchstpersönlich aus dem Asteroidenfeld heraus, und das nur mithilfe der Backbord- und Steuerbordtriebwerke, die er benutzte, um winzige Kurskorrekturen vorzunehmen und Hindernissen auszuweichen.

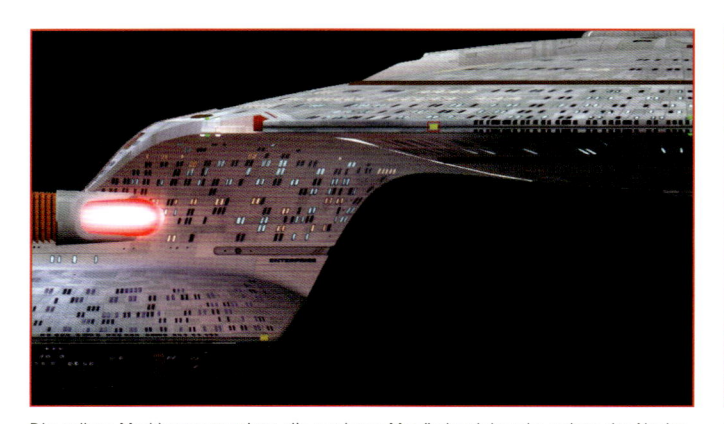

Die gelben Markierungen zeigen die vorderen Manövriertriebwerke neben der Navigationsdeflektorschüssel an der Steuerbordseite der Sekundärhülle.

Im hinteren Teil einer jeden Warpgondel befinden sich vier eindüsige Manövriertriebwerke und acht Hilfstriebwerke. Sie sorgen für einen uneingeschränkten Bewegungsspielraum bei Subimpulsgeschwindigkeiten.

SPEZIFIKATIONEN DER MANÖVRIERTRIEBWERKE (2369)

	TRIEBWERKE DER PRIMÄRHÜLLE	**TRIEBWERKE DER SEKUNDÄRHÜLLE**	**GONDELTRIEBWERKE**
PRIMÄRE FUSIONSKAMMERN:	3,1 m ⌀, 1,2 m lang (zylindrisch)	3,1 m ⌀, 1,2 m lang (zylindrisch)	1,85 m ⌀, 0,71 m lang (zylindrisch)
ZUSATZKAMMERN:	0,85 m ⌀ (Kugel)	0,85 m ⌀ (Kugel)	0,5 m ⌀ (Kugel)
DEUTERIUMTANKS:	2,1 m ⌀, 6,4 m lang (2)	2,1 m ⌀, 6,4 m lang (2)	1,2 m ⌀, 3,7 m lang (1)
MAXIMALER SCHUB:	5,5 Millionen Newton	5,5 Millionen Newton	2,5 Millionen Newton
ZUSATZSCHUB:	760.000 Newton	760.000 Newton	340.000 Newton
ANZAHL DER DÜSEN:	4	2	1

MANÖVRIERTRIEBWERKE

MANÖVRIERTRIEBWERK DER SEKUNDÄRHÜLLE

Treibstoffverteilerknoten waren die erste Stufe des Treibstofftransfers. Sie befanden sich an den Treibstoffleitungen, die vom Deuteriumtank zum Druckregler führten.

Jedes Manövriertriebwerk wurde von einem der beiden hinter dem Antrieb positionierten Sofortversorgungstanks mit Treibstoff versorgt. Diese Tanks waren mit Leitungen verbunden, die den Treibstoff aus dem in der Sekundärhülle untergebrachten primären Deuteriumtank (PDT) bezogen.

Die Vektordüsen steuerten beim Ausstoß den Winkel, um den gewünschten Druck auf den Raumschiffsrahmen auszuüben. Bei den meisten Einsätzen waren die Düsen auf 65% ihrer vollen Leistung (3,57 Millionen Newton) eingestellt.

Traktorstrahlemitter, die sich zwischen den oberen und unteren Schubdüsen befanden, wurden für Andockmanöver an Sternenbasen verwendet, wenn keine Verankerungsstrahlen zur Verfügung standen.

Druckregler waren zusammen mit drei redundanten Reihen magnetisch-peristaltischer Pumpen und Verteilerknoten für die Steuerung des Treibstofftransfers zu den Manövriertriebwerken verantwortlich.

Krigerium-Plattenventile, die sich innerhalb der Manövriertriebwerke befanden, regulierten als letztes Teil des Geräts den relativen Anteil der Ausstoßprodukte, die durch die Einzel- und die Mehrfachdüsenreihen flossen.

Mit den magnetohydrodynamischen (MHD) Energiefeldstoppern gewann man nicht nur undifferenziertes Plasma zurück und brachte es wieder ins Energienetz, sondern führte auch Teildrosseloperationen zur Kontrolle der Abgasprodukte beim Eintritt in die Schubdüse durch.

MANÖVRIERTRIEBWERK DER PRIMÄRHÜLLE

NOTWENDIGE VERSETZUNG

Bei den Manövriertriebwerken in der Untertassensektion wurden vier Vektorschubdüsen verwendet. Das im Jahr 2369 eingeleitete Upgrade-Programm erforderte jedoch eine Verlegung der Triebwerke von der Hüllenaußenseite nach innen, um Platz für eine neue gepanzerte Außenhülle zu schaffen.

EPS-NETZWERK

Die *U.S.S. Enterprise* NCC-1701-D benötigte gewaltige Energiemengen. Die Verteilung dieser Energie übernahm das Elektroplasmasystem, das man auch als EPS-Energieverteiler bezeichnete.

Beim Elektroplasmasystem, das meistens mit EPS abgekürzt wurde, handelte es sich um das Hauptenergieverteilernetzwerk der *U.S.S. Enterprise* NCC-1701-D. Dieses Netzwerk aus Leitungen und Schnittstellen bewältigte die enormen Energiemengen, die nötig waren, um den reibungslosen Betrieb des Föderationsflaggschiffs zu gewährleisten und sicherzustellen, dass alle Abteilungen jederzeit mit höchster Effizienz arbeiten konnten.

HAUPTSYSTEM
Das EPS, die Bündelungs- und Verteilersysteme fungierten als primäre Energiequelle für alle Geräte und Systeme an Bord des Schiffs; sie waren so wichtig, dass sie zu den ersten Netzwerken gehörten, die während der Entwicklung der *Enterprise* konzipiert und eingebaut wurden, wie es bei der Raumschiffkonstruktion üblich ist.

Als das Konzept für die *Galaxy*-Klasse Anfang der 2340er Gestalt annahm, entschied man, das interne Energienetz, das bisher für die Energieversorgung von Schiffen verantwortlich gewesen war, zugunsten eines EPS-Energieverteilernetzwerks abzuschaffen. Das EPS verfügte über einen Abwärtswandler, der die Energiezufuhr für Systeme mit geringeren Spannungswerten reduzieren konnte.

Energie für das EPS-Verteilungsnetzwerk auf der *U.S.S. Enterprise* konnte potenziell aus drei Bereichen eingespeist werden: dem Warpantriebssystem, dem Impulsantriebssystem und im Notfall von den Hilfsfusionsgeneratoren. Auf Schiffen wurde eine kleine Menge des Antriebsplasmas abgezweigt, um elektrische Energie für die Nutzung von entsprechend konfigurierten Geräten und Systemen zu erzeugen. Die Leitungen selbst enthielten ein Netzwerk von Mikrowellen-Energieübertragungswellenleitern. Die Energiekapazität hing unmittelbar mit der Versorgungsquelle der EPS-Energieabnehmer und den Geräten, die sie speisten, zusammen. Ein Großteil der Energie stammte vom Warpantrieb und den Hauptimpulstriebwerken, aber Geräte, die eine speziellere Art von Energie benötigten, wurden über ein sekundäres Energieverteilungssystem versorgt.

TÖDLICHE UMGEBUNG
EPS-Energieabnehmer befanden sich in der Regel an den Energieübertragungsleitungen. Wie viel Energie dem EPS-System zur Verfügung stand, kann man daran erkennen, dass es verwendet wurde, um die Materie-Antimaterie-Reaktion bei einem Warpkern-»Kaltstart« zu initiieren. Unabhängig von der Quelle leiteten alle EPS-Energieverteiler ihre Mikrowellenenergie an einen EPS-Hauptverteilerknoten. Die Dimensionen der EPS-Kanäle und -Leitungen variierten entsprechend der zu bewältigenden Stromstärke, aber die Bedingungen in ihnen waren stets gefährlich.

Die EPS-Leitungen waren an günstigen Stellen über Korridorluken überall auf der *Enterprise* und über das interne Netzwerk der Jefferies-Röhren zu erreichen, aber die Techniker, die an ihnen arbeiteten, mussten äußerste Vorsicht walten lassen. Der ehemalige Chefingenieur der *U.S.S. Enterprise* NCC-1701, Montgomery Scott, hätte sich beinahe schwer an einem EPS-Energieverteiler verletzt, als er im Jahr 2369 an Bord der *Enterprise-D* kam. Da er mit dem System nicht vertraut war, öffnete er eine Leitung, in der er fälschlicherweise duotronische Verstärker erwartete.

Das EPS-Verteilernetz war ein fester Bestandteil aller Schiffsbereiche, die Energie benötigten, und versorgte eine Reihe lebenswichtiger Systeme. Reguliert wurde dieser Energiefluss vom Hauptcomputer; die ultimative Kontrolle über das gesamte EPS-Netzwerk hatte der Hauptmaschinenraum. So konnten in Notfällen ganze Nutzungsbereiche vorübergehend abgeschaltet werden, um die Energieversorgung anderer Systeme zu erhöhen. Zu den primären Systemen auf der *Enterprise-D* gehörten die Computerkerne und das Optische Datennetzwerk (ODN), die Atmosphären- und Umweltkontrollsysteme sowie die Wasseraufbereitung und -verteilung. Eine Versorgungsunterbrechung in nur einem dieser Systeme konnte katastrophale Folgen für die Personen an Bord haben. Allerdings ermöglichte die dem System eigene Wartungsfreundlichkeit normalerweise sehr schnelle Reparaturen.

SEKUNDÄRE ENERGIE
Sekundäre, aber trotzdem wichtige Systeme an Bord der *Enterprise* mussten ebenfalls mit Energie versorgt werden, unter anderem das Schwerkrafterzeugungsnetzwerk, die Personal- und Frachttransporter, die Holodecks und die Replikatoren sowie Abfallverwertungssysteme. Sie alle trugen dazu bei, das Schiff – wie alle Schiffe der Sternenflotte – in eine angenehme Arbeitsumgebung zu verwandeln. Der Hauptmaschinenraum und die Warpantriebseinheit fungierten als das »Herz« der *U.S.S. Enterprise* und das Computersystem als ihr »Gehirn«, aber das EPS-Energieverteilersystem stellte das Netzwerk elektronischer Arterien dar, die das gesamte Schiff mit lebenswichtiger Energie versorgten. Vereinfacht könnte man sagen, dass ein kritischer Ausfall des EPS-Systems rasch das ganze Schiff betraf.

2368 versuchte die *Enterprise* mithilfe des EPS-Systems, eine Katastrophe auf Penthara IV abzuwenden. Dort war ein Asteroid auf die Planetenoberfläche gestürzt, was eine atmosphärische Störung verursacht hatte. Nach einem Beschuss der Planetenatmosphäre mit der Hauptdeflektorschüssel wurden die durch eine Energieentladung aller EPS-Abnehmer an Bord verstärkten Phaser abgefeuert. Ohne diese Option

EPS-NETZWERK

AUFSICHT

SEITENANSICHT

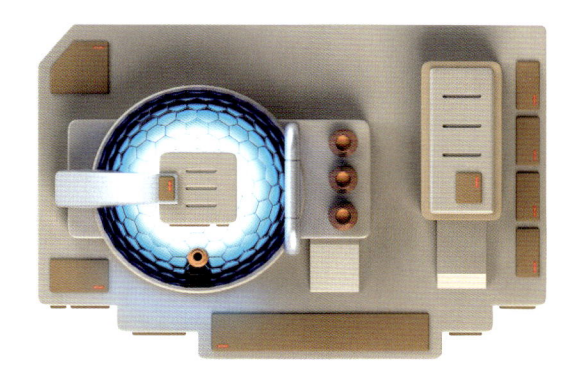

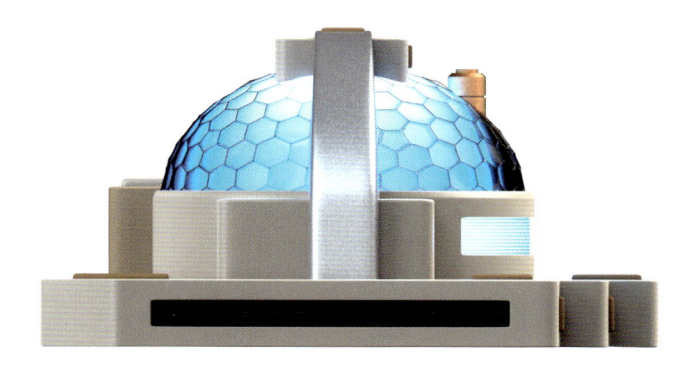

FRONTANSICHT

GRÖSSENVERGLEICH

Die Größe der EPS-Abwärtswandlerknoten, die auf der *U.S.S. Enterprise* NCC-1701-D verwendet wurden, lässt erahnen, welch gewaltige Energiemengen sie regulieren mussten, damit das Raumschiff seinen Alltagsbetrieb aufrechterhalten konnte. Der Knoten überragte ein durchschnittlich großes humanoides Besatzungsmitglied, das an Bord der Enterprise diente.

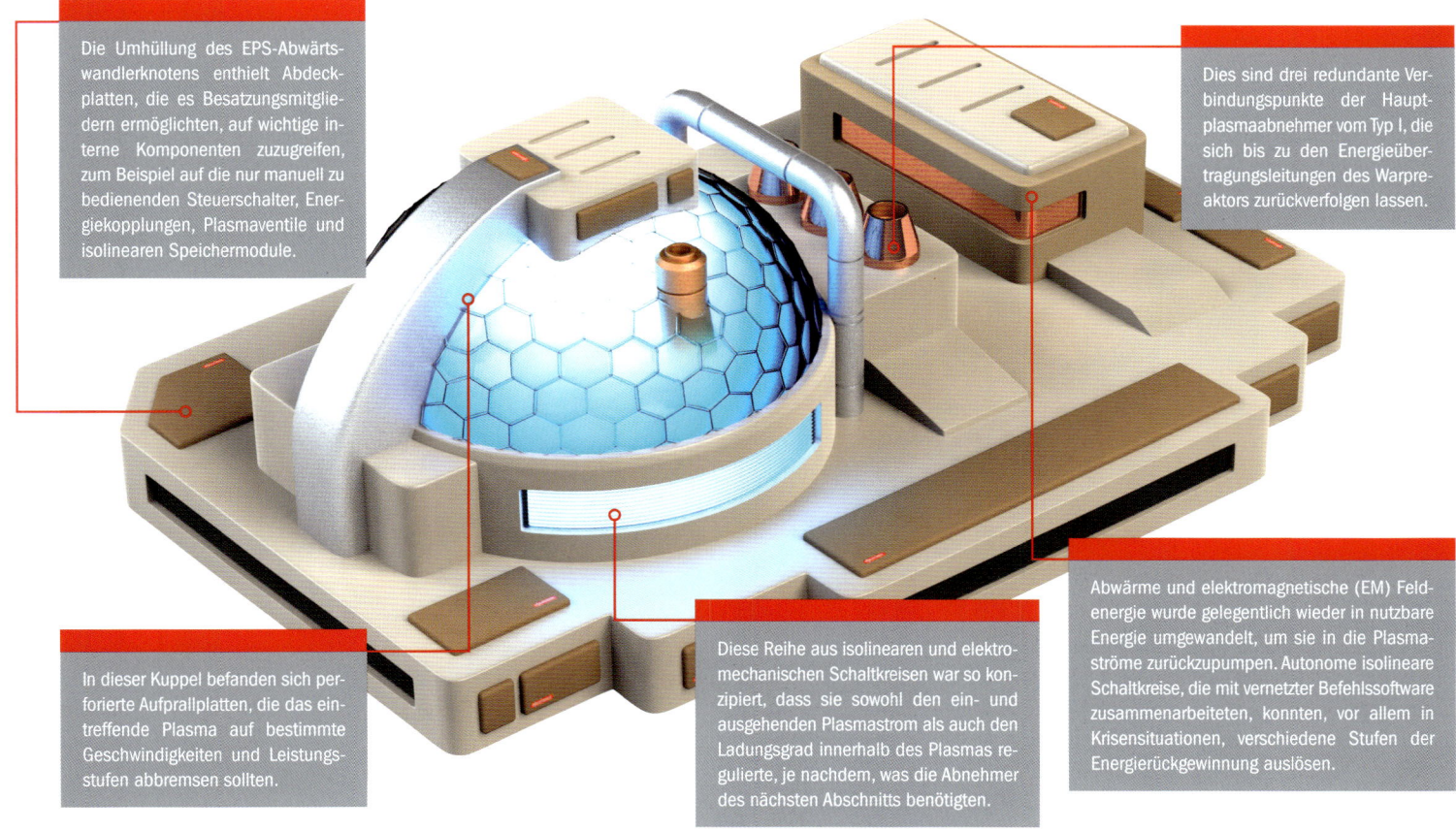

Die Umhüllung des EPS-Abwärtswandlerknotens enthielt Abdeckplatten, die es Besatzungsmitgliedern ermöglichten, auf wichtige interne Komponenten zuzugreifen, zum Beispiel auf die nur manuell zu bedienenden Steuerschalter, Energiekopplungen, Plasmaventile und isolinearen Speichermodule.

Dies sind drei redundante Verbindungspunkte der Hauptplasmaabnehmer vom Typ I, die sich bis zu den Energieübertragungsleitungen des Warpreaktors zurückverfolgen lassen.

In dieser Kuppel befanden sich perforierte Aufprallplatten, die das eintreffende Plasma auf bestimmte Geschwindigkeiten und Leistungsstufen abbremsen sollten.

Diese Reihe aus isolinearen und elektromechanischen Schaltkreisen war so konzipiert, dass sie sowohl den ein- und ausgehenden Plasmastrom als auch den Ladungsgrad innerhalb des Plasmas regulierte, je nachdem, was die Abnehmer des nächsten Abschnitts benötigten.

Abwärme und elektromagnetische (EM) Feldenergie wurde gelegentlich wieder in nutzbare Energie umgewandelt, um sie in die Plasmaströme zurückzupumpen. Autonome isolineare Schaltkreise, die mit vernetzter Befehlssoftware zusammenarbeiteten, konnten, vor allem in Krisensituationen, verschiedene Stufen der Energierückgewinnung auslösen.

STRUKTURELLE INTEGRITÄT

Das strukturelle Integritätssystem verstärkte die Struktur eines Raumschiffs, damit es bei Warp- und Impulsgeschwindigkeiten nicht auseinanderbrach.

Der Flug mit Warp- und Impulsgeschwindigkeiten setzte die Struktur eines Raumschiffs einer enormen Belastung aus. Obwohl das Grundgerüst des Schiffs den höchsten Standards entsprach, reichte dies allein nicht aus, um den von den Antriebssystemen erzeugten Kräften standzuhalten. Deshalb wurde die Struktur des Schiffs durch ein Netzwerk aus Kraftfeldern verstärkt, das man als strukturelles Integritätsfeld (SIF) bezeichnet.

Diese Kraftfelder wurden durch ein Netzwerk aus Molybdän-ummantelten dreiphasigen Wellenleitern rund um den Rumpf erzeugt. In alle wichtigen Strukturelemente des Schiffs wurden leitfähige Elemente eingebaut, die bei aktivem Feld deren Tragfähigkeit um bis zu 125.000 Prozent erhöhen konnten. Weitere Einspeisungen erhöhten die strukturelle Integrität des restlichen Schiffsrumpfs.

LEISTUNGSSTARKE GENERATOREN

Auf einem Raumschiff der *Galaxy*-Klasse wurde das strukturelle Integritätsfeld von fünf Generatoren erzeugt. Zwei davon befanden sich auf Deck 32 in der Antriebssektion, die restlichen drei auf Deck 11 in der Untertassensektion. Außerdem gab es zwei Back-up-Generatoren, einen in jedem Rumpf, die zusammen 55 Prozent der maximalen Nennleistung für bis zu zwölf Stunden bereitstellen konnten.

Alle Generatoren bestanden aus zwanzig 12-Megawatt-Graviton-Polaritätsgeneratoren, die zwei 250-Millicochrane-Subraumfeldverzerrungsverstärker speisten.

Die Generatoren erzeugten eine enorm große Hitze, die jedoch über zwei Flüssighelium-Dauerschleifen abgeleitet wurde. Diese Dauerschleifen konnten bis zu 300.000 Megajoule pro Stunde ableiten.

Die Generatoren waren für eine Betriebsdauer von 1.500 Stunden ausgelegt, bevor sie überholt werden mussten. Normalerweise waren sie 36 Stunden in Betrieb, um dann 24 Stunden zu ruhen. Waren die Generatoren außer Betrieb, wurden sie entmagnetisiert und einer Routinewartung unterzogen. Pro Rumpf war stets mindestens ein Generator aktiv. Wenn das Schiff ungewöhnlichen Belastungen ausgesetzt war, konnten weitere Generatoren zugeschaltet werden.

ESSENTIELLES SYSTEM

Während roter und gelber Alarmstufen schaltete man alle Generatoren des Schiffs auf Stand-by, bereit zur sofortigen Aktivierung. Dies war wichtig, weil das strukturelle Integritätsfeld einen wesentlichen Bestandteil der Schiffsverteidigung darstellte und die meisten Lecks im Rumpf kompensieren konnte. Der beschädigte Bereich wurde sofort mit einem Kraftfeld versiegelt, wodurch der Druck im gesamten Schiff ausgeglichen wurde. In Notfällen konnte zusätzliche Energie aus Quellen wie dem Warpantrieb in das strukturelle Integritätsfeld umgeleitet werden. Bei Bedarf konnten auch andere Systeme auf die Energie des strukturellen Integritätsfelds zugreifen, aber das wurde nur selten gemacht, da ein Versagen des strukturellen Integritätsfeld fast immer zur Zerstörung des Schiffs führte.

Man konnte bei Bedarf zusätzliche Energie in das strukturelle Integritätsfeld umleiten, zum Beispiel, wenn das Schiff mit sehr hoher Geschwindigkeit flog oder sich in besonders gefährlichem Terrain begab.

Kam es zu einem Leck im Schiffsrumpf, versiegelte ein Kraftfeld sofort die beschädigte Zone, um die Schwächung der Schiffsstruktur auszugleichen.

STRUKTURELLE INTEGRITÄT

BELASTUNGSPUNKTE DER STRUKTURELLEN INTEGRITÄT BEI DER *GALAXY*-KLASSE

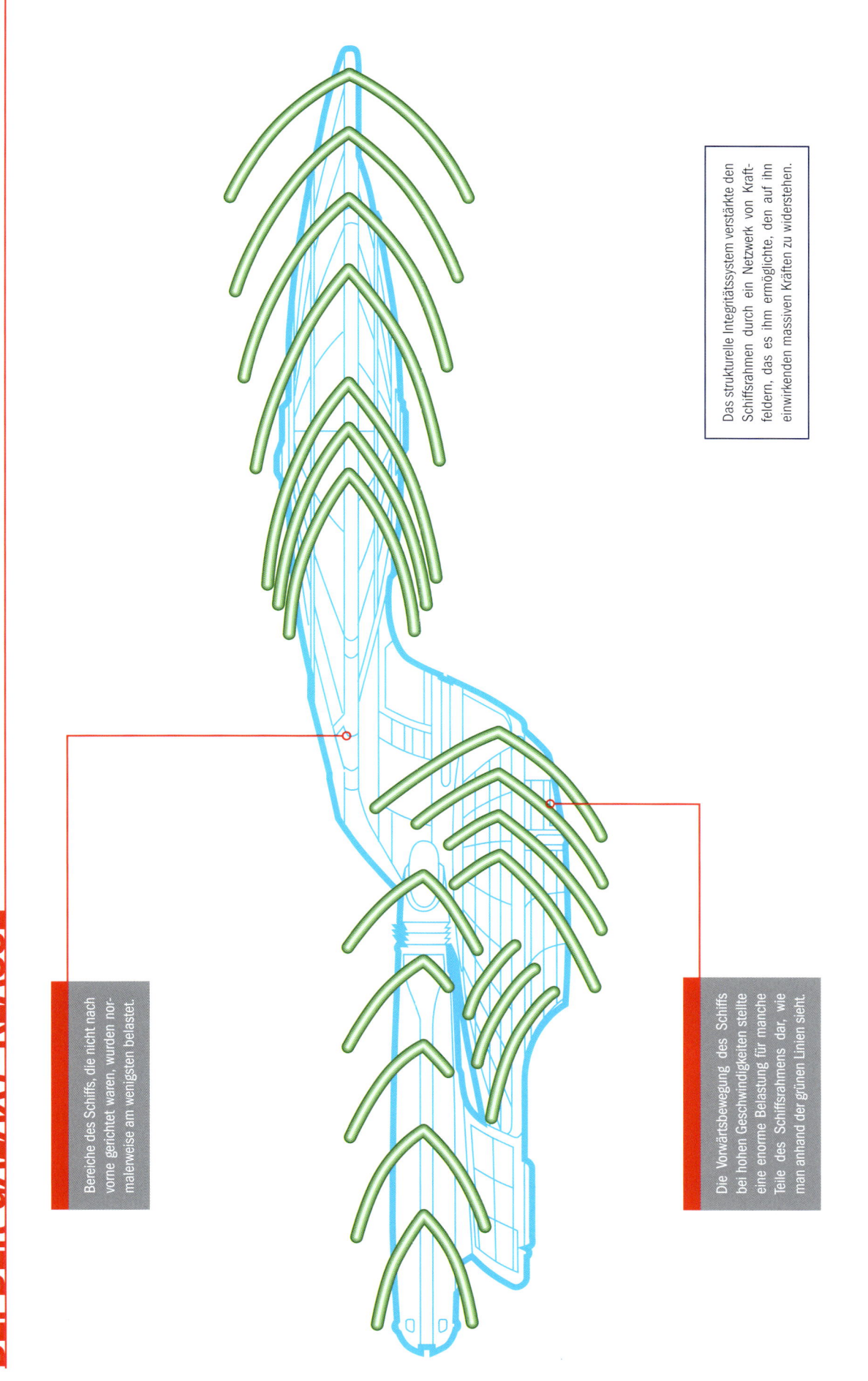

Das strukturelle Integritätssystem verstärkte den Schiffsrahmen durch ein Netzwerk von Kraftfeldern, das es ihm ermöglichte, den auf ihn einwirkenden massiven Kräften zu widerstehen.

Bereiche des Schiffs, die nicht nach vorne gerichtet waren, wurden normalerweise am wenigsten belastet.

Die Vorwärtsbewegung des Schiffs bei hohen Geschwindigkeiten stellte eine enorme Belastung für manche Teile des Schiffsrahmens dar, wie man anhand der grünen Linien sieht.

55

TRÄGHEITS-DÄMPFUNG

Auf Raumschiffen kam es selbst bei normalen Manövern zu gewaltigen Beschleunigungen. Ohne schützende Kraftfelder hätten die dabei entstehenden Kräfte die Besatzung zerquetscht.

Die hohen Geschwindigkeiten, die Raumschiffe erreichten, stellte eine erhebliche Gefahr für die Besatzung dar. Ohne irgendeine Form von Schutz wäre der menschliche Körper nicht in der Lage gewesen, den Kräften, die der Impulsantrieb generiert, zu widerstehen. Er wäre pulverisiert worden. Raumschiffe verhinderten dies durch eine Reihe von Kraftfeldern mit variabler Symmetrie, die Trägheitskräfte absorbierten. Dieses Netzwerk aus Kraftfeldern nannte man Trägheitsdämpfungssystem und ohne es wäre selbst die kürzeste interstellare Reise unmöglich gewesen.

SICHERE UMGEBUNG

Die Trägheitsdämpfer wurden in allen bewohnbaren Bereichen des Schiffs eingesetzt. Sie erzeugten ein schwaches Kraftfeld von im Durchschnitt 75 Millicochrane. Um eine trägheitsfreie Umgebung aufrechtzuerhalten, obwohl sich die auf das Schiff einwirkenden Kräfte änderten, versuchte das Trägheitsdämpfungssystem konstant, die Stärke der Kräfte vorherzusagen, die bei Manövern auf das Schiff einwirken würden. Die Computer passten dann die Stärke der Kraftfelder an, sodass die entsprechenden Trägheitskräfte absorbiert wurden. Die Schiffscomputer kamen mit den meisten Manövern zurecht, die von der Flugsteuerung einprogrammiert wurden, weil sie genau wussten, was passieren würde. Also nahm die Besatzung eine Beschleunigung nur selten wahr. Es gab zwar eine Zeitverzögerung, aber die lag bei Impulsgeschwindigkeiten bei gerade einmal 300 Millisekunden. Die Trägheitsdämpfer waren weniger effektiv, wenn das Schiff beschossen wurde oder der Pilot extrem plötzliche oder scharfe Manöver einleitete.

Auf einem Raumschiff der *Galaxy*-Klasse wurde die Energie für die Trägheitsdämpfer von sechs Generatoren bereitgestellt, zwei in der Antriebssektion auf Deck 33 und vier in der Untertassensektion auf Deck 11. Weitere sechs Generatoren (drei pro Sektion) sorgten für eine Notstromversorgung. Jeder Generator verfügte über zwölf 500-Kilowatt-Graviton-Polaritätsquellen, die zwei 150-Millicochrane-Subraumfeldverzerrungsverstärker speisten. Unter normalen Umständen setzte man die Primärgeneratoren in 48-Stunden-Schichten ein, auf die eine zwölfstündige Ruhephase folgte, in der die Generatoren gewartet und entmagnetisiert wurden.

Die Graviton-Polaritätsquellen waren auf 2.500 Betriebsstunden ausgelegt. Danach wurden die supraleitenden Elemente routinemäßig ausgewechselt. Das Trägheitsdämpfungssystem verwendete ein eigenes Netzwerk aus Molybdän-ummantelten Wellenleitern, die parallel zu denen des strukturellen Integritätsfelds verliefen. Die Trägheitsdämpfer wurden durch synthetische Schwerkraftplatten kontrolliert.

ENERGIEANFORDERUNGEN

Wenn nötig, konnten die Trägheitsdämpfer mit nur einem Generator betrieben werden. Im normalen Flugmodus waren jedoch mindestens zwei Generatoren pro Hülle aktiv. Bei extremen Manövern konnten die restlichen Generatoren zugeschaltet werden. Bei roten und gelben Alarmstufen brachte man alle inaktiven Generatoren auf Stand-by, sodass sie für den sofortigen Einsatz verfügbar waren.

Die Trägheitsdämpfer kamen mit den meisten Manövern zurecht, aber die Besatzung musste sich gut festhalten, wenn das Schiff angegriffen wurde oder eine Kollision drohte.

TRÄGHEITSDÄMPFUNG

TRÄGHEITSDÄMPFUNGSSYSTEM DER *GALAXY*-KLASSE

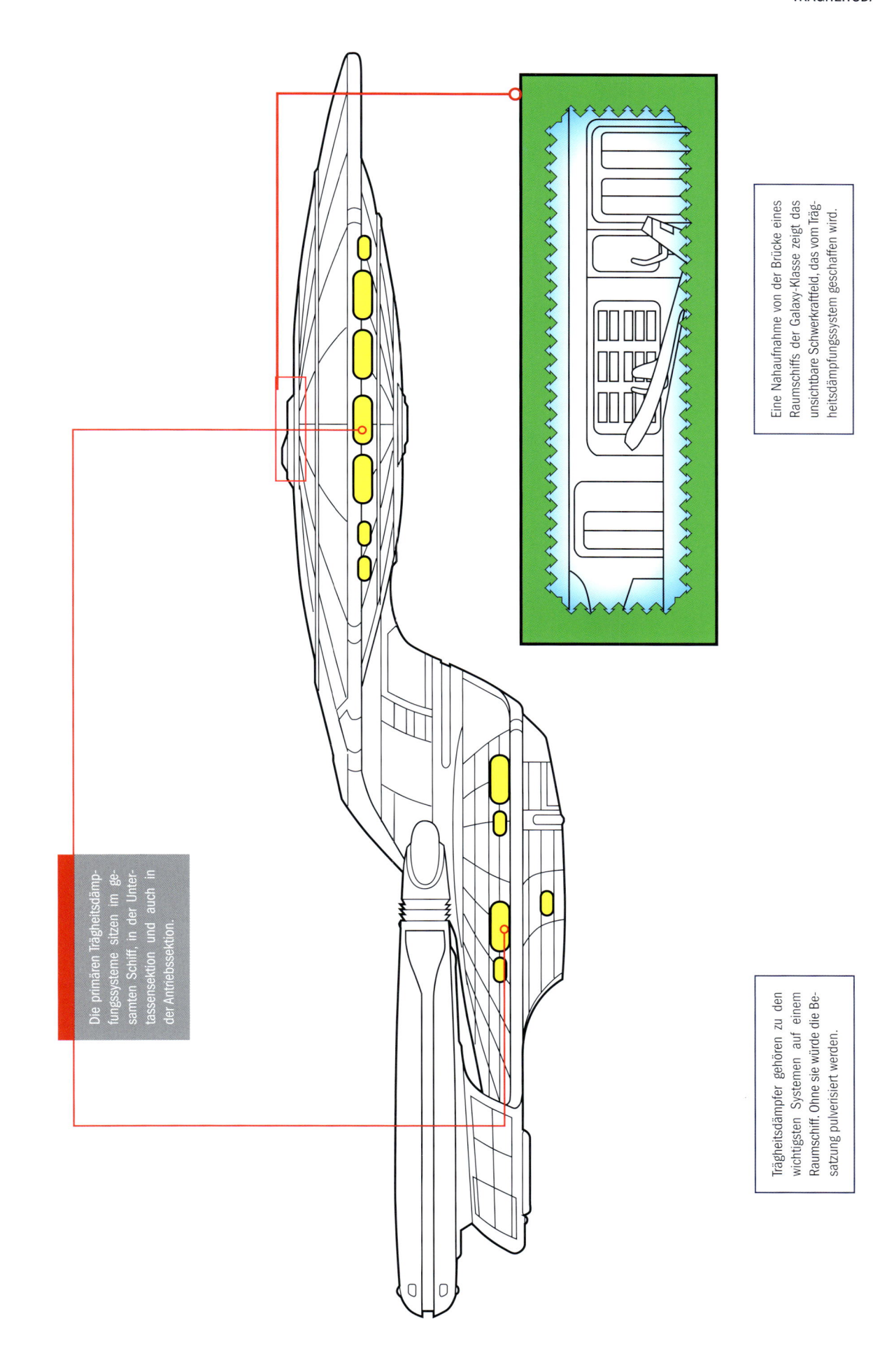

Die primären Trägheitsdämpfungssysteme sitzen im gesamten Schiff, in der Untertassensektion und auch in der Antriebssektion.

Eine Nahaufnahme von der Brücke eines Raumschiffs der Galaxy-Klasse zeigt das unsichtbare Schwerkraftfeld, das vom Trägheitsdämpfungssystem geschaffen wird.

Trägheitsdämpfer gehören zu den wichtigsten Systemen auf einem Raumschiff. Ohne sie würde die Besatzung pulverisiert werden.

57

HAUPT-BRÜCKE

SESSEL DES CAPTAINS

AUSSICHTSLOUNGE

EINGANGSBEREICH

Wie auf allen Schiffen der *Galaxy*-Klasse war die Hauptbrücke auf der höchsten Ebene der *U.S.S. Enterprise* NCC-1701-D und von den meisten anderen Bereichen des Schiffs gut zu erreichen.

Die Hauptbrücke der *U.S.S. Enterprise* NCC-1701-D ragte stolz über den Hauptkörper des Schiffs in der Mitte der Untertassensektion empor. Der Raum war eiförmig, mit dem Hauptschirm an der Stirnseite und Arbeitsstationen im Zentrum und an den Wänden.

In der Mitte des Raums stand der Sessel des Captains. Auf vielen vorangegangenen Schiffen war dieser Platz völlig isoliert, doch auf Schiffen der *Galaxy*-Klasse befanden sich zu beiden Seiten weitere Plätze: der des Ersten Offiziers auf der rechten und der des Schiffscounselors auf der linken Seite. Die taktische Konsole war in die Holzreling eingelassen, die den hinteren Brückenteil vom Kommandobereich abtrennte. Die Konsole befand sich genau hinter dem Platz des Captains.

Entsprechend dem traditionellen Brückenaufbau wurden die Stationen der Flugkontrolle und der Ops zwischen dem Captain und dem Sichtschirm platziert. Die Flugkontrolle war dabei links, die Ops rechts. Andere Stationen befanden sich an den Wänden.

LEICHTER ZUGANG

Der einfache Zugang zur und von der Brücke in alle anderen Bereiche des Schiffs wurde durch insgesamt sechs Türen gewährleistet. Im Uhrzeigersinn vom Hauptbildschirm ausgehend verbarg sich hinter der ersten Tür, die sich auf gleicher Höhe wie die Flugkontrollen-Konsole befand, der Turbolift, der mit der Kampfbrücke verbunden war. Links hinten befanden sich zwei Türen in einer engen Nische, von denen eine zur Toilette und die andere in den Korridor zur Beobachtungslounge führte. Die Tür hinten rechts führte zum Turbolift. Durch die fünfte Tür erreichte man den Bereitschaftsraum des Captains, durch die sechste einen weiteren Turbolift.

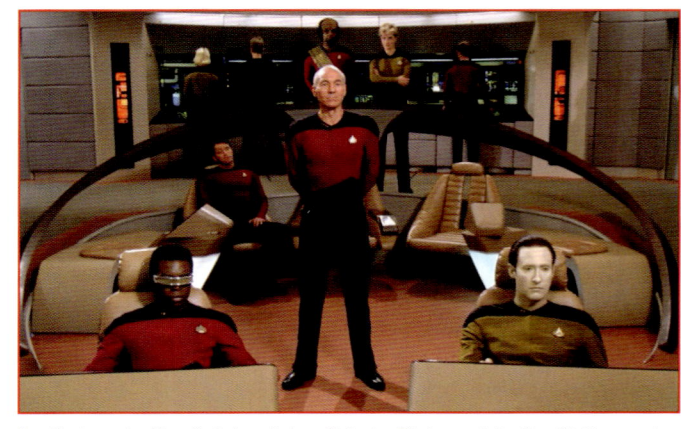

Das Zentrum der Hauptbrücke mit dem Platz des Piloten und der Ops-Station vor dem Sessel des Captains, flankiert von zwei weiteren hochrangigen Offizieren.

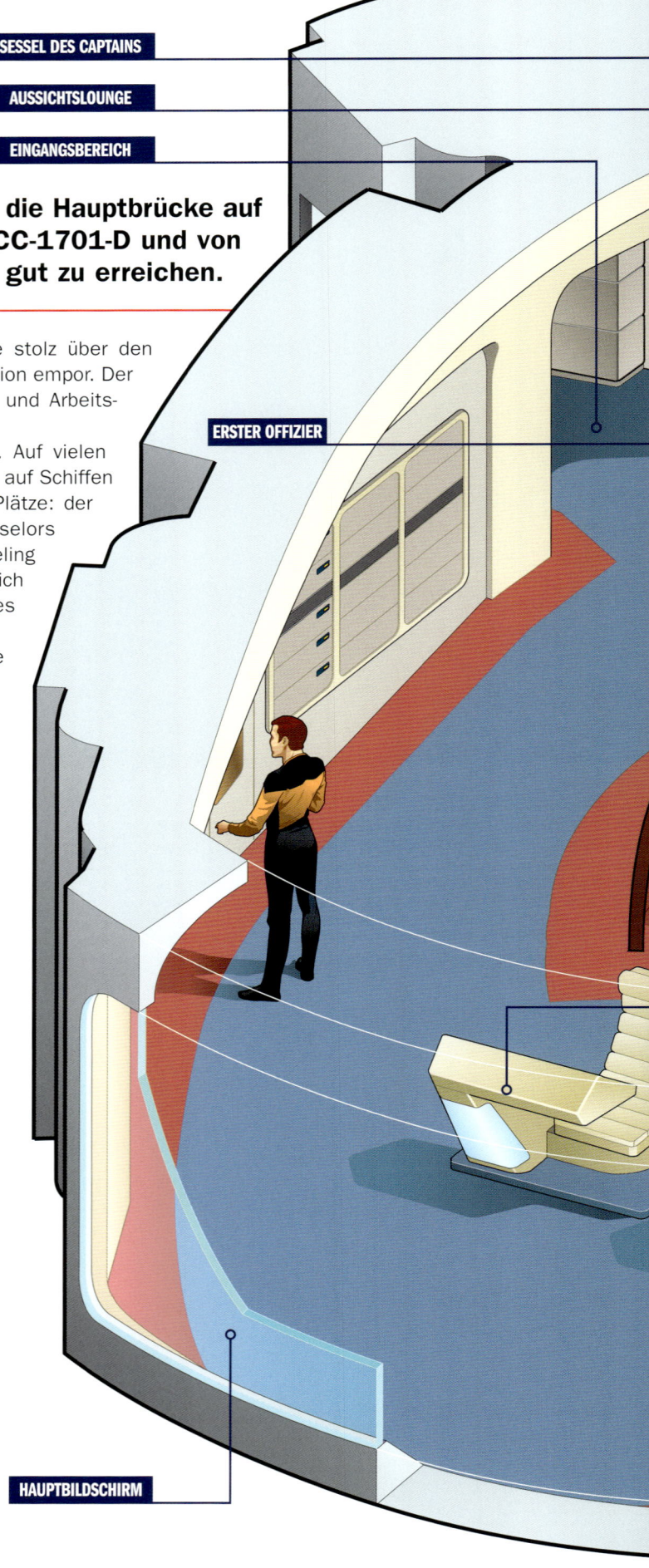

ERSTER OFFIZIER

HAUPTBILDSCHIRM

HAUPTBRÜCKE

TAKTISCHE STATION

WISSENSCHAFTSSTATIONEN

UNTERE EBENE

FLUGKONTROLLE

OPS

STANDORT

BRÜCKEN-STATIONEN

Die *U.S.S. Enterprise* NCC-1701-D wurde vom Kommandosessel in der Mitte der Brücke aus befehligt. Von hier aus konnte der Captain mühelos mit allen Brückenoffizieren kommunizieren.

Die Hauptbrücke von oben betrachtet.

Föderationsraumschiffe waren mit Systemen von immenser Kraft ausgestattet, wie die Warptriebwerke, die Phaserbänke und die Photonentorpedos – doch sie alle unterstanden der Kontrolle eines einzelnen Offiziers: dem Captain des Schiffs. Sein Kommandosessel befand sich im Zentrum der Hauptbrücke. Von hier aus überwachten der Captain oder der diensthabende Führungsoffizier die Mission und gaben Anweisungen entsprechend der Sternenflottenstatuten.

SITZANORDNUNG

In den 2260ern war der Captain von den anderen Brückenstationen isoliert und saß allein auf einer erhöhten Plattform, um so die Alleinstellung und Verantwortung dieser Position zu unterstreichen. Ein Jahrhundert später war auf einigen Schiffstypen wie der *U.S.S. Enterprise* NC-1701-D der *Galaxy*-Klasse die Position des Captains nicht länger isoliert. Stattdessen saß er zwischen zwei weiteren Führungsoffizieren: dem Ersten Offizier und dem Schiffscounselor. Der Erste Offizier hatte nun seinen eigenen Arbeitsbereich. Zuvor hatte er neben seinen Verpflichtungen als Stellvertreter des Captains noch ein weiteres Amt innegehabt. So war etwa Captain Kirks Erster Offizier, Mr. Spock, gleichzeitig Wissenschaftsoffizier und bemannte als solcher die Wissenschaftsstation.

Dennoch war der Kommandobereich auf der *Enterprise* in gewisser Weise immer noch durch eine Reling aus poliertem Holz, die in einem Halbkreis dahinter verlief, vom Rest der Brücke abgetrennt und auch zur Flugkontrolle und Ops-Station in vorderen Bereich gab es einen großen Abstand.

Die Sessel selbst hatten eine hohe Rückenlehne mit Kopfstützen. Die Armlehnen des Ersten Offiziers und des Counselors gingen in das geschwungene Design der Sitzgruppe über, doch die des Captains beinhalteten aufragende Statusanzeigen, über die grundlegende Funktionen der Flugkontrolle und der Ops angesteuert werden konnten. Der Erste Offizier und der Counselor verfügten über größere Datendisplays an den Außenseiten ihrer Sessel. Mit diesen konnten sie die für ihre Aufgaben relevanten Informationen abrufen. Diese Displays waren nach denselben Parametern wie die übrigen Konsolen im Schiff aufgebaut. Sie reagierten auf Stimmbefehle, manuelle Eingaben wurden aber bevorzugt, um zu verhindern, dass der Computer die Befehle falsch interpretierte.

Die Sitze auf der Brücke der *U.S.S. Enterprise* NCC-1701-D boten den diensthabenden Offizieren nicht nur Komfort, sondern auch exzellente Arbeitsbedingungen. Die Flugkontrolle, oder auch Steuerkonsole, befand sich dabei rechts vom Captain, die Ops-Station auf der linken Seite. Beide verfügten über integrierte Konsolen.

BRÜCKENSTATIONEN

Die Hauptbrücke auf Schiffen der *Galaxy*-Klasse in den 2360er-Jahren bot Sitze und Informationsbildschirme für drei Personen. Der mittlere Sitz war für den Captain bestimmt. Die beiden anderen wurden üblicherweise vom Ersten Offizier und dem Schiffscounselor eingenommen. Zusammen waren diese drei Offiziere für die Abläufe auf dem Schiff zuständig und entschieden darüber, wie Missionen durchgeführt wurden. Der Counselor war darüber hinaus in der Lage, Einblicke in kulturelle Fragen zu bieten.

KOMMANDOSITZE

Auf Raumschiffen der *Galaxy*-Klasse wie der *U.S.S. Enterprise* NCC-1701-D saßen die kommandierenden Offiziere zusammen in einer Gruppe in der Mitte der Brücke. Die Sitzplätze für den Ersten Offizier und den Counselor flankierten dabei den Sessel des Captains.

Wie bei jedem Raumschiff bildete auch die Brücke der *U.S.S. Enterprise* NCC-1701-D die Kommandozentrale. Von hier aus überwachten der Captain und sein Erster Offizier alle Missionsaktivitäten des Schiffs. Der Captain und der Erste Offizier saßen Seite an Seite in der Sitzgruppe in der Mitte der Brücke. Ein dritter Sitz zur Linken des Captains konnte einem anderen ranghohen Offizier zugewiesen werden – meistens dem Counselor des Schiffs – oder einem Ehrengast, wie zum Beispiel einem Botschafter der Föderation oder einem Würdenträger der Sternenflotte, der zu Besuch war.

Von dieser zentralen Position aus hatten die kommandierenden Offiziere der *Enterprise* eine freie Sicht auf den Hauptbildschirm für eine problemlos Schiff-zu-Schiff-Kommunikation.

Sie konnten außerdem leicht mit dem restlichen Brückenpersonal interagieren, einschließlich der Ops und Flugkontrolle im vorderen Bereich der Brücke sowie der taktischen Station direkt hinter ihnen, die der Sicherheitsoffizier besetzte.

SESSEL DES CAPTAINS

Der Sessel des Captains war immer besetzt. Wenn der Captain sich aus irgendeinem Grund nicht auf der Brücke befand, nahm der diensthabende Führungsoffizier routinemäßig seinen Platz ein. Gelber und roter Alarmstatus erforderten, dass sich immer zwei kommandierende Offiziere auf der Brücke aufhielten. Oft verweilte der Captain in seinem Bereitschaftsraum neben der Brücke und konnte innerhalb weniger Sekunden hereingerufen werden, um den diensthabenden Offizier abzulösen.

Zwei Konsolen waren in die Armlehnen des Sessels des Captains integriert. Diese kombinierten eine vereinfachte Steuerung der Flugkontrolle und der Ops mit einer eingeschränkten Statusanzeige. Falls nötig, konnte der Captain damit die normalen Befehle überschreiben. Die Konsolen konnten auch dazu verwendet werden, Logbucheinträge vorzunehmen und auf den Bibliothekscomputer und das Interkom des Schiffs zuzugreifen, um die gesamte Besatzung oder einzelne Offiziere anzusprechen.

SEITLICHE KONSOLEN

Die Sitze zu beiden Seiten des Sessels des Captains, einschließlich dem Sitz des Ersten Offiziers, waren mit größeren Konsolen ausgestattet, die auf freistehenden Bauteilen an den Außenseiten der Sessel montiert waren. Diese Konsolen ließen sich schwenken, um die Anzeigen von mehreren Positionen aus betrachten zu können, je nach Vorliebe des Benutzers. Über diese zusätzlichen Computerkonsolen hatte man Zugang auf eine Vielzahl von Informationen von den Sensoren und den Datenbanken des Schiffs. Außerdem konnte man sich über den Gesamtzustand des Schiffs aufklären lassen. Beide Seitenkonsolen waren unerlässlich, um den Ersten Offizier und den Counselor mit missionskritischen Daten zu versorgen, damit diese wiederum den Captain bei schnellen Entscheidungen in brenzligen Situationen unterstützen konnten. Alle Konsolen reagierten sowohl auf manuelle Tasteneingaben als auch auf Sprachbefehle.

Der Sessel des Captains, hier unbesetzt in der Mitte der Brücke der *U.S.S. Enterprise*, war der Ort, an dem oft schwierige Entscheidungen in komplizierten Situationen getroffen wurden, die die Sicherheit des Schiffs und seiner gesamten Besatzung betrafen.

Captain Jean-Luc Picard nahm den Kommandosessel in der Mitte der Brücke der *U.S.S. Enterprise* NCC-1701-D ein. Commander William Riker, sein Erster Offizier, saß zu seiner Rechten, links von ihm saß Counselor Deanna Troi.

KOMMANDOSITZE

KONSOLEN DES CAPTAINS

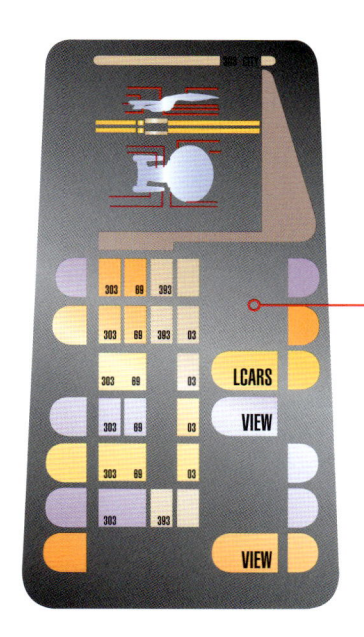

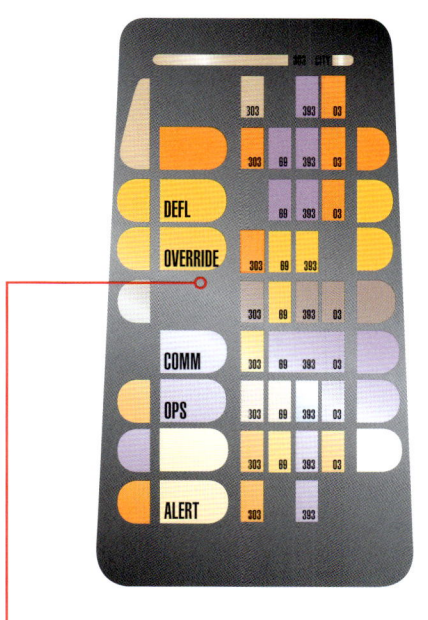

LINKE SEITE

Diese Bedienelemente erlaubten den Zugriff auf den Bibliothekscomputer und dessen Abfrage, Logbucheinträge, die Bedienung des Hauptbildschirms und der Kommunikation sowie des Interkoms für die Verständigung innerhalb des Schiffs.

RECHTE SEITE

Diese Bedienelemente dienten als Backup für die Ops-Steuerung, die Bewaffnung, den Deflektorschild und für die Flugkontrolle. Sie konnten auch für eine Notfallüberbrückung genutzt werden.

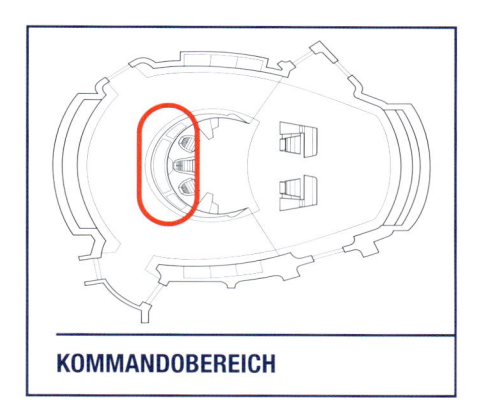

KOMMANDOBEREICH

Diese kleinen Konsolen waren am oberen Ende der Armlehnen montiert, wo sie sich einfach erreichen ließen.

Bei der Gestaltung der Konsole des Captains wurden Eingabesteuerungen mit verwandten Funktionen gruppiert. Die Bedienung dieser Konsolen wurde ständig überwacht, sodass sich die Anzeigen immer der jeweiligen Aufgabe anpassten. Dies konnte dazu führen, dass ein und dieselbe Taste unterschiedliche Funktionen erfüllte, je nachdem, wie das Bedienfeld gerade konfiguriert war.

KONSOLE DES ERSTEN OFFIZIERS

Die Sitze neben dem Sessel des Captains waren mit größeren Bildschirmen für den schnellen Zugriff auf wichtige Informationen ausgestattet.

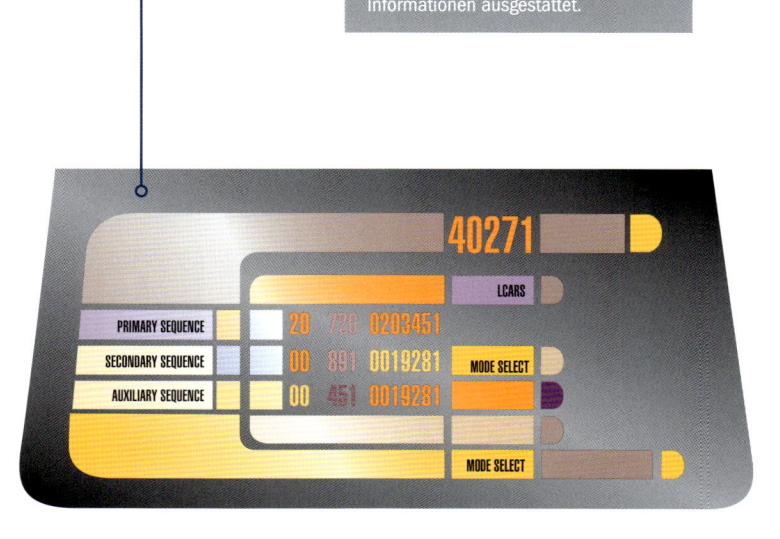

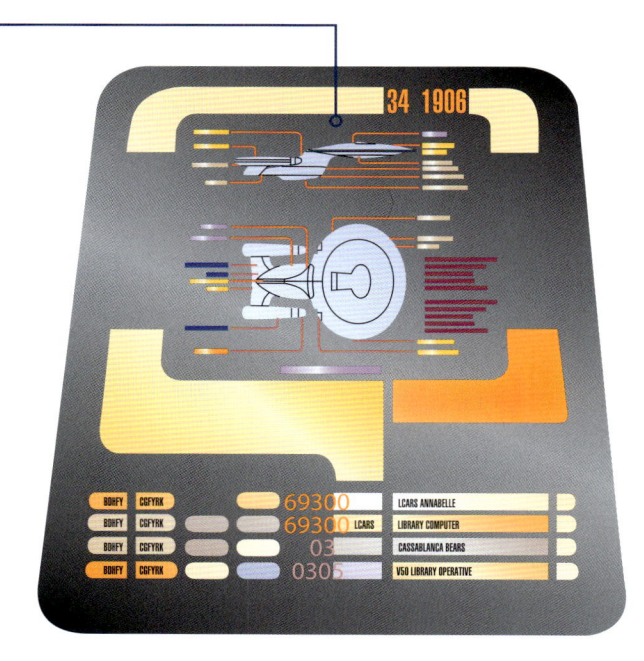

NAVIGATIONS-KONSOLE

Der Flug- oder Steueroffizier trug die Verantwortung für die Steuerung der *U.S.S. Enterprise* NCC-1701-D und die Eingabe aller Kursänderungen, die eine Mission erforderte.

Auf der *U.S.S. Enterprise* NCC-1701-D der *Galaxy*-Klasse befand sich die Steuerkonsole, oft auch als Conn bezeichnet, im vorderen Bereich der Brücke, rechts vom Captain und neben der Ops-Station.

Der Flugoffizier trug die Verantwortung für die Steuerung des Schiffs. Viele der Aufgaben, die mit der Steuerung des Schiffskurses zusammenhingen, waren automatisiert. Auf Sternenflottenschiffen hatte allerdings immer ein Offizier Dienst an der Flugkontrolle, um den Flugbetrieb zu überwachen. Zu seinen Aufgaben gehörte die Beaufsichtigung des automatischen Flugbetriebs, das Planen und Überwachen des Schiffskurses, die Überprüfung der Schiffsposition, die Koordination mit dem Ingenieursstab und alle manuellen Flugmanöver.

Der Kurs des Schiffs konnte über die Tastatur oder verbal eingegeben werden. Danach schlugen die Navigationscomputer eine optimale Route vor, die der Steueroffizier akzeptieren, ändern oder ablehnen konnte. Auf der *Enterprise* zeigte der Steuercomputer zahlreiche Daten über den Kurs des Schiffs an; die Messwerte der taktischen und navigatorischen Sensoren des Schiffs konnten mit Informationen über die aktuelle Position und den voraussichtlichen Kurs kombiniert werden. Wenn der Flugoffizier es für notwendig hielt, konnte er die Daten der sekundären navigatorischen und wissenschaftlichen Sensoren hinzuziehen. Diese Prozedere wurde automatisch ausgeführt, sobald das Schiff in den Alarmzustand ging oder ein Schichtwechsel anstand.

MANUELLE ARBEITSVORGÄNGE

Die meisten Flugvorgänge waren voll automatisiert und der Steueroffizier musste nur allgemeine Befehle wie zum Beispiel einen neuen Kurs eingeben. Er konnte aber auch alle Flugoperationen des Schiffs manuell steuern. Im manuellen Modus ließ sich von dieser Konsole aus das gesamte Schiff, inklusive der einzelnen Manövriertriebwerke steuern.

Da es sich bei der Flugkontrolle um eine absolut essenzielle Station handelte, war sie direkt mit einem speziellen Ersatzflugbetriebssubprozessor verbunden, der es dem Steueroffizier ermöglichte, jederzeit die manuelle Steuerung zu übernehmen. Über die Station konnte man auch auf die Notfallnavigationssensoren zugreifen. Die Kontrolle ließ sich jederzeit durch den Hauptmaschinenraum umleiten, um so die Brückenkonsole zu überschreiben. Die Aufgaben des Steueroffiziers variierten, je nachdem, in welchem Flugmodus sich das Schiff befand. Bei Impulsgeschwindigkeit überwachte er das Trägheitsdämpfungssystem und die relativen Auswirkungen von Reisen mit Unterlichtgeschwindigkeit. Unter normalen Umständen warnte der Computer den Steueroffizier, wenn ein bestimmtes Manöver die Trägheitsdämpfungssysteme übermäßig belastete, und konnte eine Alternative vorschlagen. Wenn sich das Schiff jedoch in Alarmbereitschaft befand, erlaubte der Computer dem Steueroffizier, riskantere Flugmanöver festzulegen.

WARPGESCHWINDIGKEIT

Während des Warpfluges war der Steueroffizier für die Überwachung der Subraumfeldgeometrie zuständig. Diese Aufgabe erforderte eine enge Zusammenarbeit mit dem Ingenieurspersonal. Tatsächlich fungierte der Flugoffizier als eine ständige Verbindung zwischen Brücke und Maschinenraum. Er war auch dafür zuständig, den Captain mit Daten über den Status der Antriebssysteme zu versorgen. Entsprechend zeigte sich der Chefingenieur nur selten auf der Brücke. Die Flugkontrolle beinhaltete außerdem automatische Systeme, die ständig die Daten der Langstreckensensoren aktualisierten und automatisch Kurskorrekturen vornahmen, wenn diese erforderlich waren.

KAMPF UND ÜBERLEBEN

Der Flugoffizier war ausgebildet, das Schiff im vollständigen oder getrennten Zustand zu steuern und die Untertassensektion notzulanden.

In Gefechtssituationen arbeitete er eng mit dem Ops- und dem taktischen Offizier zusammen. Zusätzlich wurden die Funktionen für die Zielerfassung und die externe Kommunikation automatisch auf der Flugkontrolle dupliziert, falls die taktische Station ausfiel. Auf den Schiffscomputern befand sich eine Vielzahl von vorprogrammierten taktischen Manövern, auf die der Steueroffizier zugreifen konnte. Wie üblich konnte er auch die direkte manuelle Steuerung übernehmen.

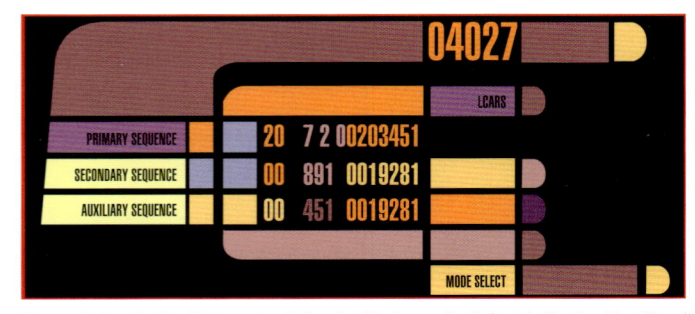

Dieses kleine Bedienfeld an der Seite der Flugkontrolle ließ sich für den Zugriff auf unterschiedliche Funktionen verwenden.

NAVIGATIONSKONSOLE

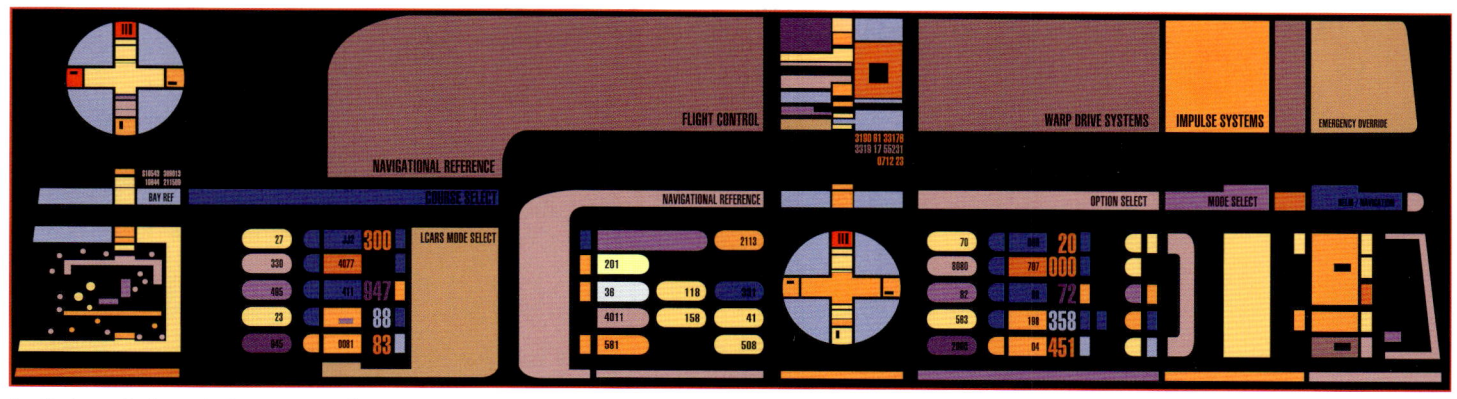

Die Flugkontrolle diente der Steuerung und Überwachung der Warp- und Impulssysteme und lieferte Daten über die genaue Position des Schiffs. Die meisten ihrer Funktionen waren automatisiert, aber sie konnte auch zur manuellen Steuerung des Schiffs verwendet werden. Ein einfaches Antippen des Tastenfelds reichte aus, um die *U.S.S. Enterprise* NC-1701-D zu fliegen.

Die Flugkontrolle befand sich im vorderen Bereich der Hauptbrücke neben der Ops-Station und direkt vor dem Hauptbildschirm. Der Hauptteil der Konsole konnte geschwenkt werden und der Sessel ließ sich um 180 Grad drehen. Der Flugoffizier gab die Befehle des Captains oder des Ersten Offiziers ein und überwachte ständig den Kurs des Schiffs.

65

OPS-KONSOLE

Der Ops-Offizier der *U.S.S. Enterprise* NCC-1701-D war dafür zuständig, den Captain über den Status des Schiffs zu informieren und die Ressourcen zu verteilen.

Der Ops-Offizier arbeitete mit den anderen Offizieren auf der Brücke zusammen, um Ressourcen und Hardware zu koordinieren.

Auf der *U.S.S. Enterprise* NCC-1701-D saß der Ops-Offizier auf dem Platz im vorderen Bereich der Brücke zur linken Seite des Captains. Die Hauptaufgabe dieses Offiziers bestand darin, die Verteilung der Schiffsressourcen an die verschiedenen Abteilungen zu koordinieren. Diese Rolle erforderte gute Kenntnisse aller Schiffssysteme und verlangte nach einer engen Zusammenarbeit mit anderen Brückenoffizieren, wie zum Beispiel dem taktischen und dem Steueroffizier. Diese Stationen teilten sich viele Aufgaben mit der Ops.

ENTSCHEIDENDE ROLLE

Auch wenn die *U.S.S. Enterprise* NCC-1701-D ein extrem leistungsfähiges Schiff war, stellte die Besatzung oft Anforderungen an die Systeme des Schiffs, die es nicht erfüllen konnte.

Dem Ops-Offizier oblag die Aufgabe, die Ressourcen auf die effizienteste Weise zu verteilen.

Alle Anfragen zur Umleitung dieser Ressourcen wurden über die Ops-Konsole geleitet. Die Station teilte dem Ops-Offizier die notwendigen Informationen mit, die ihr oder ihm erlaubten, zu sehen, wie sich eine Gewährung einer solchen Anfrage auf andere Systeme und Aktivitäten an Bord auswirken würde. So konnte zum Beispiel die Stellarkartographie die Verwendung der vorderen Sensorphalanx anfordern, um Daten über einen vorbeiziehenden Kometen zu sammeln, während der Flugoffizier mit der Phalanx eine nahe gelegene Raumstation überwachte. Der Ops-Offizier konnte die Anfrage entweder ablehnen oder eine Änderung der Schiffsposition veranlassen, sodass die Stellarkartographie eine der anderen Sensorphalangen verwenden konnte.

AUTOMATISIERTE SYSTEME

Bei vielen dieser Anfragen handelte es sich um Routine, die der Hauptcomputer einfach bearbeitete. Einige waren jedoch komplexer und erforderten einen geschulten Verstand. Der Ops-Offizier verwendete mehrere Filterprogramme, die ihr oder ihm vorgaben, an welchem Punkt er in den Prozess der Ressourcenzuteilung eingreifen musste. Erfahrungen hatten gezeigt, dass selbst die fortschrittlichsten Raumschiffsysteme nicht in der Lage waren, jede Situation vorherzusagen. Daher musste der Ops-Offizier die Entscheidungen des Computers überwachen, selbst wenn dieser automatisierte Tätigkeiten durchführte.

Der Ops-Offizier gab auch Informationen an andere Schiffsbereiche und Statusinformationen an den Hauptcomputer weiter. Die Ops musste das entsprechende Personal informieren, wenn eine abzusehende Änderung ihre Arbeit beeinflussen konnte.

AUFGABE IN EINEM GEFECHT

In einer Gefechtssituation war die optimale Verteilung der Ressourcen überlebenswichtig. Der Ops-Offizier musste sich mit dem taktischen Offizier koordinieren, um Energie an die Bereiche zu leiten, die sie am meisten benötigten, und Teams für die Schadensbegrenzung zuweisen. Hierzu gehörte auch eine enge Zusammenarbeit mit dem Hauptmaschinenraum.

Die Ops versorgte den Captain oft mit Sensordaten, die ihn über die Situation auf der Oberfläche eines Planeten oder die Annäherung eines Schiffs aufklärten, und, wenn möglich, dieses Schiff auch identifizierten. Die Ops war auch dafür zuständig, Sonden zu starten und anschließend Daten von ihnen zu sammeln. In diesen Fällen arbeitete der Ops-Offizier mit anderen Brückenstationen wie der Wissenschaft oder der Technik zusammen.

Eine weitere Aufgabe der Ops-Offiziere war die Koordinierung von Außenteams sowie die Bereitstellung von geeignetem Personal und passender Ausrüstung wie Phaser und Trikorder. Wenn ein Außenteammitglied bereits im Dienst war, teilte die Ops einen Offizier ein, der dessen Station übernahm, während er nicht auf dem Schiff war.

DATENVERTEILUNG

Zusammen mit der Missions-Ops koordinierte die Ops-Konsole zudem die Vergabe von Kommunikationsfrequenzen und stellte sicher, dass das Außenteam jederzeit überwacht werden konnte. Ein Transporterraum wurde benachrichtigt, wenn eine Gruppe das Schiff verließ; ein Transporterchief wurde zugewiesen und die Ops stellte bei Bedarf die Transporterkoordination bereit.

Die Ops wickelte auch andere Schiffsaktivitäten ab, einschließlich der Einleitung und Steuerung der Trennungssequenz der Untertassensektion sowie der Autorisierung von Shuttlestarts und -anflügen. Bevor ein Shuttle startete, holte der leitende Offizier des Shuttlehangars die Freigabe vom Ops-Offizier ein. Sobald das Shuttle das Schiff verlassen hatte, informierte der Pilot den Ops-Offizier, der dann das Shuttle überwachte, solange es sich in Reichweite befand.

Am Fuß der Ops-Konsole befand sich ein Panel. Seine Bedienelemente wurden an der Flugkontrolle gespiegelt.

OPS-KONSOLE

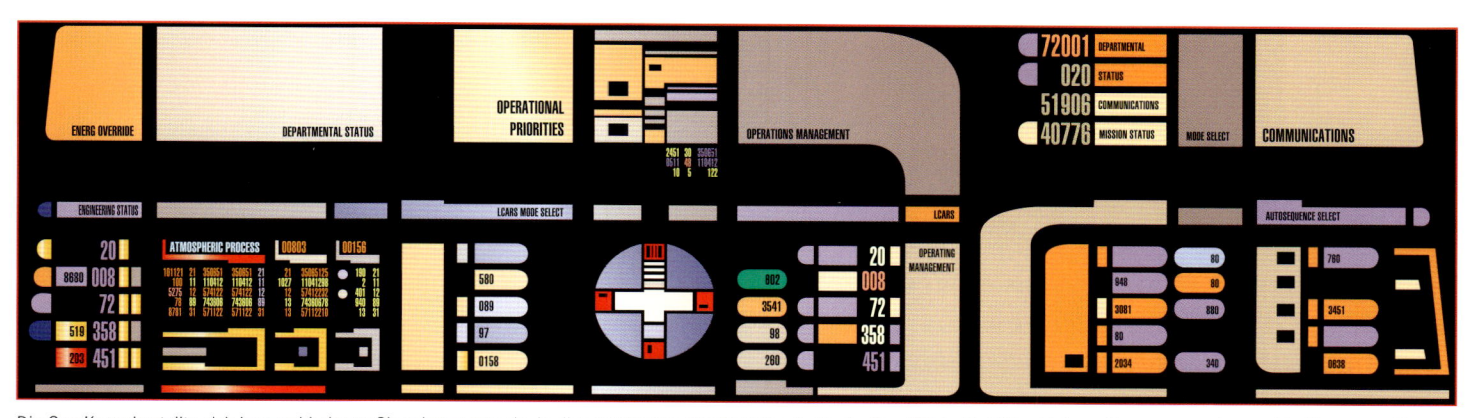

Die Ops-Konsole stellte sich in verschiedenen Situationen neu ein. In dieser typischen Konfiguration hatte der Ops-Offizier Zugriff auf Informationen aus mehreren Abteilungen und konnte den Betrieb der Shuttlebucht und die Umweltbedingungen an Bord des Schiffs überwachen.

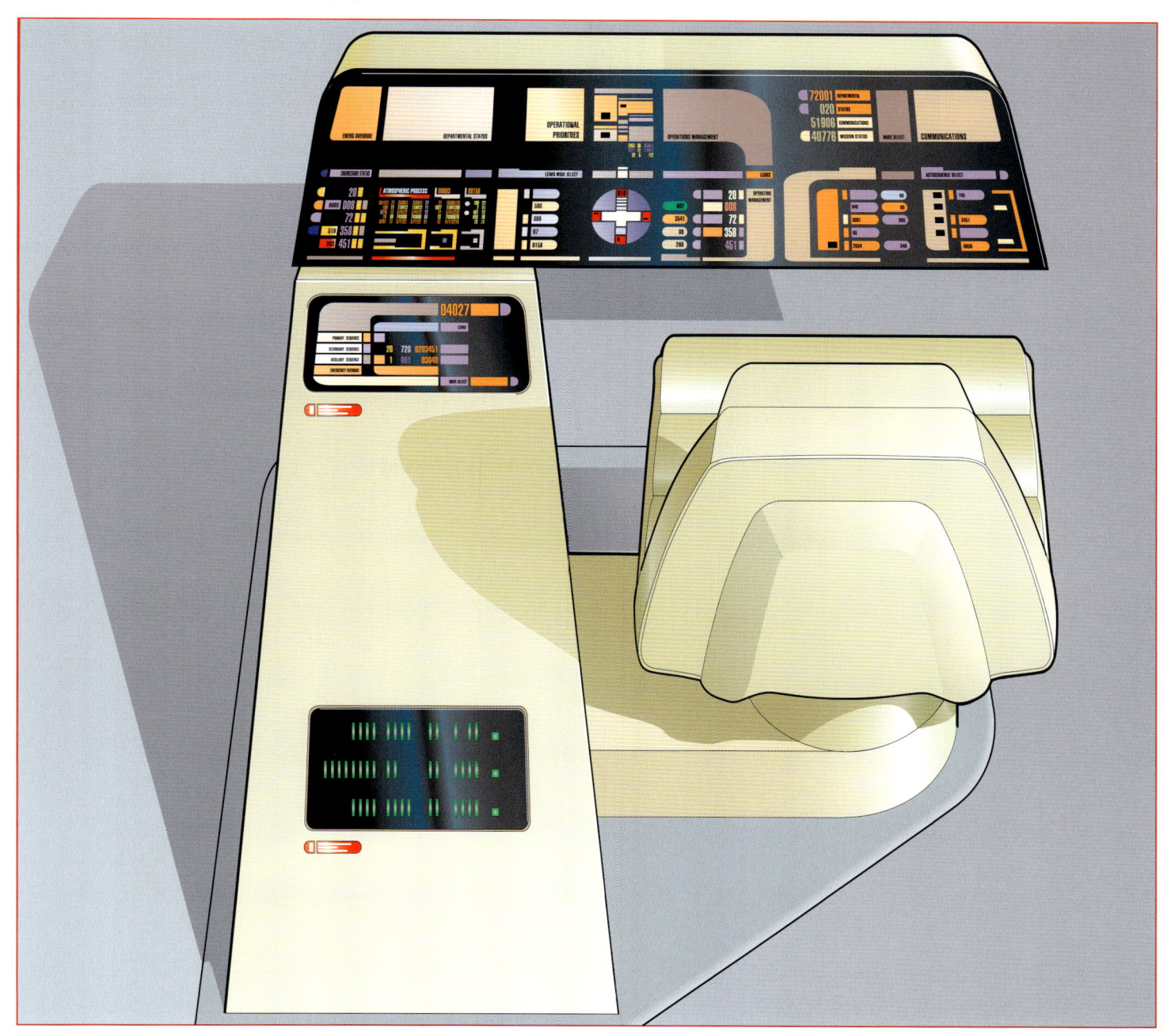

Bei der Ops handelte es sich um eine eigenständige Station im vorderen Bereich der Brücke. Sie war neben der Flugkontrolle platziert. Diese beiden Stationen konnten leicht umkonfiguriert werden, um die Aufgaben der jeweils anderen zu übernehmen. Der Sessel des Ops-Offiziers ließ sich um 180 Grad drehen. Die Oberseite der Konsole war ebenfalls schwenkbar, um eine optimale Bedienposition zu gewährleisten.

U.S.S. ENTERPRISE NCC-1701-D

SICHERHEITS-KONSOLE

Raumschiffe der *Galaxy*-Klasse waren auf ihre Sicherheits- und taktische Konsole angewiesen, die vom taktischen Offizier bedient wurde, um die Sicherheit zu gewährleisten sowie Bedrohungen für Schiff und Besatzung einzuschätzen.

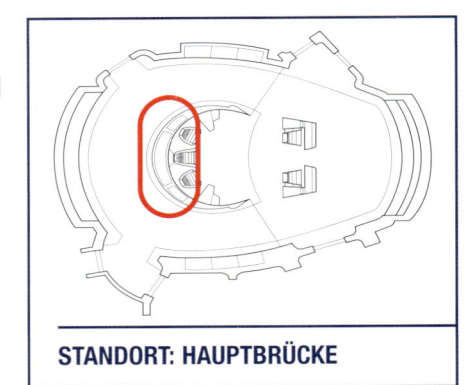

STANDORT: HAUPTBRÜCKE

Auf der Hauptbrücke der *U.S.S. Enterprise* NCC-1701-D war die kombinierte Sicherheits- und taktische Station auf einer großen Reling montiert, die hufeisenförmig um die Rückseite der Sessel der kommandierenden Offiziere herum verlief. Die Konsole war größer als die meisten anderen Brückenstationen und ließ sich von zwei Personen bedienen, wurde aber fast immer von einem einzelnen Offizier im Stehen bemannt. Die erhöhte Position in der Nähe der Brückenmitte eröffnete ihr oder ihm eine klare Sicht auf den Hauptbildschirm und garantierte eine einfache Kommunikation mit dem übrigen Brückenpersonal. Normalerweise besetzte der taktische Offizier der *Enterprise* diese Station, ein Posten, den Natasha Yar bis zu ihrem Tod im Jahr 2364 innehatte und der danach von Worf besetzt wurde.

INTERNE SICHERHEIT

In Gefechtssituationen fungierte der leitende Sicherheitsoffizier gleichzeitig als taktischer Offizier. Unter normalen Umständen kamen ihr oder ihm jedoch Aufgaben zu, die vornehmlich mit der Sicherheit des Schiffs und seiner Besatzung zusammenhingen. Interne Sensoren ermöglichen es dem Offizier, den Standort jedes Besatzungsmitglieds, das einen Kommunikator trug, zu bestimmen. Die Konsole zeigte zudem automatisch jeden Eindringlingsalarm an. Mit der richtigen Kalibrierung konnten die internen Sensoren auch für die Verfolgung von Personen verwendet werden, die keinen Kommunikator trugen.

Die Station ließ sich außerdem für die Errichtung von Sicherheitskraftfeldern und für die Versiegelungen von Schotten an bestimmten Stellen des Schiffs nutzen. Die Anzeigen informierten den Sicherheitsoffizier über den Standort des Sicherheitspersonals. Anweisungen an die Sicherheitskräfte konnten entweder mündlich oder über das Tastenfeld erteilt werden.

Die taktische Station lieferte untergeordnete Informationen über potenzielle Bedrohungen für die Besatzung. Bei diplomatischen Missionen konnte sie detaillierte Auskünfte über die Verfügbarkeit des Personals und den Status spezieller Sicherheitseinrichtungen mitteilen.

TAKTISCHE ROLLE

Die Station lieferte auch wichtige Informationen über alle Schiffe, die sich der *Enterprise* näherten. Wenn möglich, identifizierten die Computer das sich nähernde Schiff und

Die taktische und Sicherheitsstation war eine der größten Konsolen auf der Brücke der U.S.S. Enterprise. Sie nahm eine zentrale Position hinter dem Captain auf einer erhöhten Ebene ein, sodass der Sicherheits-/taktische Offizier schnell mit dem kommandierenden Offizier kommunizieren konnte. Eine der Hauptaufgaben des diensthabenden Offiziers war es, taktische Ratschläge zu geben.

SICHERHEITSKONSOLE

Die Konsole ganz links an der Sicherheits- und taktischen Station konnte zur Steuerung der Photonentorpedorampen und zum Zugriff auf Informationen über andere Raumschiffe verwendet werden. Das Bedienfeld ganz rechts diente dazu, eine Zielerfassung für die Photonentorpedos und Phaser zu erstellen.

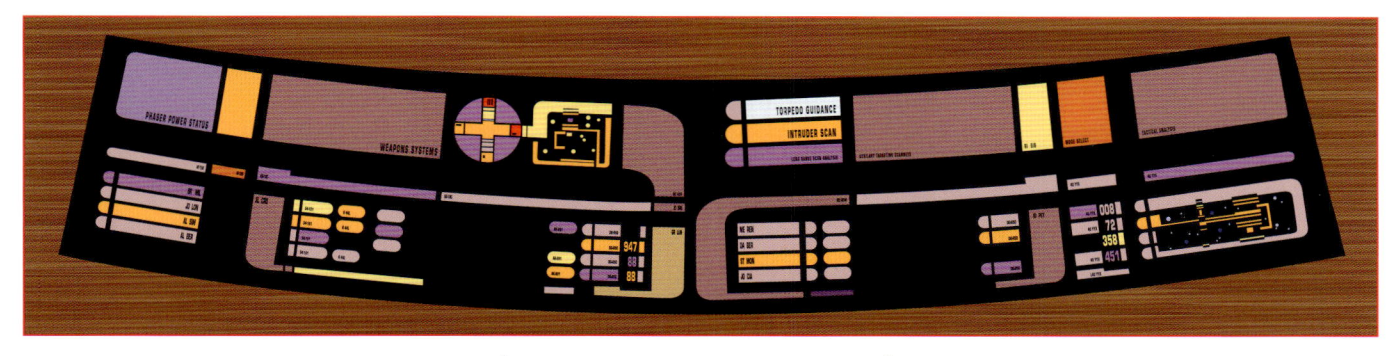

In der Standardkonfiguration konnte die zentrale Konsole zur Überwachung der Phaserstärke, zur Auswahl und Überwachung der Waffensysteme sowie zur Steuerung der Torpedoleitsysteme verwendet werden, sobald ein Torpedo abgefeuert wurde. Sie steuerte auch das Eindringlings-Scansystem.

versorgten den Sicherheitsoffizier mit relevanten Computeraufzeichnungen. Selbst wenn ein Schiff nicht eindeutig identifiziert werden konnte, lieferte die Station Daten über Waffen- und Antriebssysteme. Die taktische Datenbank enthielt zusätzlich eine Liste bevorzugter Taktiken und Information über die Schwächen eines feindlichen Schiffs.

Die Sicherheitssysteme überwachten automatisch den gesamten externen Kommunikationsverkehr. Auf modernen Sternenflottenschiffen war der Sicherheitsoffizier für die Kontrolle der Kommunikation zuständig. Er öffnete und schloss die Grußfrequenzen. Der Offizier hielt besonders engen Kontakt zu den Transporterräumen und sorgte dafür, dass mögliche Gefahren vom Schiff weg- und das Personal in Sicherheit gebeamt werden konnten.

TORPEDOSTEUERUNG

In Gefechtssituationen diente die Sicherheits- und taktische Konsole zur Steuerung der Phaser und Photonentorpedos der *Enterprise*. In den 2360er-Jahren waren Schiffe der *Galaxy*-Klasse mit zwölf Typ-X-Phaserbänken ausgestattet, die sich unterschiedlich einstellen ließen – von einem schwachen Energiestrahl bis hin zu einem zerstörerischen Phaserstrahl konnte alles abgefeuert werden. Die exakte Feuersequenz und die Energiestufen legte der taktische Computer fest, sobald der taktische Offizier ein bestimmtes Ziel identifiziert hatte.

Photonentorpedos konnten von jeder der drei Abschussrampen abgefeuert werden, obwohl die Abschussrampe der Untertassensektion nur selten benutzt wurde. Wie bei den Phasern des Schiffs musste der taktische Offizier nur das Ziel und die Anzahl der Torpedos einprogrammieren. Die Konsole bot dem taktischen Offizier eine Reihe von Eingabeaufforderungen, die es ihr oder ihm erlaubten, die Zeit oder Entfernung bis zur Detonation des Torpedos anzugeben. Photonentorpedos waren normalerweise nach dem Abschuss autonom, aber der Computer ermöglichte es dem taktischen Offizier, die manuelle Steuerung zu übernehmen.

WAFFENSYSTEME UND -BESTÄNDE

Die Anzeigen der Station versorgten den taktischen Offizier mit Informationen über den Zustand aller Waffensysteme und über das Waffeninventar, einschließlich wie viele Photonentorpedos verfügbar waren, wie lange es dauerte, bis sie abgefeuert werden konnten, und welche Phaserbänke gerade aufgeladen wurden.

Die taktische Station teilte sich eine Reihe ihrer Aufgaben mit der Ops, einschließlich des Abschusses von Sonden und Nachrichtenbojen sowie die Kontrolle über die Traktorstrahlen und einige Transportersysteme. Im Kampf überwachten sowohl die taktische Station als auch die Ops den Zustand der Schilde des Schiffs und konnten, falls nötig, Energie von anderen Systemen zu ihnen umleiten. Wenn das Schiff beschädigt wurde, musste der Sicherheits- bzw. taktische Offizier entsprechende Berichte sammeln, sie an den kommandierenden Offizier weiterleiten und Reparaturteams organisieren. Alle Leit-, Navigations- und Zieldaten der taktischen Station wurden auch an die Flugkontrolle und die Ops-Station weitergeleitet. Dadurch ließ sich sicherstellen, dass sich das Schiff auch dann noch verteidigen konnte, wenn die taktische Station ausfiel.

MISSIONSSPEZIFISCHE KONSOLEN

Die fünf Konsolenstationen befanden sich achtern auf der Hauptbrücke der *U.S.S. Enterprise* NCC-1701-D und erfüllen während der Missionen viele wichtige Betriebsfunktionen, einschließlich wissenschaftlicher Aufgaben und Umweltüberwachung.

Während die vordere Steuer- und Ops-Konsole sowie die Kommando- und taktischen Konsolen bei einer Mission Schlüsselfunktionen auf der Hauptbrücke der *U.S.S. Enterprise* innehatten, versorgten die fünf Konsolen im hinteren Teil der Brücke den Kommandostab mit zusätzlichen essentiellen Informationen.

Sie teilten sich in zwei separate Wissenschaftsstationen, die Umweltkontrolle, die Missions-Ops und eine Technikstation auf und wurden nach Bedarf mit Missionsspezialisten besetzt. Sie konnten vom leitenden Brückenpersonal in Sekundenschnelle aufgerufen werden, wenn wichtige Daten oder Systemstatusupdates benötigt wurden. Die verdeckt verstauten, ausziehbaren Sitze unter jeder Konsole boten der Besatzung während langer Schichten mehr Komfort, doch man konnte sie dank ihres ergonomischen Designs unter die Konsolen schieben, wenn sie nicht gebraucht wurden.

Die Missions-Ops-Station auf der Brücke der *U.S.S. Enterprise*. Sie befand sich zwischen Umweltkontrolle und Wissenschaft II.

WISSENSCHAFT I UND II

Die ersten beiden Stationen auf der oberen, hinteren Ebene der Brücke lieferten bei Bedarf wissenschaftliche Daten in Echtzeit und wurden als Wissenschaft I und Wissenschaft II bezeichnet. Sie waren unabhängig voneinander, ließen sich aber miteinander verbinden, damit wissenschaftliches Personal oder Gastforscher besser zusammenarbeiten konnten.

Beide Wissenschaftsstationen wurden im Allgemeinen bei wissenschaftlichen Aktivitäten auf der *Enterprise* benötigt, die eine genauere Absprache mit dem Kommandostab erforderten. Dazu zählten zum Beispiel umfangreichere Forschungsprojekte, bei denen die Positionierung des Schiffs das Ergebnis entscheidend beeinflussen konnte. Die Stationen konnten sich direkt mit den Schiffssensoren verbinden, was eine schnelle Datenübermittlung unter Alarmbedingungen ermöglichte. Gleichzeitig waren sie in der Lage, die Befehle der Sensorsysteme zu überschreiben und diese neu zu kalibrieren. Die beiden Konsolen vereinfachten die koordinierte wissenschaftliche Zusammenarbeit zwischen schiffsinternen Abteilungen und externen Forschungseinrichtungen und -institutionen erheblich.

MISSIONSSPEZIFISCHE KONSOLEN

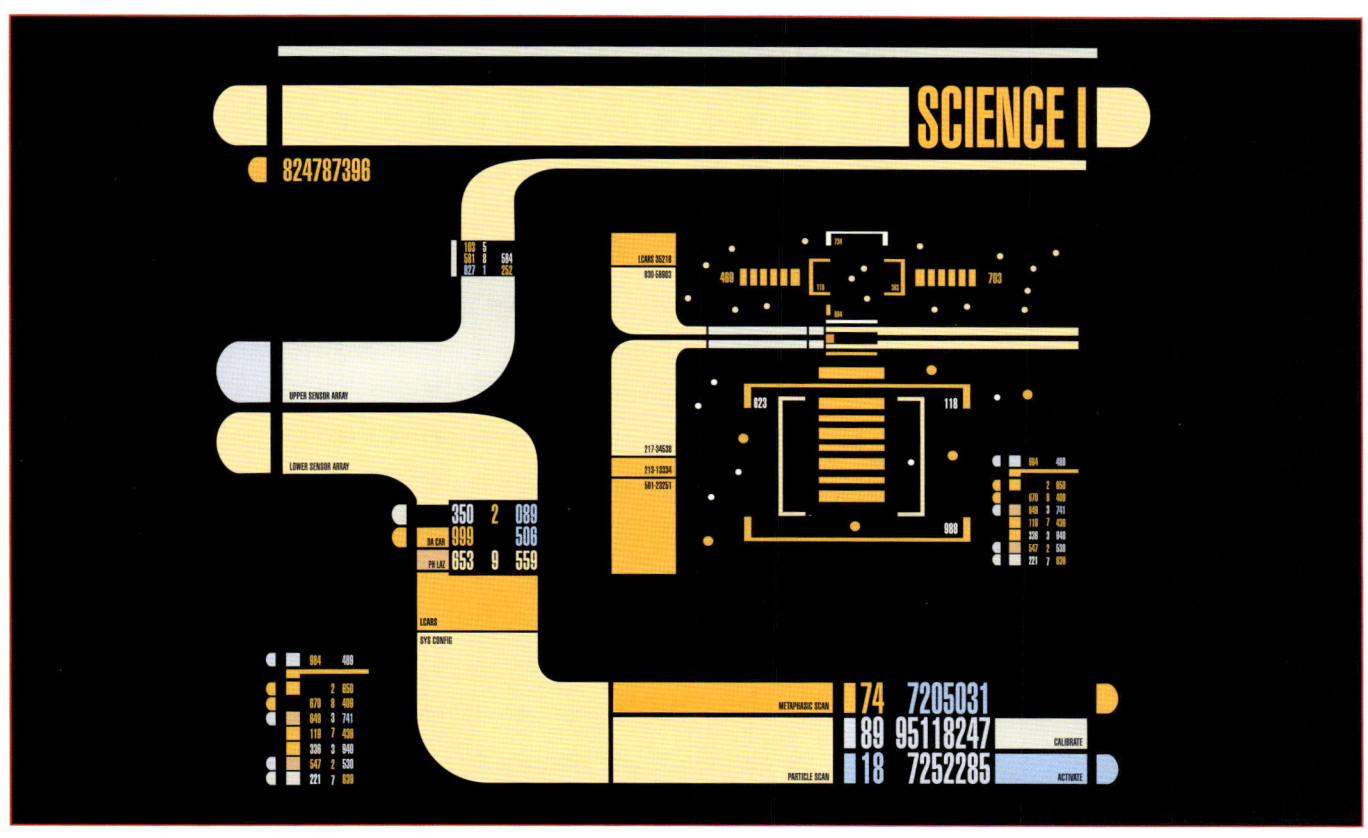

Wissenschaft I und II dienten der Koordination unterschiedlicher Abteilungen der *Enterprise*, wie zum Beispiel der Stellarkartografie. Die Stationen arbeiteten weitgehend unabhängig voneinander, konnten aber miteinander verbunden werden, wenn dies für wissenschaftliche Forschungsprogramme von Vorteil war.

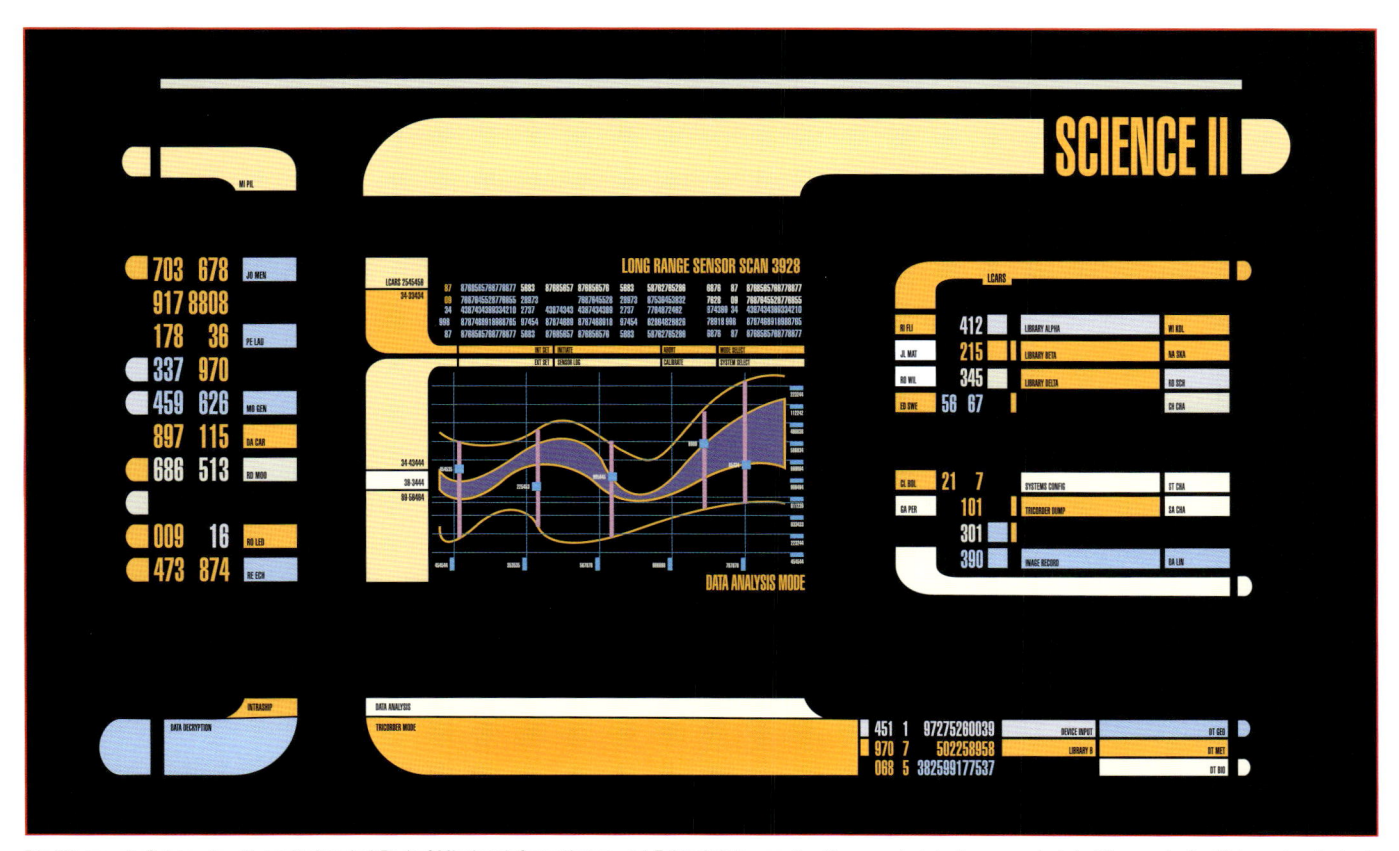

Die Wissenschaftskonsolen übermittelten bei Bedarf Missionsinformationen und Echtzeitdaten an den Kommandostab. Ihnen wurde kein Wissenschaftsoffizier zugeordnet; sie wurden entsprechend der jeweiligen Missionsanforderungen besetzt.

U.S.S. ENTERPRISE NCC-1701-D

MISSIONS-OPS-KONSOLE

Rechts neben den beiden Wissenschaftsstationen befand sich die Missions-Ops-Konsole, mit der man Außenteams beim Einsatz außerhalb der *Enterprise* unterstützen und ihre Telemetriedaten überwachen konnte. Dazu gehörte auch die Verwaltung von Trikorder- und anderen Instrumentendaten, die von den Außenteams während ihrer Mission aufgezeichnet wurden.

Die Missions-Ops-Konsole organisierte auch die Aktivitäten und Anforderungen von Sekundärmissionen der *Enterprise*, um sicherzustellen, dass keine Konflikte mit der primären Mission des Schiffs auftraten. Während eines Alarmzustands arbeitete der Missions-Ops-Offizier eng mit der taktischen Station zusammen und informierte den Sicherheitsoffizier ständig über die Aktivitäten des Außenteams und den Status sekundärer Missionen, damit er dieses Wissen in sicherheitsrelevante Entscheidungen einfließen lassen konnte.

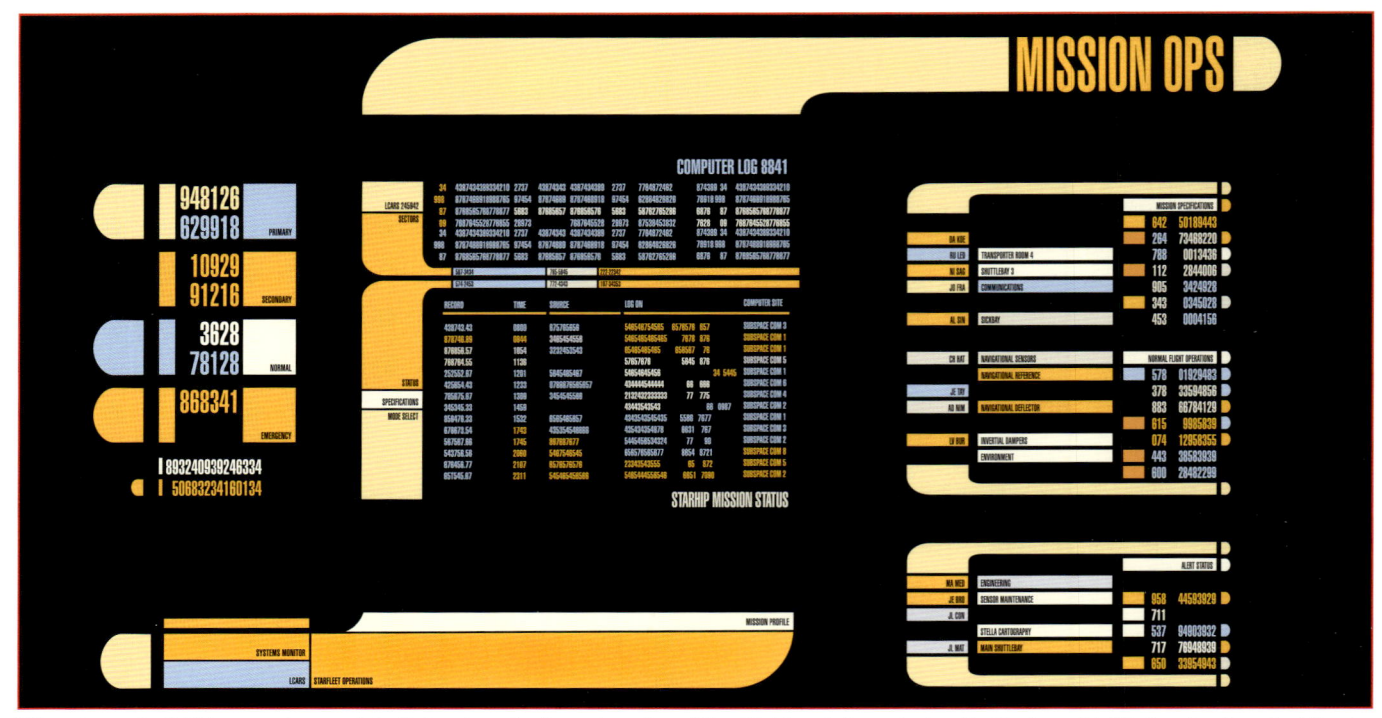

Während normaler Betriebsparameter verwaltete die Besatzung der *Enterprise* routinemäßig zahlreiche primäre und sekundäre Missionen. Die Missions-Ops-Konsole stellte eine wichtige Ressource für die Überwachung des jeweiligen Missionsstatus dar. Außerdem verhinderte man mit ihr Ressourcenkonflikte und hielt die Verbindung zu Instrumenten aufrecht, die ein Außenteam im Einsatz verwendete.

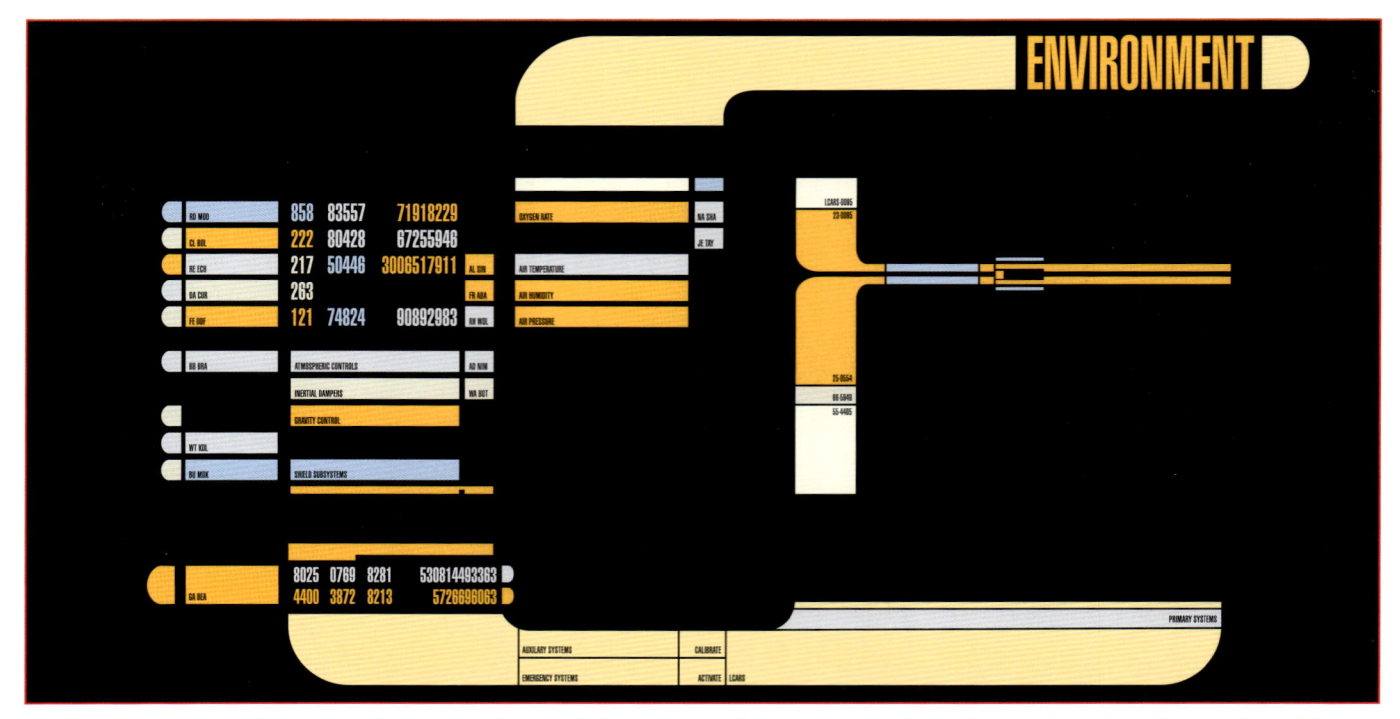

Größtenteils autonom überwachte und verwaltete die Umweltkontrolle die Ressourcen des Lebenserhaltungssystems der *Enterprise* und die Umweltbedingungen. Im Falle eines Versagens der Lebenserhaltung leitete die Umweltkontrolle die Ressourcen der Krise entsprechend so um, dass das Überleben der Besatzung gesichert war.

MISSIONSSPEZIFISCHE KONSOLEN

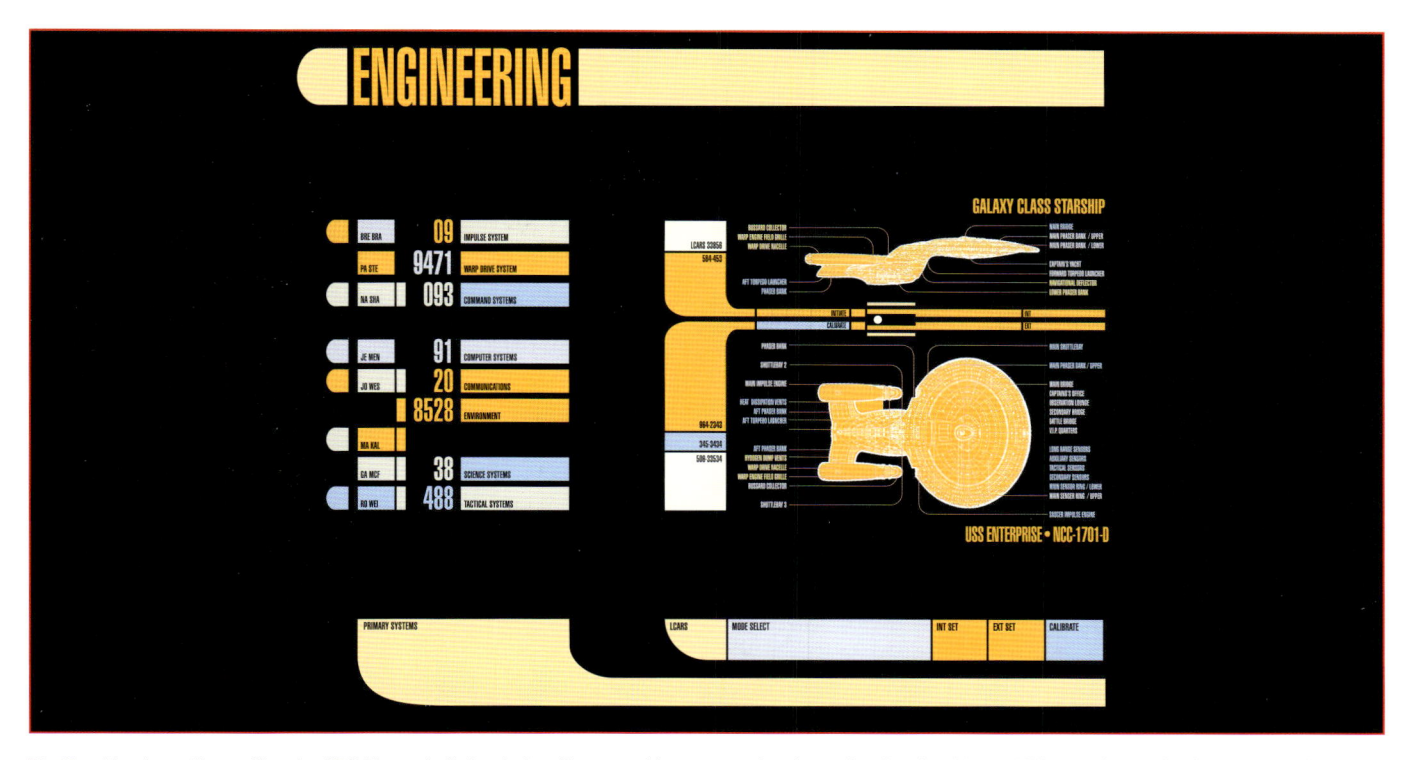

Die Maschinenkontrolle war über das ODN-Netzwerk direkt mit dem Hauptmaschinenraum verbunden und stellte ein wichtiges Hilfsmittel für den Chefingenieur dar. So konnte er den Status der *Enterprise*-Kernsysteme aus der Ferne überwachen, wenn er auf der Brücke sein musste. Außerdem konnte er bei einem Ausfall des Hauptmaschinenraums die gesamte Technik von der Brücke aus steuern.

UMWELTKONTROLLE

Die Umweltkontrolle war während normaler Betriebsparameter oft nicht besetzt; ihre Software überwachte die Lebenserhaltungssysteme der *Enterprise* weitgehend automatisch. Trotzdem war sie für den Betrieb des Schiffs und die Sicherheit seiner Besatzung unverzichtbar. Das zeigte sich vor allem in Alarmsituationen, die während des Einsatzes auftraten.

Im normalen Betriebszustand überwachte die Umweltkontrolle auf der Brücke in Echtzeit die atmosphärischen Bedingungen innerhalb der *Enterprise* sowie die Umgebungstemperatur, den Status der künstlichen Schwerkraftsysteme, die Trägheitsdämpfung und alle abschirmenden Subsysteme. Außerdem war die Station für die Aufrechterhaltung der Recyclingsysteme und die Wiederaufbereitung von Rohstoffen zuständig. Sie stellte sicher, dass die Besatzungsmitglieder konstant mit Atemluft, Wasser und Nahrung versorgt wurden.

Im Alarmzustand wurde diese Station oft von einem Umweltsystemoffizier besetzt. Dieser unterstützte den Ops-Offizier maßgeblich bei der Verteilung essentieller Ressourcen, die in Krisensituationen das Überleben der Besatzung sicherstellen sollten.

MASCHINENKONTROLLE

Bei der Maschinenkontrolle, die sich ganz rechts auf der oberen, hinteren Ebene der Brücke befand, handelte es sich um eine extrem flexible Arbeitsstation, die es dem Chefingenieur ermöglichte, die wichtigsten technischen Systeme zu überwachen, wenn er auf der Brücke anwesend sein musste.

Wenn der Hauptmaschinenraum der *Enterprise* voll funktionsfähig war, wurde diese Brückenstation routinemäßig in einen passiven Anzeigemodus versetzt und nicht beaufsichtigt. Im Alarmzustand konnte die Station jedoch rasch aktiviert werden, was es dem Chefingenieur oder anderem technischen Personal ermöglichte, die fast vollständige Kontrolle über die technischen Systeme des Schiffs zu erlangen. Dies konnte notwendig werden, wenn die Maschinensektion durch gefährliche Systemausfälle unzugänglich geworden war und evakuiert werden musste.

Diese Station war über das Optische Datennetzwerk (ODN) der Brücke mit den technischen Systemen verbunden. So konnte der Chefingenieur von ihr aus auf alle Antriebssysteme zugreifen und die technischen Abläufe neu konfigurieren, sollten die sich schnell ändernden Einsatzparameter dies erfordern.

Die Maschinenkontrolle verband die Brücke mit den umfangreicheren Kontrollmechanismen, die im Hauptmaschinenraum untergebracht waren.

U.S.S. ENTERPRISE NCC-1701-D

UMBAU DER HAUPTBRÜCKE

Die Brücke der *U.S.S. Enterprise* NCC-1701-D erfuhr eine Reihe kleiner Umbauten, als das Schiff in sein achtes Dienstjahr startete, das sich auch als sein letztes herausstellte.

Die Sitze an den Stationen im hinteren Brückenbereich konnten in den unteren Teil der Arbeitsstation geschoben werden, um einen freien Durchgang zu ermöglichen.

Die Hauptbrücke der *U.S.S. Enterprise* NCC-1701-D erhielt ihr erstes großes Update zu einem Zeitpunkt kurz vor den Ereignissen um den El-Aurianer Dr. Tolian Soran im Jahr 2371.

Im Kleinen nahm man einige Veränderungen am sekundären Beleuchtungssystem der Brücke vor. Außerdem ergänzte man Notfallsignalleuchten, die jedoch nur während eines Roten Alarms sichtbar wurden. Die deutlichste Entwicklung betraf den Bereich, in dem die Führungsoffiziere saßen. Ursprünglich nahmen der Captain, sein Erster Offizier und der Counselor auf dem gleichen Höhenlevel mit der vorderen Ops und Flugkontrolle in der Nähe des Sichtschirms Platz. Die Modifikationen von 2371 hoben den gesamten Bereich jedoch an und es wurden einige Stufen an der Vorderseite des Sitzbereichs ergänzt.

DESIGN UND KONFIGURATION

Die zweite große Veränderung war das Ergänzen der Brücke um weitere Arbeitsstationen, die sich zu beiden Seiten des Kommandobereichs befanden. Dort hatte es zuvor nur flache Computerzugangsfelder gegeben. Nun hatte das Brückenpersonal aber die Möglichkeit, dort ihre Arbeit zu verrichten, was rund um die Uhr zu einem höheren Aufkommen an Mitarbeitern auf der Brücke führte.

Die taktische Station blieb an ihrer Position hinter dem Sessel des Captains, doch stand dem diensthabenden Offizier nun eine Sitzgelegenheit zur Verfügung, um den Arbeitskomfort zu erhöhen.

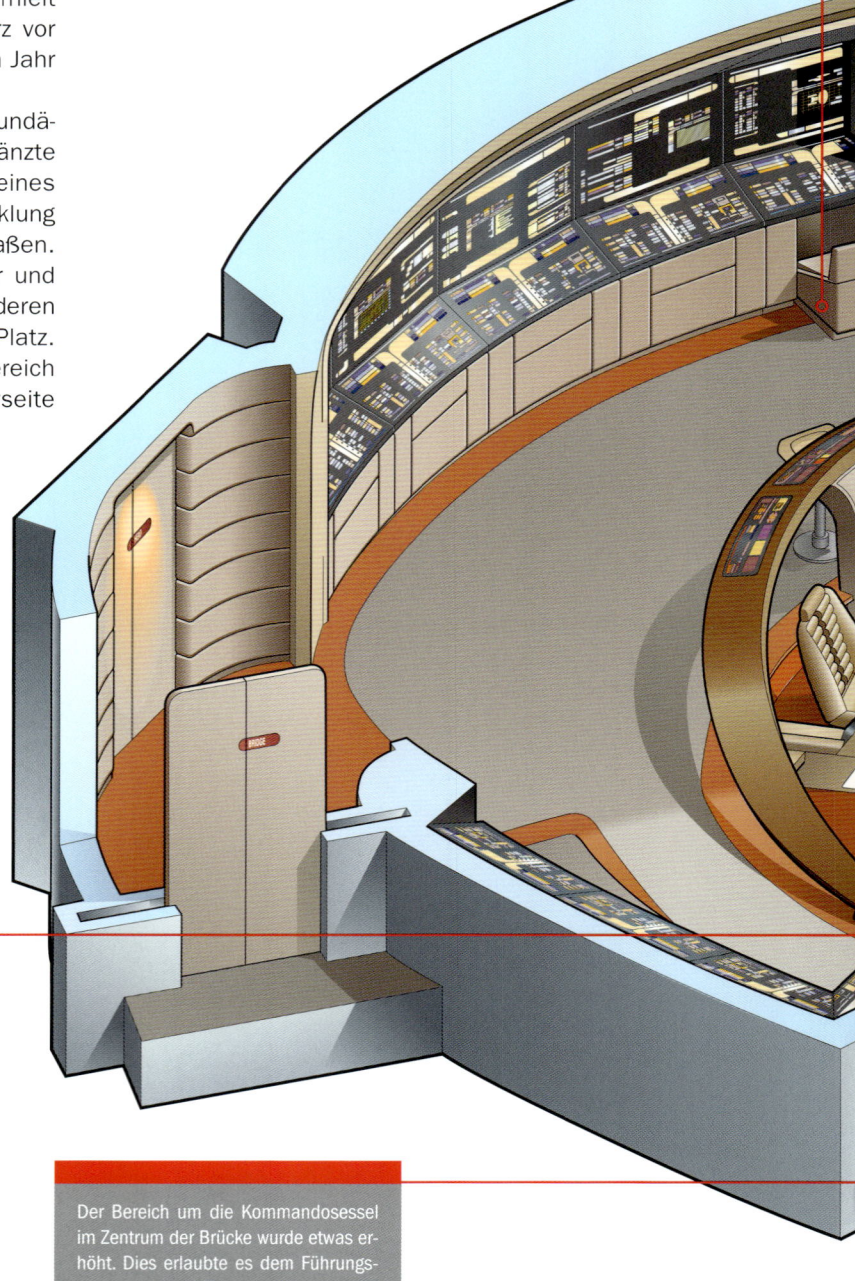

Der Bereich um die Kommandosessel im Zentrum der Brücke wurde etwas erhöht. Dies erlaubte es dem Führungspersonal, die Offiziere zu überwachen und von ihren Untergebenen ebenfalls besser gesehen zu werden.

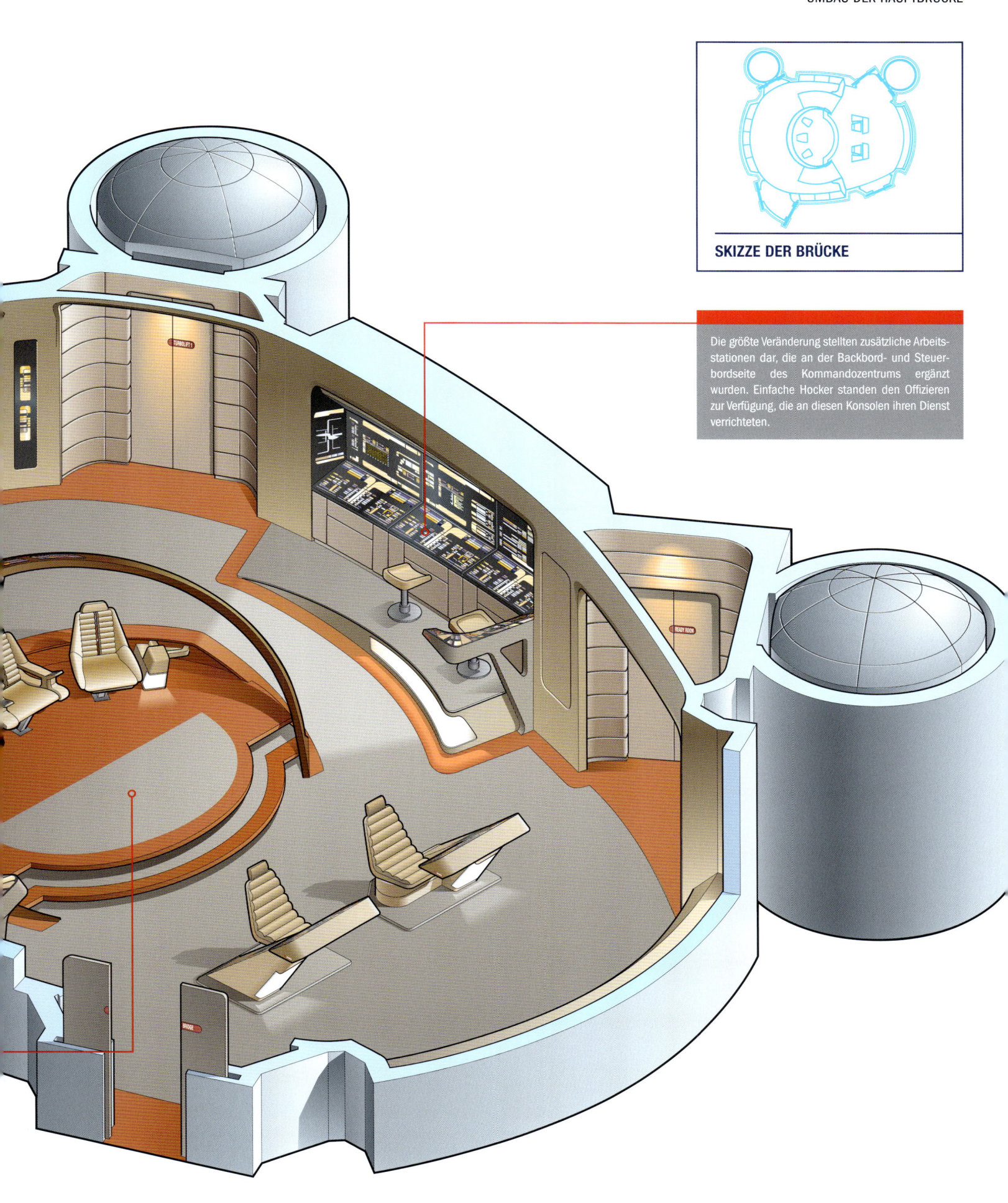

UMBAU DER HAUPTBRÜCKE

SKIZZE DER BRÜCKE

Die größte Veränderung stellten zusätzliche Arbeitsstationen dar, die an der Backbord- und Steuerbordseite des Kommandozentrums ergänzt wurden. Einfache Hocker standen den Offizieren zur Verfügung, die an diesen Konsolen ihren Dienst verrichteten.

BEREITSCHAFTS-RAUM DES CAPTAINS

Diese Türen führten zur Hauptbrücke.

Beim Bereitschaftsraum des Captains handelte es sich um ein Büro, das an die Hauptbrücke angeschlossen war. Dort konnte der Captain in Ruhe arbeiten oder ungestört mit jemandem sprechen.

Der Bereitschaftsraum des Captains befand sich auf der U.S.S. Enterprise NCC-1701-D an der Backbordseite der Hauptbrücke. Mit einer Länge von etwa sieben Metern bot er dem Captain einen Ort, an dem er sowohl arbeiten als auch entspannen konnte. Er war mit einem Schreibtisch, mehreren Stühlen und einer Couch ausgestattet. Ein kleines Terminal auf dem Schreibtisch ermöglichte die Aktivierung des Zugriffs- und Abfragesystems des Bibliothekscomputers oder den Empfang von Nachrichten anderer Schiffe. Eine Tür führte auf die Hauptbrücke, eine andere ins private Badezimmer des Captains. Der Raum war mit einem Replikator ausgestattet.

BESTE LAGE

Der Bereitschaftsraum befand sich auf Deck 1, damit der Captain in der Nähe der Brücke bleiben konnte, auch wenn er gerade keinen Brückendienst hatte. Im Notfall konnte er den diensthabenden Offizier in Sekundenschnelle ablösen. Dieser private Bereich stellte außerdem einen abgeschlossenen Raum dar, in dem der kommandierende Offizier Geheimnachrichten des Sternenflottenkommandos empfangen oder vertrauliche Gespräche mit seinen leitenden Offizieren führen konnte.

Captain Picard verbrachte einen nicht unbeträchtlichen Teil seiner Freizeit in diesem Bereitschaftsraum. Dort erledigte er administrative Aufgaben und las oder hörte Musik, wenn er nicht im Dienst war.

Den Raum hatte er mit einigen persönlichen Gegenstände dekoriert, darunter ein nautischer Sextant, ein in Kristall modelliertes Segelschiff, eine ineinander geschachtelte kurlanische Naiskos-Statuette aus der dritten Dynastie (ein seltenes und wertvolles Artefakt, das sein ehemaliger Archäologieprofessor Richard Galen Picard geschenkt hatte) und Shakespeares gesammelte Werke. Das vielleicht attraktivste Element war jedoch das kugelförmige Salzwasseraquarium, das in einer Ecke in der Nähe des Fensters stand und Captain Picards Rotfeuerfisch Livingston beherbergte.

Captain Picard nutzte seinen Bereitschaftsraum oft für vertrauliche Gespräche mit seinen Führungsoffizieren oder für den Empfang geheimer Befehle des Sternenflottenkommandos. Solche Nachrichten wurden direkt an das Terminal auf seinem Schreibtisch weitergeleitet.

Captain Picard empfing viele Besucher in seinem Bereitschaftsraum, darunter auch andere Raumschiffkommandanten wie Admiral Nechayev.

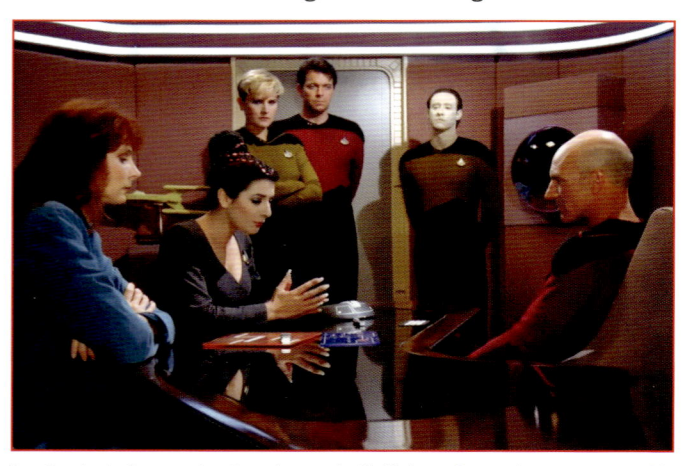

Der Bereitschaftsraum des Captains wurde für kleinere Besprechungen genutzt. Die Teilnehmerzahl war jedoch aufgrund der Raumgröße und der Anzahl der Sitzgelegenheiten eher begrenzt.

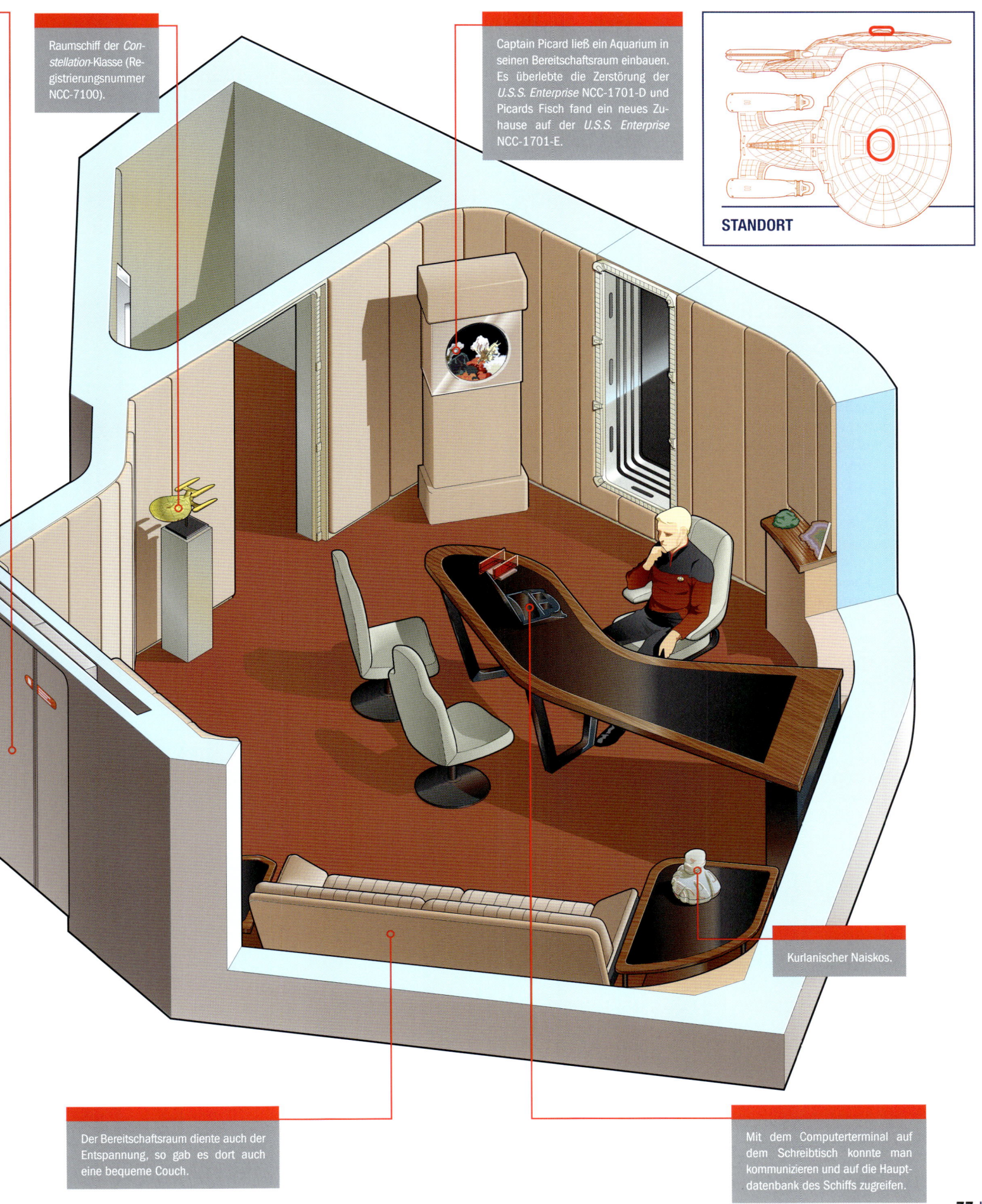

BEREITSCHAFTSRAUM DES CAPTAINS

Raumschiff der *Constellation*-Klasse (Registrierungsnummer NCC-7100).

Captain Picard ließ ein Aquarium in seinen Bereitschaftsraum einbauen. Es überlebte die Zerstörung der *U.S.S. Enterprise* NCC-1701-D und Picards Fisch fand ein neues Zuhause auf der *U.S.S. Enterprise* NCC-1701-E.

STANDORT

Der Bereitschaftsraum diente auch der Entspannung, so gab es dort auch eine bequeme Couch.

Kurlanischer Naiskos.

Mit dem Computerterminal auf dem Schreibtisch konnte man kommunizieren und auf die Hauptdatenbank des Schiffs zugreifen.

U.S.S. ENTERPRISE NCC-1701-D

AUSSICHTS-LOUNGE

Dieser Raum, der sich hinter der Brücke der *U.S.S. Enterprise* NCC-1701-D auf Deck 1 befand, war für Konferenzen und Präsentationen ausgestattet.

In den Schreibtisch eingebaute Bedienfelder ermöglichten der Besatzung bei Einsatzbesprechungen und Präsentationen den Zugriff auf den Schiffscomputer.

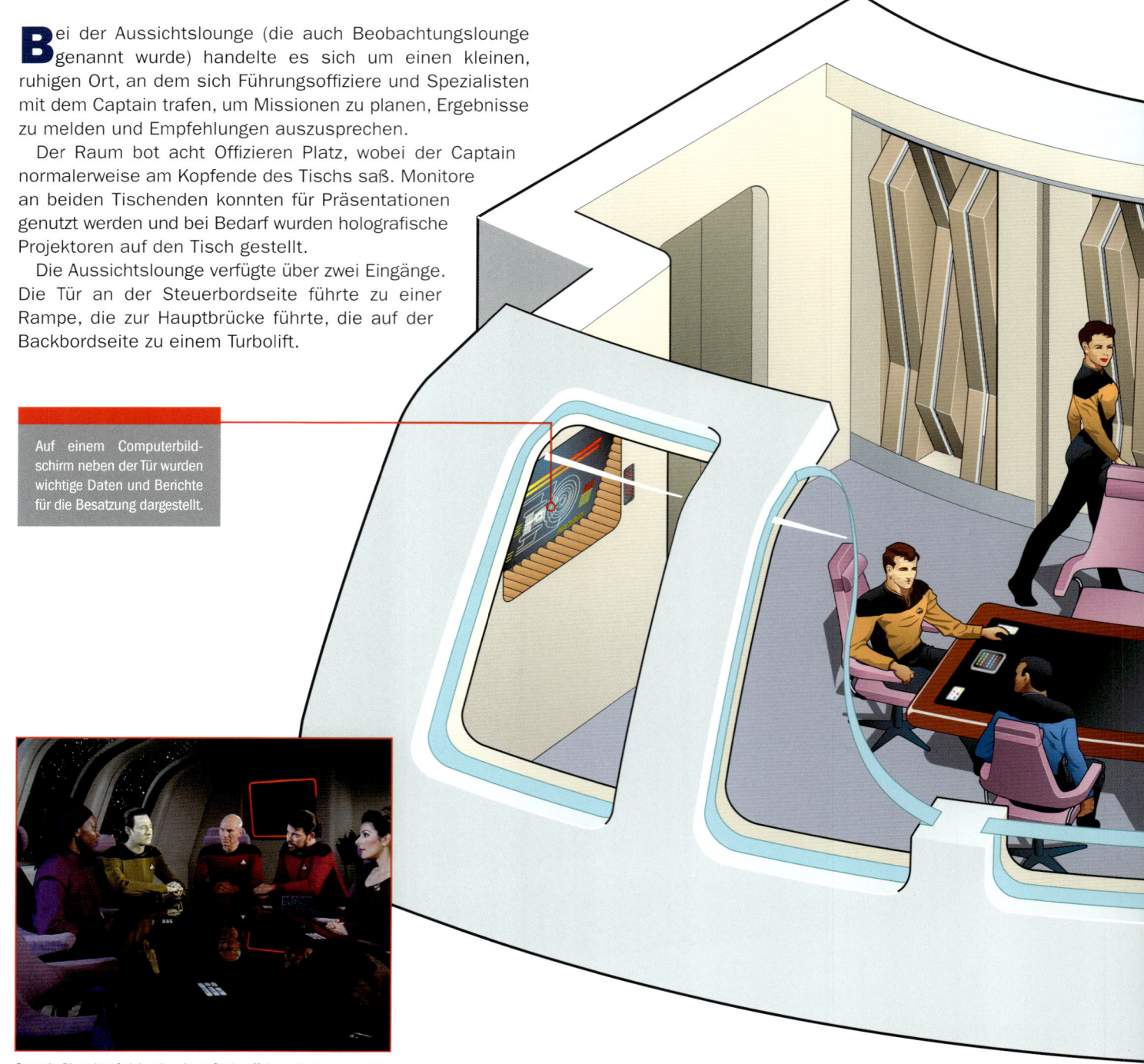

Bei der Aussichtslounge (die auch Beobachtungslounge genannt wurde) handelte es sich um einen kleinen, ruhigen Ort, an dem sich Führungsoffiziere und Spezialisten mit dem Captain trafen, um Missionen zu planen, Ergebnisse zu melden und Empfehlungen auszusprechen.

Der Raum bot acht Offizieren Platz, wobei der Captain normalerweise am Kopfende des Tischs saß. Monitore an beiden Tischenden konnten für Präsentationen genutzt werden und bei Bedarf wurden holografische Projektoren auf den Tisch gestellt.

Die Aussichtslounge verfügte über zwei Eingänge. Die Tür an der Steuerbordseite führte zu einer Rampe, die zur Hauptbrücke führte, die auf der Backbordseite zu einem Turbolift.

Auf einem Computerbildschirm neben der Tür wurden wichtige Daten und Berichte für die Besatzung dargestellt.

Captain Picard traf sich mit seinen Stabsoffizieren in der Aussichtslounge.

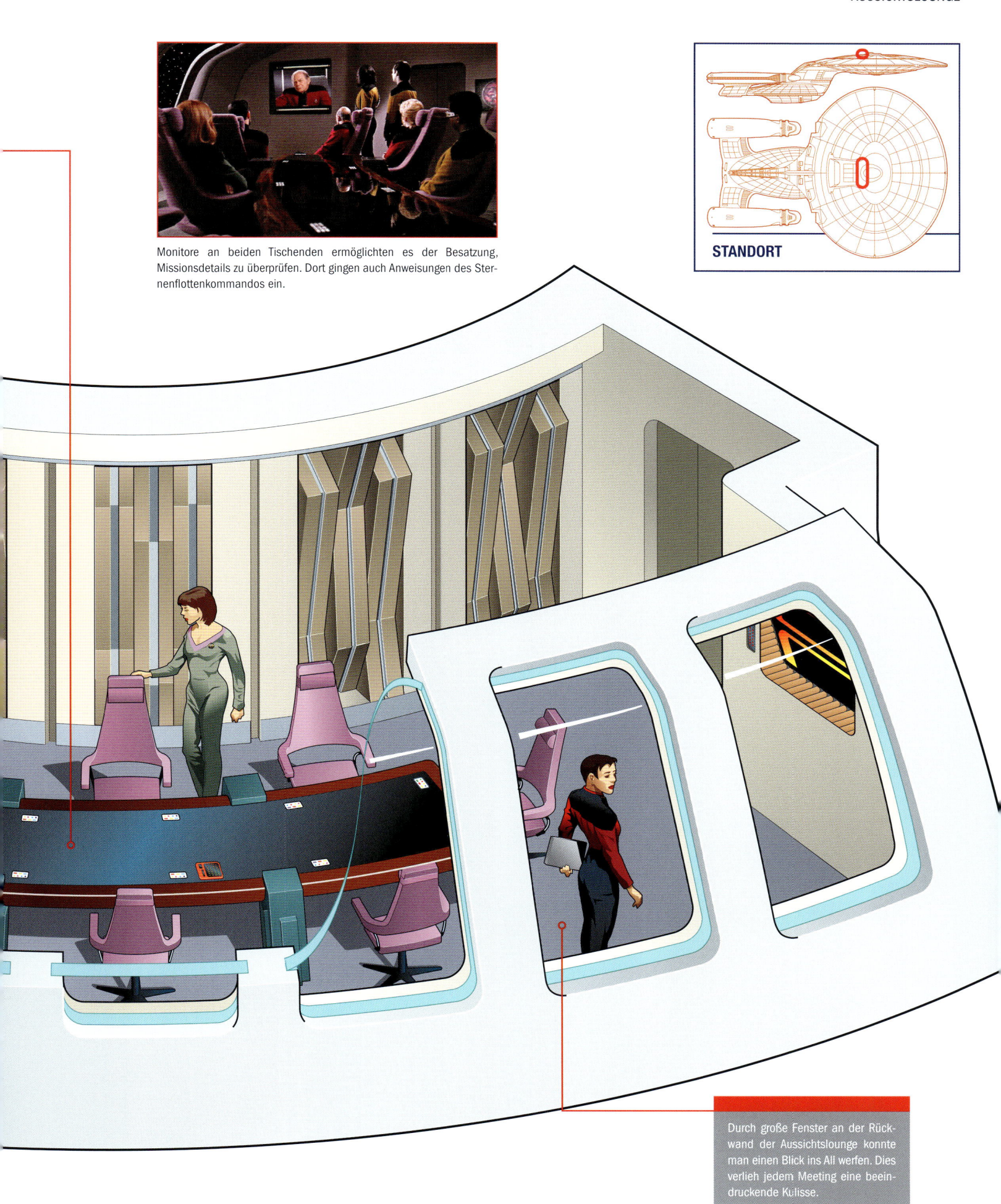

AUSSICHTSLOUNGE

Monitore an beiden Tischenden ermöglichen es der Besatzung, Missionsdetails zu überprüfen. Dort gingen auch Anweisungen des Sternenflottenkommandos ein.

STANDORT

Durch große Fenster an der Rückwand der Aussichtslounge konnte man einen Blick ins All werfen. Dies verlieh jedem Meeting eine beeindruckende Kulisse.

79

TURBOLIFT-NETZWERK

Das Personentransportsystem auf Schiffen der *Galaxy*-Klasse ermöglichte es Mannschaft und Passagieren, alle Decks über ein schiffsweites Netzwerk aus Schächten zu erreichen.

Das weitläufige Turboliftnetzwerk der *U.S.S. Enterprise* NCC-1701-D umspannte 42 Decks sowie eine Breite von mehr als 400 Metern und diente einer Besatzungs- und Passagierstärke von mehr als 1.000 Personen. Jede Kabine besaß eingebaute Trägheitsdämpfer, die sowohl eine vertikale als auch eine horizontale Bewegung ermöglichten, ohne dass man die Bewegung deutlich gespürt hätte.

Das Netzwerk basierte auf zwei vertikalen Hauptschächten, die parallel zueinander durch das gesamte Schiff verliefen. Diese vertikalen Schächte waren auf jedem Deck mit einem Ring verbunden. Zusätzliche Ringe schlossen die Nebenlinien auf den Decks 8 und 10 der Untertassensektion sowie 25 und 31 der Antriebssektion an.

NUMMERIERUNG

Im Normalbetrieb waren auf der *Enterprise* fünfzehn Schächte und etwa zehn Kabinen in Betrieb. Jeder Schacht war nummeriert und besaß auf jedem Deck individuelle Stationen, ausgewiesen durch eine zweistellige Zahl hinter Deck und Schachtnummer: »Turboschacht 4, Station 6-02« zum Beispiel befand sich auf Deck 6 und stellte den nächstgelegenen Schacht zu Transporterraum 1 dar. In der Untertassensektion verliefen die Schächte 1 und 2 von der Hauptbrücke auf Deck 1 nach Deck 12, die Schächte 3 und 4 verbanden die Decks 2 bis 16 und die Schächte 5 bis 8 verbanden die Decks 4 bis 14 miteinander. In der Antriebssektion verband Schacht 9 die Decks 8 bis 24, während die Schächte 10 und 11 Deck 8 bis Deck 31 anbanden. Der Hauptmaschinenraum sowie die Decks 25 bis 42 wurden über die Schächte 12 und 13 erreicht, während die Schächte 14 und 15 von Deck 25 bis 35 verliefen.

An vielen Stellen, vor allem den Endpunkten, waren viele Schächte so geräumig, dass die Kabinen aneinander vorbeifahren oder nebeneinander halten konnten, wie etwa beim Streckenende auf der Hauptbrücke. In Notsituationen oder bei Schichtwechseln konnte man die Anzahl der Kabinen verdoppeln und musste dafür nur eine Verzögerung der Reaktionszeit von 22 Prozent in Kauf nehmen.

Eine bauliche Ausnahme bildete die spezielle Notfallturboschachtroute, die von der Steuerbordseite der Hauptbrücke auf Deck 1 hinunter und schräg nach hinten zur Kampfbrücke und somit zur Spitze der sekundären Hülle auf Deck 8 führte. Das System umfasste ebenfalls einen Hilfsschacht mit mindestens einer Ersatzroute, die man von Deck 17 über den Hauptmaschinenraum erreichte.

SICHERHEITSALARM

Turbolifte erfüllten aufgrund des durch sie zur Verfügung gestellten leichten Zugangs zu anderen Bereichen auch während interner Notsituationen eine wichtige Funktion. Mit einem Befehl für einen schiffsweiten Sicherheitsalarm konnte man das System lahmlegen (wie auch die Transporter und die Shuttlehangars). Damit konnte die Bewegungsfreiheit für Eindringlinge eingeschränkt werden. Es musste dafür jedoch das jeweilige System spezifiziert werden. In Katastrophenfällen, wie einem Hüllenbruch, aktivierten Isolationsprotokolle einen sogenannten Beschränkungsmodus, der die Kabinen an Ort und Stelle hielt, damit Notfallschotten die Schächte verschließen konnten. Zwei große Klammern auf gegenüberliegenden Seiten der Kabine rasteten dabei in eine versenkte Leiste der Schachtwand ein. Wenn die Liftsysteme ausgeschaltet waren, bildeten die engen Jefferies-Röhren die einzige Verbindung zwischen den Decks. Alle Schächte wurden außerdem für den Fall einer Notsituation oder eines technischen Defekts mit Zugangsleitern und einer Notbeleuchtung ausgerüstet, damit eingesperrte Passagiere sich in Sicherheit begeben konnten.

ZWEI-WEGE-VERKEHR

Das obere Ende von Turboschacht 2 im hinteren Brückenbereich der Backbordseite ermöglichte eine direkte Verbindung zu Sternenbasen und anderen Einrichtungen der Sternenflotte. Dank einer standardisierten Bauweise innerhalb der Flotte konnte man mit den Kabinen direkt vom Schiff zu einer Sternenbasis und zurück gelangen. Dies erleichterte den Zugang bei Personalwechsel oder ankommenden Besuchern.

Wie bei allen Spezifikationen gab es aber mit der Zeit auch immer wieder Unterschiede bei verschiedenen Schiffen. Auf der *Enterprise* wurde der hintere Außenverbindungsschacht auf der Brücke manchmal mit der 4 nummeriert und nicht mit der 2 und Turboschacht 9 verlief weiter bis Deck 36 und zum Hauptmaschinenraum. Als Turboschacht 3 wurde auch einmal eine Röhre bezeichnet, durch die man in sechs Sekunden von Deck 22 auf die Brücke oder zurück gelangen konnte.

In einer Notsituation konnten Mannschaftsmitglieder den Turbolift durch einen Ausstieg in der Decke verlassen und eine Leiter im Inneren des Schachtes benutzen, um die nächste Tür zu erreichen.

TURBOLIFTNETZWERK

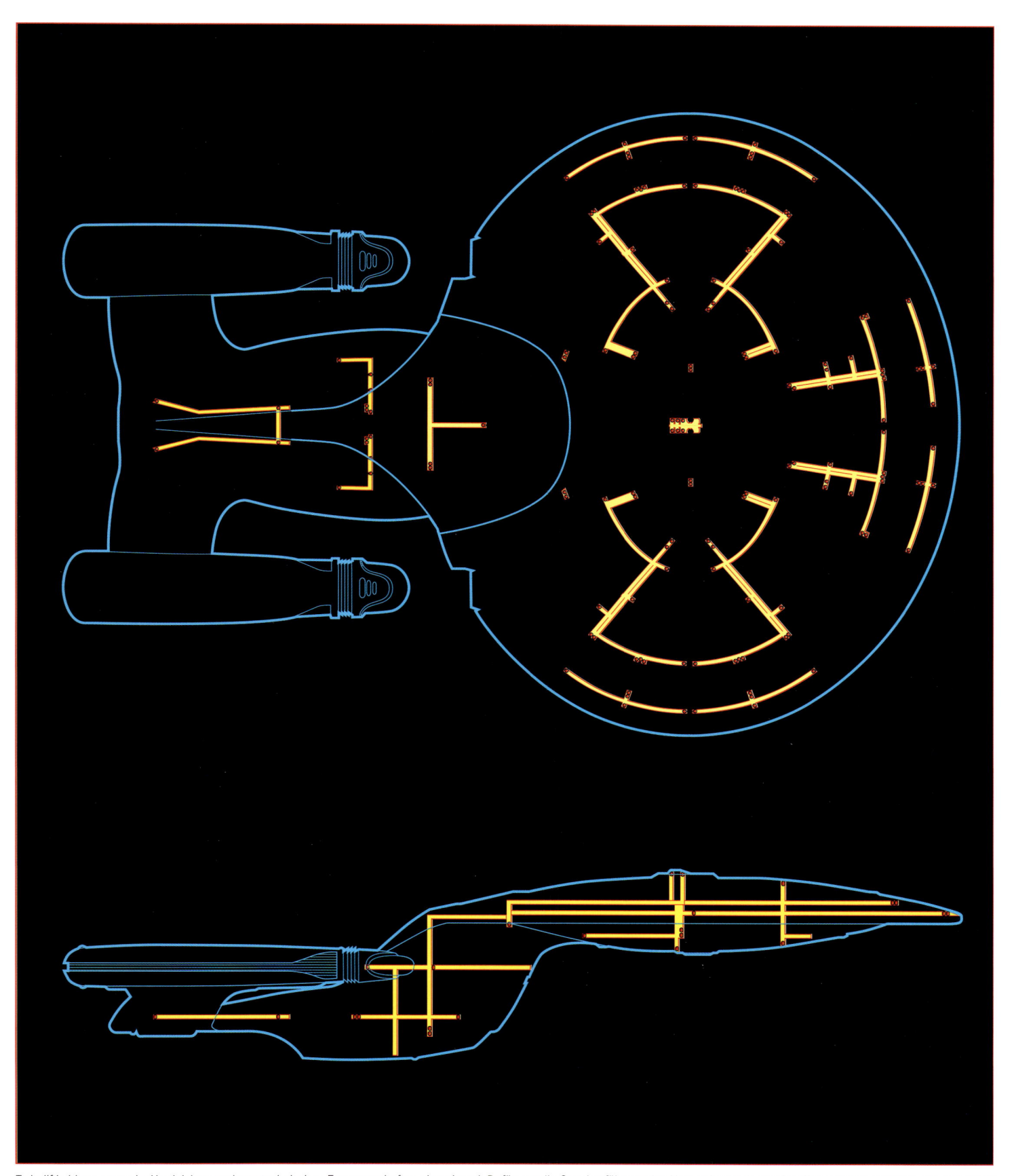

Turboliftkabinen waren im Vergleich zu anderen technischen Errungenschaften eher simpel. Dafür war die Streckenführung des Netzwerks durch das Schiff aber umso wichtiger, um das Schiff damit optimal zu erschließen.

U.S.S. ENTERPRISE NCC-1701-D

TURBOLIFT-KABINE

Drei lineare Induktionsmotoren trieben die zylindrische Kabine an. Sie erhielten ihre Energie über elektromagnetische Leitungen, die in jedem Turboschacht angebracht waren.

Die Turboliftkabine hatte ein schlichte, stromlinienförmige Form, die an eine Patrone erinnerte.

Die Kabinen verfügten über einen leichten Duranium-Verbundrahmen, das Gehäuse bestand aus mikrogeschäumten Duranium-Blechen.

Dank des Turboliftnetzwerks konnte die Besatzung der *U.S.S. Enterprise* alle Ziele an Bord innerhalb von Sekunden erreichen. Die Brücke war nur mit dem Turbolift oder durch ein Netzwerk aus Jefferies-Röhren zugänglich.

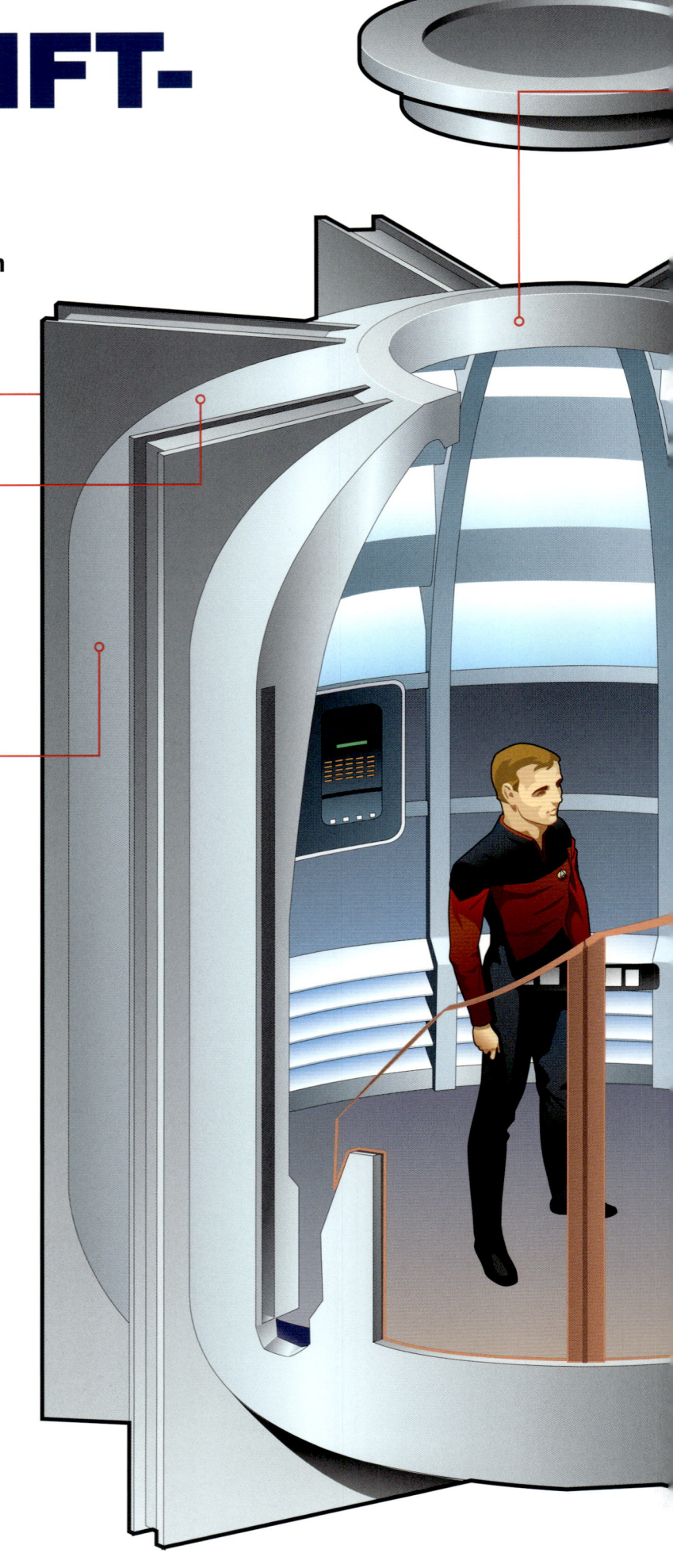

TURBOLIFTKABINE

In der Decke der Turboliftkabine gab es einen Notausstieg, der in einen Schacht führte. Jeder Schacht war mit einer Leiter und einer Notbeleuchtung ausgestattet.

Besatzungsmitglieder nutzten die kurzen Turboliftfahrten oft für persönliche Gespräche.

Die Turboliftschächte waren beleuchtet und mit Leitern ausgestattet, doch das System fiel nur selten aus.

Der Notausstieg der Kabine befand sich in der Decke und führte in den Schacht.

KAMPFBRÜCKE

Die Kampfbrücke in der Antriebssektion war eine Kopie der Hauptbrücke in der Untertassensektion: ein autonomes Kommando- und Kontrollzentrum mit eigenem Captain und eigener Besatzung.

Die *U.S.S. Enterprise* NCC-1701-D verfügte über eine zweite Brücke, die die Antriebssektion mit einem eigenen Operationszentrum ausstattete, sobald die Abtrennung von der Untertassensektion vorgenommen worden war. Man bezeichnete sie als Kampfbrücke, die sich auf Deck 8 ganz oben in der Antriebssektion befand.

EINSATZGEBIET

Die Kampfbrücke wurde normalerweise nur zur Kontrolle der Antriebssektion in Gefechtssituationen genutzt, konnte aber auch das gesamte Schiff kontrollieren, sofern die Hauptbrücke Schäden erlitten hatte und nicht verwendet werden konnte. Wie auch die Hauptbrücke verfügte sie über einen Bereitschaftsraum des Captains und einen Besprechungsraum.

AUSTAUSCHBARES MODUL

Die Kampfbrücke war ein austauschbares Modul und konnte nach erfolgter Abtrennung der Untertassensektion von der Antriebssektion entkoppelt werden. Auf der *U.S.S. Enterprise* NCC-1701-D wurde die Kampfbrücke während der Dienstzeit des Schiffs zweimal ausgetauscht. Dieser Tausch wurde in mehreren Stufen vorgenommen, wobei der Kopf der Kampfsektion, die Antriebssektion und das Kampfbrückenmodul abgetrennt wurden. Im Ergebnis erhielt man ein vollständiges Upgrade des Moduls, das nach den obligatorischen Tests voll einsatzbereit war.

BEREIT ZUM KAMPF

Die Kommandofunktionen der *U.S.S. Enterprise* NCC-1701-D wurden mehrfach während der Dienstzeit des Schiffs auf die Kampfbrücke transferiert. Das Kommando übernahmen dabei zu verschiedenen Gelegenheiten nach der Trennung Captain Picard, Commander Riker und Lt. La Forge.

Die Kampfbrücke wurde normalerweise vom Captain des Schiffs befehligt, während ein anderer Führungsoffizier, zumeist der Erste Offizier, nach der Trennung die Kontrolle über die Untertassensektion übernahm.

Das Design der Kampfbrücke erinnerte an ältere Sternenflottenschiffe wie die der *Constitution*-Klasse, die ebenfalls weniger Stationen besaßen.

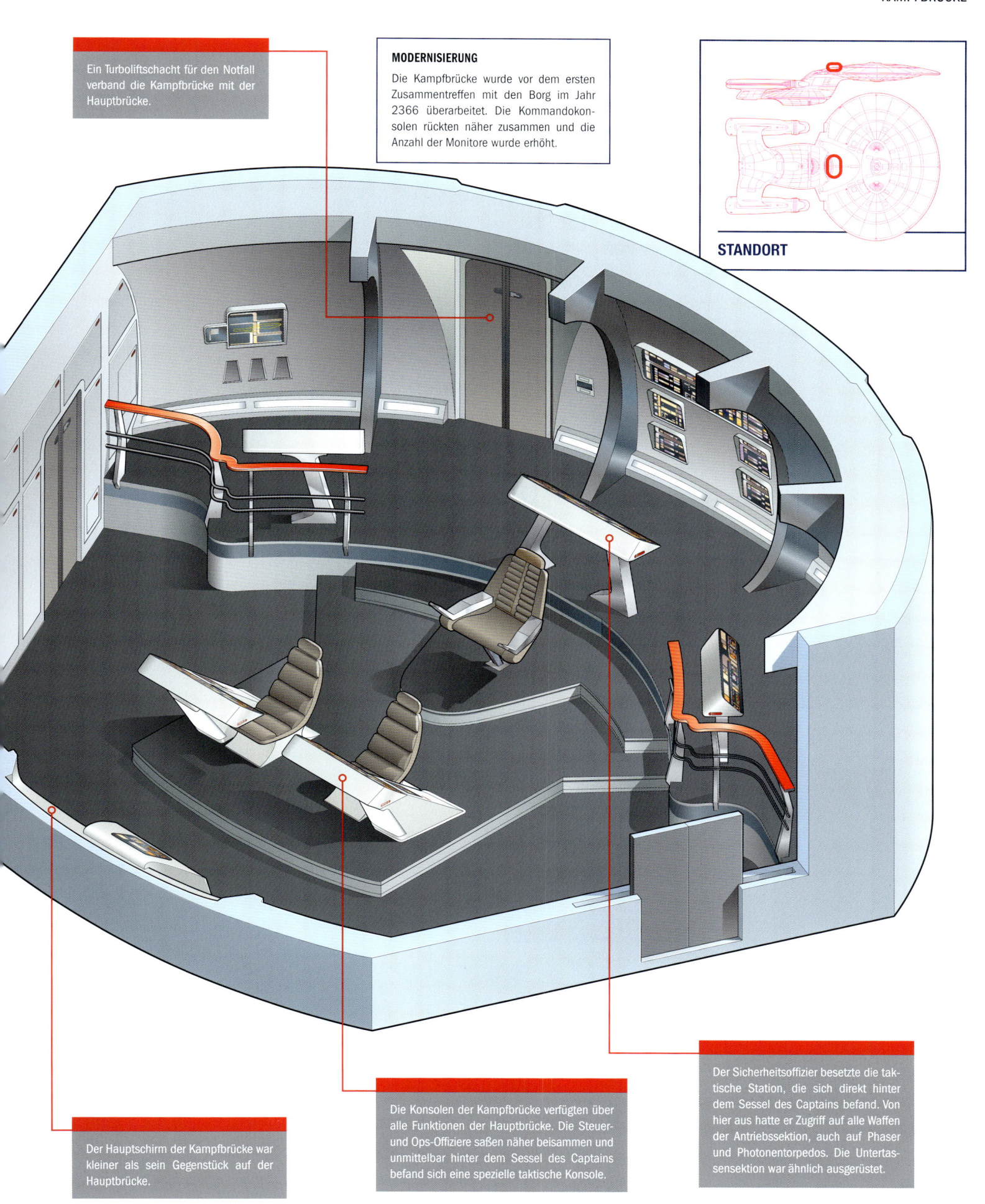

KAMPFBRÜCKE

Ein Turboliftschacht für den Notfall verband die Kampfbrücke mit der Hauptbrücke.

MODERNISIERUNG

Die Kampfbrücke wurde vor dem ersten Zusammentreffen mit den Borg im Jahr 2366 überarbeitet. Die Kommandokonsolen rückten näher zusammen und die Anzahl der Monitore wurde erhöht.

STANDORT

Der Hauptschirm der Kampfbrücke war kleiner als sein Gegenstück auf der Hauptbrücke.

Die Konsolen der Kampfbrücke verfügten über alle Funktionen der Hauptbrücke. Die Steuer- und Ops-Offiziere saßen näher beisammen und unmittelbar hinter dem Sessel des Captains befand sich eine spezielle taktische Konsole.

Der Sicherheitsoffizier besetzte die taktische Station, die sich direkt hinter dem Sessel des Captains befand. Von hier aus hatte er Zugriff auf alle Waffen der Antriebssektion, auch auf Phaser und Photonentorpedos. Die Untertassensektion war ähnlich ausgerüstet.

85

WAFFEN- UND VERTEIDIGUNGSSYTEME

Die *U.S.S. Enterprise* NCC-1701-D wurde mit eindrucksvollen Verteidigungssystemen ausgestattet, die vor natürlichen und künstlichen Gefahren schützten.

▶ Die Phaserbänke der *U.S.S. Enterprise* wurden primär eingesetzt, um das Schiff vor Angreifern zu schützen.

PHASER

Die primären Phaserbänke der *U.S.S. Enterprise* wurden als Typ X bezeichnet und waren in der Lage, eine Entladung von 5,1 Megawatt abzugeben, während Handphaser zu einer Entladung von 0,01 Megawatt fähig waren. Es gab zwölf Phaserphalangen auf der *Enterprise*, die sich an allen Seiten des Schiffs befanden. Die größten davon, wie die an der Spitze der Untertassensektion, bestanden aus 200 Emittersegmenten. Sie wurden von der taktischen Station auf der Brücke aus gesteuert.

PHOTONENTORPEDOS

Die *Enterprise* besaß drei Torpedoabschussrampen, eine davon nach vorne gerichtet auf Deck 25, eine nach hinten gerichtet über den Versorgungspylonen auf Deck 35 und eine in der Untertassensektion. Die Rohre wurden mit bis zu zehn Torpedos geladen und konnten gleichzeitig abgefeuert werden. Die Photonentorpedos auf der *Enterprise* besaßen eine Reichweite von 15 bis fast 3.500.000 Kilometern.

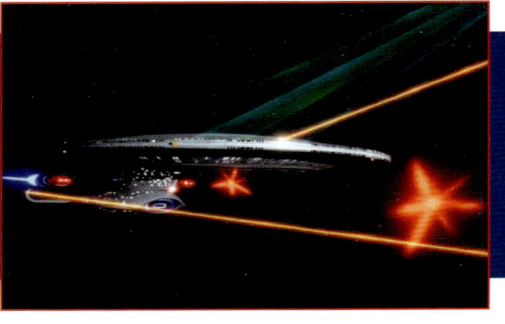

◀ Die *U.S.S. Enterprise* konnte Photonentorpedos und Phaser gleichzeitig abfeuern.

▶ Der Schiffscomputer verwendete die von den Sensoren gesammelten Daten, um die bestmögliche Abwehrstrategie zu entwickeln.

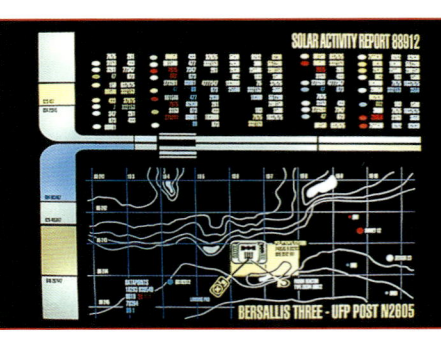

COMPUTERSYSTEME

Der Schiffscomputer vereinte die Abwehrsysteme und berechnete alle Variablen, die sich in einem Gefecht in Sekunden ändern konnten. Um die Systeme zu bedienen, musste die Besatzung bestimmte Codes eingeben. Der Computer konnte den Unterschied zwischen Sieg oder Niederlage ausmachen, da er in der Lage war, Billionen von Informationen aus mündlichen Anfragen aufzunehmen. Dennoch war er auch nur so gut wie seine Befehle; nichts ging über das Element des (humanoiden) Anwenders.

DEFLEKTORSCHILDE

Die Deflektorschilde boten der *U.S.S. Enterprise* NCC-1701-D ein hohes Maß an Schutz vor galaktischen Objekten oder Gefechtsfeuer, indem eine örtlich stark begrenzte Verzerrung des Raums genutzt wurde. Das Deflektorfeld erzeugte man durch eine Reihe von oberflächengetreuen Übertragungsgittern auf der Schiffshülle. Waren die Schilde aktiviert, konnte der Transporter keinen Beamvorgang von oder nach außen mehr durchführen.

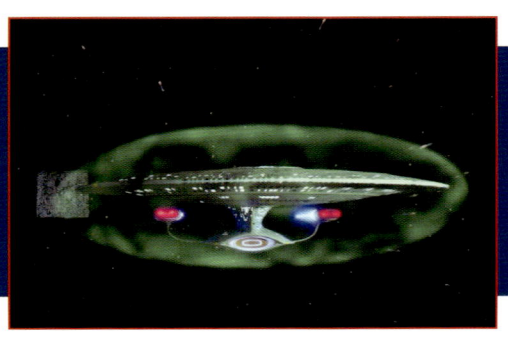

◀ Die wichtigste Funktion der Schilde war es, das Schiff vor gegnerischem Beschuss zu schützen.

WAFFEN- UND VERTEIDIGUNGSSYSTEME

WAFFENANORDNUNG

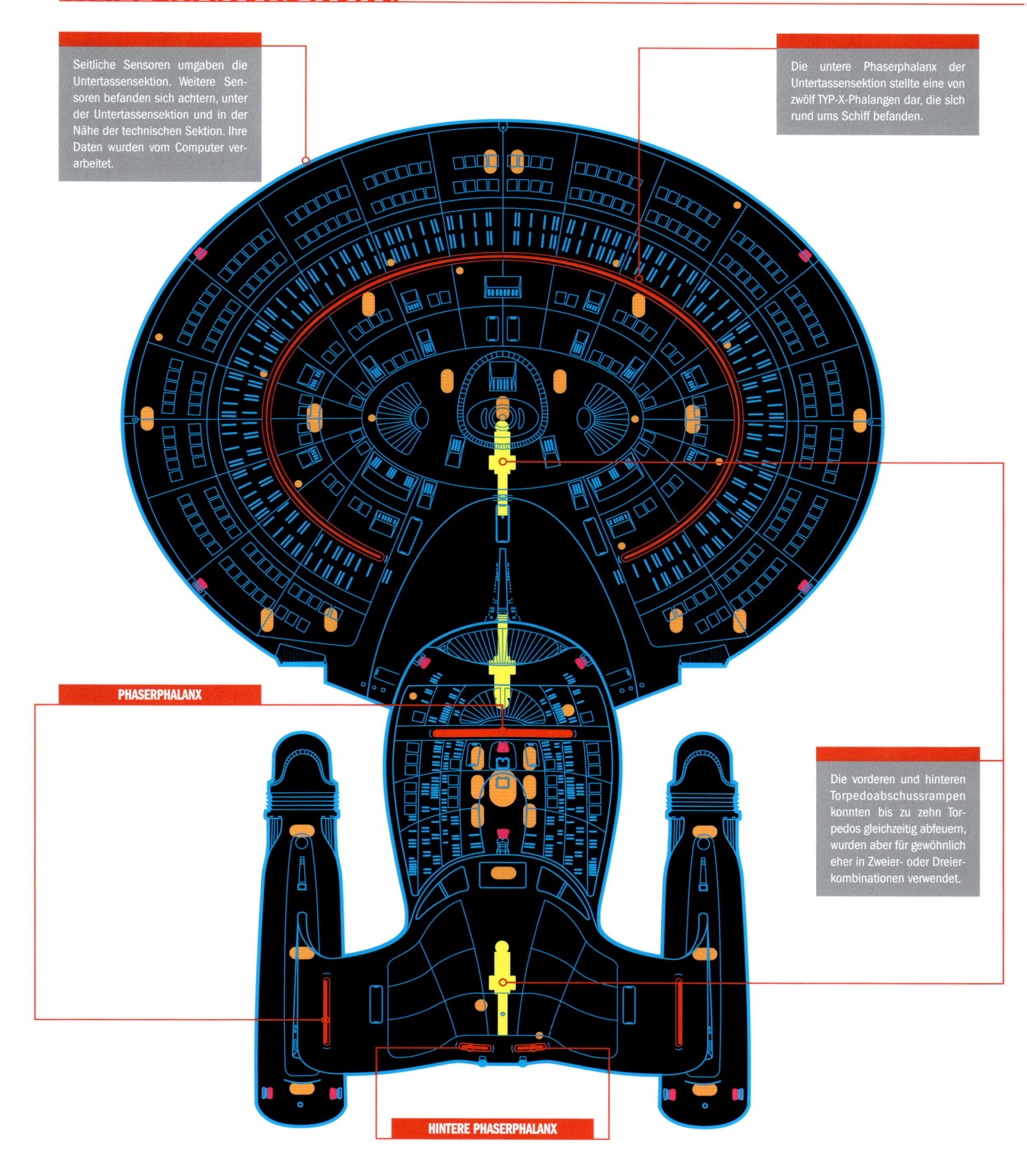

Seitliche Sensoren umgaben die Untertassensektion. Weitere Sensoren befanden sich achtern, unter der Untertassensektion und in der Nähe der technischen Sektion. Ihre Daten wurden vom Computer verarbeitet.

Die untere Phaserphalanx der Untertassensektion stellte eine von zwölf TYP-X-Phalangen dar, die sich rund ums Schiff befanden.

PHASERPHALANX

Die vorderen und hinteren Torpedoabschussrampen konnten bis zu zehn Torpedos gleichzeitig abfeuern, wurden aber für gewöhnlich eher in Zweier- oder Dreierkombinationen verwendet.

HINTERE PHASERPHALANX

87

PHASER-PHALANGEN

Raumschiffe der *Galaxy*-Klasse waren mit mehreren Phaserphalangen ausgerüstet, die an strategischen Stellen platziert waren, um in Kampfsituationen eine 360-Grad-Abdeckung zu gewährleisten. Sie konnten eine verheerende Feuerkraft entfesseln.

Obwohl die Sternenflotte sich dem Frieden und der Diplomatie verschrieben hatte, kam es immer wieder zu Situationen, in denen ein Raumschiffcaptain keine andere Wahl hatte, als den Kampf gegen feindliche Schiffe zu eröffnen. Zusätzlich zu den Photonentorpedorampen war die *U.S.S. Enterprise* NCC-1701-D mit zwölf Typ-X-Phasern ausgestattet, die sich an strategischen Punkten der Untertasse und der Antriebssektion befanden.

KOMPLIZIERTE ENERGIEFREISETZUNG

Phaser wurden eingesetzt, wenn ein Raumschiff wie die *Enterprise* mit Unterlichtgeschwindigkeit flog. Phaser war ein gängiger Sammelbegriff für ein Verfahren zur Energiefreisetzung, das entwickelt wurde, um reine EM-Geräte wie Laser und Teilchenstrahlbeschleuniger zu ersetzen. Der moderne Phaser, der an Bord der *Enterprise* verwendet wurde, war deutlich ausgereifter. Der Begriff Phaser blieb jedoch erhalten und geht auf die erste Verwendung des Prozesses zurück, die Phasenenergie-Rektifikation. Damit bezeichnete man den ursprünglichen Prozess, bei dem im Phasersystem gespeicherte oder ihm zugeführte Energie vor der Freisetzung auf ein Ziel in eine andere Form umgewandelt wurde, ohne dass ein Energieumwandler zwischengeschaltet werden musste. Obwohl seit der Einführung der Waffe viele Weiterentwicklungen vorgenommen worden waren, änderte sich an diesem komplizierten Prozess zur Energiefreisetzung bis zur aktuellen Phaserversion nur wenig.

Die Entwicklung des raschen Nadioneffekts (RNE) führte zu einem Durchbruch in der Phasertechnologie. Bei diesem Prozess wurde Phaserenergie freigesetzt. Nadionen, rasch zerfallene subatomare Teilchen, verfügten über Eigenschaften, die eine Hochgeschwindigkeitswechselwirkung mit Atomkernen begünstigten. Dadurch konnte man auf einmal starke Kernkräfte in supraleitenden Fushigi-no-umi-Kristallen freisetzen und übertragen. Die Kristalle wurden von dem in Tokio ansässigen Forschungs- und Entwicklungsteam der Sternenflotte so getauft, weil es die Entwicklung dieser Materialien als ein »Meer des Staunens« wahrnahm.

PHASERPHALANXANORDNUNG (STEUERBORDANSICHT)

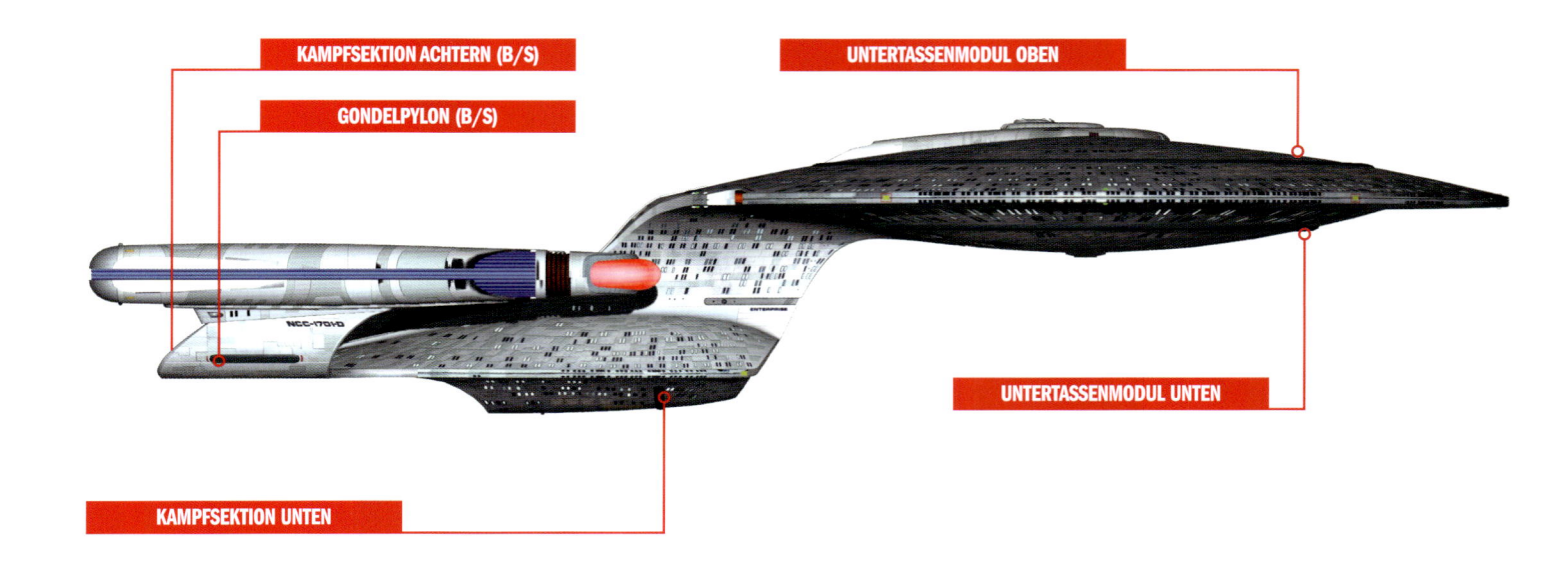

- KAMPFSEKTION ACHTERN (B/S)
- GONDELPYLON (B/S)
- KAMPFSEKTION UNTEN
- UNTERTASSENMODUL OBEN
- UNTERTASSENMODUL UNTEN

Die *U.S.S. Enterprise* NCC-1701-D feuert die untere Phaserphalanx des Untertassenmoduls ab. Auf den Schiffen der *Galaxy*-Klasse wurden Phaser vom Typ-X verwendet, das größte verfügbare Modell.

PHALANXANORDNUNG

Die zwölf Phaserphalangen, die über den gesamten Rumpf der *Enterprise* verteilt waren, verfügten über zahlreiche Ziel- und Feueroptionen, die eine 360-Grad-Abdeckung um das Raumschiff gewährleisteten. Die taktische Station wurde bei der Auswahl von Prioritätszielen umfassend von Computerzielsystemen unterstützt. Dank einer effektiven Reichweite von 300.000 Kilometern konnten die Phaser der *Enterprise* aus der Ferne oder aus der Nähe Schäden anrichten und waren sogar in der Lage, aus dem Orbit eines Planeten Präzisionsbohrungen an dessen Oberfläche vorzunehmen.

Die Hauptphaserphalangen waren in einem nahezu 360-Grad umfassenden Kreis sowohl auf der Ober- als auch auf der Unterseite der Untertassensektion angeordnet. Die obere Hauptphaserphalanx bestand aus zweihundert separaten Emittern, die eine 5,1-Megawatt-Salve abfeuern konnten.

Phaserphalangen gab es an einigen Stellen der Antriebssektion: zwei achtern in der Nähe der Untertassenimpulstriebwerke, jeweils eine an den Warpgondeln backbord und steuerbord, eine an der Unterseite der Antriebssektion und weitere achtern in der Nähe der Photonentorperamen.

Im getrennten Modus konnte die Antriebssektion die Phaserphalanx nutzen, die am vorderen »Schlangenkopf«-Abschnitt des Rumpfs angebracht war. Das ging natürlich nur, wenn die Untertassensektion vollständig abgetrennt worden war.

PHALANXKOMPONENTEN

Im Querschnitt erinnerte eine normale Phaserphalanx an ein breites Y. Sie war von einer trapezförmigen Masse bedeckt, die aus dem eigentlichen Emitterkristall und phasertransparenten Hüllenschutzschichten bestand. Die Basis eines jeden Segments steckte in einem strukturellen Wabenkanal aus Duranium 235 und war mit einer regenerativen Überschall-LN2-Kühlung ausgestattet.

Der EPS-Submaster-Durchflussregler stellte den Hauptmechanismus zur Steuerung der Schussleistung dar. Er mündete in den Plasmaverteiler (PV). Dieser verzweigte sich in zweihundert Versorgungsleitungen, die ebenso viele Vorbrennkammern speisten. Die letzte Komponente des Systems war der Emitterkristall.

Die Phaserphalangen wurden, wenn die *Enterprise* im Reisemodus unterwegs war, hauptsächlich von der Warpreaktionskammer mit Energie versorgt. Bei Bedarf konnte aber auch Energie aus den Impulstriebwerken abgezogen werden.

PHASEREINSATZ

Die Phaserphalangen der *Enterprise* wurden hauptsächlich defensiv eingesetzt. Man verwendete einzelne oder mehrere Strahlen, um einem Ziel Schaden zuzufügen. Meistens wollte man dieses außer Gefecht setzen, in extremen Fällen auch zerstören. Der Typ-X-Phaser war äußerst vielseitig und konnte mehrere Funktionen erfüllen, von aktiven Scans mit geringer Energie bis hin zu Hochgeschwindigkeitskampfeinsätzen zwischen Schiffen.

Die Hauptcomputer des Schiffs setzten die unterschiedlichsten praktischen und theoretischen Szenarien ein, um die Leistungsstufe eines jeden Phaserschusses korrekt zu berechnen. Wenn der zuständige Offizier seine Befehle erteilt hatte, ermittelte die künstliche Intelligenz anhand computergesteuerter Prozesse die erforderlichen Leistungsstufen und Schusskonfigurationen.

Ein Gefecht war für einen verantwortungsvollen Raumschiffcaptain immer nur der letzte Ausweg. Ein Schiff der *Galaxy*-Klasse wie die *Enterprise* war jedoch, sollte eine solche Situation eintreten, bestens für die Verteidigung gerüstet.

PHOTONEN-TORPEDOS

Der Photonentorpedo wurde als taktische Waffe entwickelt, die vor allem dann eingesetzt werden sollte, wenn ein Raumschiff mit Warpgeschwindigkeit unterwegs war – eine Einsatzsituation, in der Phaser unwirksam sind.

Photonen- und Quantentorpedos waren explosive Waffen, die im Gegensatz zu Phasern auch abgefeuert werden konnten, wenn ein Schiff mit Warpgeschwindigkeit unterwegs war. Sie wurden standardmäßig auf den meisten Föderationsraumschiffen mitgeführt und waren oft Bestandteil von Raumstationen wie Deep Space 9.

Die Entwicklung des Standardphotonentorpedos war ein langwieriger Prozess. Obwohl Gehäuse und Trägersysteme für eine solche Waffe schon im frühen 23. Jahrhundert vorhanden waren, hatte die Sternenflotte Schwierigkeiten, einen Torpedo zu konstruieren, bei dem die Materie-Antimaterie-Ladung schnell und vollständig zerstört wurde. Die ersten Versionen des Photonentorpedos hatten eine Reichweite von 750.000 Kilometern und eine relativ geringe Sprengkraft.

STANDARDMODELL

Ein viel stärkerer Photonentorpedo wurde 2271 eingeführt. Dieses Modell hatte eine effektive Reichweite von 3.500.000 Kilometern. Diese Reichweite konnte erhöht werden, aber da das Triebwerk des Torpedos Treibstoff aus den Materie-Antimaterie-Tanks bezog, beeinträchtigte das die Zerstörungskraft des Torpedos.

Im Laufe der Jahre wurden Verfeinerungen vorgenommen, aber die Photonentorpedos, die von Raumschiffen der *Galaxy*-Klasse wie der *U.S.S. Enterprise* NCC 1701-D verwendet wurden, blieben im Wesentlichen diesem Standardtyp treu. Der Torpedo enthielt Materie- und Antimateriepakete, die normalerweise von einer kleinen Materie-Antimaterie-Brennstoffzelle mit Warpgeschwindigkeit abgeschossen wurden und bei ihrer Kollision eine Explosion auslösten.

Wenn es die Lage erforderte, konnten Photonentorpedos zusammen mit den Phasern des Schiffs eingesetzt werden. Phaser schwächten die Verteidigungsschilde des Ziels, sodass ein Torpedo die äußeren Schildschichten durchdringen konnte. Dabei wurde das Ziel komplett pulverisiert und brach nicht nur in Stücke.

Der Standardphotonentorpedo, der von Raumschiffen der *Galaxy*-Klasse mitgeführt wurde, hatte eine rautenförmige Hülle aus formgepresstem gamma-expandiertem Duranium und eine plasmagebundene Terminium-Außenhaut. Dieses Basisgehäuse wurde dann mit Präzisionsphaserwerkzeugen bearbeitet.

BESTANDTEILE

Wenn der Torpedo als Waffe verwendet werden sollte, enthielt sein Gehäuse den Materie-Antimaterie-Sprengstoff, die Zielerfassungs-, Lenk- und Detonationssysteme sowie ein Warperhaltungstriebwerk. Es gab jedoch viele Verwendungszwecke für einen Torpedo, die von der Bestückung des Gehäuses abhingen.

Aufgrund seiner geringen Größe war das Warperhaltungstriebwerk kein echter Warpantrieb, sondern eher eine

Photonentorpedos wurden oft als Defensivwaffe eingesetzt, um bei Warpgeschwindigkeit Verfolger anzugreifen. Die hinteren Rampen konnten, wenn erforderlich, mehrere Torpedos gleichzeitig abfeuern.

PHOTONENTORPEDO TYP IV

KONSTRUKTION

Der Photonentorpedo, der von der U.S.S. Enterprise-D mitgeführt wurde, bestand aus formgepresstem gamma-expandiertem Duranium und einer plasmagebundenen Terminum-Außenhülle.

Der Standardphotonentorpedo wurde seit 2271 eingesetzt. Diese Photonentorpedos waren ihren Vorgängern überlegen, denn sie hatten eine viel größere Reichweite und konnten als effektive Angriffswaffe eingesetzt werden.

Raumschiffe verfügten über einen großen Vorrat an Torpedogehäusen. Ein Schiff der Galaxy-Klasse hatte über 250 Gehäuse an Bord, die alle mit einer Sprengladung versehen werden konnten.

Materie-Antimaterie-Brennstoffzelle. Wenn der Photonentorpedo abgefeuert wurde, während das Raumschiff mit Warpgeschwindigkeit unterwegs war, erhielten die Erhaltungsspulen in der Brennstoffzelle ihre Warpgeschwindigkeit vom Torpedoabschussrohr.

Die Materie und die Antimaterie wurden in winzigen Paketen an Bord des Torpedos verstaut. Diese Methode vergrößerte die effektive Kontaktfläche gegenüber der gleichen, in größere Stücke unterteilten Menge an Materie und Antimaterie um drei Größenordnungen. Aus Sicherheitsgründen verblieben die Materie- und Antimateriepakete bis kurz nach dem Start in weit voneinander entfernten Bereichen des Torpedos.

Obwohl der Photonentorpedo gerade einmal 1,5 Kilogramm Antimaterie mit sich führte, war die Zerstörungskraft bei der Verwendung von Paketen größer als die, die beim Bruch einer Antimateriekapsel in der Galaxy-Klasse freigesetzt wurde.

ABSCHUSS

Raumschiffe der Galaxy-Klasse hatten normalerweise 275 Basistorpedogehäuse an Bord, die entsprechend ihrer Einsatzparameter modifiziert werden konnten.

Die Schiffe verfügten über drei Torpedorampen: eine an der Untertasse, eine vordere und eine hintere. Die Torpedos wurden in Vierergruppen mit Treibstoff befüllt. Jede Rampe konnte bis zu zehn Torpedos gleichzeitig abfeuern.

Die Torpedos wurden vom taktischen Offizier und den Schiffscomputern in enger Zusammenarbeit mit den Computern und Messgeräten an Bord des Torpedos gesteuert. Im Notfall, wenn eine Untertassentrennung bevorstand, wurde die Kontrolle über die Abschussrohre sofort an die zweite Steuereinheit in der Kampfsektion abgegeben. Da die Photonentorpedos halbautonom arbeiteten, war eine anfängliche genaue Zielführung unnötig. Durch die Zusammenarbeit von Bordcomputern und Sensoren fand der Torpedo auch so das anvisierte Ziel.

Die effektive taktische Reichweite eines Photonentorpedos eines Raumschiffs der Galaxy-Klasse lag zwischen 15 und etwa 3.500.000 Kilometern. Beim Schuss auf ein Ziel innerhalb von 25 Kilometern drehte das Raumschiff unmittelbar und automatisch ab, um Schäden an sich selbst zu vermeiden.

FORTSCHRITTE

Bei Quantentorpedos handelte es sich um eine leistungsstärkere Version desselben Grundgeräts. Sie kam auf den neuesten Schiffen der Sternenflotte zum Einsatz. Sie wurde unter anderem von der auf Deep Space 9 stationierten U.S.S. Defiant und der neuesten U.S.S. Enterprise, der NCC-1701-E der Sovereign-Klasse, verwendet.

VERTEIDIGUNGS-SCHILDE

Das Schildgitter der *U.S.S. Enterprise* NCC-1701-D schützte das Schiff nicht nur hervorragend vor Gefahren, die bei Routineeinsätzen drohten, sondern auch vor den Waffen feindlicher Schiffe.

Die *U.S.S. Enterprise* NCC-1701-D war zum Schutz von leistungsstarken taktischen Verteidigungsschilden umgeben, deren Modi an die Missionsparameter und den gegenwärtigen Alarmzustand angepasst werden konnten. Die Schilde schützten das Schiff und die Besatzung während des alltäglichen Flugbetriebs und spielten im Kampf eine wesentliche Rolle, da sie die Waffen feindlicher Schiffe abwehrten.

Das Schildgitter legte sich wie eine schützende Haut um die *Enterprise*, passte sich an die Form des Raumschiffs an und erschuf eine fokussierte räumliche Verzerrung. Innerhalb dieser Verzerrung wurde ein energetisches Gravitonfeld erzeugt und aufrechterhalten. Beim Aufprall eines Objekts oder eines Schusses konzentrierte sich die Energie des Felds auf die getroffene Zone, was die räumliche Verzerrung in diesem Bereich erhöhte.

FELDGENERATOREN

Das Schildgitter wurde von einem Feldgeneratornetzwerk erschaffen und aufrechterhalten. Die Generatoren waren sowohl in der Untertassensektion als auch in der Antriebssektion der *Enterprise* installiert. Fünf von ihnen befanden sich auf Deck 10 der Untertassensektion, drei weitere auf Deck 31 der Antriebssektion. Die Warpgondeln fügten dem Gitter zwei weitere Generatoren hinzu. Die von ihnen erzeugte Energie wurde mit einem Netzwerk aus Subraumfeldverzerrungsverstärkern phasensynchronisiert.

Während des normalen Flugbetriebs musste vorschriftsmäßig nur ein Schildgenerator pro Hauptsektion des Schiffs aktiv sein, doch im Alarmzustand wurden alle verfügbaren Generatoren auf Stand-by geschaltet.

Unter Alarmbedingungen wurde die Generatorleistung um mindestens 85 Prozent erhöht, damit das Schildgitter seine Schutzfunktionen in vollem Umfang erfüllen konnte. Die Rotation der Schildmodulationsfrequenz eines Generators (gemessen in Megahertz) verhinderte, dass ein feindliches Schiff seine Waffen auf diese Frequenz abstimmen und die Schilde einfach so durchdringen konnte. Diese Taktik wurde 2371 von Lursa und B'Etor aus dem Haus Duras erfolgreich angewandt, als sie über eine Verbindung zum VISOR von Lieutenant Commander La Forge die exakten Frequenzharmonien der *Enterprise*-Schilde erhielten. Dies erlaubte es ihrem Bird-of-Prey, Torpedos durch das Schildgitter auf das Schiff abzufeuern. Die dadurch verursachten schweren Schäden führten schließlich zur Zerstörung der *Enterprise-D*.

Transporter standen bei aktivierten Schilden normalerweise nicht zur Verfügung. Das Personal konnte sich also nicht zum oder vom Schiff beamen. 2367 gelang es dem erfahrenen Transporterchief Miles O'Brien jedoch, sich von der *Enterprise* auf die abgeschirmte *U.S.S. Phoenix* zu beamen. Dabei nutzte er das kurze »EM-Fenster« zwischen den rotierenden Frequenzharmonien, das Sensorscans durch aktivierte Schilde zuließ. Ein solches Vorgehen galt jedoch im Rahmen der Transporterbetriebsrichtlinien als nicht empfehlenswert.

Die Schilde der *Enterprise*-D reagieren auf den Angriff eines Borg-Kubus.

VERTEIDIGUNGSSCHILDE

DAS DEFLEKTORGITTER DER *U.S.S. ENTERPRISE* NCC-1701-D

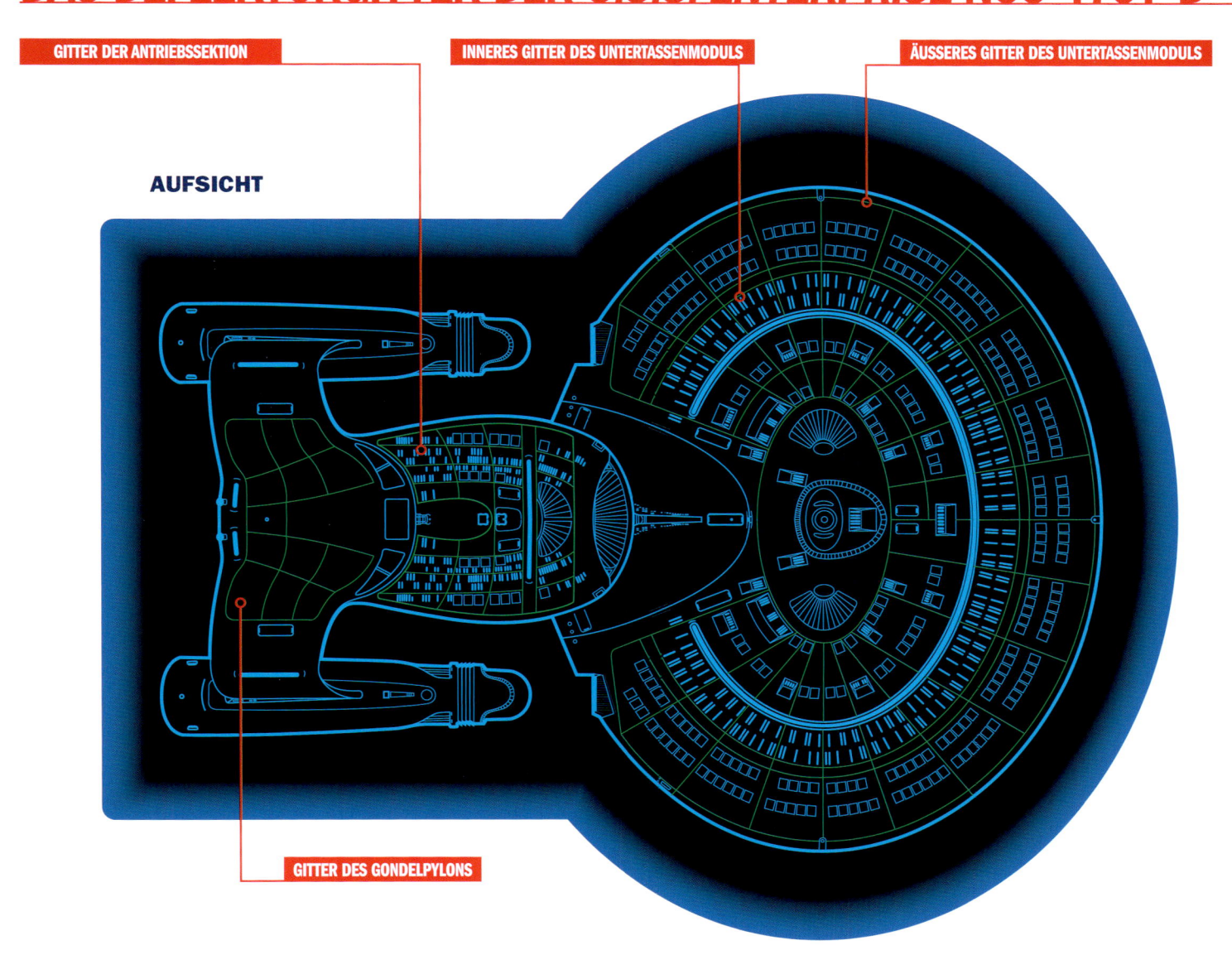

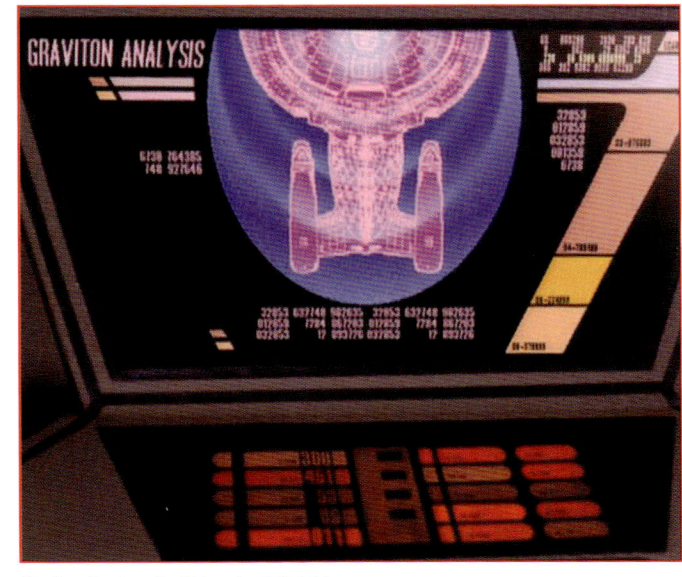

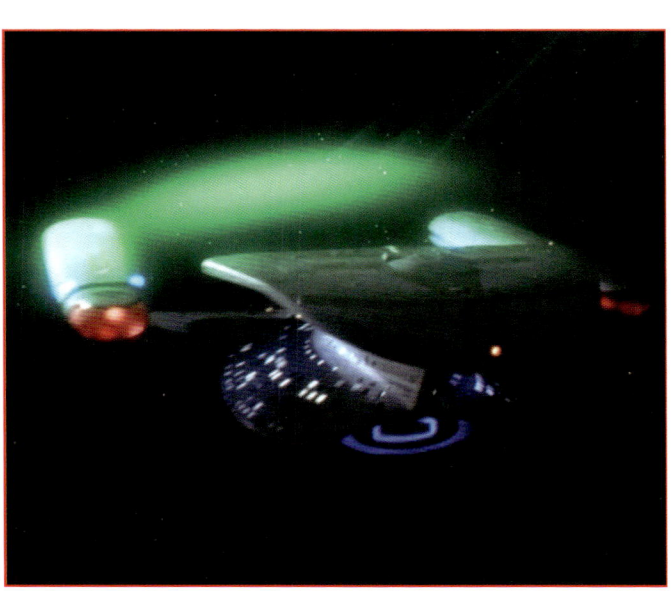

GITTER DER ANTRIEBSSEKTION **INNERES GITTER DES UNTERTASSENMODULS** **ÄUSSERES GITTER DES UNTERTASSENMODULS**

AUFSICHT

GITTER DES GONDELPYLONS

Graviton-Analyse der *Enterprise*-D-Schilde.

Mit diesen Schilden wurde der Traktorimpuls der Borg abgewehrt.

93

U.S.S. ENTERPRISE NCC-1701-D

SELBSTZERSTÖ- RUNGSSYSTEME

Die Selbstzerstörungssequenz konnte von verschiedenen Orten auf dem Schiff eingeleitet werden. Im Jahr 2364 aktivierten Captain Picard und Commander Riker die Sequenz vom Hauptmaschinenraum aus.

Die Sternenflotte lernte durch Erfahrung, dass es manchmal notwendig sein konnte, Schiffe zu zerstören, damit sie nicht in feindliche Hände fielen oder als letzte Option in anderen ausweglosen Situationen. Dementsprechend wurden Schiffe der *Galaxy*-Klasse wie die *U.S.S. Enterprise* NCC-1701-D mit Systemen ausgerüstet, die dazu dienten, das Schiff zu sprengen.

REDUNDANTE SYSTEME
Schiffe der *Galaxy*-Klasse besaßen zwei voneinander unabhängige Selbstzerstörungssequenzen, die dafür sorgten, dass man das Schiff vollständig zerstören konnte, selbst wenn die Abtrennung der Untertassensektion durchgeführt worden war. Autonome Subprozessorknoten, verteilt über das gesamte Schiff, garantierten, dass die Selbstzerstörungssequenz auch ausgeführt werden konnte, wenn der Hauptcomputer nicht funktionsfähig war.

Das primäre Selbstzerstörungssystem wurde so eingerichtet, dass das Schiff in einer enormen Antimaterie-Explosion vaporisiert wurde. Diese wurde durch eine kontrollierte Freigabe der Warpantriebsreaktionsmaterialien verursacht und sorgte für einen gewaltigen mechanischen und thermischen Schock, der das Schiff schnell und vollständig zerstörte.

LETZTE MOMENTE
Wenn die Selbstzerstörungssequenz in ihre letzte Phase eintrat, erzeugte der Computer eine Fehlfunktionskaskade, in der alle Sicherheitssperrvorrichtungen des Warpantriebs deaktiviert wurden. Die Antimaterie in den Vorratskapseln auf Deck 42 und die Materie in den Hauptdeuteriumtanks wurden gleichzeitig freigegeben. Dies bewirkte eine Explosion, die man mit der Explosionskraft von 1.000 Photonentorpedos vergleichen konnte. Es wurde dabei eine Energiemenge von rund 1.015 Megajoules freigesetzt. Dies war eine höhere Energiemenge, als bei einem Antimaterieleck freigesetzt wurde, stellte aber sicher, dass das Schiff zusammen mit der gesamten Technologie an Bord komplett zerstört wurde.

Konnte der Computer die notwendigen Informationen nicht an das Maschinenraumsystem senden (wenn beispielsweise die Kommandoverbindungen getrennt waren), war das Schiff mit einem Back-up für die Selbstzerstörung ausgestattet. Dieses sekundäre System war jedoch etwas primitiver. Man hatte an verschiedenen Stellen Sprengladungen angebracht, wie beispielsweise an den Antimaterievorratskapseln. Wenn nötig, konnte man diese zur Explosion bringen und so die Antimaterie freisetzen. Gleichzeitig überlud das sekundäre System die Fusionsreaktionskammern. Dies erzeugte eine Explosion, die der Sprengkraft von 500 Photonentorpedos entsprach und etwa 109 Megajoules erreichte. Obwohl dieses System also nur etwa halb so stark war wie das primäre Selbstzerstörungssystem, reichte es immer noch aus, um das Schiff zu zerstören.

ABTRENNUNG
Da die primäre Selbstzerstörungssequenz auf die Antimaterielagertanks in der Maschinenraumsektion zugriff, konnte sie nicht verwendet werden, um die Untertassensektion zu zerstören, wenn diese abgetrennt war. Dafür war aber das sekundäre System in der Lage, diese alleine zu zerstören. Daher handelte es sich dabei um dessen primäres Selbstzerstörungssystem, wenn die beiden Teile des Schiffs nicht verbunden waren.

Die Selbstzerstörung benötigte die Autorisierung von zwei hochrangigen Offizieren, in der Regel des Captains und seines Ersten Offiziers.

Die Sicherheitseinstellungen machten es nötig, dass die beteiligten Führungsoffiziere ihre Identität per Hautabdruck bestätigten.

LAGE DER SYSTEME

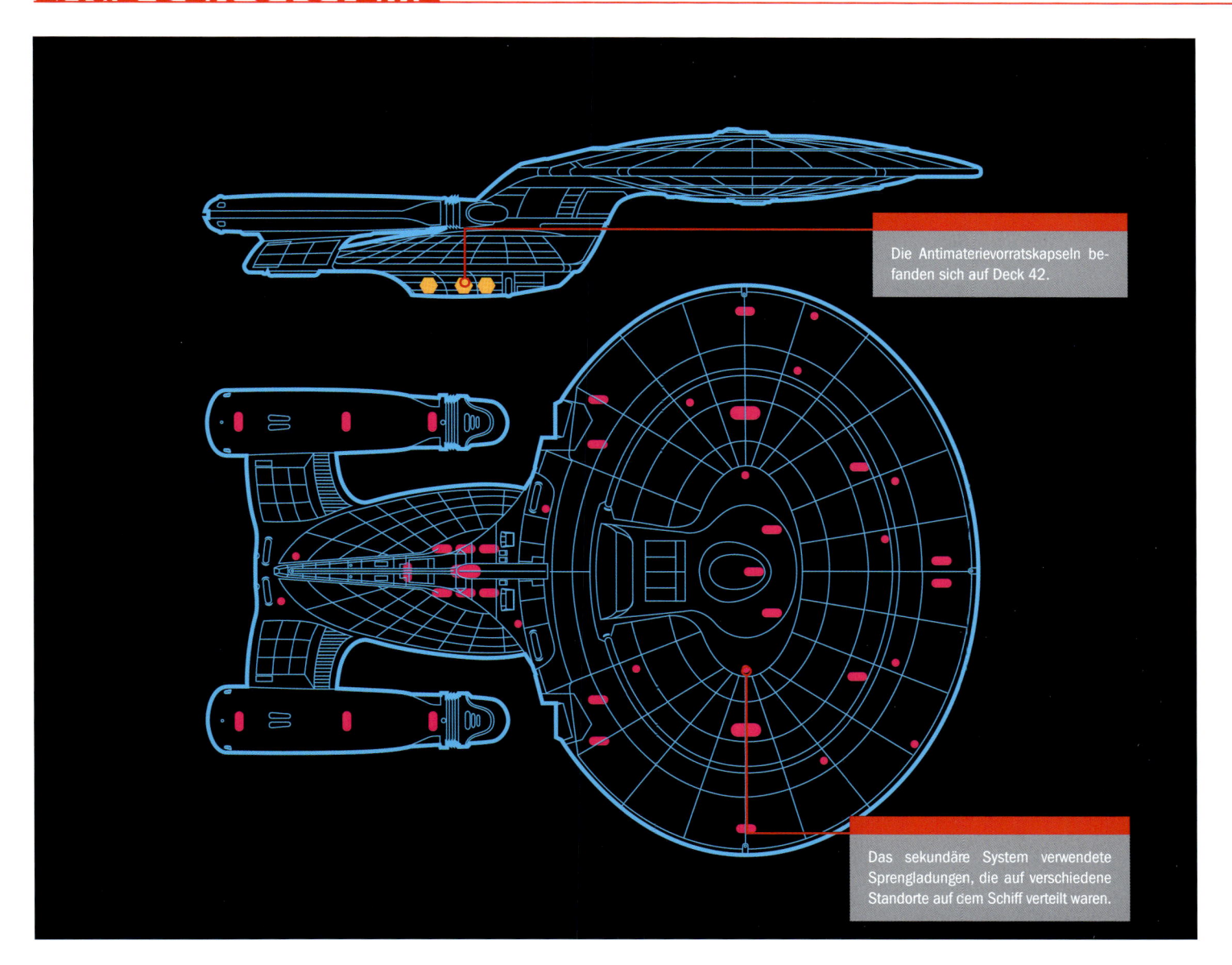

Die Antimaterievorratskapseln befanden sich auf Deck 42.

Das sekundäre System verwendete Sprengladungen, die auf verschiedene Standorte auf dem Schiff verteilt waren.

DIE ENTSCHEIDUNG
In Gefechtssituationen war es normalerweise nur notwendig, das Schiff zu zerstören, wenn alle Antriebs- und Waffensysteme ausgefallen waren und Hilfe von anderen Föderationsschiffen unwahrscheinlich war. Computersimulationen zufolge konnte es auch möglich sein, dass nach dem Ausfall der Navigationskontrolle eine Kollision mit einem bewohnten Habitat zu befürchten stand. Die Entscheidung, die Selbstzerstörung zu aktivieren, lag jedoch immer bei den Führungsoffizieren des Schiffs.

Die Selbstzerstörungssequenz erforderte die Autorisierung von mindestens zwei Offizieren des Kommandostabs. Wenn der Captain und der Erste Offizier tot oder nicht dazu in der Lage waren, wählte der Computer automatisch die nächsthöheren Offiziere, allerdings bedurfte es des Rangs des Einsatzoffiziers, um die Selbstzerstörung zu befehlen.

Um die Sequenz zu aktivieren, wiesen die beiden ranghöchsten Offiziere den Computer an, die Selbstzerstörungssequenz einzuleiten. Dann bestätigten sie ihren Befehl mit einem Handabdruck oder der Eingabe ihres persönlichen Zugangscodes. Sobald der Computer bestätigt hatte, gab der höherrangige Offizier den Befehl, mit der Sequenz zu starten. Der Computer fragte daraufhin den anderen Offizier, ob er dem zustimmte. Nach erfolgter Bestätigung setzte der höherrangige Offizier noch die Zeit bis zur Ausführung an.

Der Computer informierte die Besatzung über die Zeit bis zur Zerstörung des Schiffs durch Ansagen und Anzeigen im Schiff. Die beiden ranghöchsten Offiziere konnten aber auch einen stillen Alarm festlegen.

ABBRUCHPROZEDUR
Die Selbstzerstörungssequenz konnte abgebrochen werden, bevor der Countdown null erreichte und das Schiff zerstört wurde. Dazu war es jedoch nötig, dass sich die beiden Offiziere, die sie eingeleitet hatten, einig waren.

PHASERSCHIESS-STAND

Fertigkeiten im Umgang mit Handwaffen stellten einen wichtigen Teil der notwendigen Fähigkeiten eines Sternenflottenoffiziers dar. Schießübungen in den Phaserschießständen der Schiffe halfen den Besatzungsmitgliedern, ihre Treffsicherheit zu trainieren.

Die *U.S.S. Enterprise* NCC-1701-D war mit zwei Phaserschießständen ausgestattet, in denen das Personal des Schiffs seinen Umgang mit den Waffen in regelmäßigen Schießübungen trainieren konnte.

Es war wichtig für Sternenflottenoffiziere, ihr Auge stetig zu schulen und zu trainieren, da sie regelmäßigen Tests im Rahmen ihrer fortlaufenden Trainingspläne ausgesetzt waren. Somit konnten sie sich auf den Ernstfall einer Gefechtssituation vorbereiten.

Die Phaserschießstände waren auf Deck 4 untergebracht und jeder bestand aus einem dunklen Raum mit einer beleuchteten Plattform in der Mitte. Der Benutzer stand im Kreis, der etwa einen Durchmesser von drei Metern aufwies, und feuerte auf holografische Ziele, die zufällig in der Dunkelheit um ihn herum auftauchten.

SCHIESSWETTBEWERBE

Die zentrale Plattform war in zwei halbkreisförmige Bereiche eingeteilt. Einer war blau, der andere gelb. Gab es zwei Benutzer, konnten diese verfolgen, wer mehr Treffer erzielt hatte.

Die Ziele waren kleine, farbige Lichter; einige tauchten nur kurz auf, während andere sich mit hoher Geschwindigkeit durch den Raum bewegten. Die Ziele sendeten einen Ton aus, der Aufschluss über die Art und den Abstand zum Nutzer gab. Wurden sie getroffen, sendeten sie einen anderen Ton aus, der ihre Zerstörung verkündete. Ebenso gab es einen Ton, der einen Fehlschuss signalisierte.

REGELN UND VORGABEN

Der Schütze war nicht darauf beschränkt, Ziele auf seiner Seite der Plattform ins Visier zu nehmen, durfte jedoch nicht in den Bereich des anderen Nutzers treten. Ebenfalls durften nicht alle Ziele abgeschossen werden, da einige Farben ungefährliche Ziele kennzeichneten. Dies schulte das Denkvermögen parallel zur Reaktionsschnelligkeit.

Die Ziele des Schießstands wurden vom Computer gesteuert. Benutzer konnten dabei aus einer Vielzahl von Programmen und Schwierigkeitsgraden frei wählen. Äußerst geschickte Offiziere wie Lt. Worf übten auf Level 14. Auf dieser Schwierigkeitsstufe dauerten einige Programme nur eine Minute.

Viele Sternenflottenangehörige empfanden das Üben auf dem Schießstand als Erholung und genossen die damit verbundene Routine. Doch waren die Schießstände nicht nur ihnen vorbehalten. Auch Zivilisten wie Guinan durften ihre Vorzüge genießen.

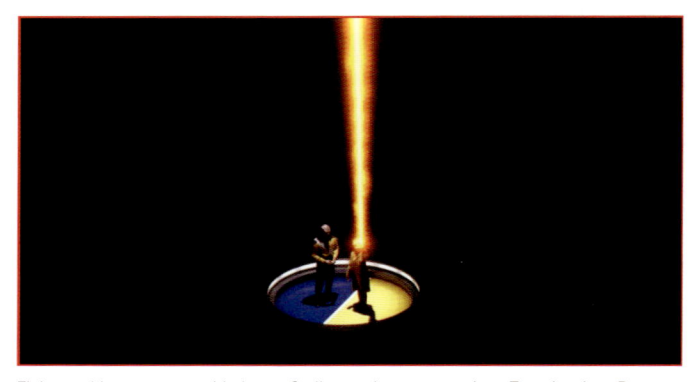

Ziele erschienen an verschiedenen Stellen und erzeugten einen Ton, der dem Benutzer etwas über Position und Art des Ziels verriet.

In ihrem langen Leben war Guinan zu einer Expertin im Umgang mit Phasern geworden. Sie war sogar besser als Worf.

Die Ziele wurden vom Computer gesteuert; einige waren statisch und erschienen nur kurz, andere bewegten sich schnell durch den Raum.

SCHIESSSTAND

Der Phaserschießstand war so aufgebaut, dass er von einem oder zwei Offizieren gleichzeitig verwendet werden konnte. Es handelte sich um einen ovalen Raum mit einer kreisförmigen Plattform im Zentrum. Der Benutzer stand in der Mitte der Plattform und feuerte auf Ziele, die ringsherum auftauchen konnten. Offiziere übten hier normalerweise mit Handphasern, der Raum konnte jedoch auch für Schießübungen mit Phasergewehren genutzt werden.

HAUPT-DEFLEKTOR

Die Hauptnavigationsdeflektorschüssel der U.S.S. Enterprise NCC-1701-D wurde in erster Linie dazu benutzt, dem Schiff den Weg zu bahnen, wenn es mit hoher Geschwindigkeit durch die Galaxis flog.

Kleine Hindernisse bei Warp- oder sogar Impulsgeschwindigkeit, alles von winzigen Mikrometeoroidpartikeln bis hin zu größeren Objekten wie Asteroiden, stellen eine große Navigationsgefahr für Schiffe der Sternenflotte dar. Selbst wiederholte Kollisionen mit verirrten Wasserstoffatomen konnten Schäden verursachen. Deshalb verließ sich die U.S.S. Enterprise NCC-1701-D auf ihre Hauptnavigationsdeflektorschüssel, die ihr den Weg freiräumte. Die Bedeutung des Deflektorsystems kann nicht hoch genug eingeschätzt werden; es war ein absolut unverzichtbarer Teil des Schiffsbetriebs.

TRAKTOR/DEFLEKTOR-EMISSION

Der Hauptnavigationsdeflektor erzeugte einen Deflektorstrahl vor dem Schiff, der gefährliche Materialien aus dem Weg räumte.

Bei diesem Deflektorstrahl handelte es sich um einen Gravitonstrahl, der durch eine Reihe von Subraumfeldspulen fokussiert und manipuliert wurde. Diese leistungsstarke Traktor/Deflektor-Emission schob nicht nur kleine Partikel Tausende von Kilometern vor dem Schiff beiseite, sondern auch größere Objekte, die eine Gefahr darstellen konnten. Die Navigationssensoren erkannten alle Objekte, die zu groß waren, um verdrängt zu werden, und nahmen automatische Kurskorrekturen vor.

Zusätzlich zum eigentlichen Deflektorstrahl erzeugte die Schüssel außerdem eine Reihe von parabolischen Schilden, die sich etwa zwei Kilometer vor dem Schiff erstreckten. Diese Felder mit geringer Leistung waren relativ statisch und sollten verirrte Wasserstoffatome und Submikronteilchen ablenken, die dem Hauptdeflektorstrahl möglicherweise entgangen waren.

Das Deflektorsystem wurde von drei redundanten Hochleistungs-Graviton-Polaritätsquellengeneratoren auf Deck 34 mit Energie versorgt. Diese speisten zwei 550-Millicochrane-Subraumfeldverzerrungsverstärker. Die daraus resultierende Energie wurde anschließend von den Subraumspulen in die Deflektorphalanx übertragen.

SYSTEMARCHITEKTUR

Die Phalanx, die aus einer Reihe von Molybdän-Duranium-Gittern bestand, wurde auf einem Duranium-Rahmen montiert. Die Phalanx und den Rahmen bezeichnete man kollektiv als »die Schüssel«.

Die Schüssel und damit die Richtung des von ihr ausgesandten Strahls konnte durch das Navigationscomputersystem gesteuert werden. Sie bewegte sich mithilfe von vier elektrofluidischen Servos mit hohem Drehmoment, die sie um bis zu 7,2 Grad von der X-Achse des Schiffs (eine fiktive Linie, die durch die Mitte des Schiffs von vorne nach hinten gezogen wird) wegdrehen konnten.

Der Deflektorstrahl verschlang sehr viel Energie, was dazu führte, dass dieses System eine signifikante elektromagnetische und Subraumstrahlung erzeugte. Diese Felder beeinträchtigten manchmal die Sensorsysteme des Schiffs.

SENSORANORDNUNG

Die Langstreckensensoranlage befand sich unmittelbar hinter der Hauptdeflektorschüssel, um diese möglicherweise gefährlichen Störungen auszuschließen. Die Emitter der Sensoren und Deflektoren waren so ausgerichtet, dass die von ihnen erzeugten Felder praktisch an der gleichen Stelle entstanden. Das erlaubte es den Sensoren, durch die von den Deflektorsystemen generierten Störungen hindurchzusehen.

Stieg der Energieverbrauch der Deflektoren signifikant an, hatte das trotzdem Auswirkungen auf manche Systeme, vor allem auf die Subraumfeldbelastungs- und gravimetrischen Verzerrungssensoren. Deshalb achtete man, abgesehen von Notfällen, sorgfältig auf eine ausgewogene Energieverteilung.

In ungewöhnlichen oder gefährlichen Situationen setzte man die Sensorschüssel auch für Aufgaben ein, für die sie nicht konzipiert worden war. Durch ihre breite Öffnung konnten verschiedene Felder äußerst effektiv kanalisiert und als Waffen oder zur Beseitigung von Anomalien eingesetzt werden.

Man benutzte den Hauptdeflektor, um einen leistungsstarken Strahl auf die Borg abzufeuern. Dieser Versuch, die Systeme des Borg-Kubus auszuschalten, scheiterte jedoch.

HAUPTDEFLEKTOR

DEFLEKTORSCHÜSSEL

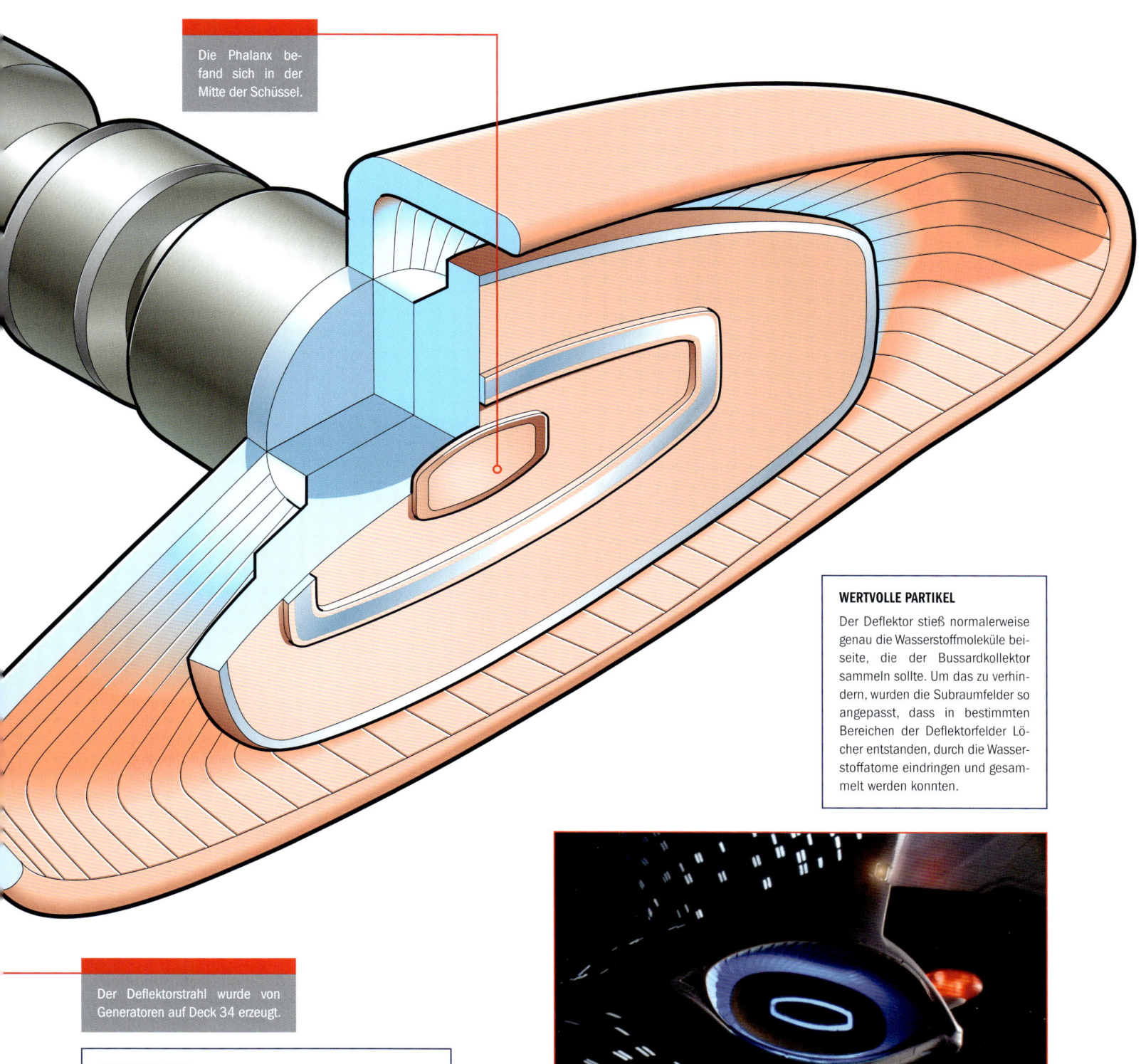

Die Phalanx befand sich in der Mitte der Schüssel.

Der Deflektorstrahl wurde von Generatoren auf Deck 34 erzeugt.

WERTVOLLE PARTIKEL

Der Deflektor stieß normalerweise genau die Wasserstoffmoleküle beiseite, die der Bussardkollektor sammeln sollte. Um das zu verhindern, wurden die Subraumfelder so angepasst, dass in bestimmten Bereichen der Deflektorfelder Löcher entstanden, durch die Wasserstoffatome eindringen und gesammelt werden konnten.

ENERGIEBEDARF

Der Deflektor zapfte normalerweise immer nur einen seiner drei Generatoren an. Bei Überlichtgeschwindigkeiten bis zu Warp 8 erreichte der Deflektor 80 Prozent seiner Leistung. Bei höheren Geschwindigkeiten arbeiteten zwei Deflektorgeneratoren phasensynchron. Bei Impulsgeschwindigkeit benötigte der Deflektor normalerweise nur 27 Megawatt.

Im getrennten Flugmodus stützte sich die Untertassensektion auf vier Navigationsdeflektoren mit festem Brennpunkt. Wenn sich das Schiff im Normalmodus befand, dienten sie als Backup für die Hauptdeflektorschüssel.

NAVIGATIONS-VERFAHREN

Die Navigation eines Raumschiffs erforderte eine enorme Datenmenge, die benutzt wurde, um die Position des Schiffs relativ zu einem festen Bezugspunkt in der Galaxis zu bestimmen.

Raumschiffe der Föderation bestimmen ihre Position in der Galaxis, indem sie eine gewaltige Informationsdatenbank mit hochentwickelten Sensoren an Bord kombinieren. Die U.S.S. Enterprise NCC-1701-D war in der Lage, ihre Position relativ zum galaktischen Zentrum oder einem anderen »Fixpunkt« wie die Erde auf 10 Kilometer genau zu berechnen. Selbst bei hohen Warpgeschwindigkeiten konnte das Schiff seine Position auf 100 Kilometer genau bestimmen. Bei präzisen Manövern wie dem Andocken verringerte sich dieser Spielraum sogar bis auf 2,75 Zentimeter.

NAVIGATION IN DER GALAXIS

Navigationsvorgänge wurden auf der Enterprise normalerweise von der Flugkontrolle gesteuert, nachdem der kommandierende Offizier ein Ziel oder einen Kurs auf eine von fünf Arten vorgegeben hatte. Der Name des Ziels war die einfachste Methode. Wenn er in die Steuerkonsole eingegeben wurde, konsultierten die Schiffscomputer die Navigationsdatenbank und zeichneten die Flugbahn des Schiffs auf. Die Ziele reichten von Planeten und Sternensystemen bis hin zu orbitalen Einrichtungen. Wenn ein Gebiet von der Größe eines Sektors angegeben wurde, generierten die Computer der Enterprise eine Flugbahn, die zum Zentrum dieses Gebiets führte.

Es war üblich, dass der Flugkontrolle ein bewegliches Ziel, zum Beispiel ein anderes Schiff, vorgegeben wurde. Wenn sich das Schiff in Sensorreichweite befand, konnte der Computer einen Abfangkurs berechnen. Der Steueroffizier gab dann eine Geschwindigkeit oder einen Abfangzeitpunkt ein, sodass der Kurs relativ zur Position des anderen Schiffs berechnet werden konnte.

KOORDINATENEINGABE

Navigationsanweisungen konnten auch durch die Eingabe der galaktischen Koordinaten eines Ziels erfolgen. Diese Navigationsmethode wurde jedoch nur selten verwendet, da das Personal die relevanten Koordinateninformationen entweder berechnen oder nachschlagen musste.

Navigationsbefehle wurden häufiger in Form einer relativen Peilung erteilt. Sie bestand aus zwei Zahlen, die sich auf zwei senkrechte Ebenen rund um die Enterprise bezogen: eine horizontale erste Ebene und eine vertikale zweite. Beide Ebenen waren in 360 Grad unterteilt, wobei 0 Grad als geradeaus galt.

GEÄNDERTE FLUGLAGE

Wenn der Enterprise also ein Kurs 000.000 vorgegeben wurde, änderte sie den Kurs nicht. Auf der horizontalen Ebene stiegen die Werte in Richtung Steuerbord an; auf der vertikalen Ebene stiegen sie vom Schiff aus nach oben an.

Bei einer Kursangabe von 150.000 drehte sich das Schiff daher um 150 Grad nach steuerbord, neigte sich aber weder nach oben noch nach unten. Bei einer Kursangabe von 150.020 drehte es sich um 150 Grad nach steuerbord und neigte sich um 20 Grad nach oben.

Navigationsbefehle konnten auch als Steuerkurs erteilt werden. Auch dabei wurden zwei Zahlen verwendet, die sich auf zwei Ebenen entlang der gedachten Linie zwischen der Enterprise und dem Zentrum der Galaxis bezogen. Ein Steuerkurs von 000.000 führte direkt ins galaktische Zentrum. Dieses System erinnerte stark an das, das für die Navigation auf einer Planetenoberfläche verwendet wurde. Dort bezogen sich Steuerkurse auf den Nordpol.

KARTOGRAFIERUNG DES ALLS

Die Anweisungen klingen zwar simpel, aber einen Kurs über interstellare Entfernungen hinweg zu berechnen ist extrem kompliziert. Das liegt daran, dass es keine exakte Karte der Galaxis geben kann; alle Objekte in ihr sind ständig in Bewegung und bei vielen Beobachtungsmethoden kommt es zu spürbaren Zeitverzögerungen.

Trotz dieser Schwierigkeiten hat die Föderation einen Großteil der Galaxis kartografiert und verwendet Informationen aus Subraumrelais, Föderationsschiffen, Sonden und

Die Stellarkartografie war auf allen Raumschiffen eine wichtige Station. Dort wurden aktuelle Informationen gesammelt, mit denen die galaktische Zustandsdatenbank ergänzt wurde.

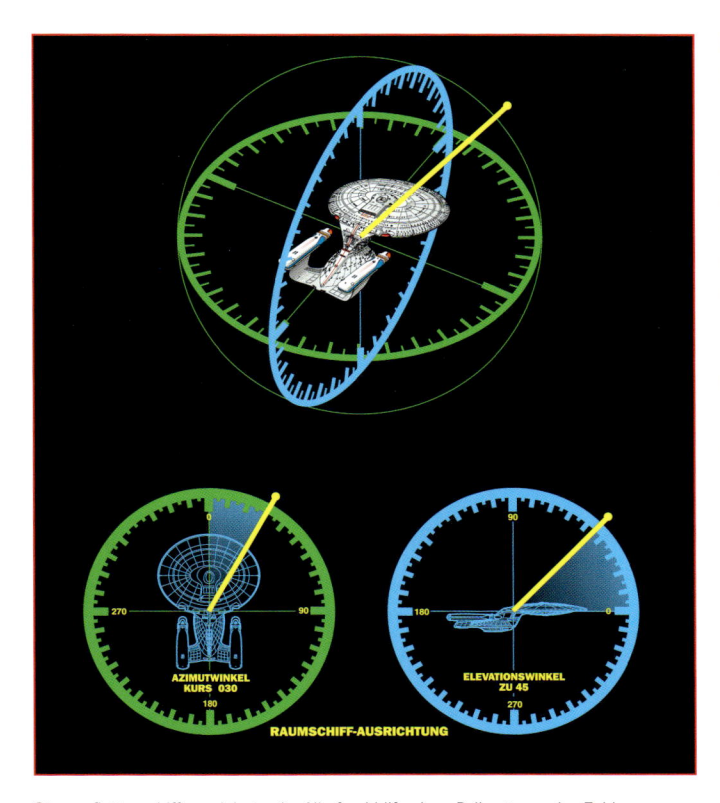

Sternenflottenschiffe navigierten im All oft mithilfe eines Peilsystems, das Zahlen verwendet, die sich auf zwei Ebenen rund um das Schiff beziehen. Diese Zahlen werden kombiniert, um die beabsichtigte Richtung zu spezifizieren.

Sensorplattformen, um sicherzustellen, dass diese Karte – die man als galaktische Zustandsdatenbank bezeichnet – so aktuell wie möglich ist.

Die Stellarkartografie der Sternenflotte zeichnet seit vielen Jahren die Position von Sternen weit jenseits der Reichweite der bemannten Raumfahrt auf. Einrichtungen wie die Argus-Phalanx, die sich am äußersten Rand des Föderationsraums befindet, sammeln Daten über die Position und Aktivität von Sternensystemen, die Lichtjahre vom erforschten Raum entfernt sind. Diese Daten werden ständig aktualisiert und die neuen Informationen an die Außenposten der Föderation übermittelt.

Die Sternenflotte aktualisiert ihre galaktische Datenbank auch, indem sie regelmäßig Sonden und Forschungsschiffe in »neue«, weit entfernte Regionen des Alls schickt. Diese Schiffe zeichnen detaillierte Informationen auf, die dann per Subraumfunk an andere Schiffe und Einrichtungen der Sternenflotte zurückgesendet werden.

ERGÄNZUNG DER DATENBANK

Zum Beispiel zeichnete die Stellarkartografie der U.S.S. Enterprise NCC-1701-D unablässig alle Veränderungen der Position und des Kurses von stellaren Phänomenen überall in der Galaxis auf. Wenn sie eine Sternenbasis oder einen Außenposten erreichte, wurden dort detaillierte Protokolle heruntergeladen und zurück an die Sternenflotte übermittelt, damit sie in die galaktische Zustandsdatenbank integriert werden konnten. Diese aktualisierte Version wurde wiederum an alle Föderationsschiffe übermittelt. Wenn genaue Echtzeitinformationen nicht verfügbar waren, versuchten die Computer, die Bedingungen möglichst genau vorherzusagen.

DATENKOMBINATION

Die Navigationsinformationen, die die Enterprise regelmäßig von der galaktischen Zustandsdatenbank erhielt, wurden mit Daten kombiniert, die von den schiffseigenen Sensoren über die Position von stellaren Objekten wie Nebeln, Pulsaren und einer Vielzahl von Subraumphänomenen gesammelt worden waren. Diese beiden Datenquellen wurden dann miteinander kombiniert, um den Standort des Schiffs und die relative Position seines Ziels genauer zu berechnen.

Die Enterprise war mit unterschiedlichen Sensoren ausgestattet, die dafür sorgten, dass trotz schwieriger Navigationsbedingungen, wie zum Beispiel bei magnetischen Stürmen oder Sonneneruptionen, weiterhin zuverlässige Positionsdaten gesammelt werden konnten.

Während des Fluges mussten die Computersysteme der Enterprise die Geschwindigkeit korrekt berechnen, um die Position des Schiffs bestimmen zu können. Ein ausgedehntes Netzwerk von Föderationszeitsignalen ermöglichte der Enterprise den Zugriff auf absolute Zeitwerte, mit denen die Geschwindigkeit berechnet wurde.

Wenn das Schiff keinen Kontakt zu den Zeitsignalen herstellen konnte, übernahmen Zeitbasisprozessoren an Bord diese Aufgabe. Doch da diese von temporalen Verzerrungsphänomenen beeinträchtigt werden konnten, versuchte die Enterprise stets, sie so schnell wie möglich mit einem Zeitsignal zu synchronisieren. Die Zeitverzerrung war bei hohen Impulsgeschwindigkeiten besonders extrem, aber die Leit- und Navigationssubprozessoren des Schiffs konnten dies größtenteils ausgleichen.

Wenn die Besatzung der Enterprise einen Kurs berechnete, vermied sie gefährliche Objekte wie Sterne oder andere feste Körper. Während des Fluges aktualisierten die Computer unablässig den Flugplan und nahmen notwendige Kurskorrekturen vor, sobald neue Informationen zur Verfügung standen.

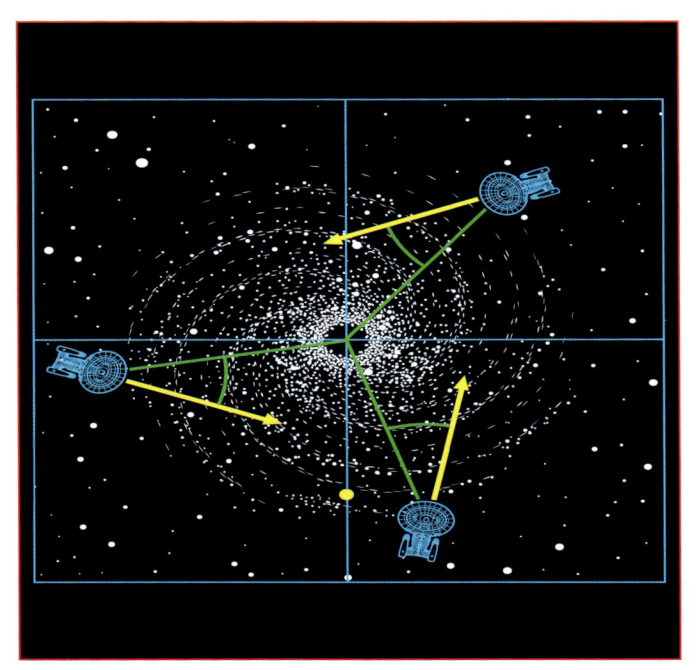

Galaktische Steuerkurse setzen voraus, dass die relative Position des Schiffs zum Zentrum der Galaxis bekannt ist. Die Positionen werden relativ zu einer fiktiven Linie angegeben, die zwischen dem Schiff und dem galaktischen Kern gezogen wird. In diesem Beispiel haben alle Schiffe einen Kurs von 030.000.

STELLAR-KARTOGRAFIE

Die Stellarkartografie der *U.S.S. Enterprise* NCC-1701-D stellte einen hochentwickelten wissenschaftlichen Forschungsbereich dar, der Zugang zu exakten Daten zu stellaren Phänomenen und neue Regionen des Alls erlaubte.

Wie die meisten Schiff der Sternenflotte war auch die *U.S.S. Enterprise* NCC-1701-D ausgerüstet, eine Vielzahl wissenschaftlicher Forschungsteams zu unterstützen. Das Schiff selbst konnte dabei als mobile Forschungsstation angesehen werden. Die Hauptmission bestand darin, den Alpha-Quadranten zu erforschen und dabei alles aufzuzeichnen, was auf dem Weg lag.

Die Stellarkartografie stellte eine der vielen wissenschaftlichen Abteilungen an Bord der *Enterprise* dar. Sie war für die stellare Beobachtung und Vermessung zuständig und für planetare und interstellare Untersuchungen mittlerer Reichweite in bekannten und neuen Regionen des Weltalls. Außerdem diente sie dem Zweck der Verfolgung, Bestimmung und Klassifikation verschiedener Raumphänomene, denen das Schiff begegnete. Das Kartografieren der Sterne mag wie eine langweilige Arbeit erscheinen, gehört aber zu den wichtigsten Grundaufgaben eines jeden Schiffs.

STUDIENOBJEKTE

Nachgeordnete Forschungsteams wie das der Stellarkartografie fokussieren ihre Arbeit auf die Sterne und Planeten in Reichweite des Schiffs. Die stellare Vermessung ist gewöhnlich kein eigenständiger Auftrag. Doch im Verlauf der weiten Reisen, auf denen man vielen stellaren Phänomen begegnet, wird die Arbeit selten langweilig. Ein Posten in der Stellarkartografie eines Raumschiffs bietet einem Wissenschaftler die Gelegenheit, unzählige Himmelskörper zu studieren.

Die *Enterprise* besaß mehr als 40 Sensorpaletten auf der seitlichen Phalanx, die zwar für primäre missionsspezifische Funktionen reserviert waren, jedoch für sekundäre wissenschaftliche Studien modifiziert werden konnten. Außerdem waren 15 Instrumentenzugriffspositionen innerhalb der Langstreckensensorphalanx vorhanden, die für bestimmte nachgeordnete Untersuchungsmissionen zur Verfügung standen.

KARTIERUNG

Eine Reihe fähiger Wissenschaftler leitete die Stellarkartografie der *Enterprise*, darunter Lieutenant Commander Nella Daren, die der Abteilung im Jahr 2369 vorstand.

Die Stellarkartografie erstreckte sich über zwei Decks. Die eigentliche Sternkartenkammer war ein großer, runder Raum mit einem Laufsteg, der vom Eingang zu einer kleinen, erhöhten Plattform im Zentrum des Bereichs führte. Auf der Plattform befand sich eine halbkreisförmige Arbeitsstation, die aus einer Kontrolltafel mit einer direkten Verbindung zum Hauptcomputer bestand. Diese Arbeitsstation war drehbar, sodass der sitzende Anwender den bestmöglichen Blick auf den stellaren Raum erhielt, der als riesige Karte auf den Wänden abgebildet wurde. Der Bereich war im Prinzip eine Holodeckkammer: Die Karten wurden so abgebildet, als würde man in einem Holodeckszenario einen Sternenhimmel als romantischen Hintergrund aufrufen.

Die Karten nahmen 75 Prozent der Wandfläche und das gesamte Blickfeld des Betrachters ein. Die übrigen 25 Prozent hinter der Arbeitsstation standen für den Eingang und verschiedene Anzeigetafeln zur Verfügung. Die Sternkarten selbst erschienen als dreidimensionale Projektionen auf der zweidimensionalen Wandoberfläche. Die Karten wurden entsprechend den Bedürfnissen des Betrachters eingestellt, wobei sich der Bildtyp an der Art der durchgeführten Untersuchung orientierte.

Konsolenanzeigen auf der Karte lieferten dem Betrachter mehr Informationen, die eine Bedeutung für seine aktuellen Studien haben konnten, zu dem Gebiet, mit dem er sich befasste.

Sterne konnten als Lichtpunkte angezeigt werden oder man änderte die Perspektive, um mehr Details zu erhalten, je nachdem, welches Format die Untersuchung am besten unterstützte.

Die Stellarkartografie hatte die wichtige fortlaufende Aufgabe, alle neuen Sterne und anderen Weltraumphänomene zu erfassen, die der *U.S.S. Enterprise* NCC-1701-D auf ihrer Mission durch das riesige Gebiet des Alpha-Quadranten begegneten.

Weitere Informationen konnten auf einer überlagerten Maske angezeigt werden, die große Ähnlichkeit mit den übrigen Konsolenanzeigen des Schiffs besaß. Bestimmte Raumbereiche, die sich der Benutzer genauer ansehen wollte, wurden vom Vermessungscomputer lokalisiert, mit einer Lupengrafik erfasst und dann in angepasster Perspektive vergrößert.

SORAN UND DER NEXUS

Bei Sternzeit 48632,4 beobachteten Captain Picard und Lieutenant Commander Data den Pfad eines temporären Energiephänomens, das als Nexus-Band bekannt war, auf seinem Weg durch den Alpha-Quadranten.

Die Untersuchung der Nexus-Flugbahn wurde notwendig, als die Zerstörung der Amargosa-Sonne durch Dr. Tolian Soran Verdacht erregte. Der el-aurianische Wissenschaftler wollte den Nexus ein weiteres Mal erreichen und war dazu sogar bereit, Sonnensysteme zu zerstören. Picard und Data ließen den Computer der Stellarkartografie die Auswirkungen der Zerstörung der Amargosa-Sonne auf der Sternkarte abbilden.

AUF DER SPUR DES NEXUS

Nachdem der Captain und Data verschiedene Himmelskörper mithilfe von Variablen wie Gamma-Emissionen und Veränderungen in den Gravitationsfeldern lokalisiert hatten, waren sie in der Lage, den Kurs des Bandes durch die Galaxis korrekt zu bestimmen. Der Weg des Phänomens wurde danach auf der Sternkarte abgebildet. Picard und Data identifizierten die einzelnen Sonnensysteme mit ihren Planeten und deren Klassifizierungen. Die Spur führte die beiden Offiziere schließlich zum dritten Planeten des Veridian-Systems.

Während sie damit beschäftigt waren, den Kurs des Bandes zu vermessen, lieferten die Computeranzeigen ihnen alle wichtigen Informationen. Dazu gehörte auch, dass die *U.S.S. Bozeman* gezwungen war, ihren Kurs minimal zu korrigieren, um die Schwerkraftveränderungen nach der Vernichtung der Amargosa-Sonne auszugleichen.

Der Captain sammelte alle nötigen Informationen, um das Nexus-Band zu verfolgen. Er glaubte, dass Soran die Veridian-Sonne und ihre Planeten zerstören wollte, um den Nexus zu sich auf Veridian III zu holen. Picard konnte dieses weitreichende Ereignis jedoch verhindern. Die *Enterprise* wurde während dieser Mission zerstört, doch retteten die Ergebnisse, die mithilfe der Stellarkartografie gesammelt worden waren, Millionen von Leben.

Der Hauptschirm der Stellarkartografie bot eine dynamische Ansicht des Weltraums, die direkt von der Sichtplattform aus betrachtet werden konnte.

COMPUTER-KERN

Computerkerne waren das Herz eines jeden Computersystems an Bord eines Raumschiffs. Sie verfügten über eine enorme Speichergröße und überlichtschnelle Datenverarbeitung für wichtige Schiffsprozesse.

Die Kerne erstreckten sich über zehn Decks.

Von hier konnte man auf die Subraumfeldsysteme zugreifen.

Das Computernetzwerk eines Raumschiffs basierte auf einem System von redundanten Computerkernen, die Daten für alle Systeme des Schiffs verarbeiteten. Jedes einzelne System, von der Lebenserhaltung bis zu den Waffenphalangen und Schilden, hing von diesen Computerkernen ab. Ein Schiff der *Galaxy*-Klasse wie die *U.S.S. Enterprise* NCC-1701-D war mit drei Hauptprozessorkernen ausgestattet, von denen jeder einzelne im Notfall die operative Rechenlast des gesamten Schiffs übernehmen konnte.

KERNSTANDORT

Auf der *U.S.S. Enterprise* NCC-1701-D befanden sich zwei primäre Computerkerne auf den Decks 5 bis 14 der Untertassensektion. Diese arbeiteten normalerweise synchron zusammen und wenn einer ausfiel, konnte der andere sofort dessen Last übernehmen, mit keiner oder nur kurzer Unterbrechung des Schiffsbetriebs. Der dritte Computerkern befand sich auf den Decks 30 bis 37 der Antriebssektion. Bei ihm handelte es sich um einen Reservekern, der normalerweise nur verwendet wurde, wenn ein Problem mit den beiden Computerkernen in der Untertassensektion auftrat oder das Schiff getrennt wurde.

Jeder Kern enthielt eine Reihe von Miniatursubraumfeldgeneratoren, die die Verarbeitung und Übertragung von Daten mit Überlichtgeschwindigkeit ermöglichten.

Bei den Computerkernen auf Raumschiffen der *Galaxy*-Klasse handelte es sich um große, zylindrische Gebilde. Die obere Ebene der Primärkerne enthielt einen Systemüberwachungsraum, die Nanoprozessoreinheiten und den Zugang zu den Subraumfeldsystemen, die sich in einem abgetrennten zylindrischen Behälter neben dem Hauptkern befanden. Diese Sektion bezeichnete man als oberen Kern; darunter lagen die sechs Ebenen des unteren Kerns.

COMPUTERNETZWERK

Die Computerkerne des Schiffs waren über eine Reihe von Mikronkontaktstellen mit dem Optischen Datennetz (ODN) verbunden. Ein Netzwerk von 380 optischen Subprozessoren, die alle mit dem ODN verbunden waren, unterstützten sie. Auf viele konnten die Kerne direkt zugreifen.

Praktisch jeder Sensor, jede Konsole, jeder Replikator, jedes PADD und jede andere Hardware, die auf dem Schiff benutzt wurde, war auf irgendeine Weise mit dem Optischen Datennetz verbunden und nutzte die Computerkerne zur Datenverarbeitung.

Back-ups, technische Redundanzen und automatische Leistungsreduzierungen waren in das System integriert worden, damit man, abgesehen von extremen Notfällen, stets auf grundlegende Computerfunktionen zugreifen konnte.

Die Hauptleitungen wurden durch Verbindungen zu zwei zusätzlichen ODN-Systemen, die sich an anderen Stellen des Schiffs befanden, unterstützt. Diese Leitungen, die zwischen essentiellen Terminals und wichtigen Systemen verliefen, waren ebenfalls abgeschirmt. Wenn alles andere ausfiel, konnten die Funkfrequenzen, die von den Kommunikatoren benutzt wurden, als ODN fungieren, allerdings mit einem erheblichen Geschwindigkeitsverlust.

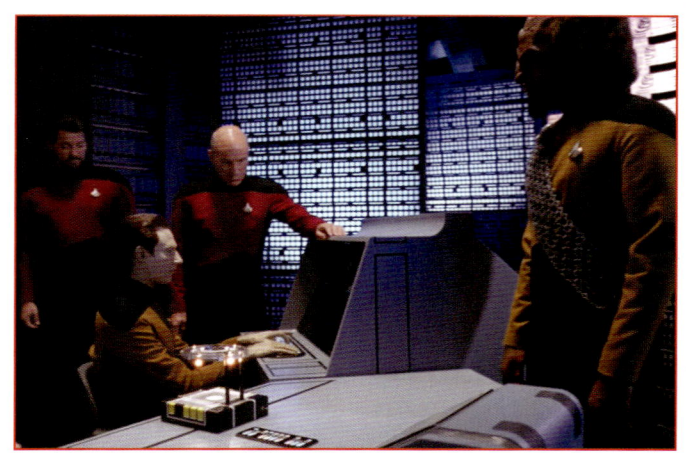

Die Brückenbesatzung der *Enterprise* hielt sich nur selten in den Computerkernen auf, da diese ihre Anweisungen über das ODN erhielten. 2366 tat sie das jedoch, damit intelligente Naniten die Kontrolle über Data erlangen und kommunizieren konnten.

Der Wissenschaftler Dr. Paul Stubbs kam auf die *Enterprise*, um eine einmalige Gelegenheit zu nutzen. Er wollte einen Neutronenstern im Kavis-Alpha-System beobachten, der alle 196 Jahre explodierte. Die Anwesenheit der intelligenten Naniten gefährdete diese Mission.

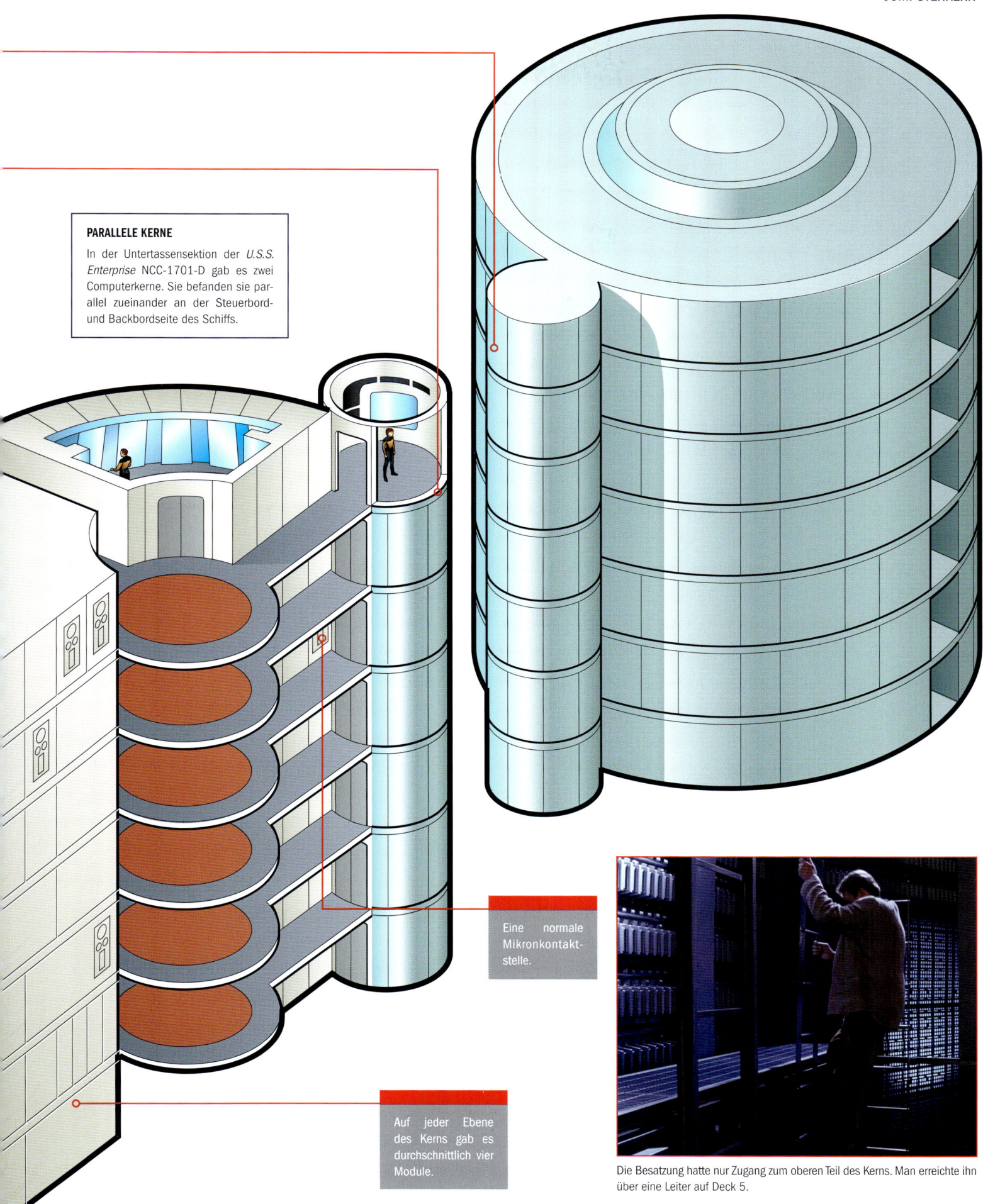

COMPUTERKERN

PARALLELE KERNE

In der Untertassensektion der U.S.S. Enterprise NCC-1701-D gab es zwei Computerkerne. Sie befanden sie parallel zueinander an der Steuerbord- und Backbordseite des Schiffs.

Eine normale Mikronkontaktstelle.

Auf jeder Ebene des Kerns gab es durchschnittlich vier Module.

Die Besatzung hatte nur Zugang zum oberen Teil des Kerns. Man erreichte ihn über eine Leiter auf Deck 5.

105

LCARS-SOFTWARE

Auf einem Sternenflottenschiff war es wichtig, dass Daten unkompliziert integriert und Befehle einfach eingegeben werden konnten. Die Schnittstellen auf der *U.S.S. Enterprise*-D waren so entworfen, dass sie beide Ansprüche effizient erfüllten.

Beim LCARS (Library Computer Access and Retrieval System), dem Zugriffs- und Abfragesystem des Bibliothekscomputers, handelte es sich um eine extrem flexible Reihe von Softwareroutinen, die den Einsatz aller Computersysteme auf Sternenflottenschiffen und -einrichtungen wie der *U.S.S. Enterprise* der *Galaxy*-Klasse steuerten.

Das LCARS-System, das sowohl über eine Tastatur als auch über eine verbale Schnittstelle verfügte, steuerte alles von der Anzeige angeforderter Informationen bis hin zur Überwachung nicht essentieller Systeme. Die Hauptdatenbanken für Astrometrie, Sensoraufzeichnungen, Schiffslogbücher sowie kulturelle, medizinische und wissenschaftliche Informationen gehörten zu den gängigsten Datensammlungen, die während eines Routineeinsatzes aufgerufen wurden, aber das LCARS steuerte auch sekundäre Systeme.

WICHTIGER SPEICHER

Die Datenbanken speicherten Daten zur Nährstoffstruktur von Lebensmitteln sowie eine unermessliche Sammlung von Informationen über Kunst und die komplexen Programme, die in den Holodecks zum Einsatz kamen. Subroutine C-47, die die Replikatorauswahl und die Freizeitprogramme steuerte, kann man als ein gutes Beispiel für das LCARS-System heranziehen. Auch die Speicherung von fremden Sprachen war extrem wichtig: Lieutenant Commander Data nutzte visuelle Darstellungen der im LCARS gespeicherten Zeichensprache, um diese Form der Kommunikation im Jahr 2365 zu lernen.

Die Computerschnittstellen und -displays der Sternenflotte waren von jeher darauf ausgelegt, große Informationsmengen klar und verständlich darzustellen und die Befehlseingabe möglichst einfach zu gestalten. Computerterminals waren so konzipiert, dass sie auch Sprachbefehle ausführen konnten, aber in den 2360er Jahren zogen es die meisten Besatzungsmitglieder vor, Daten über eine Tastaturschnittstelle einzugeben.

Jedes Display auf der *Enterprise* war mit einem lokalen Subprozessor verbunden, der über eine Auflistung vordefinierter Szenarien und Betriebsverfahren verfügte. Dies ermöglichte es der Schnittstelle, Anforderungen vorherzusehen und den Bildschirm entsprechend neu zu konfigurieren. Das LCARS-System überwachte die Gewohnheiten des Nutzers und konfigurierte das Displayterminal entsprechend, sodass man leicht auf die am häufigsten verwendeten Elemente zugreifen konnte. Spezifische Bedienelemente und Informationen wurden verfügbar, sobald die entsprechende Auswahl getroffen worden war. Die Computerterminals gaben durch taktile und akustische Hinweise zu erkennen, dass Bedienelemente aktiviert worden waren.

PERSÖNLICHE VORLIEBEN

Besatzungsmitglieder konnten ihre Arbeitsstation nach persönlichen Vorlieben gestalten. Die Stationen konnten neu konfiguriert werden, wenn ein anderes Besatzungsmitglied sie übernahm. Softwaredefinierbare Schnittstellen ermöglichten einen reibungslosen Übergang bei Systemupgrades. Besatzungsmitglieder, die nicht auf die neue Schnittstellenkonfiguration geschult worden waren, wiesen das Display einfach an, die ältere zu emulieren.

Das eigentliche Displayterminal bestand aus drei verschiedenen Schichten. Die unterste, aus mikrogeschäumten Polyduranidfolien hergestellte Schicht enthielt die optischen

Computerschnittstellen gab es auf unterschiedlichen Oberflächen, so auch auf dem großen »Sicherheitsgeländer«, das man auf Schiffen der Galaxy-Klasse wie der U.S.S. Enterprise NCC-1701-D hinter dem Sessel des Captains fand.

Die normalen Displayterminals waren so dünn und leicht, dass man sie auch in tragbaren Geräten wie PADDs verbauen konnte. Das Display war unempfindlich und hielt normaler Abnutzung oder versehentlichen Beschädigungen mühelos stand.

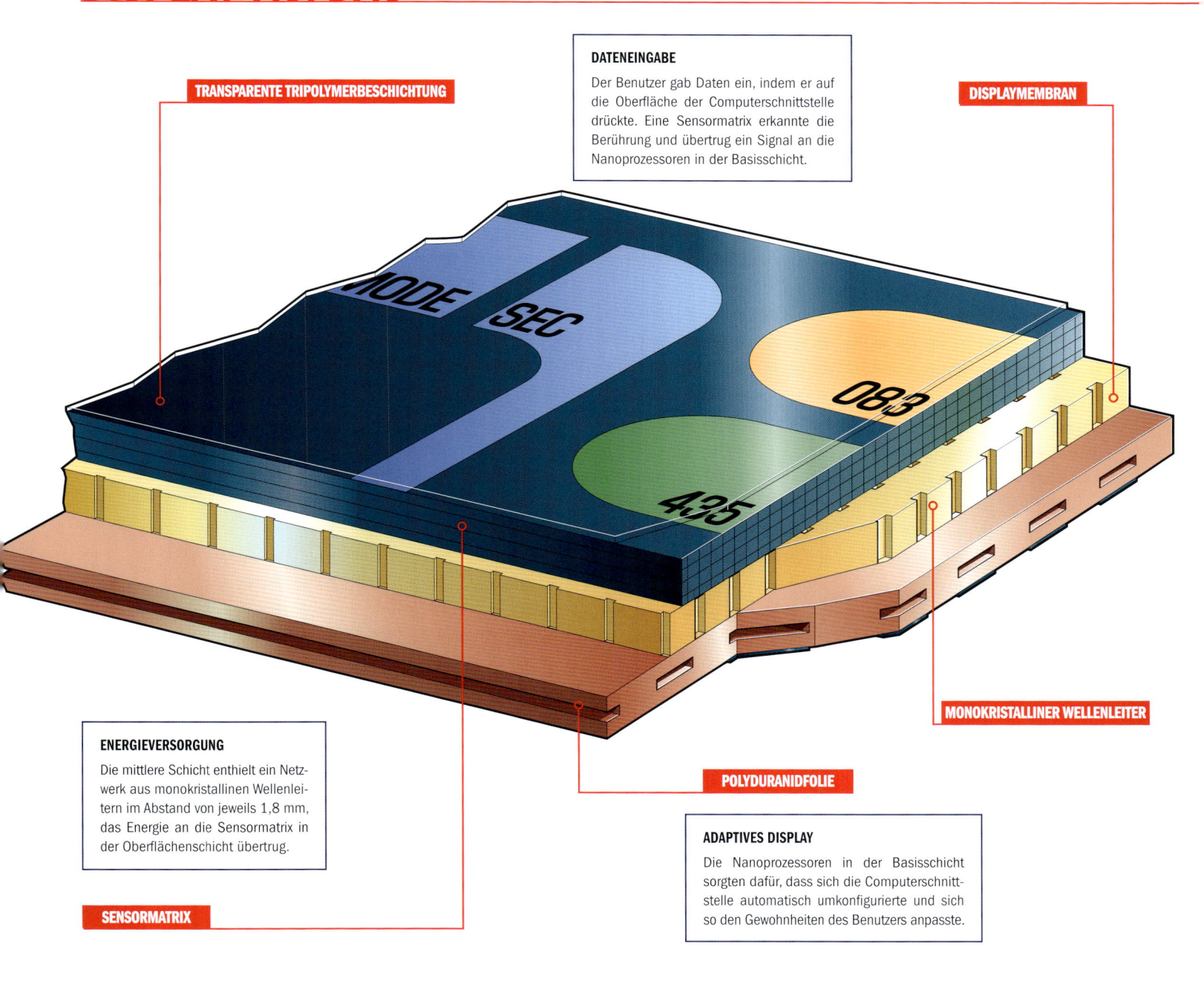

DISPLAY-AUFBAU

TRANSPARENTE TRIPOLYMERBESCHICHTUNG

DATENEINGABE
Der Benutzer gab Daten ein, indem er auf die Oberfläche der Computerschnittstelle drückte. Eine Sensormatrix erkannte die Berührung und übertrug ein Signal an die Nanoprozessoren in der Basisschicht.

DISPLAYMEMBRAN

MONOKRISTALLINER WELLENLEITER

POLYDURANIDFOLIE

ENERGIEVERSORGUNG
Die mittlere Schicht enthielt ein Netzwerk aus monokristallinen Wellenleitern im Abstand von jeweils 1,8 mm, das Energie an die Sensormatrix in der Oberflächenschicht übertrug.

SENSORMATRIX

ADAPTIVES DISPLAY
Die Nanoprozessoren in der Basisschicht sorgten dafür, dass sich die Computerschnittstelle automatisch umkonfigurierte und sich so den Gewohnheiten des Benutzers anpasste.

Nanoprozessoren, die es den einzelnen Displays ermöglichten, sich selbst zu konfigurieren, nachdem sie vom lokalen Prozessorknoten initialisiert worden waren. Diese Schicht diente als Basis für die anderen beiden Schichten.

Die nächste Schicht bestand aus einer triaxialen Kristall-Display-Membran, die eine grafische Oberfläche erzeugte. Die oberste Schicht, die chemisch mit der Displaymembran verbunden war, enthielt die Sensormatrix, die Benutzereingaben erkannte. Diese Matrix war in eine 2,5 Millimeter dicke tripolymerbeschichtete, transparente Aluminiumplatte eingebettet.

Das Displayterminal hatte eine Tiefe von nicht einmal einem Zentimeter. Das bedeutet, dass es auf einer Vielzahl von Oberflächen angebracht werden konnte. Es wurde nicht nur an freistehenden Stationen verwendet, sondern auch in Trikordern und PADDs. Die Displays waren extrem belastbar und überstanden, wenn sie zum Beispiel in einem PADD verbaut worden waren, einen Sturz aus 35 Metern Höhe.

ALTERNATIVE DISPLAYARTEN

Bei der Sternenflotte wurden zweidimensionale Displays bevorzugt, aber dem Personal standen auch andere Displaysysteme zur Verfügung. Relativ verbreitet waren holografische Projektoren. Mit ihnen konnte man zum Beispiel dreidimensionale Informationen größeren Personengruppen anschaulich darstellen. Das zeigt, dass die Darstellung von und die Interaktion mit Informationen auf Sternenflottenschiffen konstant weiterentwickelt wurde.

ISOLINEARE CHIPS

Die Computer der Sternenflotte hätten ohne isolineare Chips nicht funktionieren können. Sie wurden in allem, von Computerkernen bis hin zu PADDs, eingesetzt, um Daten und Software zu speichern, die während des Schiffsbetriebs regelmäßig benötigt wurden.

Im ausgehenden 24. Jahrhundert wurden zur Speicherung von Computerdaten und Software hauptsächlich isolineare Chips verwendet. Jeder Chip hatte eine Speicherkapazität von 2,15 Kiloquad und verfügte über eingebaute Nanoprozessoren, die den Datenabruf verwalteten und nicht von der Steuerung durch das Zugriffs- und Abfragesystem des Bibliothekscomputers (LCARS) abhängig waren. Die Chips arbeiteten 335 Prozent effizienter, wenn sie in einem Computerkern installiert waren. Das Substrat des Chips wurde mit Spurenmengen von Platin/Iridium versetzt. Daher konnte der Chip, wenn er durch den Subraumfluss eines Computerkerns mit Energie versorgt wurde, mit überlichtschneller Geschwindigkeit arbeiten.

Diese Chips wurden oft in tragbaren Geräten wie PADDs verbaut. Wenn sie für eine solche Verwendung vorgesehen waren, beschichtete man die Oberfläche der refraktiven Schnittstelle mit einem Tripolymer-Versiegelungsmittel. Dadurch wurden die Chips so robust, dass man sie nicht mit Handschuhen anfassen musste.

DATENSPEICHER

Isolineare Chips sind ein unverzichtbarer Teil eines jeden Föderationscomputersystems. Sie werden zur Speicherung von Software und Daten eingesetzt und man fängt erst seit Kurzem an, sie durch bioneurale Systeme zu ersetzen.

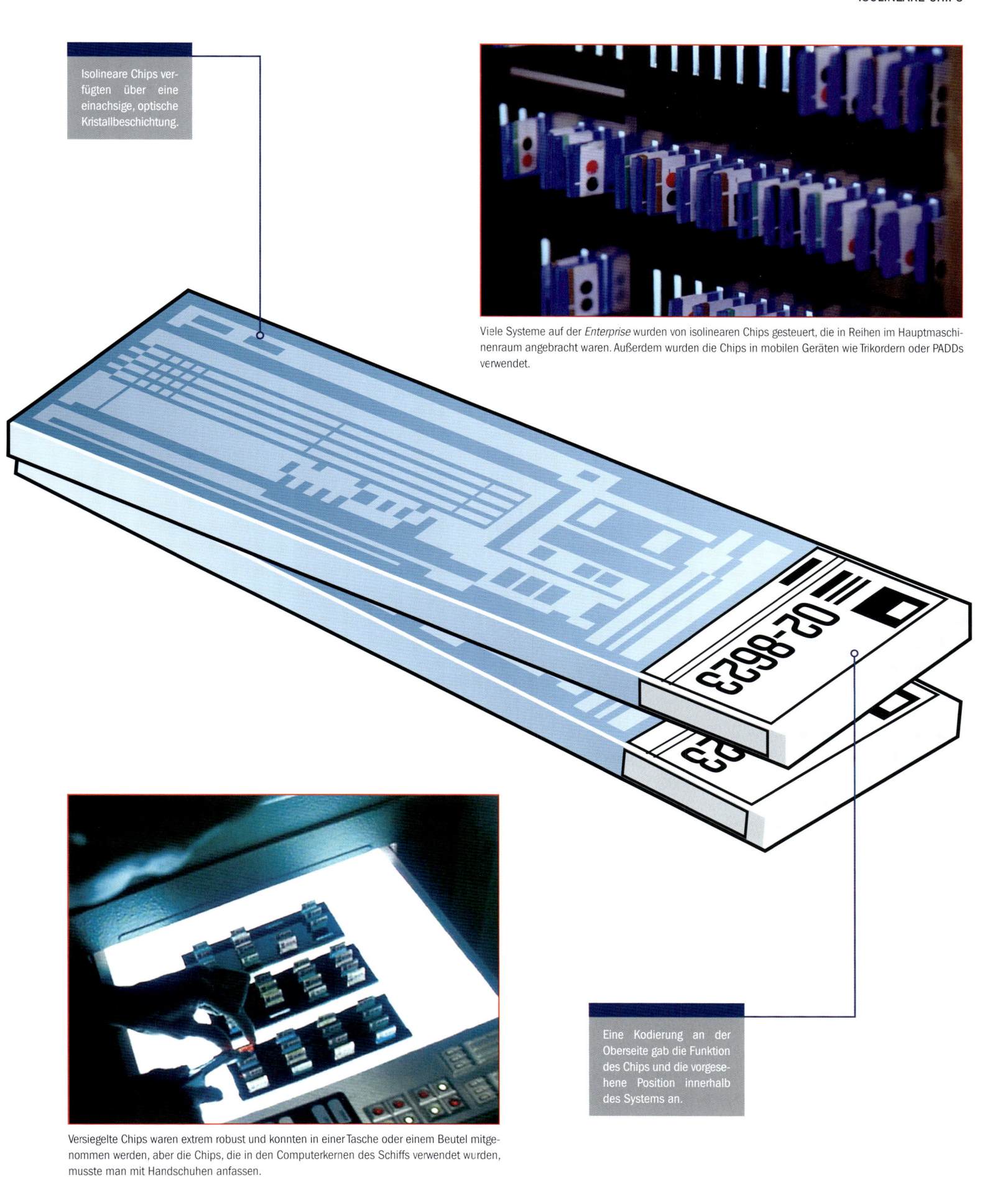

ISOLINEARE CHIPS

Isolineare Chips verfügten über eine einachsige, optische Kristallbeschichtung.

Viele Systeme auf der *Enterprise* wurden von isolinearen Chips gesteuert, die in Reihen im Hauptmaschinenraum angebracht waren. Außerdem wurden die Chips in mobilen Geräten wie Trikordern oder PADDs verwendet.

Eine Kodierung an der Oberseite gab die Funktion des Chips und die vorgesehene Position innerhalb des Systems an.

Versiegelte Chips waren extrem robust und konnten in einer Tasche oder einem Beutel mitgenommen werden, aber die Chips, die in den Computerkernen des Schiffs verwendet wurden, musste man mit Handschuhen anfassen.

109

PADD

Das tragbare PADD (Personal Access Display Device) war ein Einzelcomputerterminal, das entwickelt wurde, um die Arbeitsabläufe an Bord von Sternenflottenschiffen zu erleichtern. Es war klein, praktisch und leistungsfähig. Seine Einsatzmöglichkeiten reichten von der Dateneingabe und -abfrage bis hin zur Steuerung von Raumschiffen.

Die Erfindung und Weiterentwicklung des PADDs gewährte den Besatzungsmitgliedern größere Unabhängigkeit bei der Erledigung ihrer Aufgaben an Bord und erleichterte ihnen die Arbeit erheblich. Das Sternenflottenpersonal musste nicht länger auf fest montierte Computerschnittstellen und Terminals zugreifen. Außerdem verbesserten PADDs die Kommunikation und den Informationsaustausch.

Das PADD war extrem leistungsfähig und konnte, wenn es als Flugkontrollschnittstelle konfiguriert worden war, sogar das gesamte Raumschiff von einem beliebigen Ort aus steuern, zum Beispiel aus den Mannschaftsquartieren oder einem Gang – vorausgesetzt die Speicher- und Displaybegrenzungen stellten kein Problem dar. Diese Fähigkeit spiegelte das Ziel wider, dass sich die Sternenflotte bei der Entwicklung der PADDs gesetzt hatte: Tragbare Geräte sollten auf jede Datei und jedes Programm zugreifen können, soweit das im Einklang mit der Sicherheitsfreigabe des Benutzers stand.

In der Standardausführung bestand das PADD aus drei Schichten eingebetteter Schaltkreis-Verbundmaterialien, die insgesamt maximal einen Zentimeter dick waren. Ein Gehäuse aus Boronit-Whisker-Epoxid enthielt die Primärelektronik einschließlich des mehrschichtigen Bildschirms. Das Gehäuse war sehr robust und hielt Stürze aus bis zu 35 Metern Höhe aus.

Das PADD enthielt drei austauschbare Elemente: den isolinearen Speicherchip, den Subraumsendeempfänger und die Sarium-Mikrozelle.

Mit einer voll aufgeladenen Sarium-Zelle konnte ein PADD 16 Stunden lang betrieben werden. Die Aufladung erfolgte per Induktion, wenn das PADD nicht benötigt wurde. Wenn die Energie fast verbraucht war, meldete sich das PADD automatisch beim Hauptcomputer, der dessen Aufgaben dann an ein funktionierendes Gerät übertrug.

Die Speicherkapazität des isolinearen Chips betrug 4,3 Kiloquad. Das PADD konnte wie auch der Trikorder seinen Speicher in unter einer Sekunde an den Hauptcomputer übertragen.

Der Subraumsendeempfänger sorgte für eine Datenverbindung zwischen dem PADD und dem Schiffscomputer, wobei die Reichweite dieselbe war wie die eines Kommunikators. Das ermöglichte es Außenteams, PADDS zu verwenden. Außerdem konnte der Transporter die Geräte anhand ihres Signals orten. PADDS konnten Computerfunktionen und Daten mit allen Sternenflottengeräten teilen, die mit einem Sendeempfänger ausgestattet waren. Diese Übertragungen waren aus Sicherheitsgründen verschlüsselt.

SCHNITTSTELLE

Als Benutzerschnittstelle dienten sowohl eingebaute elektrosensitive Bereiche des Gehäuses als auch Berührungselemente auf dem Bildschirm. Man bediente sie wie jede andere mehrschichtige Oberfläche, die in modernen Raumschiffen zu finden war. Die Schnittstellen dienten der Datenbearbeitung und -speicherung und konnten vom Benutzer nach Belieben

PADDs ließen sich an die Bedürfnisse der unterschiedlichen Schiffsabteilungen anpassen, zum Beispiel an den medizinischen Bereich.

Auf der *U.S.S. Enterprise* benutzten Commander Riker und Schiffscounselor Troi PADDs, als sie im Zehn Vorne eine Leistungsbewertung des Personals durchführten.

personalisiert werden. Dessen Sicherheitsfreigabe entschied über die Funktionen, die aufgerufen werden konnten.

Sondermodelle konnten an Bord von Raumschiffen der *Galaxy*-Klasse oder jeder anderen Replikationseinrichtung hergestellt werden, in der man benutzerdefinierte isolineare Schaltkreise programmieren konnte.

Die ersten PADD-Modelle hatten eine Standardgröße von 10 x 15 Zentimeter und enthielten eine Anzeigefläche, die 4,25-mal größer als die eines Trikorders war. Die Schnittstellen waren im Allgemeinen braun markiert. Spätere Modelle variierten in Form und Größe, wobei einige über größere Bildschirme und noch umfangreichere Benutzerschnittstellen verfügten.

Die kleinsten PADDs passten in eine Handfläche, die größten erinnerten an ein Tablett. Alle Modelle verfügten über eine grafische Oberfläche, mit der das Gerät bedient wurde.

Ein Standard-PADD bestand aus drei Schichten eingebetteter Schaltkreis-Verbundmaterialien.

PADDs wurden normalerweise mithilfe einer grafischen Oberfläche bedient, reagierten jedoch auch auf Sprachbefehle.

Es gab PADD-Sonderanfertigungen für alle denkbaren Zwecke. Die Schnittstellen wurden entsprechend angepasst.

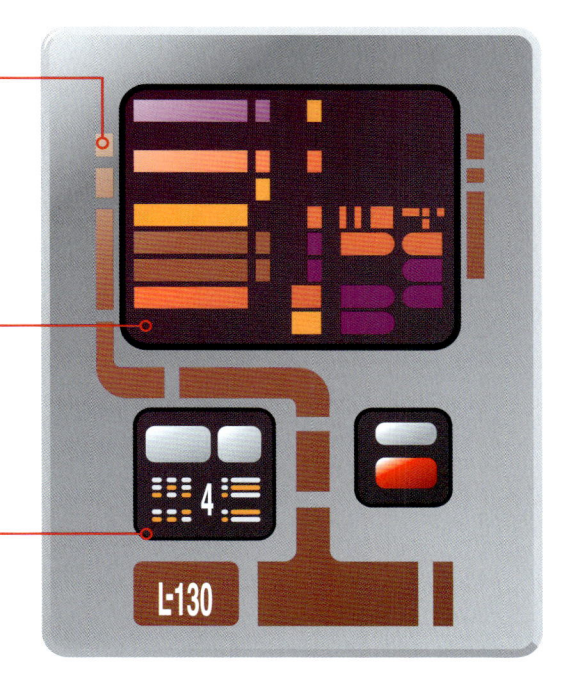

Beim PADD handelte es sich um einen vielseitig einsetzbaren Computer, der es dem Sternenflottenpersonal erlaubte, an jedem beliebigen Ort zu arbeiten. Es verfügte zwar über keinen großen Speicher, konnte jedoch mit dem Hauptcomputer eines Schiffs verbunden werden, wodurch es Zugriff auf alle dort gespeicherten Informationen erhielt.

Es gab PADD-Sonderanfertigungen für unterschiedliche Bereiche. Daher konnten die Funktionen von PADD zu PADD stark variieren.

PADDs gab es in vielen unterschiedlichen Formen und Größen, aber alle verfügten über eine grafische Oberfläche und einen Touchscreen. Außerdem konnte ein Benutzer dem PADD Sprachbefehle erteilen.

Das PADD war sehr leicht und konnte mühelos überallhin mitgenommen werden.

TRANSPORTER-RAUM

Der Haupttransporterraum war eine wichtige Durchgangsstation. Von hier aus brachen Außenteams auf ihre Missionen auf und es war der Ort, den Besucher als Erstes zu sehen bekamen.

Personen wurden normalerweise mit dem Gesicht nach vorne, auf die Bedienkonsole des Transporters gerichtet, hineingebeamt. Das erlaubte, dass sie entweder vom Transporterchief oder, je nach Protokoll, höherrangigen Offizieren begrüßt werden konnten.

Eine Hilfslagereinrichtung befand sich an der Seite des Transporterraums. Dieser Bereich diente verschiedenen Funktionen wie der Lagerung von Gegenständen und der Bedienung der Systemtafeln.

Über jeder der sechs Transportflächen befand sich ein leuchtendes, rundes Licht. Dies markierte exakt die Stelle, an die sich eine Person, die vom Schiff gebeamt werden sollte, zu begeben hatte.

Transporterkammern basierten auf einem Standarddesign und erstreckten sich von einer kreisrunden Plattform nach oben. Der Bereich wurde von hinten und oben beleuchtet.

Die Plattform auf dem Boden des Transporters war in sechs Bereiche aufgeteilt. Dies stellte die maximale Anzahl an Personen dar, die gleichzeitig gebeamt werden konnten.

Auch Objekte wurden für gewöhnlich via Transporter verschickt. Dies beinhaltete auch Geschenke, wie den betazoidischen Geschenkkasten, den Lwaxana Troi einmal ihrer Tochter Deanna schickte.

TRANSPORTERRAUM

Auf der rechten Seite des Transporters befand sich ein Lagerbereich. Zugriffstafeln zu verschiedenen Systemen fand man hier ebenfalls.

Die Koordinaten, an die die Reisenden geschickt werden sollten, wurden vom Transporterchief einprogrammiert. Diese Aufgabe war mit einem hohen Maß an Verantwortung verbunden, da der kleinste Fehler Leben kosten konnte.

Eine niedrige Stufe vor der Transporterkammer sorgte für einen leichten und bequemen Zugang zur Haupttransporterplattform.

Eine niedrige Stufe trennte den Lagerbereich vom eigentlichen Transporterraum.

113

BEDIENUNG DER TRANSPORTERSYSTEME

Die Materietransportsystemtechnologie verwandelte Materie in Energie und schickte sie an entfernte Ziele. Auf diese Weise konnten Gegenstände und Personen innerhalb weniger Sekunden Tausende Kilometer überwinden.

Auf einem Schiff der *Galaxy*-Klasse von der Größe der *U.S.S. Enterprise* NCC-1701-D war ein effizienter Transport von Schiff zu Schiff und vom Schiff zum Boden unerlässlich. Um zu verhindern, dass Personal und Fracht auf dem Schiff lange Wege zurücklegen mussten, gab es an Bord eine Reihe von Transporterräumen und -plattformen in verschiedenen Bereichen auf mehreren Decks. Zusätzlich zu den Transportern, die im normalen Alltagsbetrieb eingesetzt wurden, verfügte die *Enterprise* über Nottransporter, die bei Bedarf zugeschaltet werden konnten.

LAGE UND ZUGANG
Besatzungsmitglieder und ihre Gäste gelangten über einen der vier Personentransporterräume, die sich auf Deck 6 der Untertassensektion befanden, auf die *Enterprise*. Alle vier lagen genau in der Mitte des Schiffs, zwei an jedem Ende des zentralen Kerns. Durch Turbolifte in der Nähe der Transporterräume gelangte man schnell und einfach von allen wichtigen Schiffsbereichen dorthin und kam von dort aus ebenso schnell zu diesen Bereichen zurück. Unter anderem gab es einen direkten vertikalen Zugang zur Brücke auf Deck 1, den Offiziersquartieren auf Deck 2 und dem Hauptshuttlehangar auf den Decks 3 und 4.

Zwei weitere Personentransporterräume befanden sich auf Deck 14 in der Antriebssektion. Auch sie lagen zentral, sodass Personen nur kurze Wege zu den Hauptbereichen des Schiffs zurücklegen mussten. Im Normalfall beamte man jedoch die meisten Besatzungsmitglieder in die Untertassensektion.

FRACHTRAUMTRANSPORTER
Im 24. Jahrhundert beamte man die meiste Fracht an Bord, anstatt sie mit Shuttles auf das Schiff zu bringen. In den Frachträumen der *Enterprise* gab es eigene Transporterplattformen, die dafür sorgen, dass Lieferungen genau dort ankamen, wo sie abgeladen oder verstaut werden sollten. Das war besonders praktisch bei Waren, die nur von einer Sternenbasis zur nächsten oder von einem Planeten zu einem anderen gebracht werden mussten. Man beamte sie einfach zu Beginn der Reise auf das Schiff und am Ziel vom Schiff, ohne dass die Besatzung weitere Zeit oder Arbeit investieren musste.

Die Frachttransporter der *Enterprise* fand man auf zwei Decks. Im Frachtraum auf Deck 4 der Untertassensektion gab es vier niedrigauflösende Transporter, vier weitere befanden sich im großen Frachtraum auf den Decks 38 und 39 der Antriebssektion. Diese Transporter setzte man normalerweise nur für die Beförderung von Gegenständen ein, doch man konnte sie auch für biologische Organismen umprogrammieren. Dabei erhöhte man die Auflösung des Transporters, was allerdings auf Kosten der Masse ging, die sie mit einem Beamvorgang befördern konnten.

NOTEVAKUIERUNG
Die *Enterprise* war mit einer Reihe von Nottransportern ausgestattet, die man im Falle eines Warpkernbruchs oder einer ähnlichen Katastrophe zur Evakuierung des Personals einsetzte. Da auf der *Enterprise* über 1.000 Besatzungsmitglieder stationiert waren, benötigte man Transporter, die in kurzer Zeit möglichst viele Personen befördern konnten.

Schiffe der *Galaxy*-Klasse verfügten über sechs Nottransporter: vier in der Untertassen- und zwei in der Antriebssektion. Mit diesen Transportern konnte man Personen nur vom Schiff beamen; zum Heraufbeamen eigneten sie sich nicht, da sie nur mit scanfähigen Phasenübergangsspulen ausgestattet waren. Die Nottransporter arbeiteten auf einer reduzierten Leistungsstufe und hatten eine Reichweite von nur 15.000 Kilometern. Normale Transporter konnten hingegen Personen

Mit einem Transporter gelangte man praktisch ohne Zeitverlust von einem Schiff zum anderen, von einem Schiff auf einen Planeten oder sogar von einem Schiffsbereich zum anderen. Dank dieser Technologie mussten Schiffe nicht mehr für Landungen geeignet sein.

BEDIENUNG DER TRANSPORTERSYSTEME

Vier Scanner überprüften parallel das Ergebnis eines Transports, während der Transporter gleichzeitig einen Selbstdiagnosetest durchführte. Trat ein Problem auf, wurde der Beamvorgang angehalten und abgebrochen.

Bei einer Störung musste die Besatzung eine detaillierte Analyse des Transporters durchführen. Vor der Freigabe wurde ein Testgegenstand, zum Beispiel eine ein Meter hohe Duranium-Röhre, weggebeamt, um sicherzustellen, dass das System korrekt funktionierte.

über eine Entfernung von 40.000 Kilometern beamen. Die Nottransporter ergänzten die regulären und konnten entweder zusammen mit ihnen oder unabhängig von ihnen benutzt werden.

Die regulären Transporter und die Nottransporter waren mit 17 Emitterphalanxringen am Rumpf der *Enterprise* verbunden. Sie deckten das Schiff rundum ab, sodass Transportersignale aus allen Winkeln und Richtungen eingehen konnten.

EVAKUIERUNGSSZENARIEN

Mussten Personen auf das Schiff evakuiert werden, nutzte man gleichzeitig alle sechs normalen Transporter. Beschränkt wurde die Geschwindigkeit vor allem durch den Betriebszyklus des Transporters, der nach jedem Beamvorgang eine Abkühlzeit von 87 Sekunden benötigte. Daher konnte die *Enterprise* pro Stunde maximal 700 Personen an Bord beamen. Wurden die Frachttransporter auf Personenbeamen umkonfiguriert, erhöhte sich diese Zahl auf 1.000 pro Stunde.

Dank der sechs Nottransporter, die man zusätzlich zu den normalen einsetzte, konnte das Schiff deutlich schneller evakuiert werden. Zusammengenommen konnten sie 22 Personen pro Beamvorgang vom Schiff wegbringen, was die Gesamtzahl pro Stunde auf 1.850 erhöhte. Also konnte man die gesamte Schiffsbesatzung in knapp über einer halben Stunde evakuieren.

Da die Nottransporter weniger Energie als die regulären benötigten, ließen sie sich auch dann einsetzen, wenn die Haupttransporter außer Betrieb waren. Dank der niedrigeren Energieanforderungen benötigten diese Systeme auch kürzere Ruhezeiten. So konnte man allein mit den Nottransportern rund 1.000 Personen pro Stunde wegbeamen.

TRANSPORTERBEDIENUNG

Da das Beamen enorm kompliziert war und selbst der kleinste Fehler zum Tod führen konnte, spielte sich fast der gesamte Vorgang automatisch ab. Allerdings wurde er aus Sicherheitsgründen normalerweise von einem Transporterchief überwacht. Er achtete darauf, dass alle Systeme einsatzbereit waren und der Transporter sein Ziel erfasst hatte. Die Aufgaben eines Transporterchiefs waren umfangreich und erforderten ein hohes Maß an Verantwortung und Aufmerksamkeit.

Transporter waren sehr präzise und im 24. Jahrhundert nahezu komplett ungefährlich. Sie erlaubten es Personen, die Wege an Bord abzukürzen oder sich auf fremden Planeten direkt ins Einsatzgebiet zu begeben, was die Missionseffizienz enorm steigerte.

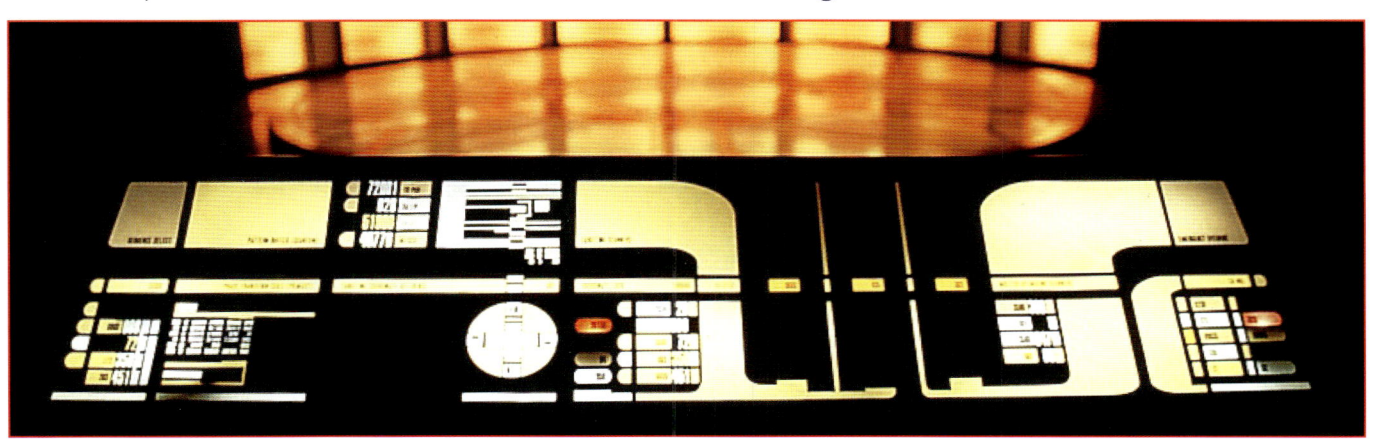

Auf der Transporterkonsole wurden alle Daten angezeigt, die man benötigte, um einen reibungslosen, präzisen Ablauf des Beamvorgangs zu gewährleisten.

U.S.S. ENTERPRISE NCC-1701-D

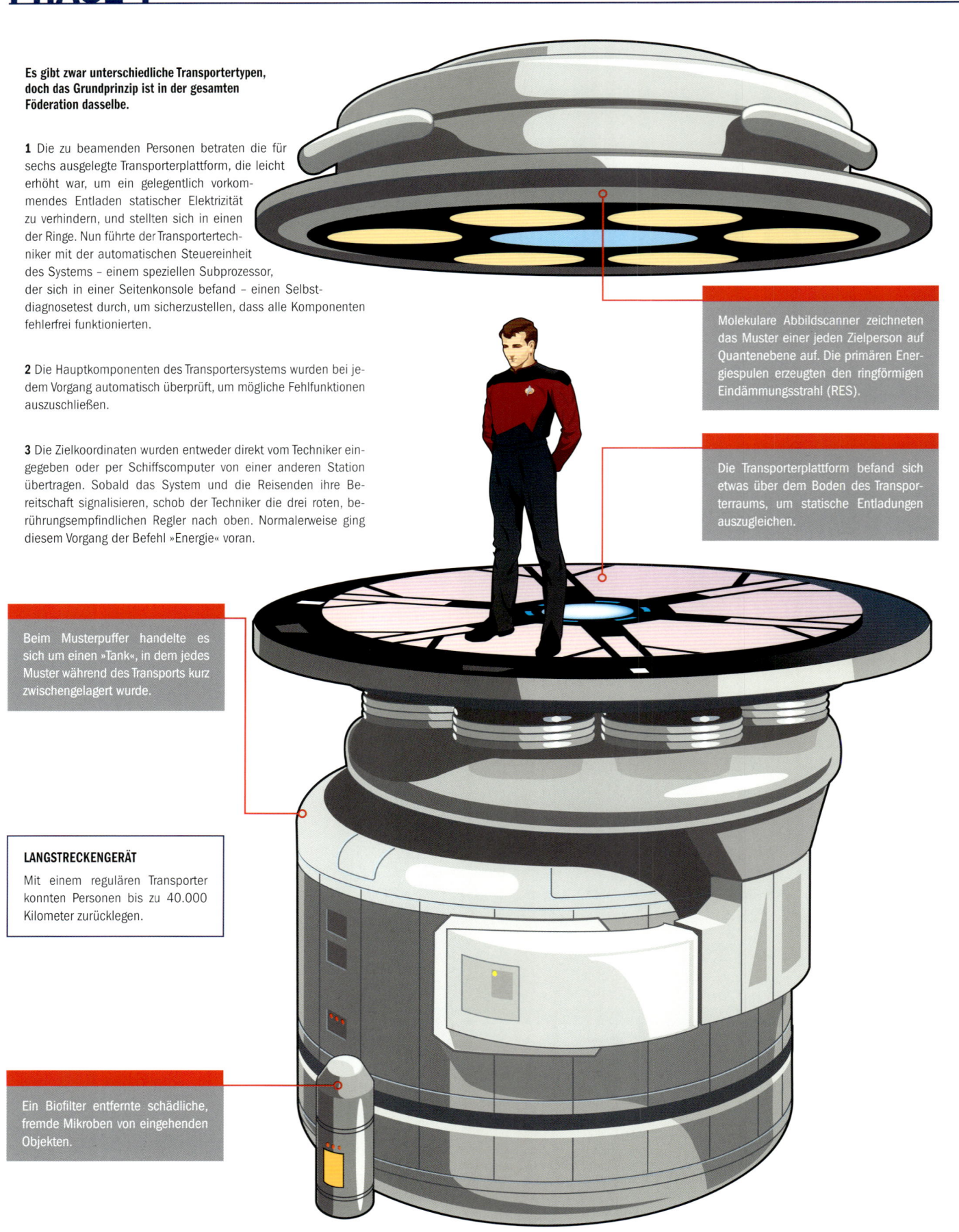

PHASE 1

Es gibt zwar unterschiedliche Transportertypen, doch das Grundprinzip ist in der gesamten Föderation dasselbe.

1 Die zu beamenden Personen betraten die für sechs ausgelegte Transporterplattform, die leicht erhöht war, um ein gelegentlich vorkommendes Entladen statischer Elektrizität zu verhindern, und stellten sich in einen der Ringe. Nun führte der Transportertechniker mit der automatischen Steuereinheit des Systems – einem speziellen Subprozessor, der sich in einer Seitenkonsole befand – einen Selbstdiagnosetest durch, um sicherzustellen, dass alle Komponenten fehlerfrei funktionierten.

2 Die Hauptkomponenten des Transportersystems wurden bei jedem Vorgang automatisch überprüft, um mögliche Fehlfunktionen auszuschließen.

3 Die Zielkoordinaten wurden entweder direkt vom Techniker eingegeben oder per Schiffscomputer von einer anderen Station übertragen. Sobald das System und die Reisenden ihre Bereitschaft signalisieren, schob der Techniker die drei roten, berührungsempfindlichen Regler nach oben. Normalerweise ging diesem Vorgang der Befehl »Energie« voran.

Molekulare Abbildscanner zeichneten das Muster einer jeden Zielperson auf Quantenebene auf. Die primären Energiespulen erzeugten den ringförmigen Eindämmungsstrahl (RES).

Die Transporterplattform befand sich etwas über dem Boden des Transporterraums, um statische Entladungen auszugleichen.

Beim Musterpuffer handelte es sich um einen »Tank«, in dem jedes Muster während des Transports kurz zwischengelagert wurde.

LANGSTRECKENGERÄT
Mit einem regulären Transporter konnten Personen bis zu 40.000 Kilometer zurücklegen.

Ein Biofilter entfernte schädliche, fremde Mikroben von eingehenden Objekten.

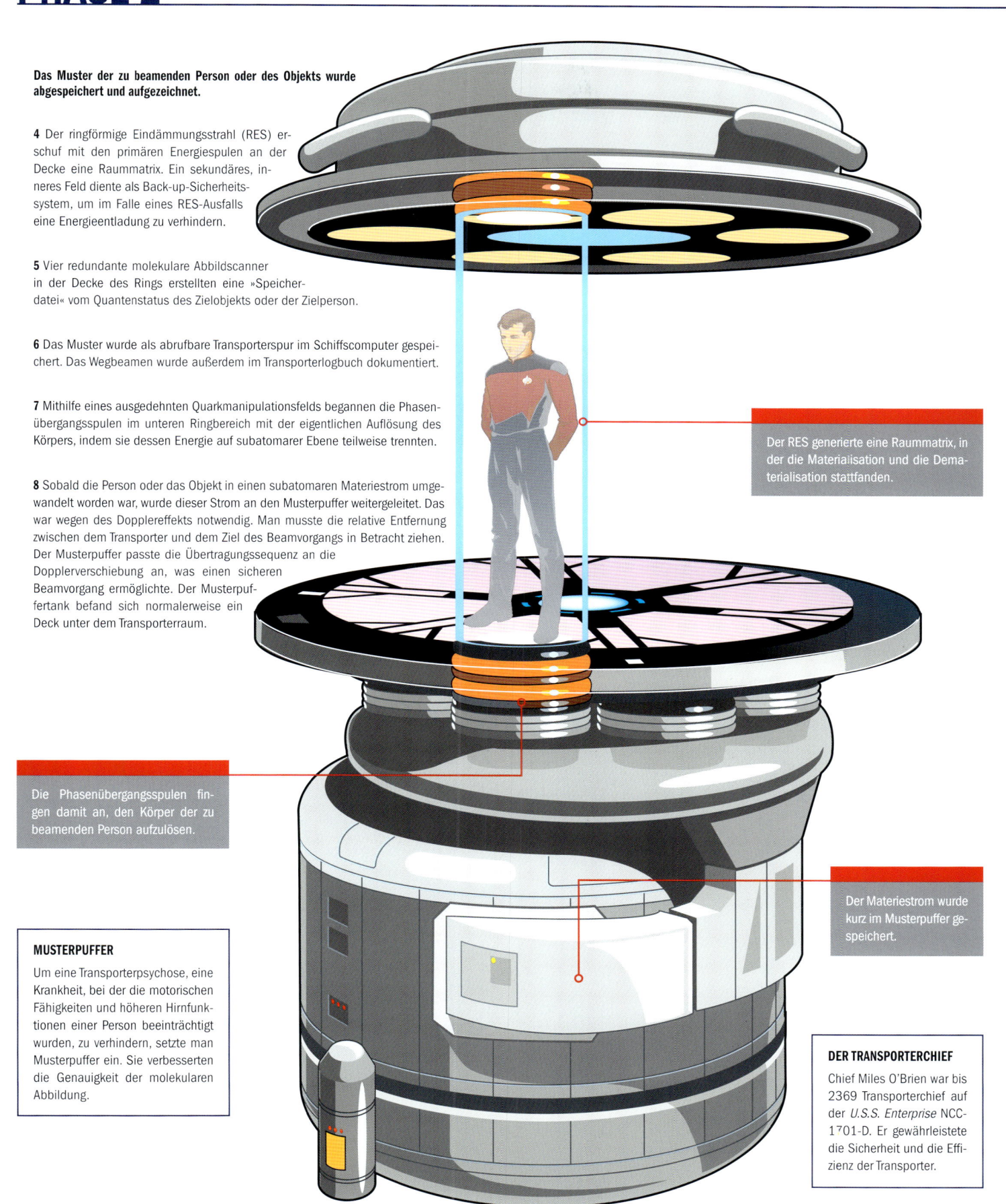

BEDIENUNG DER TRANSPORTERSYSTEME

PHASE 2

Das Muster der zu beamenden Person oder des Objekts wurde abgespeichert und aufgezeichnet.

4 Der ringförmige Eindämmungsstrahl (RES) erschuf mit den primären Energiespulen an der Decke eine Raummatrix. Ein sekundäres, inneres Feld diente als Back-up-Sicherheitssystem, um im Falle eines RES-Ausfalls eine Energieentladung zu verhindern.

5 Vier redundante molekulare Abbildscanner in der Decke des Rings erstellten eine »Speicherdatei« vom Quantenstatus des Zielobjekts oder der Zielperson.

6 Das Muster wurde als abrufbare Transporterspur im Schiffscomputer gespeichert. Das Wegbeamen wurde außerdem im Transporterlogbuch dokumentiert.

7 Mithilfe eines ausgedehnten Quarkmanipulationsfelds begannen die Phasenübergangsspulen im unteren Ringbereich mit der eigentlichen Auflösung des Körpers, indem sie dessen Energie auf subatomarer Ebene teilweise trennten.

8 Sobald die Person oder das Objekt in einen subatomaren Materiestrom umgewandelt worden war, wurde dieser Strom an den Musterpuffer weitergeleitet. Das war wegen des Dopplereffekts notwendig. Man musste die relative Entfernung zwischen dem Transporter und dem Ziel des Beamvorgangs in Betracht ziehen. Der Musterpuffer passte die Übertragungssequenz an die Dopplerverschiebung an, was einen sicheren Beamvorgang ermöglichte. Der Musterpuffertank befand sich normalerweise ein Deck unter dem Transporterraum.

Der RES generierte eine Raummatrix, in der die Materialisation und die Dematerialisation stattfanden.

Die Phasenübergangsspulen fingen damit an, den Körper der zu beamenden Person aufzulösen.

Der Materiestrom wurde kurz im Musterpuffer gespeichert.

MUSTERPUFFER

Um eine Transporterpsychose, eine Krankheit, bei der die motorischen Fähigkeiten und höheren Hirnfunktionen einer Person beeinträchtigt wurden, zu verhindern, setzte man Musterpuffer ein. Sie verbesserten die Genauigkeit der molekularen Abbildung.

DER TRANSPORTERCHIEF

Chief Miles O'Brien war bis 2369 Transporterchief auf der U.S.S. Enterprise NCC-1701-D. Er gewährleistete die Sicherheit und die Effizienz der Transporter.

117

U.S.S. ENTERPRISE NCC-1701-D

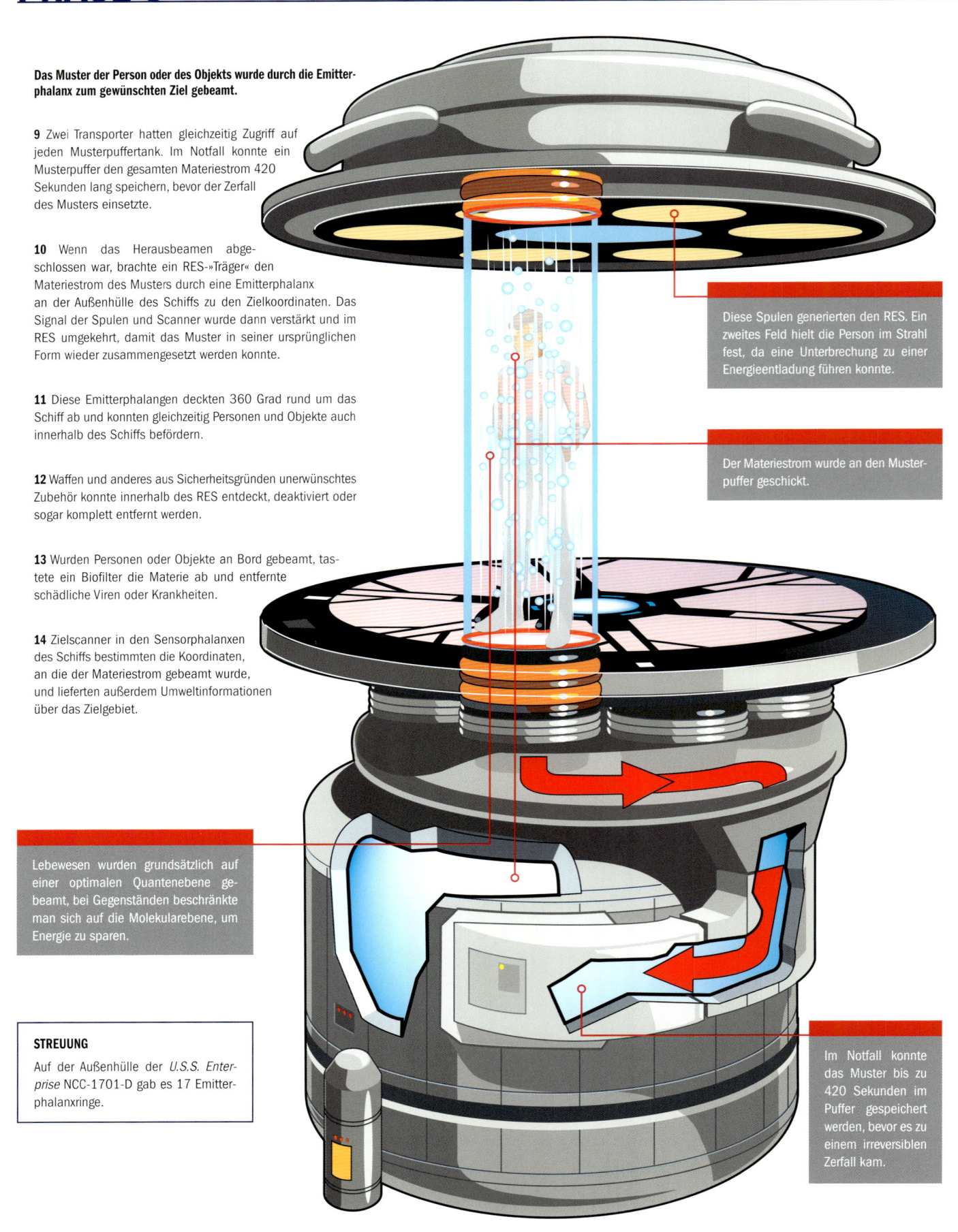

PHASE 3

Das Muster der Person oder des Objekts wurde durch die Emitterphalanx zum gewünschten Ziel gebeamt.

9 Zwei Transporter hatten gleichzeitig Zugriff auf jeden Musterpuffertank. Im Notfall konnte ein Musterpuffer den gesamten Materiestrom 420 Sekunden lang speichern, bevor der Zerfall des Musters einsetzte.

10 Wenn das Herausbeamen abgeschlossen war, brachte ein RES-»Träger« den Materiestrom des Musters durch eine Emitterphalanx an der Außenhülle des Schiffs zu den Zielkoordinaten. Das Signal der Spulen und Scanner wurde dann verstärkt und im RES umgekehrt, damit das Muster in seiner ursprünglichen Form wieder zusammengesetzt werden konnte.

11 Diese Emitterphalangen deckten 360 Grad rund um das Schiff ab und konnten gleichzeitig Personen und Objekte auch innerhalb des Schiffs befördern.

12 Waffen und anderes aus Sicherheitsgründen unerwünschtes Zubehör konnte innerhalb des RES entdeckt, deaktiviert oder sogar komplett entfernt werden.

13 Wurden Personen oder Objekte an Bord gebeamt, tastete ein Biofilter die Materie ab und entfernte schädliche Viren oder Krankheiten.

14 Zielscanner in den Sensorphalanxen des Schiffs bestimmten die Koordinaten, an die der Materiestrom gebeamt wurde, und lieferten außerdem Umweltinformationen über das Zielgebiet.

Diese Spulen generierten den RES. Ein zweites Feld hielt die Person im Strahl fest, da eine Unterbrechung zu einer Energieentladung führen konnte.

Der Materiestrom wurde an den Musterpuffer geschickt.

Lebewesen wurden grundsätzlich auf einer optimalen Quantenebene gebeamt, bei Gegenständen beschränkte man sich auf die Molekularebene, um Energie zu sparen.

Im Notfall konnte das Muster bis zu 420 Sekunden im Puffer gespeichert werden, bevor es zu einem irreversiblen Zerfall kam.

STREUUNG

Auf der Außenhülle der *U.S.S. Enterprise* NCC-1701-D gab es 17 Emitterphalanxringe.

118

BEDIENUNG DER TRANSPORTERSYSTEME

PHASE 4

Beim letzten Schritt tauchte das Objekt oder die Person an den Zielkoordinaten auf.

15 Da man am Ziel keine spezielle Ausrüstung benötigte, konnte der Transporterstrahl auf einen beliebigen Ort innerhalb des Schiffs oder auf einem Planeten gerichtet werden. Ein Transportersystem am Zielort konnte, wenn vorhanden, zur Unterstützung eingesetzt werden.

16 Zwischen zwei mit Warpgeschwindigkeit reisenden Objekten war ein Beamvorgang nur bei Einhaltung einer exakt gleichen Geschwindigkeit möglich. Für diesen Vorgang benötigte man einen erfahrenen Transportertechniker.

17 Nach Eingang des Erstsignals am Ziel dauerte es noch fünf Sekunden, bis der Körper vollständig wiederhergestellt war.

18 Beamvorgänge waren hochkompliziert und hatten eine niedrige Fehlertoleranz, deshalb war das System fast vollständig automatisiert. Allerdings wurden die Koordinaten von einem Transporterchief verifiziert, der die Transportersysteme außerdem regelmäßig wartete.

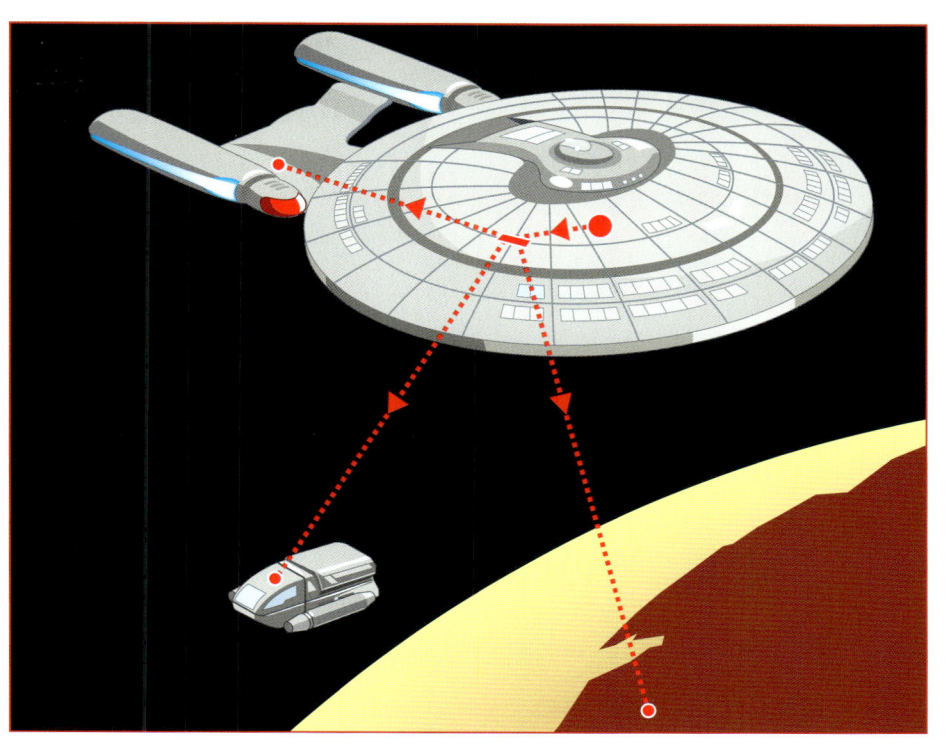

MUSTER-VERSTÄRKER

Musterverstärker – auch Transportverstärker genannt – wurden bei extremen atmosphärischen Bedingungen eingesetzt, um das Molekularmuster eines Objekts oder einer Lebensform zu verstärken und die Sicherheit der Besatzung zu gewährleisten.

Musterverstärker waren ein unverzichtbares Werkzeug für eine sichere Erhöhung der Transporterreichweite und -effizienz. Mit diesen Geräten verstärkte man das Molekularmuster eines Objekts oder einer Lebensform, damit der Transporter es leichter orten und besser erkennen konnte. Diese Instrumente wurden normalerweise nur bei Störungen benötigt, die von elektromagnetischen Abschirmungen oder natürlich auftretenden Phänomenen verursacht wurden.

LEBENSFEINDLICHE UMGEBUNGEN

Bei Musterverstärkern handelte es sich um tragbare Röhren, die ungefähr einen Meter hoch waren und meistens in Dreiergruppen eingesetzt wurden. Sie waren chromfarben und hatten eine durchsichtige Spitze, die aufleuchtete, wenn das Gerät aktiviert wurde. Wenn man einen Schalter in der Mittelsektion betätigte, fuhren an der Unterseite drei Beine aus, die dafür sorgten, dass das Gerät auch auf unebenem Gelände nicht umkippte.

KOMMUNIKATION

Das Instrument wurde aktiviert, indem man die Spitze und das schwarze Gehäuse darunter im Uhrzeigersinn drehte. Normalerweise wurden die Geräte in einem Abstand von rund sieben Metern in einem Dreieck aufgestellt. Die durchsichtige Spitze gab dann einen engen, blauen Energiestrahl ab, der von den anderen Instrumenten weitergeleitet wurde, bis alle drei miteinander verbunden waren.

Für den Transport bei Außeneinsätzen benutzte man ein aufklappbares, dreifach gefaltetes Gehäuse, das um den Mittelteil von jeweils drei Röhren gewickelt wurde. Der quadratische Koffer verfügte über einen Tragegriff und sein Inneres war gepolstert und an die Form der Verstärker angepasst, um sie vor Stößen zu schützen.

SICHERES REISEN

Musterverstärker stellten in Situationen, in denen eine Transporterortung nur schwer möglich war, eine wichtige Sicherheitsvorkehrung dar, mit der man das Transportersignal verstärken konnte. Vor ihrer Erfindung barg das Hochbeamen unter bestimmten planetaren Bedingungen potenziell tödliche Gefahren.

Unter normalen Bedingungen benötigten die Schiffstransporter keinen Empfänger oder Sender, um Besatzungsmitglieder an Orte ohne Transportertechnologie zu beamen.

Diese Spezialausrüstung wurde häufig verwendet, um durch elektromagnetische Stürme oder andere atmosphärische Phänomene entstehende Störungen auszugleichen und das Beamen durch eine Verstärkung des Transportersignals ungefährlicher zu gestalten. Rettungsteams, die in lebensfeindlichen Umgebungen eingesetzt wurden, hatten sie oft dabei.

Da diese Spezialausrüstung auch in kleinen Shuttles Platz finden musste, war sie leicht und einfach zu tragen.

Die Geräte ließen sich problemlos aufstellen. Sobald das letzte aktiviert worden war, verband sie ein blauer Energiestrahl. Die zu transportierende Masse befand sich innerhalb dieser Fläche und konnte sofort hochgebeamt werden.

Nach ihrem Einsatz ließ man die Geräte meist stehen, da ihre Bergung nur weitere Besatzungsmitglieder in Gefahr gebracht hätte.

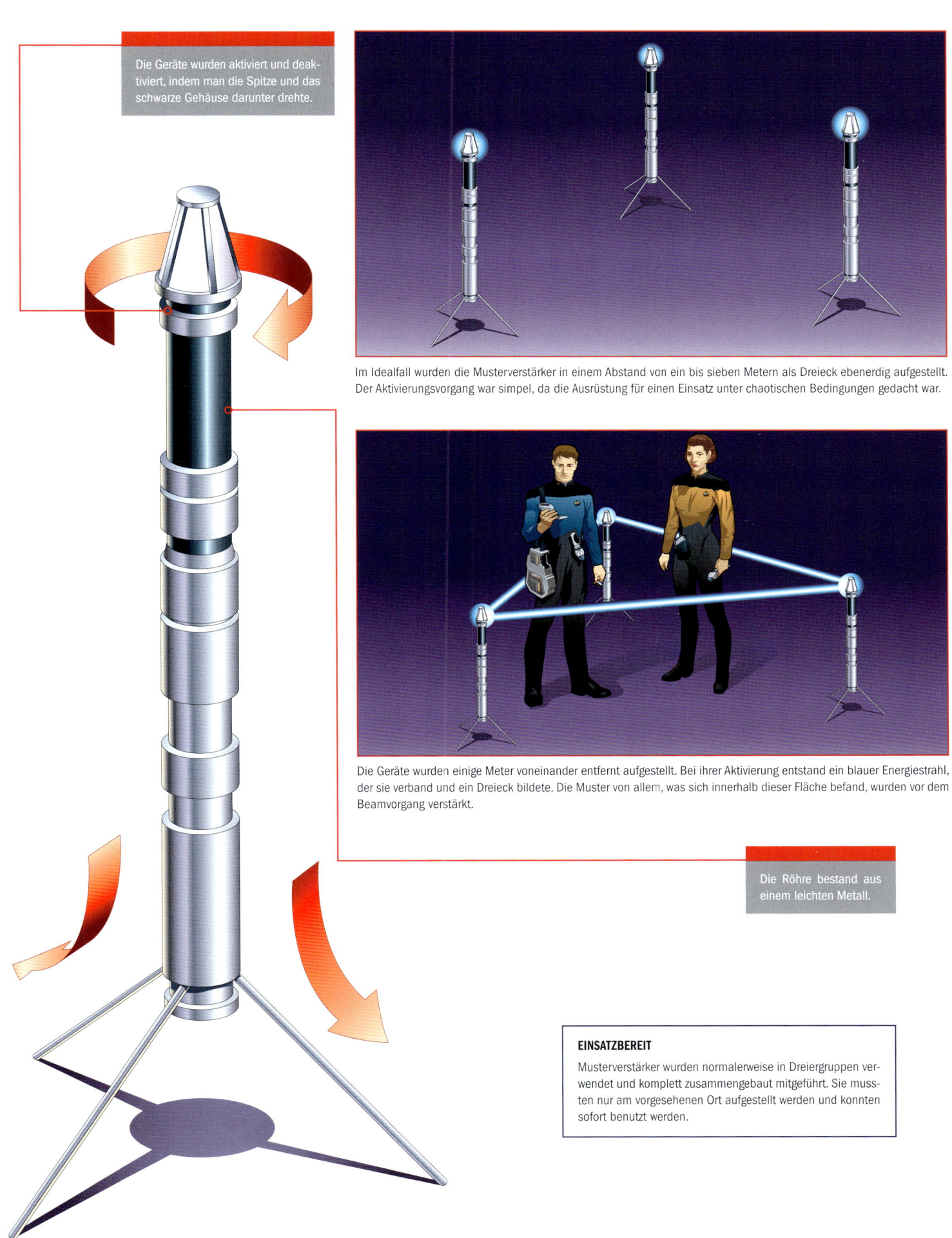

MUSTERVERSTÄRKER

Die Geräte wurden aktiviert und deaktiviert, indem man die Spitze und das schwarze Gehäuse darunter drehte.

Im Idealfall wurden die Musterverstärker in einem Abstand von ein bis sieben Metern als Dreieck ebenerdig aufgestellt. Der Aktivierungsvorgang war simpel, da die Ausrüstung für einen Einsatz unter chaotischen Bedingungen gedacht war.

Die Geräte wurden einige Meter voneinander entfernt aufgestellt. Bei ihrer Aktivierung entstand ein blauer Energiestrahl, der sie verband und ein Dreieck bildete. Die Muster von allem, was sich innerhalb dieser Fläche befand, wurden vor dem Beamvorgang verstärkt.

Die Röhre bestand aus einem leichten Metall.

EINSATZBEREIT

Musterverstärker wurden normalerweise in Dreiergruppen verwendet und komplett zusammengebaut mitgeführt. Sie mussten nur am vorgesehenen Ort aufgestellt werden und konnten sofort benutzt werden.

JEFFERIES-RÖHREN

> Der Zugang zu den vertikalen Röhren konnte aus Gründen der Sicherheit auf jedem Deck verschlossen werden.

> Türen innerhalb der Jefferies-Röhren konnten eingesetzt werden, um einzelne Sektionen des Netzwerks im Notfall zu versiegeln.

Das Netzwerk der Jefferies-Röhren – oder Zugangstunnel – auf der *U.S.S. Enterprise* NCC-1701-D erlaubte es dem Personal, durch das Schiff zu kriechen, um wichtige Wartungs- und Reparaturaufgaben zu erledigen.

Im 24. Jahrhundert hatten Raumschiffe oft die Größe von Städten und waren vollgepackt mit komplexen Systemen, die jederzeit schnell und einfach für Wartung, Reparaturen oder Upgrades erreicht werden mussten. Da jedoch niemand ungeschützte Leitungsbahnen und Kabel auf dem Schiff verlaufen sehen wollte, war es für die Mannschaft umso wichtiger, nicht immer gezwungen zu sein, große Bereiche der Wände oder Böden herauszunehmen, nur um einen kleinen Fehler zu korrigieren.

Einen willkommenen Kompromiss boten da die kleinen Zugangsschächte namens Jefferies-Röhren. Sie verliefen unsichtbar zwischen den Korridoren und Decks des Schiffs und ermöglichten einen einfachen Zugang zu den Komponenten verschiedener Systeme, die persönliche Tests, Wartung oder Reparatur benötigten.

ZUGANG ZU ALLEN BEREICHEN

Auf der *U.S.S. Enterprise* NCC-1701-D unterstützten die Röhren die Wartungsinfrastruktur. Sie beinhalteten die meisten Versorgungsleitungen und Wellenleiter, verliefen durch das gesamte Schiff und ermöglichten auf diese Weise einfachen Zugang zu allen Sektionen. In den Jefferies-Röhren befand sich außerdem eine Vielzahl an Wartungs- und Diagnosezugängen.

Bei einem Ausfall des Turboliftnetzwerks konnten die Jefferies-Röhren auch zur Fortbewegung durch das Schiff genutzt werden. Sie boten somit einen weiteren Zugang zu vielen wichtigen Bereichen und Decks.

ZUGANGSLUKEN

Die Jefferies-Röhren auf der *U.S.S. Enterprise* NCC-1701-D waren mit Zugangsluken ausgestattet, die jeweils eine Seriennummer, einen erklärenden Namen und manchmal einen Warnhinweis aufwiesen wie: »Warnung! Darf nur durch Fachpersonal geöffnet werden!« Die Komponenten hinter den Luken beinhalteten in der Regel isolineare optische Chips und verschiedene Schalttafeln.

Im Falle eines Feuers oder einer anderen Bedrohung konnten bestimmte Sektionen des Jefferies-Röhren-Netzwerks versiegelt werden, um weiteren Schaden abzuwenden.

RÜCKZUGSORT

Jefferies-Röhren wurden nicht immer nur zu dem Zweck verwendet, den die Designer im Sinn hatten. Captain Picard und Lieutenant Commander Nella Daren benutzten das Netzwerk, um gemeinsam zu musizieren, da dieser Ort auf dem Schiff ihrer Meinung nach die beste Akustik bot.

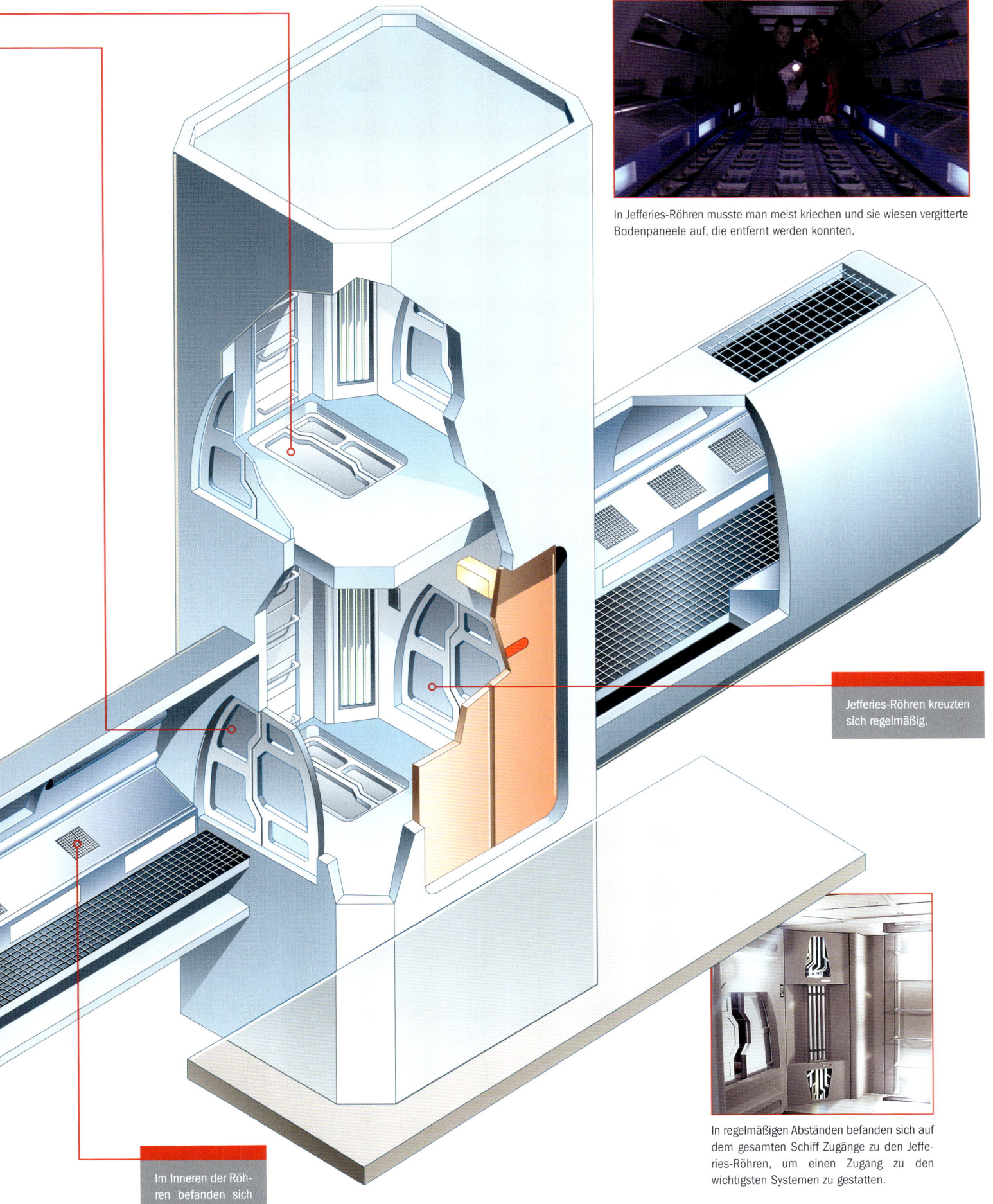

JEFFERIES-RÖHREN

In Jefferies-Röhren musste man meist kriechen und sie wiesen vergitterte Bodenpaneele auf, die entfernt werden konnten.

Jefferies-Röhren kreuzten sich regelmäßig.

In regelmäßigen Abständen befanden sich auf dem gesamten Schiff Zugänge zu den Jefferies-Röhren, um einen Zugang zu den wichtigsten Systemen zu gestatten.

Im Inneren der Röhren befanden sich Zugangsklappen.

FRACHTRÄUME

Die Frachträume stellten einen der größten Bereiche auf der U.S.S. Enterprise NCC-1701-D dar; viele nahmen zwei, der größte sogar drei Decks ein.

Die wichtigste Aufgabe der U.S.S. Enterprise NCC-1701-D war die Forschung, doch gab es dennoch viele Gelegenheiten, zu denen das Schiff bei anderen Aufgaben Unterstützung leisten musste, wie beispielsweise den Transport von wichtigen Medikamenten oder Notfallausrüstung, die Beförderung von nicht so kritischen Gütern oder die Evakuierung einer zivilen Population. Während solcher Missionen stellten sich die großen Frachtbereiche des Schiffs regelmäßig als unverzichtbar heraus.

FRACHTLUKEN

Übergroße Frachtstücke wurden meist durch sechs große Frachttore auf die Enterprise gebracht. Diese befanden sich am unteren Heckbereich, an der vorderen Unterseite der Antriebssektion und an der Unterseite der Untertassensektion. Die Tore führten in 18 Frachträume, die als Vorratsräume und Verteilerpunkte dienten.

Im Normalfall boten sie eine Atmosphäre und konnten somit von Lebewesen verwendet werden. Während des Ladevorgangs bewahrten Kraftfelder an den Frachtluken die atmosphärische Integrität. Bei Bedarf konnte in den Frachträumen aber, wie auch in den Shuttlehangars, ein Druckabfall herbeigeführt werden.

Zusätzlich zu den 18 Frachträumen mit externen Zugangstoren gab es auch noch ein Netzwerk aus kleineren Frachträumen, die sich auf das gesamte Schiff verteilten. Dorthin konnten ortsspezifische Materialien für längere Missionen gebracht werden.

In vielen Fällen wurde die Fracht zwischen den verschiedenen Frachtbereichen mithilfe von großen Turbolifts befördert, von denen zwei durch die gesamte Untertassensektion verliefen. Doch meist wurde die Fracht per Transporter in die kleineren Frachträume gebracht.

FRACHTTRANSPORTER

Manche Frachträume, die nicht mit externen Toren oder Frachtturbolifts ausgerüstet waren, verfügten über große Transporterplattformen. Die Materialien konnten direkt in den Frachtraum gebeamt und vom Computer überwacht werden.

Es gab vier Frachttransporter im Frachtbereich auf den Decks 4 und 5 und vier weitere Einheiten im Frachtbereich der Decks 33 bis 39. Diese liefen auf der geringsten Auflösungsstufe, auf einem nur für anorganisches Leben geeigneten molekularen Level. Sie konnte allerdings in Notfällen auch modifiziert werden, um Lebensformen zu transportieren.

INTERNES NETZWERK

Objekte, die besonders sorgfältig behandelt werden mussten, wie medizinische Vorräte oder empfindliche Instrumente, wurden in kleineren Frachträumen gelagert. Dies erleichterte die rasche Verteilung oder Montage durch die Besatzung mithilfe von Transportern oder Antigrav-Schlitten.

Frachträume konnten je nach den missionsspezifischen Anforderungen auch für eine Vielzahl anderer Zwecke genutzt werden. Wissenschaftliche Experimente, die mehr Platz benötigten, als ein Labor zu bieten hatte, konnten in leeren Frachträumen durchgeführt werden. Dazu gehörte zum Beispiel die Analyse von Wrackteilen abgestürzter oder geborgener Raumschiffe.

In einer Notsituation konnten die Frachträume zudem zu voll funktionsfähigen Notunterkünften für Flüchtlinge oder Opfer einer Katastrophe dienen. Zum Beispiel wurden dort im Jahr 2365 einige Kolonisten der Bringloidi mitsamt ihren Habseligkeiten untergebracht.

Manche Frachträume auf der Enterprise waren mit großen Transporterplattformen und eigenen Konsolen ausgestattet. Diese Transporter arbeiteten in der Regel mit einer niedrigeren Auflösung, konnten aber auch konfiguriert werden, um Lebewesen zu befördern.

Die Frachträume stellten den idealen Ort dar, um die Bringloidi unterzubringen, als man sie zu ihrem neuen Lebensraum beförderte.

Die Transporter der Frachträume waren normalerweise nur für den Transport von Materialien eingestellt und konnte Fracht direkt in die Lagerräume beamen.

FRACHTZENTRALE

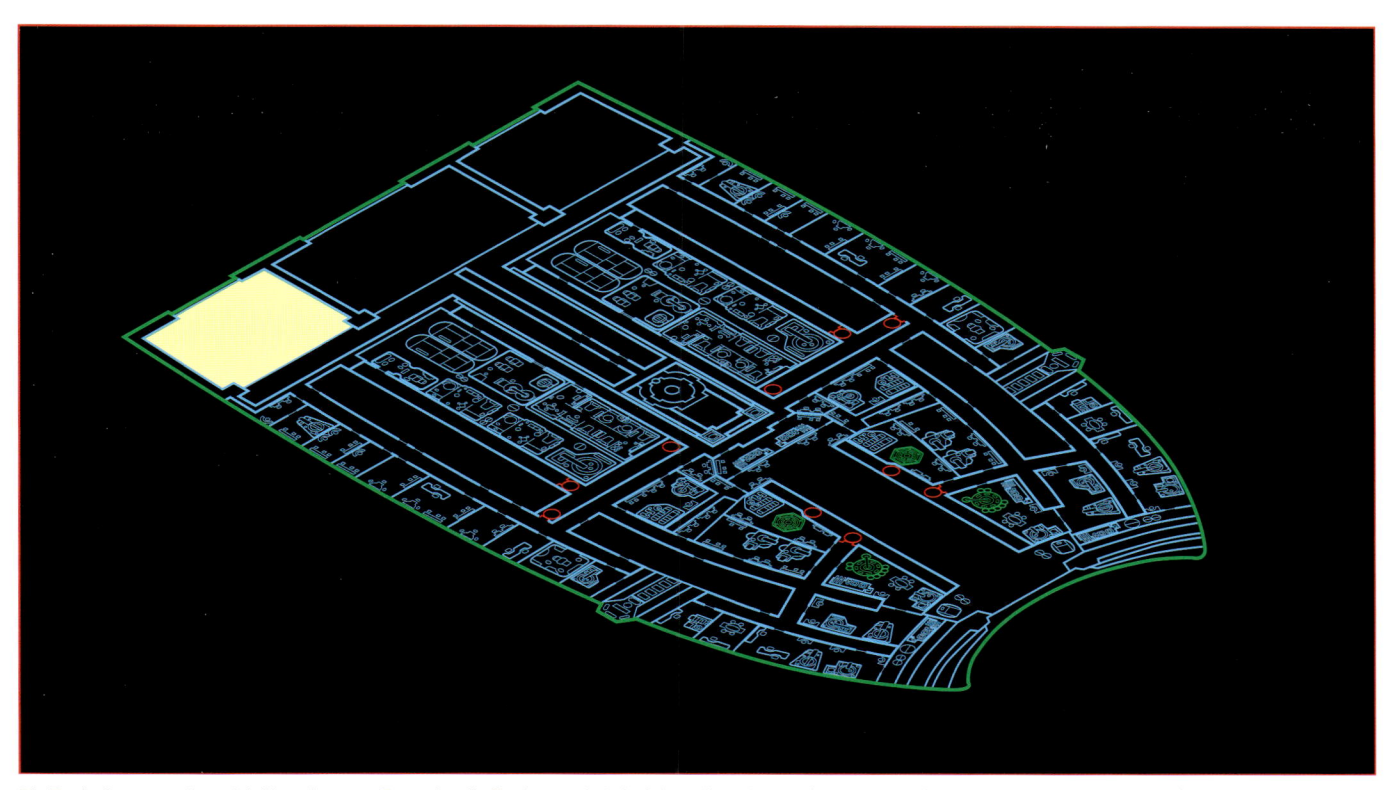

Die Frachträume verteilten sich über die ganze *Enterprise*, die Frachtzentrale jedoch hatte ihren Platz auf Deck 37 und 38 in der Antriebssektion. Die großen Frachträume in dieser Sektion nahmen die ganze Breite des Schiffs ein und reichten bis Deck 39.

ZUGANGSTORE

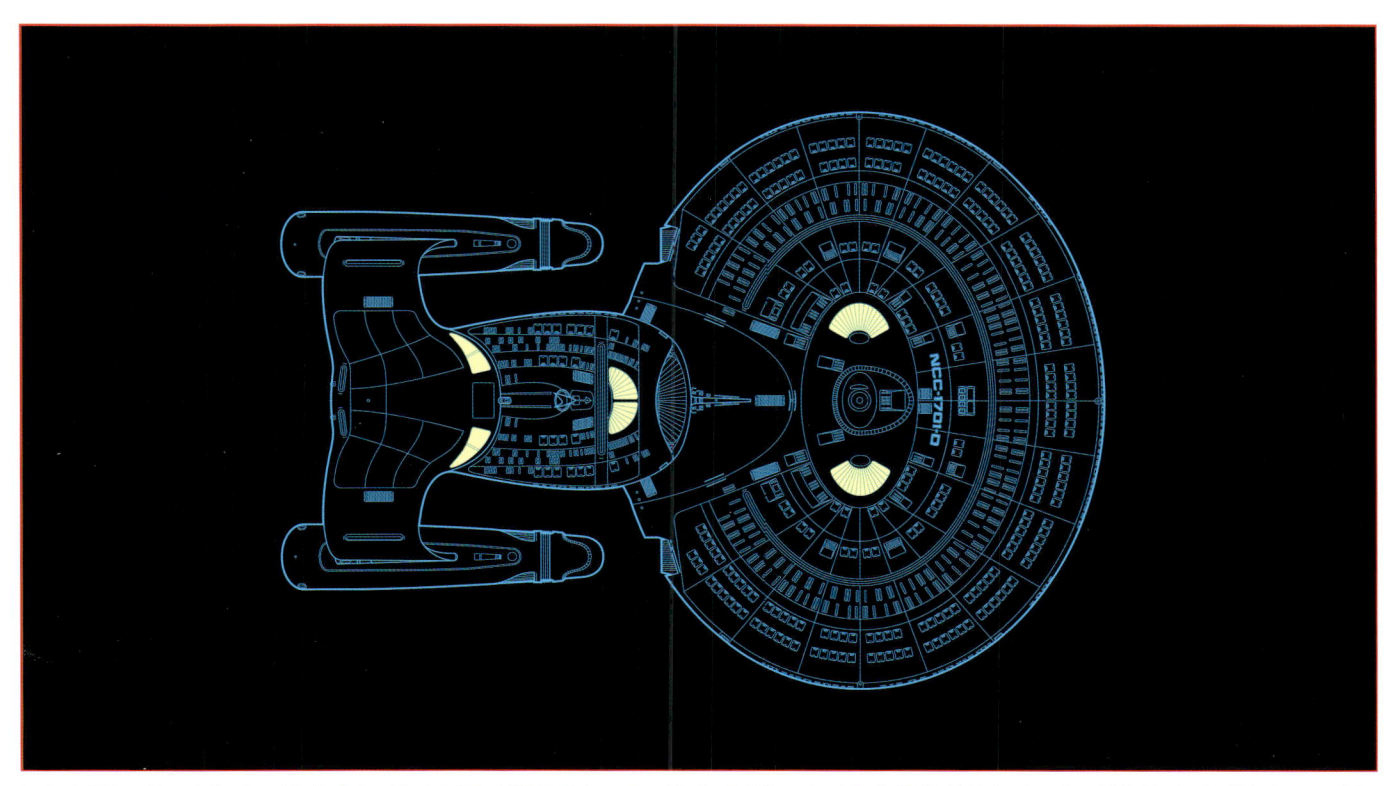

In der Antriebssektion befanden sich die Zugangstore auf Deck 39 im hinteren Bereich des Schiffs und auf Deck 40 direkt hinter dem Hauptdeflektor. In der Untertassensektion befanden sich die Haupttore auf Deck 15 zu beiden Seiten der Jacht des Captains, die sich ein Deck tiefer befand.

U.S.S. ENTERPRISE NCC-1701-D

Die Frachträume der Enterprise-D stellten multifunktionale Arbeitsbereiche dar, die für verschiedenartige Missionen konfiguriert werden konnten. Dazu gehörte natürlich auch die schlichte Lagerung, selbst von Gefahrenstoffen.

Die Tore wurden von Konsolen im Frachtraum aus gesteuert.

Fracht wurde in einer Vielzahl von Containern untergebracht, die jeweils für bestimmte Zwecke konzipiert waren, beispielsweise für die Lagerung von Gefahrenstoffen.

FRACHTRÄUME

Große Zugangstore erlaubten einen direkten Zugang vom Weltall aus.

Leitern im ganzen Raum ermöglichten den Zugang zu bereits verstauter Fracht.

127

HAUPT-SHUTTLEHANGAR

Shuttles stellten für Schiffe der *Galaxy*-Klasse eine essenzielle Ergänzung auf ihren meist langfristig angelegten Missionen dar. Der sich über zwei Decks erstreckende Hauptshuttlehangar 1 war dabei das Zentrum aller Shuttleoperationen.

Die Bedeutung von Shuttles als Hilfsmittel für größere Schiffe auf längeren Missionen wurde schon vor langer Zeit erkannt. Schiffe der *Galaxy*-Klasse verfügten daher über eine reiche Auswahl verschiedener Shuttles in drei speziell konstruierten Park- und Wartungsbereichen.

ZENTRALE EINRICHTUNG

Shuttlehangar 1, auf Deck 4 der Untertassensektion, war der größte Bereich für den Shuttlebetrieb.

Diese riesige Halle war für Unterbringung, Reparatur und Bau von mindestens sechs verschiedenen Shuttletypen vorgesehen und konnte über das Hauptturboliftnetzwerk leicht erreicht werden. Wie alle Shuttlehangars umfasste er zwei Ebenen, sodass die Shuttles gut starten und landen konnten, wenn sie durch das Außentor am hinteren Ende der Untertassensektion hinaus- beziehungsweise hineinflogen. Das Tor bestand aus einer starken, flexiblen Legierung und war in den oberen Teil des Torrahmens auf Deck 3 einziehbar. Der Druck im Hangar musste nicht auf null gesenkt werden, da sich beim Öffnen der Tore ein Kraftfeld aktivierte. So konnten Hangarbesatzung und Techniker weiterarbeiten, während Shuttles ein- und ausflogen.

Shuttles konnten an dafür vorgesehenen Plätzen auf dem glatten dunkelgrauen Boden abgestellt werden, der das Hauptdeck aller Shuttlehangars bildete. Breite weiße Linien zeigten an, wo ein Shuttle während der Startvorbereitungen stehen sollte. Ähnliche gelbe Markierungen fanden sich auf dem flachen Vorsprung, der sich von Deck 4 bis auf die Außenseite der Untertassensektion erstreckte. Diese bildeten eine deutlich sichtbare optische Hilfe für Shuttlepiloten, die sich näherten. Ein- und Abflug liefen normalerweise automatisch ab, aber in Notfällen waren diese Markierungen äußerst wichtig, um das Shuttle für eine sichere Landung in einem der drei Shuttlehangars auszurichten.

GETRENNTE SEKTIONEN

Schiffe der *Galaxy*-Klasse bestanden aus zwei separaten Sektionen, die im Normalbetrieb miteinander verbunden waren. Wurden aber die Untertassen- und Antriebssektion voneinander getrennt, verlor eine Hälfte des Schiffs den Zugang zum Shuttlehangar. Dem wirkte man entgegen, indem man die Shuttlehangars 2 und 3 nah beieinander im hinteren Teil der Antriebssektion auf Deck 13 unterbrachte. Auf Deck 14 befanden sich die Hauptreparatur- und Wartungseinrichtung genau unter diesen Zusatzhangars. Diese hatten zu beiden Seiten des Antriebsrumpfes ihre eigenen Zugangstore.

In den Schatten gestellt von Shuttlehangar 1, handelte es sich bei Shuttlehangar 2 um die kleinste Einrichtung dieser Art auf der *Enterprise*. Sein Lagerbereich war kleiner als der von Shuttlehangar 3 an der Steuerbordseite der Antriebssektion.

Unabhängig von seiner Größe verfügte jeder Shuttlehangar über eine eigene Betriebssteuerkabine auf dem oberen Deck. Von dort hatte man einen ausgezeichneten Blick auf den gesamten Bereich und konnte die Schiffe vor dem Start

Ein Kraftfeld wurde aktiviert, wenn die Tore des Shuttlehangars für den Ein- oder Ausflug eines Shuttles geöffnet wurden. Somit konnte das Personal seine Arbeit im Hangar fortsetzen. Die Start- und Landevorgänge der Shuttles waren voll automatisiert.

Start und Landung der Shuttles konnten von der Shuttlehangar-Betriebssteuerkabine oder von der Hauptbrücke aus überwacht werden. Die in das Hangarschott eingebaute Betriebssteuerkabine gewährte einen Ausblick auf den gesamten Bereich.

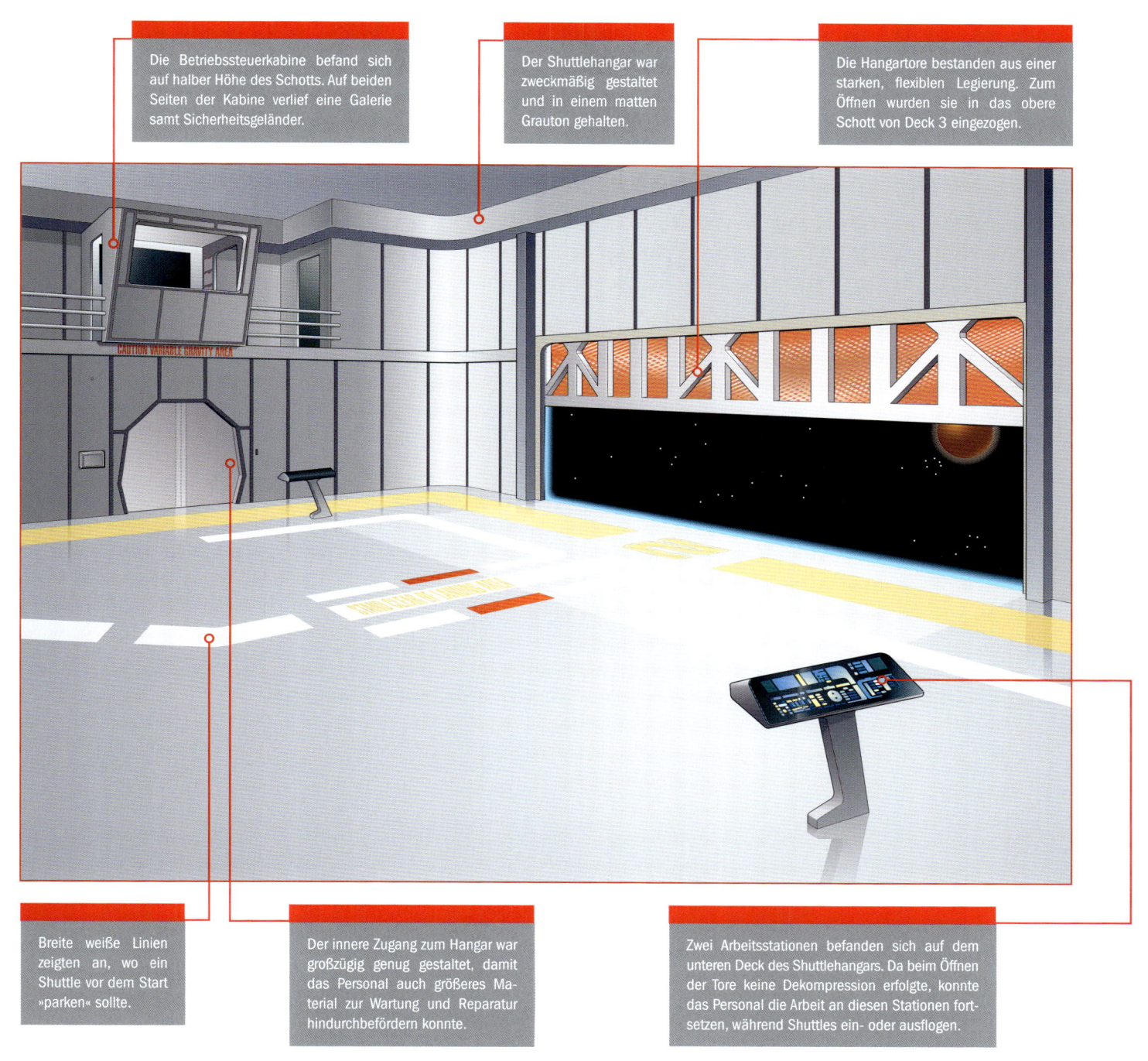

HAUPTSHUTTLEHANGAR

Die Betriebssteuerkabine befand sich auf halber Höhe des Schotts. Auf beiden Seiten der Kabine verlief eine Galerie samt Sicherheitsgeländer.

Der Shuttlehangar war zweckmäßig gestaltet und in einem matten Grauton gehalten.

Die Hangartore bestanden aus einer starken, flexiblen Legierung. Zum Öffnen wurden sie in das obere Schott von Deck 3 eingezogen.

Breite weiße Linien zeigten an, wo ein Shuttle vor dem Start »parken« sollte.

Der innere Zugang zum Hangar war großzügig genug gestaltet, damit das Personal auch größeres Material zur Wartung und Reparatur hindurchbefördern konnte.

Zwei Arbeitsstationen befanden sich auf dem unteren Deck des Shuttlehangars. Da beim Öffnen der Tore keine Dekompression erfolgte, konnte das Personal die Arbeit an diesen Stationen fortsetzen, während Shuttles ein- oder ausflogen.

überprüfen. Die Erlaubnis zu Startvorbereitungen oder zum Start selbst konnte von der Betriebssteuerkabine oder, wie in den meisten Fällen, von der Ops auf der Hauptbrücke aus erteilt werden. Auch der Status aller Shuttlehangars konnte von der Brücke aus überwacht werden. Dabei wurden unerlaubte Starts sofort entdeckt. Allerdings war eine Überbrückung aus dem Shuttlehangar von der Brücke meistens nicht umkehrbar.

DEKOMPRESSION

In Shuttlehangars herrschte viel Betrieb und sie waren für hohe Belastungen konstruiert. Zugang hatte man durch ein großes Tor mit Zweifachverriegelung. Die Schottwände bestanden aus hellgrauen, ineinandergreifenden Platten, die wie die Eingangstore besonders verstärkt waren, um einer zufälligen oder absichtlichen Dekompression des Shuttlehangars standzuhalten. Fielen die Schilde bei geöffneten Toren aus, konnte das katastrophale Folgen haben, wenn der Innenraum dem plötzlichen Druckverlust nicht standhalten könnte. Entsprechend musste der Bereich bei einer Dekompression die Integrität bewahren können. Die oberen Teile der Wände waren großflächig mit Warnungen beschriftet, die das Personal an die Gefahren der Dekompression erinnerten, auch wenn im Notfall der Hangar rasch evakuiert werden konnte. Die oberen Galerien der Shuttlehangars waren sehr schmal. Das auf diesen Ebenen arbeitende technische Personal wurde durch stabile Geländer geschützt. In der Rückwand der Betriebssteuerkabine, die sich in einem separaten Bereich befand, waren verschiedene Bildschirme und Kontrollen für die Kommunikation mit den Shuttles und der Hauptbrücke bei wichtigen Außenmissionen untergebracht.

SHUTTLEKAPSEL: TYP 15

Bei der Shuttlekapsel Typ 15 handelte es sich um ein simples Schiff, das für Kurzstreckenflüge gedacht war. Es hatte keinen Warpantrieb und war nur leicht bewaffnet. Das Shuttle verfügte jedoch über Sensorphalangen und konnte selbstständig navigieren.

Die *U.S.S. Enterprise* NCC-1701-D war mit Hilfsshuttles ausgerüstet. Zur Standardausstattung gehörten zehn Passagiershuttles, zehn Frachtshuttles und fünf Sondereinsatzshuttles. Die *Enterprise* hatte außerdem zwölf Shuttlekapseln für jeweils zwei Personen an Bord. Die Vorschriften der Sternenflotte verlangten, dass mindestens elf Shuttles stets einsatzbereit sein mussten.

Im normalen Flugbetrieb musste jederzeit gewährleistet sein, dass ein normales Shuttle und eine Shuttlekapsel innerhalb von fünf Minuten in Startbereitschaft versetzt werden konnten. Vier weitere Shuttles waren auf Stand-by und konnten innerhalb von 30 Minuten gestartet werden. Hinzu kamen sechs Shuttles, die nach maximal 12 Stunden startbereit waren. Die Regeln für die Alarmstufe Rot erforderten, dass zwei zusätzliche Shuttles in den dringenden Bereitschaftsmodus versetzt und alle verbleibenden einsatzbereiten Shuttles in Stand-by versetzt wurden.

Die Shuttlekapsel vom Typ 15 konnte nur zwei Besatzungsmitglieder aufnehmen, einen Piloten und einen Flugingenieur, und wurde oft von nur einer Person benutzt. Aufgrund ihrer geringen Größe wurde sie als Shuttlekapsel bezeichnet, im Gegensatz zu den Shuttles vom Typ 6 und Typ 7.

Die Shuttlekapseln vom Typ 15, die auf der *U.S.S. Enterprise* NCC-1701-D der *Galaxy*-Klasse untergebracht waren, wurden in der Konstruktionsanlage von Sternenbasis 134 auf Rigel VI gefertigt. Der Typ 15 hatte keinen Warpantrieb und wurde normalerweise nur bei kurzen Erkundungsmissionen eingesetzt oder zum Personentransport auf eine Planetenoberfläche, wenn der Transporter nicht verwendet werden konnte, zum Beispiel bei elektromagnetischen Stürmen oder hyperonischer Strahlung.

Die Shuttlekapseln wurden auch für den Transport von instabilen Materialien wie Hytritium verwendet, die man nicht gefahrlos befördern konnte. Achtern befand sich ein kleiner Stauraum für solche Missionen.

Die Standardversion des Typs 15 verfügte über zwei 500-Millicochrane-Impulsantriebe und war auf eine primäre Deuterium-Versorgung und drei Sarium-Krellid-Speicherzellen angewiesen.

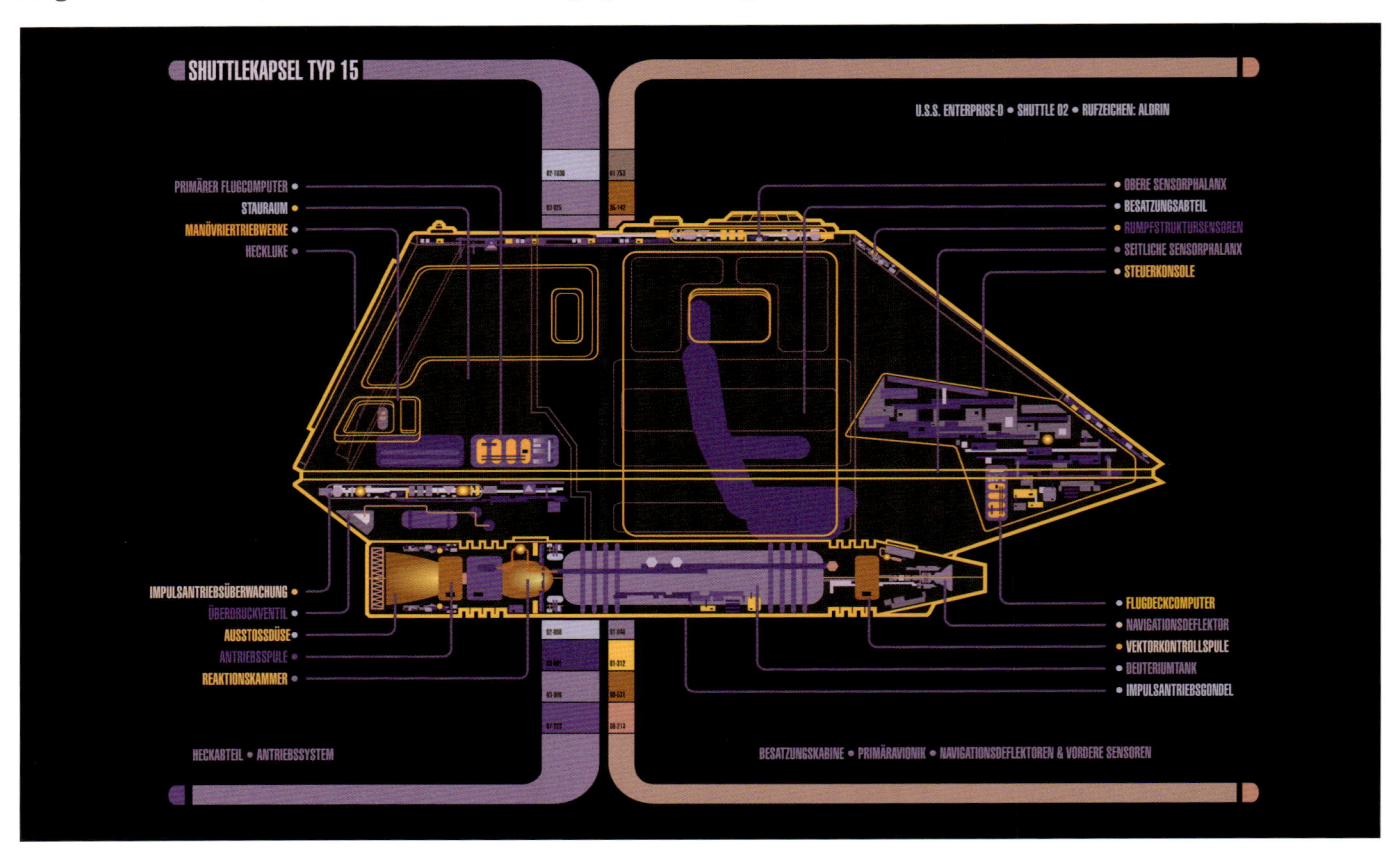

SHUTTLEKAPSEL TYP 15

AUFSICHT

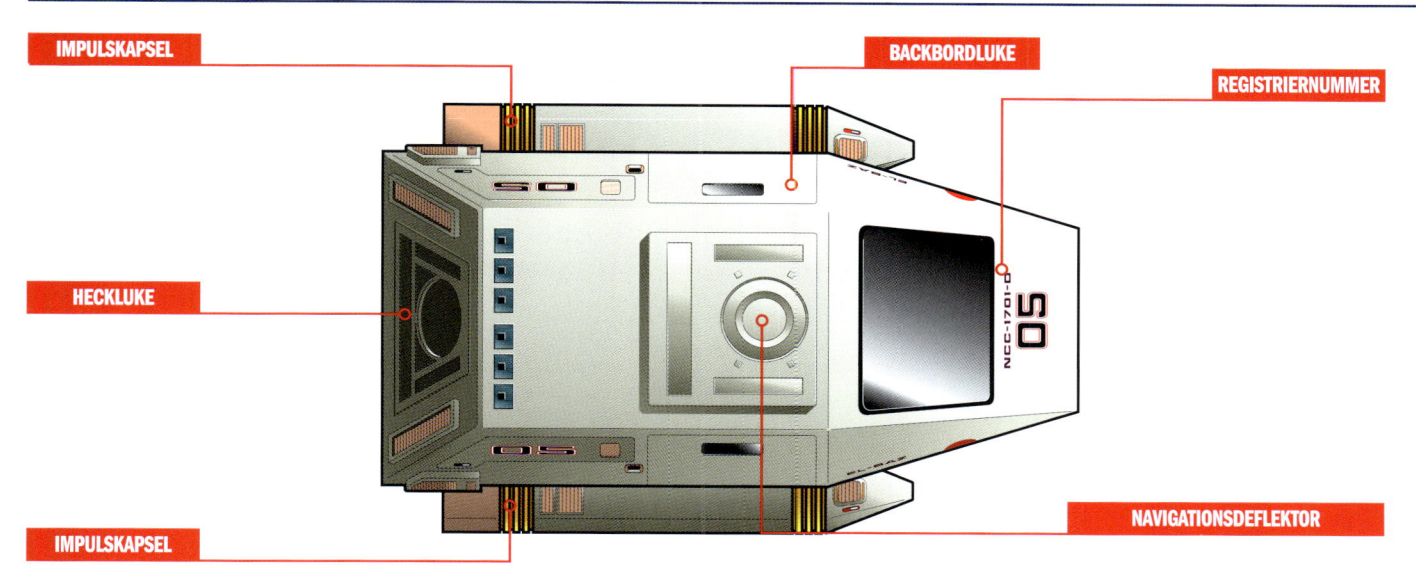

- IMPULSKAPSEL
- BACKBORDLUKE
- REGISTRIERNUMMER
- HECKLUKE
- IMPULSKAPSEL
- NAVIGATIONSDEFLEKTOR

STEUERBORDANSICHT

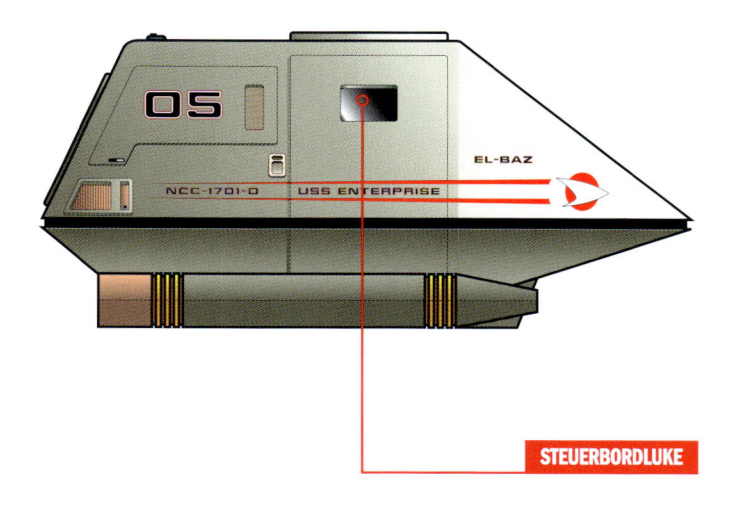

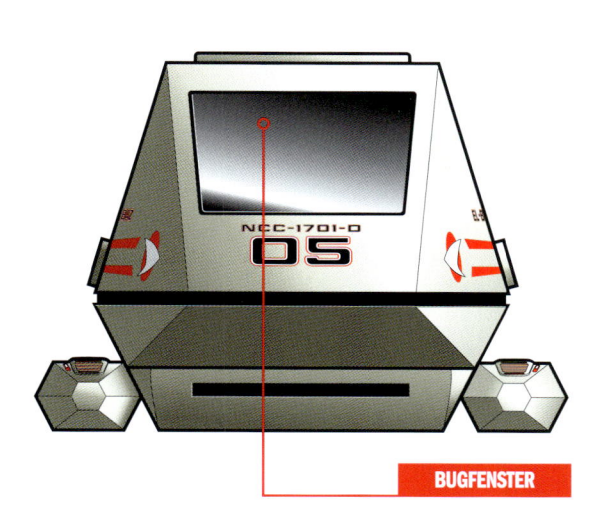

- STEUERBORDLUKE

FRONTANSICHT

- BUGFENSTER

SPEZIFIKATIONEN FÜR DIE SHUTTLEKAPSEL TYP 15

HERSTELLER:	Konstruktionsanlage von Sternenbasis 134 auf Rigel VI
TYP:	Leichte, unterlichtschnelle Kurzstreckenshuttlekapsel
L/B/H/G:	Länge: 3,6 m, Breite: 2,4 m, Höhe: 1,6 m, Gewicht: 0,86 Tonnen
BESATZUNG:	Zwei
BEWAFFNUNG:	Zwei Phaseremitter vom Typ 4
ENERGIEVERSORGUNG:	Zwei 500-Millicochrane-Impulsantriebe, acht DeFI-657-Heißgas-Manövriertriebwerke, drei Sarium-Krellid-Speicherzellen
LEISTUNG:	Maximum Delta v: 12.800 m/s

SHUTTLE TYP 6

Das Shuttle vom Typ 6 gehörte zu den Hilfsschiffen der *Enterprise*-D. Es handelte sich bei ihm um ein multifunktionelles Schiff, das Passagiere und Fracht befördern konnte.

Die Goddard, ein Shuttle vom Typ 6, war mit Verteidigungsschilden und leichten Waffen, zu denen auch Phaser und Torpedos gehörten, ausgestattet.

Das Shuttle vom Typ 6 lief unter der Bezeichnung Personalshuttle und war exakt sechs Meter lang. Das Innere bestand aus einem einzelnen Abteil, das fast die gesamte Länge des Shuttles einnahm und das man vom Heck her betrat, wobei die gesamte Rückwand als Rampe nach unten geklappt wurde. Schiffe der *Galaxy*-Klasse hatten normalerweise fünf solcher Shuttles an Bord; während der siebenjährigen Dienstzeit der *Enterprise*-D gab es dort unter anderem die *Curie*, die *Fermi*, die *Justman*, die *Magellan* und die *Goddard*. Letzteres Shuttle bekam Captain Montgomery Scott, der zwar eingestand, dass es langsam war, aber ihm gleichzeitig einen gewissen Charme zusprach.

Bei der Standardausführung dieses Shuttletyps handelte es sich um ein warpfähiges Kurzstreckenschiff, das 48 Stunden lang mit Warp 1,2 oder 36 Stunden lang mit Warp 2 fliegen konnte. Im Bedarfsfall konnte es nachgerüstet werden, sodass es in der Lage war, 14 Tage lang eine Geschwindigkeit von Warp 5 aufrechtzuerhalten.

Fast alle Shuttlesysteme waren im Rumpf rund um die Kabine angebracht. Die Basiskonfiguration des Typs 6 wurde von zwei 1.250-Millicochrane-Fusionsreaktoren betrieben, die durch eine Plasmaerhitzung Warpgeschwindigkeiten erreichten. Die Fusionsreaktoren versorgten auch die Impulssysteme mit Energie. Diese bestanden aus zwei Impulsantriebsspulen und Ausstoßdüsen, die am Heck des Shuttles an beiden Seiten angebracht waren und durch ein Gitter rechts und links der Heckluke gesehen werden konnten.

Beim Typ 6 kamen zwölf DeFl-3234-Mikrofusions-Manövriertriebwerke zum Einsatz. Im Gegensatz zur *Enterprise-D* war der Typ 6 zum Eintritt in eine Planetenoberfläche und zur Landung auf dessen Oberfläche geeignet, da er mit einer atmosphärischen Luftschleuse und Schwebefeld-Antigravs ausgestattet war, die nur innerhalb einer Planetenatmosphäre benutzt werden konnten.

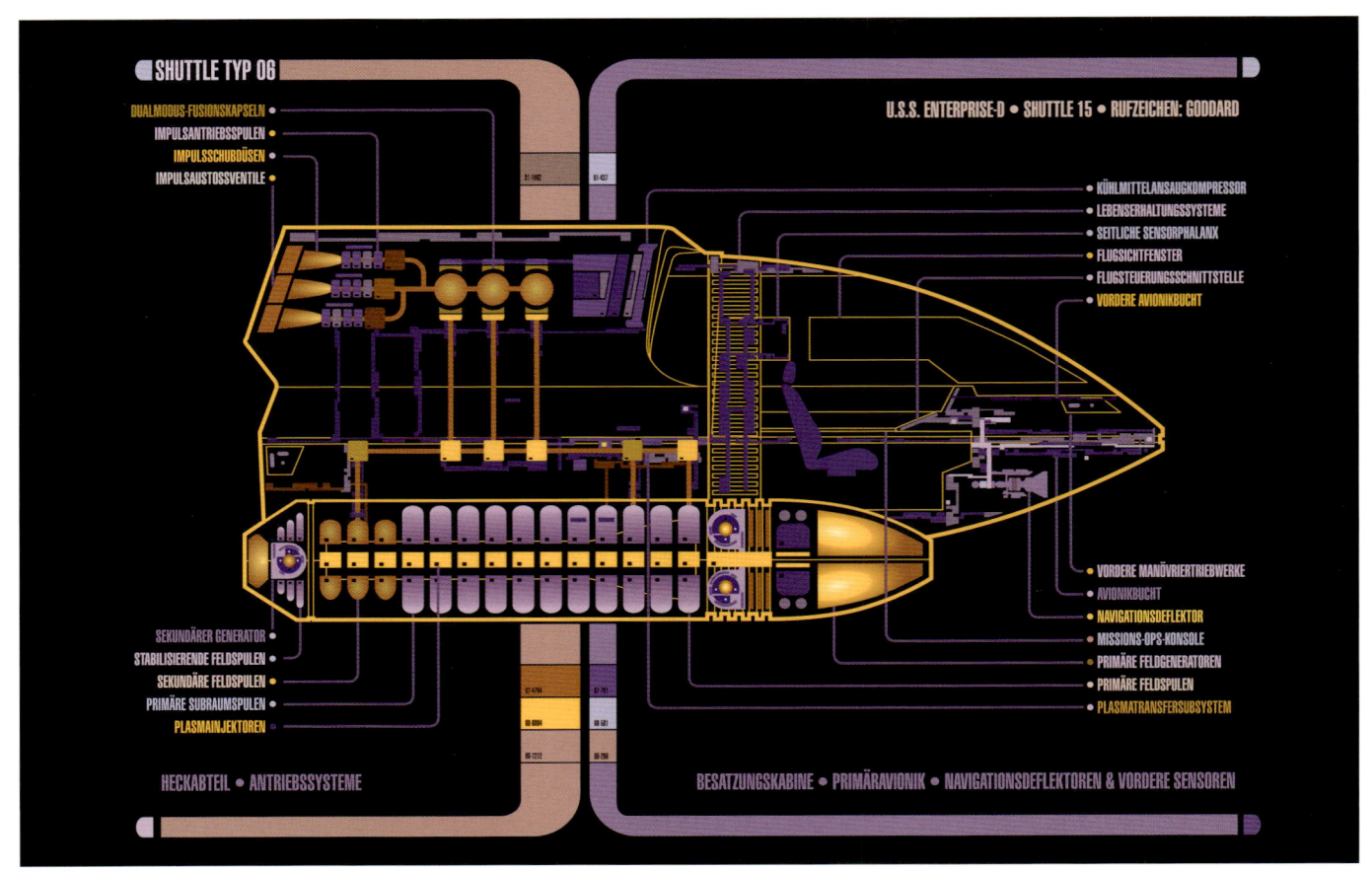

STEUERBORDANSICHT

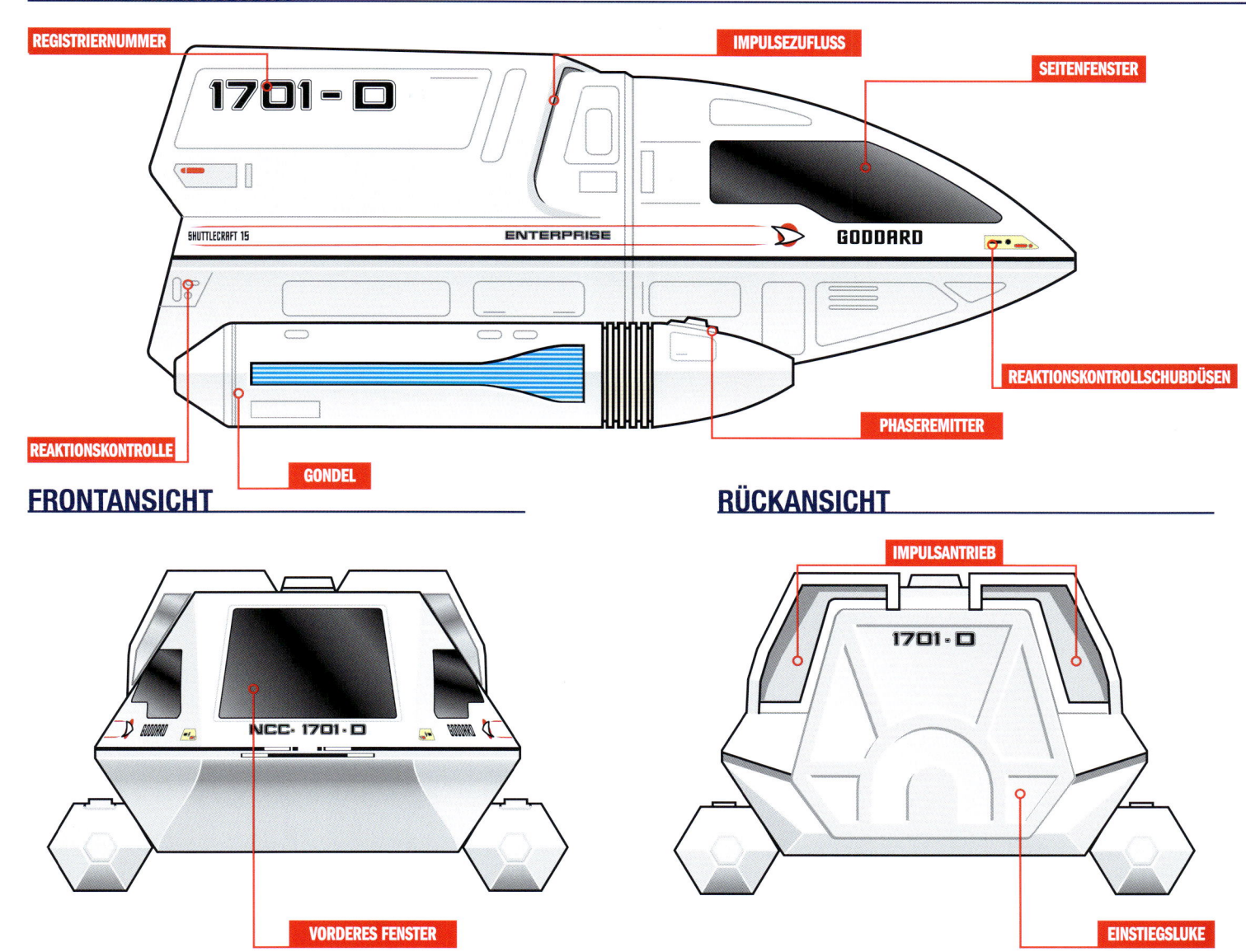

- REGISTRIERNUMMER
- IMPULSEZUFLUSS
- SEITENFENSTER
- REAKTIONSKONTROLLSCHUBDÜSEN
- PHASEREMITTER
- GONDEL
- REAKTIONSKONTROLLE

FRONTANSICHT

- VORDERES FENSTER

RÜCKANSICHT

- IMPULSANTRIEB
- EINSTIEGSLUKE

SPEZIFIKATIONEN FÜR DAS SHUTTLE TYP 6

HERSTELLER:	Konstruktionsanlage Utopia-Planitia-Flottenwerft, Mars
TYP:	Leichtes, warpfähiges Kurzstrecken-Shuttle
L/B/H/G:	Länge: 6 m, Breite: 4,4 m, Höhe: 2,7 m, Gewicht: 3,38 Tonnen
BESATZUNG:	Zwei, plus sechs Passagiere (normaler Einsatz) oder zwei (diplomatischer Einsatz)
BEWAFFNUNG:	Keine (Standardversion), zwei Phaseremitter vom Typ 4 (Sondereinsätze)
ENERGIE-VERSORGUNG:	Zwei 1.250-Millicochrane-Warptriebwerke, zwölf DeFI-3234-Mikrofusions-Manövriertriebwerke (Standardmodell), zwei 2.100-Millicochrane-Warptriebwerke (nachgerüstete Version)
LEISTUNG:	Warp 1,2 für 48 Stunden (Standardmodell), Warp 2 für 36 Stunden (nachgerüstete Version)

SHUTTLE TYP 7

Das Standardmodell des Shuttles vom Typ 7 wurde an Bord der *Enterprise* hauptsächlich zur Beförderung von Besatzungsmitgliedern verwendet. Es konnte bei den Missionen des Raumschiffs jedoch vielseitig eingesetzt werden.

Ein Shuttle vom Typ 7 fliegt durch das Kraftfeld, das den Luftdruck im Schiff aufrechterhält.

Das Personalshuttle vom Typ 7 wurde im 24. Jahrhundert konstruiert. Hergestellt wurde es in der Utopia-Planitia-Flottenwerft über dem Mars. Es war für viele unterschiedliche Missionsarten vorgesehen, unter anderem für die Aufklärung und für wissenschaftliche Untersuchungen. Es konnte in eine Planetenatmosphäre eintreten, wenn die Transporter nicht funktionierten, und wurde oft für planetare Erkundungen und Suchmissionen verwendet. Der Typ 7 war in erster Linie für kurze und mittellange Flüge gedacht und konnte mit drei verschiedenen Antriebsspezifikationen ausgestattet werden. Alle verfügten über einen Impulsantrieb, der sich im Heck des Schiffs befand.

Die Standardkonfiguration verfügte über zwei 1.250-Millicochrane-Warptriebwerke, die 48 Stunden lang eine Geschwindigkeit von Warp 1,75 aufrechterhalten konnten. In einigen Shuttles wurden zwei 2.100-Millicochrane-Warptriebwerke nachgerüstet, mit denen man 36 Stunden lang mit Warp 2 fliegen konnte. Einige wenige Shuttles dieses Typs verfügten nur über Impulstriebwerke und waren daher nicht für interstellare Reisen geeignet.

Die Shuttles vom Typ 7 waren nicht für einen möglichen Feindkontakt vorgesehen und hatten normalerweise keine Waffen an Bord. Allerdings konnte man sie bei Sondereinsätzen mit zwei Phaseremittern vom Typ 4 bestücken. Außerdem verfügte das Schiff nur über schwache Deflektorschilde. Sensorsysteme ermöglichen den Einsatz von Kurzstreckenscans, bei denen das passive hochauflösende Band, das elektromagnetische Spektrum, der Neutronendensitometer und die Positronenemissionen abgefragt wurden.

Man betrat das Shuttle durch eine Heckluke und fand sich in einem Inneren wieder, dessen Cockpit und Heckabteil stark an das des Typs 6 erinnerte. Man konnte die beiden Bereiche durch die Aktivierung einer Tür voneinander trennen. Die Standardkonfiguration bot im hinteren Abteil sechs Passagieren Platz, die auf seitlich angebrachten Bänken saßen.

Das Shuttle war extrem wendig und konnte eigenständig vom Schiff starten. Bei seiner Rückkehr wurden jedoch Traktorstrahlen eingesetzt, die es sicher in den Shuttlehangar leiteten.

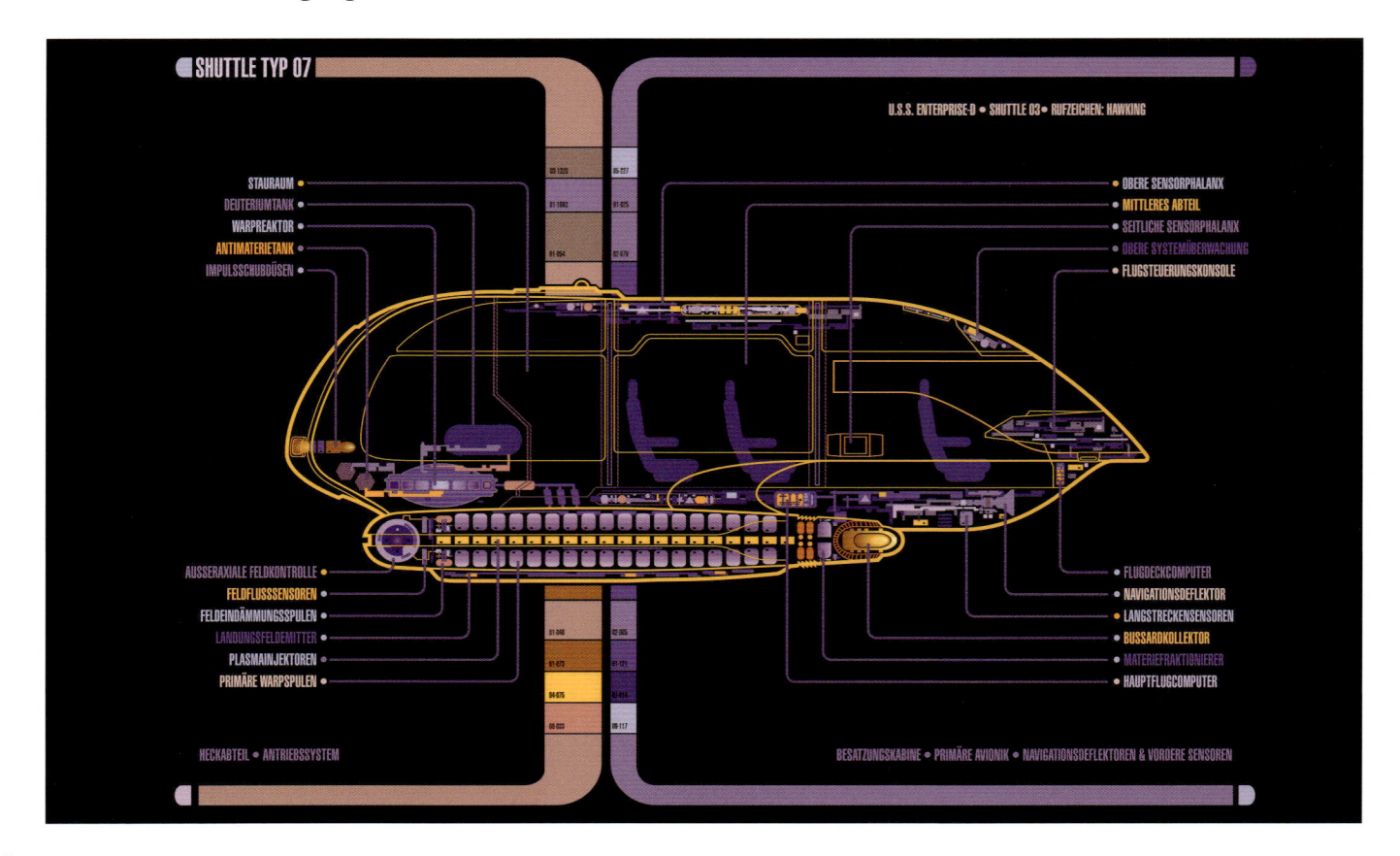

STEUERBORDANSICHT

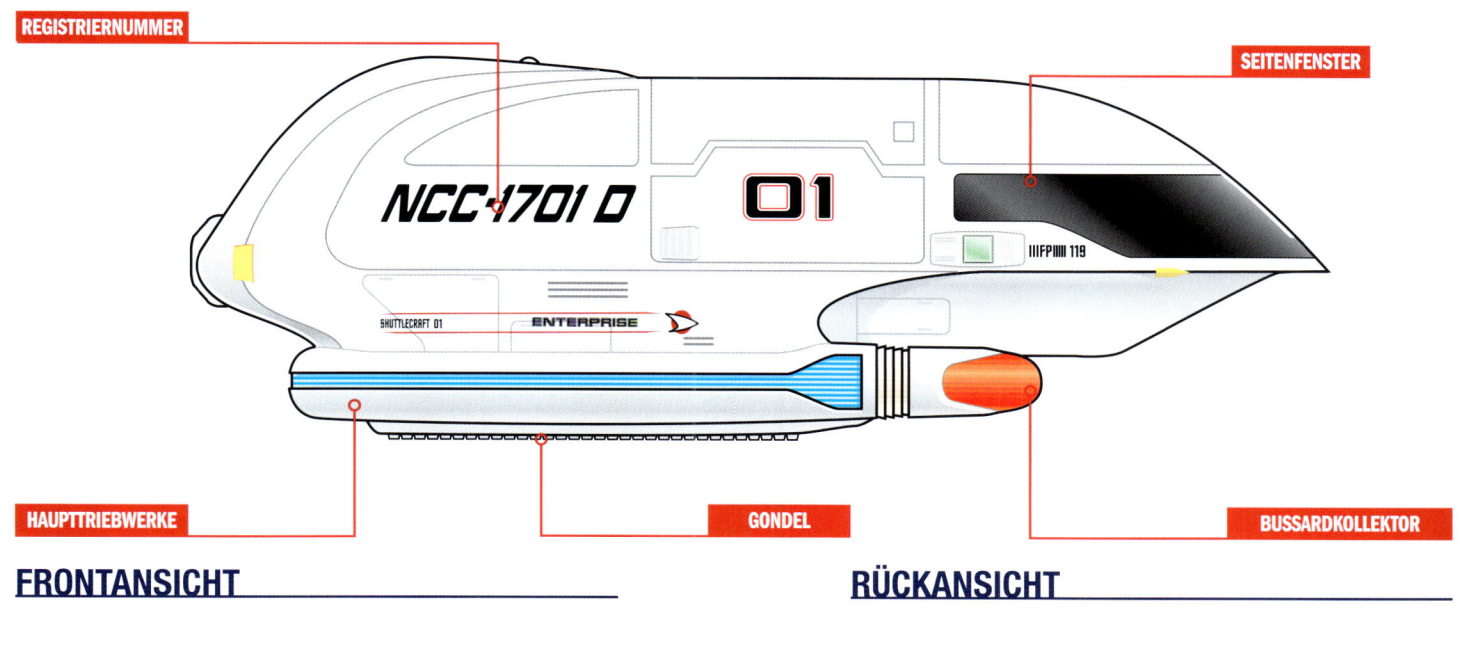

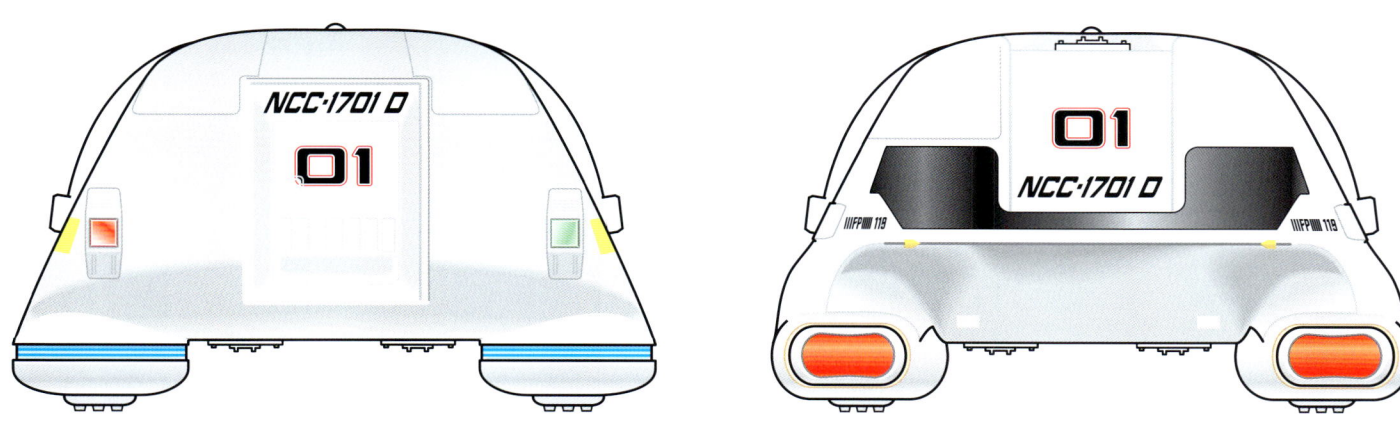

- REGISTRIERNUMMER
- SEITENFENSTER
- HAUPTTRIEBWERKE
- GONDEL
- BUSSARDKOLLEKTOR

FRONTANSICHT

RÜCKANSICHT

SPEZIFIKATIONEN FÜR DAS SHUTTLE TYP 7

HERSTELLER:	Konstruktionsanlage Utopia-Planitia-Flottenwerft, Mars
TYP:	warpfähiges Kurz- und Mittelstreckenshuttle
L/B/H/G:	Länge: 8,5 m, Breite: 3,6 m, Höhe: 2,7 m, Gewicht: 3,96 Tonnen
BESATZUNG:	Zwei, plus sechs Passagiere (normaler Einsatz) oder zwei (diplomatischer Einsatz)
BEWAFFNUNG:	Keine (Standardversion), zwei Phaseremitter vom Typ 5 (Sondereinsätze)
ENERGIE-VERSORGUNG:	Zwei 1.250-Millicochrane-Warptriebwerke, zwölf DeFl-3234-Mikrofusions-Manövriertriebwerke (Standardmodell), zwei 2.100-Millicochrane-Warptriebwerke (nachgerüstete Version)
LEISTUNG:	Warp 1,75 für 48 Stunden (Standardmodell), Warp 2 für 36 Stunden (nachgerüstete Version)

RETTUNGS-KAPSEL

Die autonomen Rettungs- und Bergungsschiffe, die auf der *U.S.S. Enterprise* NCC-1701-D verwendet wurden, waren auf dem neuesten Stand der Rettungsboottechnik.

Die *U.S.S. Enterprise* NCC-1701-D der *Galaxy*-Klasse war mit kleinen, abwurffähigen Raumkapseln ausgestattet, die die Besatzung im Katastrophenfall in Sicherheit bringen sollten. Diese Rettungsboote befanden sich an verschiedenen Stellen der Primär- und Sekundärhülle und sollten das Überleben der Besatzung kurzzeitig gewährleisten.

Die Rettungskapsel maß 4 x 4 x 4 Meter und hatte die Form eines angeschnittenen Würfels. Das Gesamtgewicht betrug 2,53 Tonnen. Die innere Rahmenstruktur basierte auf einer standardmäßigen Balken- und Strebenanordnung, die aus gammageschweißtem Tritanium und Frumium-Monocarbonit bestand. Der Rahmen war überzogen mit monokristallinem, mikrogewalztem Tritanium und versehen mit Durchführungen für die Versorgungsleitungen, die konformen Emitter und die mit Hafniumkobarat dotierten Sensoren, die beim Atmosphäreneintritt die Temperatur passiv regelten.

ANTRIEBSSYSTEME

Das Rettungsboot verfügte über drei verschiedene Antriebsarten: den Abwurfinitiator, das Hauptimpulstriebwerk und das Reaktionskontrollsystem. Beim Abwurfinitiator handelte es sich um ein gepuffertes Mikrofusionsgerät mit einem einzelnen Impulsgeber, der das Rettungsboot durch den Startkanal und weg vom Schiff trieb. Die Energie der Fusionsreaktion wurde auch genutzt, um den Schwerkraftgenerator zu aktivieren und das Trägheitsdämpfungsfeld des Rettungsboots in Gang zu setzen, das die Besatzung vor den Beschleunigungskräften schützte. Das Hauptimpulstriebwerk, ein Mikrofusionssystem mit geringer Leistung, das für alle primären Manöver des Raumschiffs verwendet wurde, war auf einen Schub von 3.575 Kilogramm für maximal fünf Sekunden ausgelegt, der auf 90 Kilogramm heruntergedrosselt werden konnte. 238 Kilogramm Deuterium-Treibstoff lieferten die dafür notwendige Energie. Mit den kleinen Manövriertriebwerken, die sich in den Ecken der Kapsel befanden, wurden die Höhe, die Parallelverschiebungen und weitere Manöver während der Planetenlandung gesteuert.

Die Lebenserhaltung an Bord der Kapsel wurde durch ein automatisches System gesteuert. Mit ihm ließen sich die atmosphärische Zusammensetzung, der Druck, die Luftfeuchtigkeit und die Temperatur komplett regeln. Lebensmittel- und Wasservorräte sowie leichte Umweltanzüge und tragbare Überlebenspakete für Einsätze auf dem Planeten wurden in den Schotten verstaut. Es gab Sitzplätze für sechs Personen, aber das Rettungsboot konnte bis zu neun Personen aufnehmen, wenn es sich bei den zusätzlich Evakuierten um kleine Kinder handelte, die auf dem Schoß von Erwachsenen saßen, oder wenn Erwachsene sich so auf dem Boden platzierten, dass das Trägheitsdämpfungsfeld sie schützen konnte. Ein Abfallentsorgungssystem war ebenfalls integriert.

BESATZUNGSUNTERBRINGUNG

Man konnte mit einem der LCARS-Terminals, die es an verschiedenen Stellen des Innenraums gab, die Kontrolle über das Rettungsboot übernehmen oder von Sitzen auf die größeren, an den Wänden angebrachten Bildschirme zugreifen. Bei der Flucht vom Raumschiff war die Sitzverteilung des Personals unerheblich, da die Startsequenz vom Computer automatisch ausgelöst wurde, sobald er erkannte, dass die Luken geschlossen waren und alle Evakuierten ihre Plätze eingenommen hatten. Wenn die Kapsel in Sicherheit war, konnte das höchstrangige Besatzungsmitglied auf einem der Kommandositze Platz nehmen und die weitere Steuerung übernehmen.

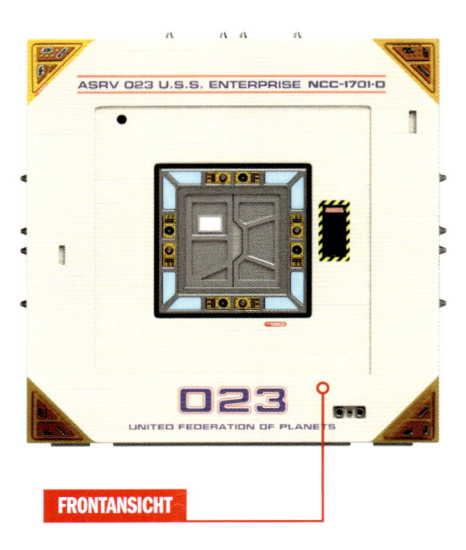

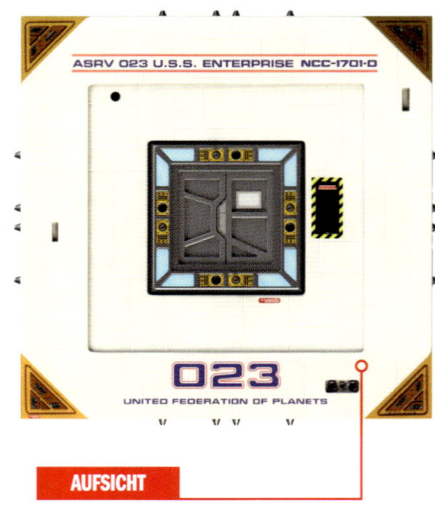

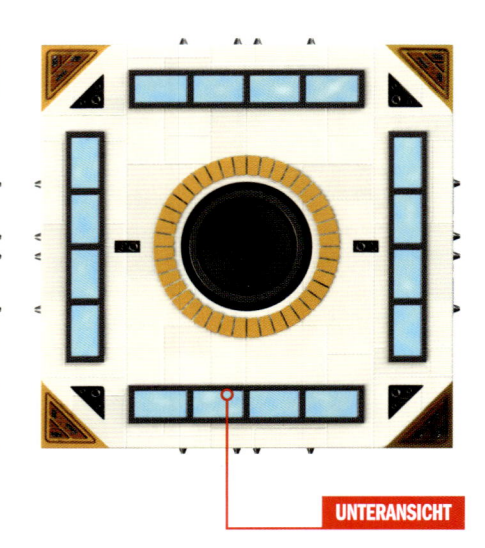

FRONTANSICHT

AUFSICHT

UNTERANSICHT

RETTUNGSKAPSEL

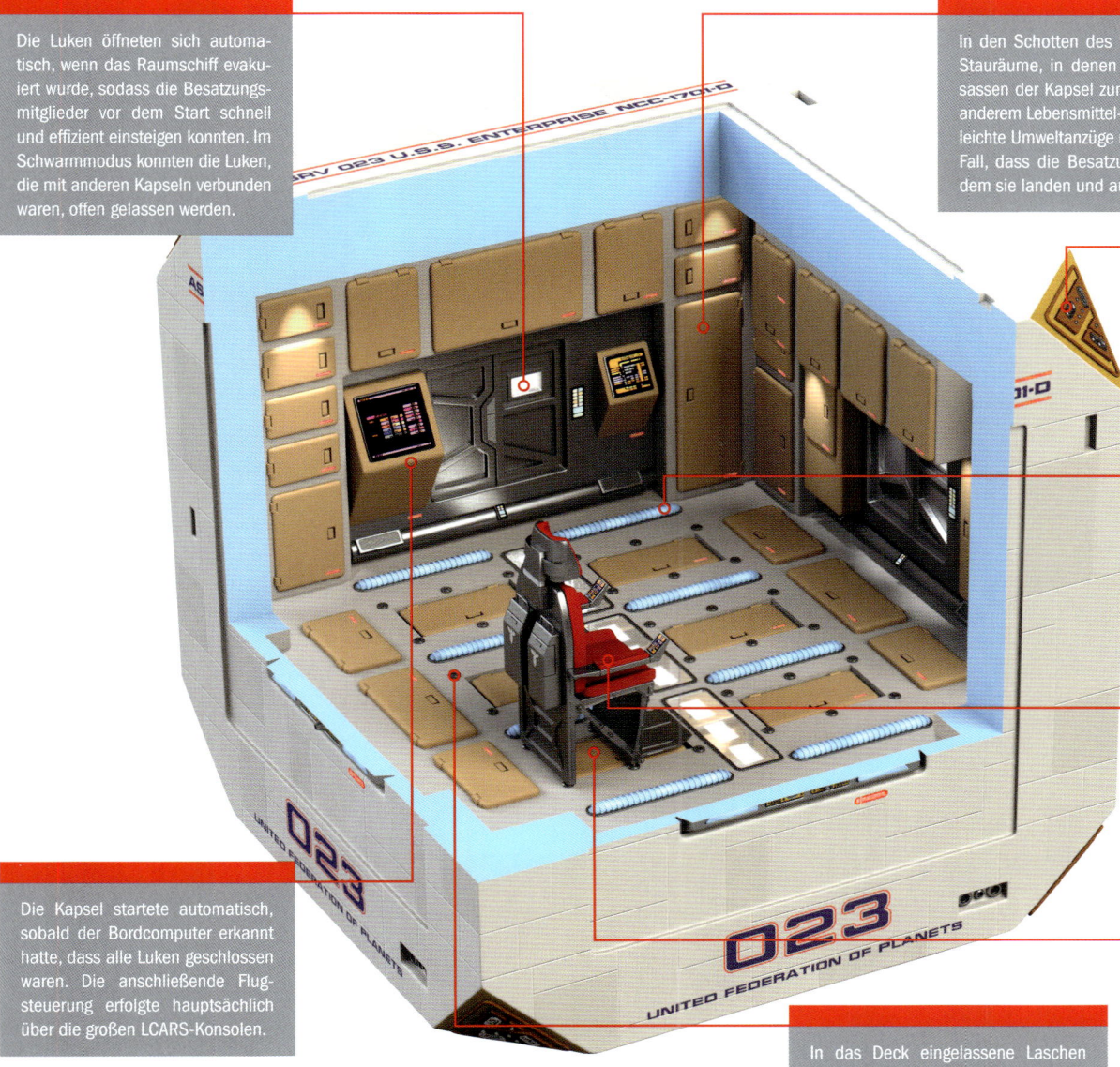

Die Luken öffneten sich automatisch, wenn das Raumschiff evakuiert wurde, sodass die Besatzungsmitglieder vor dem Start schnell und effizient einsteigen konnten. Im Schwarmmodus konnten die Luken, die mit anderen Kapseln verbunden waren, offen gelassen werden.

In den Schotten des Rettungsboots befanden sich Stauräume, in denen man alles fand, was die Insassen der Kapsel zum Überleben brauchten, unter anderem Lebensmittel- und Wasservorräte, aber auch leichte Umweltanzüge und Überlebenspakete für den Fall, dass die Besatzung einen Planeten fand, auf dem sie landen und auf ihre Rettung warten konnte.

In den Ecken der Kapsel waren Manövriertriebwerke angebracht, die Manöver unterhalb der Impulsgeschwindigkeit erlaubten.

Im Deck eingebettete Trägheitsdämpfungsfeldemitter erzeugten Kraftfelder mit variabler Symmetrie, die die Besatzung während des Starts festhielten.

Im Rettungsboot gibt es Sitzgelegenheiten für sechs Personen, allerdings konnten im Notfall bis zu neun Personen untergebracht werden.

Die Kapsel startete automatisch, sobald der Bordcomputer erkannt hatte, dass alle Luken geschlossen waren. Die anschließende Flugsteuerung erfolgte hauptsächlich über die großen LCARS-Konsolen.

Die Sitze konnten eingeklappt und im Deck verstaut werden, um mehr Platz zu schaffen.

In das Deck eingelassene Laschen ermöglichen es der Besatzung, die Klappsitze unterschiedlich anzuordnen.

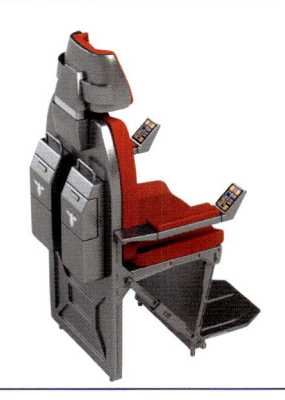

RETTUNGSBOOTSITZE

In den Bodenplatten der sechs Klappsitze befanden sich Trägheitsdämpfungsfeldleiter, die dafür sorgten, dass die Besatzung beim Start der Kapsel nicht herumgeschleudert wurde.

AUSSENANSICHT

SCHWARMMODUS

Ein wesentliches Merkmal des Kapseldesigns waren die vier umlaufenden Luken, die es mehreren Raumfahrzeugen ermöglichten, aneinander anzudocken und größere Gruppen zu bilden. Der Schwarmmodus musste jedoch vor dem Eintritt in eine Planetenatmosphäre beendet werden, da die strukturellen Belastungen, die bei einem solchen Manöver entstanden, von den miteinander verbundenen Kapseln nicht bewältigt werden konnten. Alle 430 Rettungsboote der Galaxy-Klasse waren mit zwei zusätzlichen Andocköffnungen um den »Äquator« und einer Öffnung oben auf der +Y-Achse ausgestattet, um die Dichte und strukturelle Integrität des Schwarms zu erhöhen.

SPHINX-ARBEITS-KAPSEL

Die Sphinx-Arbeitskapsel vom Typ M1 kam vor allem bei Wartungsarbeiten und Frachttransporten rund um den Rumpf der *U.S.S. Enterprise* NCC-1701-D zum Einsatz.

Die vielseitige und kompakte Sphinx Typ M1.

Außer den Shuttles gab es an Bord der *U.S.S. Enterprise* NCC-1701-D mehrere Sphinx-Arbeitskapseln der Typen M1A, M2A und MT3D. Der M1A wurde als leichter Industrieroboter, der M2A als mittlerer Industrieroboter und der robustere MT3D als mittlerer Schlepper eingestuft.

Die Sphinx war eine sehr kompakte Multifunktionsarbeitskapsel mit einer Länge von 6,2 Metern, einer Höhe von 2,5 Metern und einem Gewicht von 1,2 metrischen Tonnen. Diese Kapseln setzte man für zahlreiche Aufgaben rund um den Rumpf des Raumschiffs ein, unter anderem für Routinewartungen, dringende Reparaturen und Frachttransporte.

Die M1A und die M2A wurde mit einem Piloten besetzt, in der schwereren MT3D gab es außerdem noch Platz für einen Frachtspezialisten. Sie war so konstruiert, dass der Pilot und der Spezialist ein weites Sichtfeld genossen, was die Sicherheit und Effizienz in allen Einsatzbereichen verbesserte.

Die Sphinx war durch zwei primäre 4.600-Newton-Sekunden-Mikrofusionsschubdüsen sowie sechzehn DeBe-3453-Heißgas-Manövriertriebwerke extrem wendig.

Dieser Schiffstyp erreichte eine maximale Geschwindigkeit von 2.000 Metern pro Sekunde bei einer maximalen Nutzlast von 2,3 metrischen Tonnen. Durch den Anbau eines Schlittens konnte die maximale Nutzlast auf 4,5 Tonnen erhöht werden.

URALTE VORFAHRIN

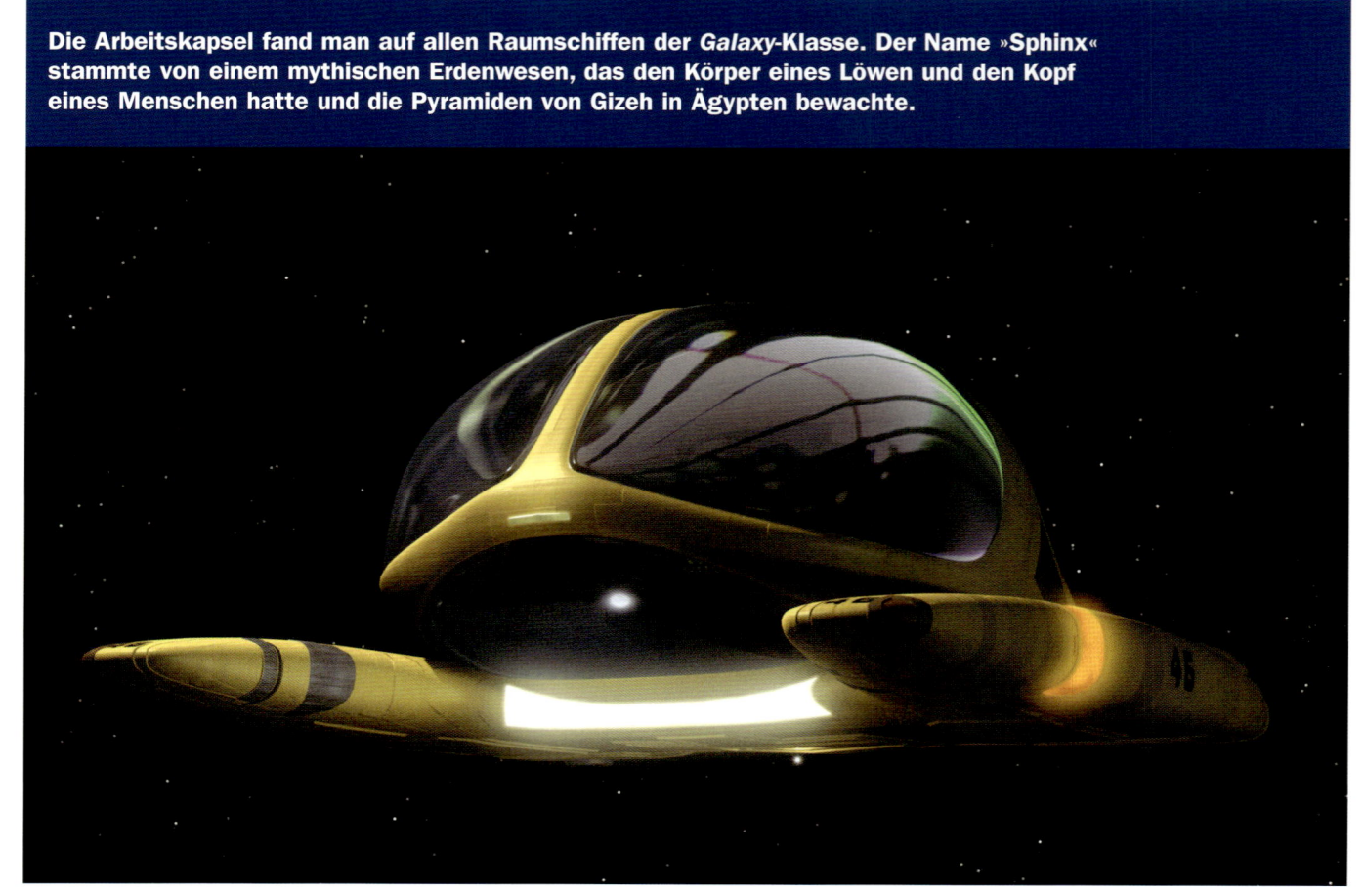

Die Arbeitskapsel fand man auf allen Raumschiffen der *Galaxy*-Klasse. Der Name »Sphinx« stammte von einem mythischen Erdenwesen, das den Körper eines Löwen und den Kopf eines Menschen hatte und die Pyramiden von Gizeh in Ägypten bewachte.

SPHINX-ARBEITSKAPSEL

STEUERBORDANSICHT

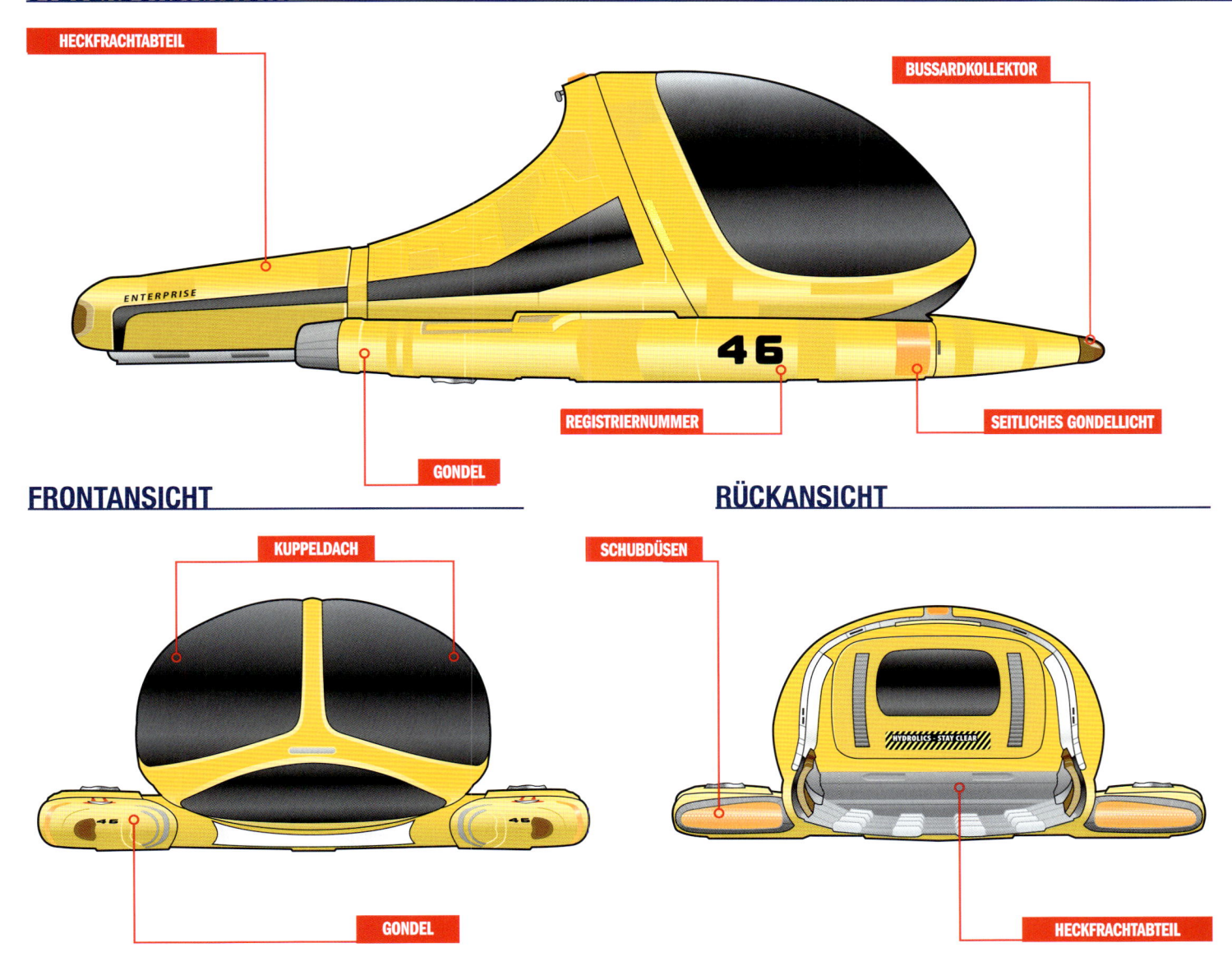

HECKFRACHTABTEIL
BUSSARDKOLLEKTOR
REGISTRIERNUMMER
SEITLICHES GONDELLICHT
GONDEL

FRONTANSICHT

KUPPELDACH
GONDEL

RÜCKANSICHT

SCHUBDÜSEN
HECKFRACHTABTEIL

SPEZIFIKATIONEN FÜR DIE SPHINX-ARBEITSKAPSEL

HERSTELLER:	Sternenflottenfabrik Nr. 2, Utopia-Planitia-Flottenwerft, Mars
TYP:	leichter Industrieroboter (Sphinx M1A), mittlerer Industrieroboter (M2A) und mittlerer Schlepper (MT3D)
L/B/H/G:	Länge: 6,2 m, Breite: 2,6 m, Höhe: 2,5 m, Gewicht: 1,2 Tonnen
BESATZUNG:	Pilot (M1A, M2A), Pilot und Frachtspezialist (MT3D)
BEWAFFNUNG:	Keine
ENERGIE-VERSORGUNG:	Zwei 4.600-Newton-Sekunden-Mikrofusions-RKS-Triebwerke, sechzehn DeBe-3453-Heißgas-RKS-Triebwerke Vier Alfinium-Krelid-Energiespeicherzellen
LEISTUNG:	Maximum Delta v: 2.000 m/s, Maximale Nutzlast: 2,3 Tonnen, Maximale Schlittennutzlast: 4,5 Tonnen

JACHT DES CAPTAINS

Die *U.S.S. Enterprise* NCC-1701-D war mit einer Jacht des Captains, einer größeren und edleren Variante eines Shuttles, ausgestattet. Sie wurde in der Regel zum Transport wichtiger Personen verwendet.

Schiffe der *Galaxy*-Klasse wie die *U.S.S. Enterprise* NCC-1701-D waren mit einem Behelfsraumschiff ausgestattet, das normalerweise für diplomatische Missionen eingesetzt wurde. Das Schiff kannte man als Jacht des Captains und es war etwas größer als ein normales Shuttle. Es war 18 Meter lang, 10 Meter breit und 8 Meter hoch und wog 95 Tonnen. Angedockt war es mittig an der Unterseite der Untertassensektion.

EINFACHES SCHIFF
Die Jacht des Captains der *Enterprise* bestand größtenteils aus Tritanium und Duranium und war als geschlossenes System und multifunktionales Schiff konzipiert, wurde aber primär zum Transport von Personal und Würdenträgern eingesetzt, wenn eine Transporternutzung nicht infrage kam. Dieses Szenario kam jedoch kaum vor, weswegen das Schiff nur selten zum Einsatz kam.

Das Innere der Jacht bestand aus einem Flugdeck, zwei Privaträumen, Einrichtungen für die Flugbesatzung sowie einer Messe. Zugangsschleusen erlaubten Zugang zum Maschinenbereich und zum Impulsantrieb, der den Wohnbereich umgab. Das Schiff wurde im Normalfall von zwei Piloten gesteuert, während ein anderer Repräsentant sich um die diplomatischen Gäste kümmerte.

Die Jacht des Captains war mit einem Deflektorschirm ausgerüstet, der Weltraumtrümmer aus dem Weg räumen konnte. Sie enthielt ebenfalls einen Impulsantrieb sowie aerodynamische Flugmotoren für den Einsatz innerhalb der Atmosphäre eines Planeten. Im All konnte die Jacht Geschwindigkeiten von rund 65 % der Lichtgeschwindigkeit erreichen; in der Atmosphäre reiste sie meist mit Mach 6, konnte jedoch auch bis zu Mach 20 erreichen.

WARP-GESCHWINDIGKEIT
Anders als Shuttles konnte die Jacht des Captains auch bei Geschwindigkeiten bis zu Warp 7 sicher gestartet werden. Sobald sie vom Hauptschiff getrennt war, verlangsamte sie ihren Flug, bis sie Unterlichtgeschwindigkeit erreicht hatte.

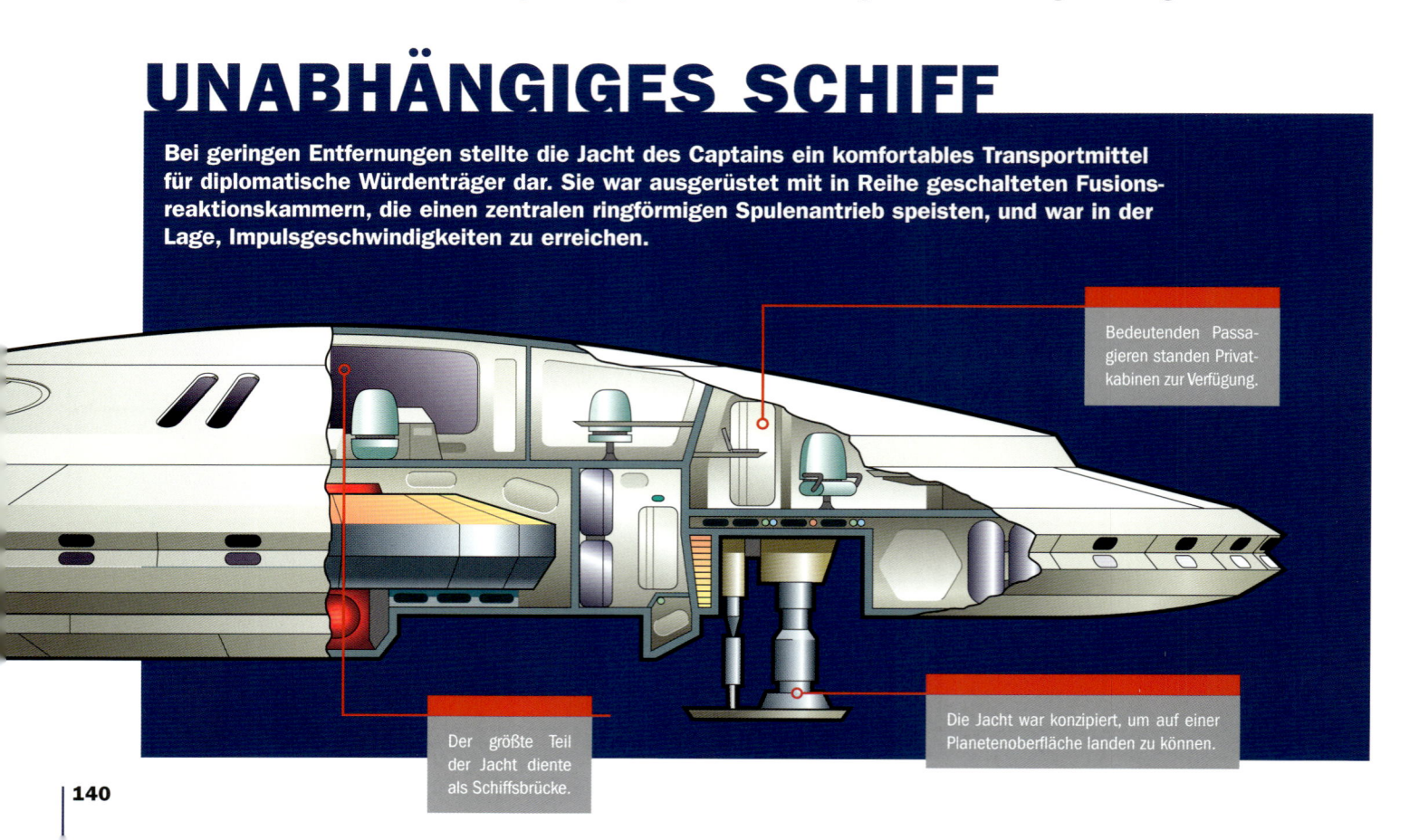

UNABHÄNGIGES SCHIFF

Bei geringen Entfernungen stellte die Jacht des Captains ein komfortables Transportmittel für diplomatische Würdenträger dar. Sie war ausgerüstet mit in Reihe geschalteten Fusionsreaktionskammern, die einen zentralen ringförmigen Spulenantrieb speisten, und war in der Lage, Impulsgeschwindigkeiten zu erreichen.

Bedeutenden Passagieren standen Privatkabinen zur Verfügung.

Der größte Teil der Jacht diente als Schiffsbrücke.

Die Jacht war konzipiert, um auf einer Planetenoberfläche landen zu können.

JACHT DES CAPTAINS

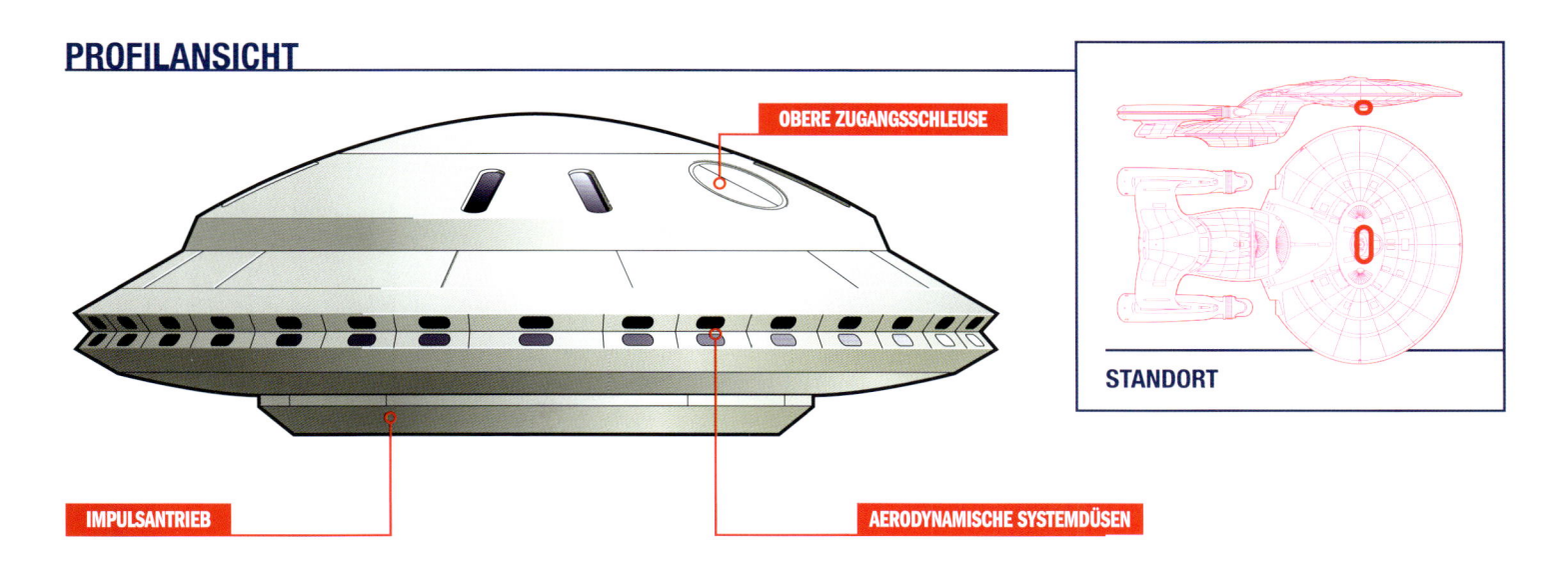

PROFILANSICHT

- OBERE ZUGANGSSCHLEUSE
- IMPULSANTRIEB
- AERODYNAMISCHE SYSTEMDÜSEN

STANDORT

RÜCKANSICHT

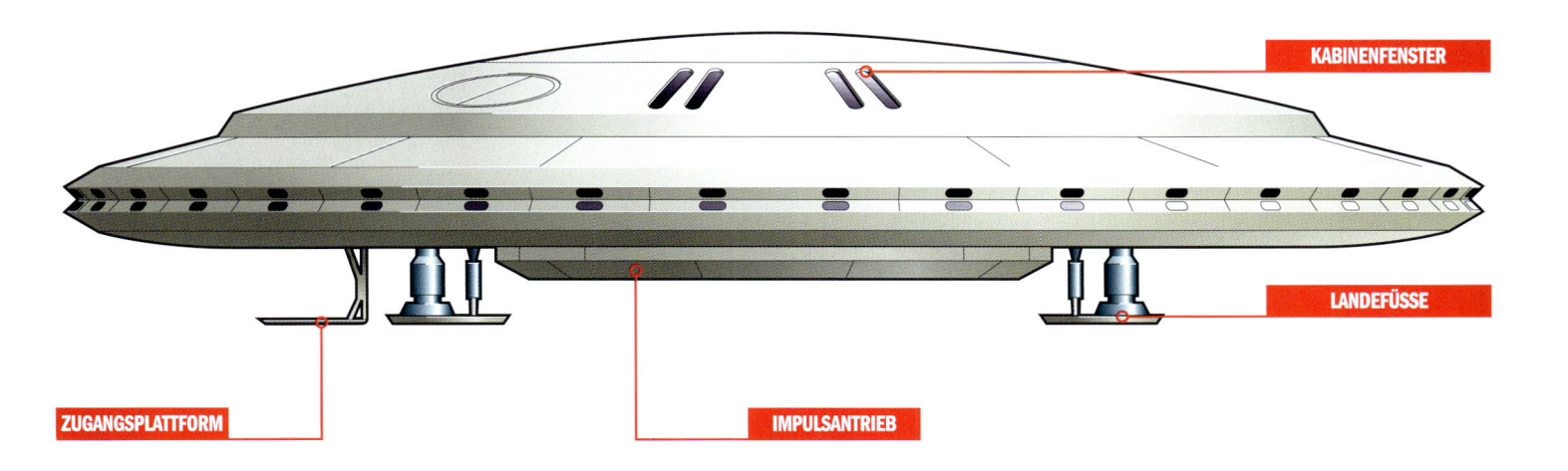

- KABINENFENSTER
- LANDEFÜSSE
- ZUGANGSPLATTFORM
- IMPULSANTRIEB

UNTERANSICHT

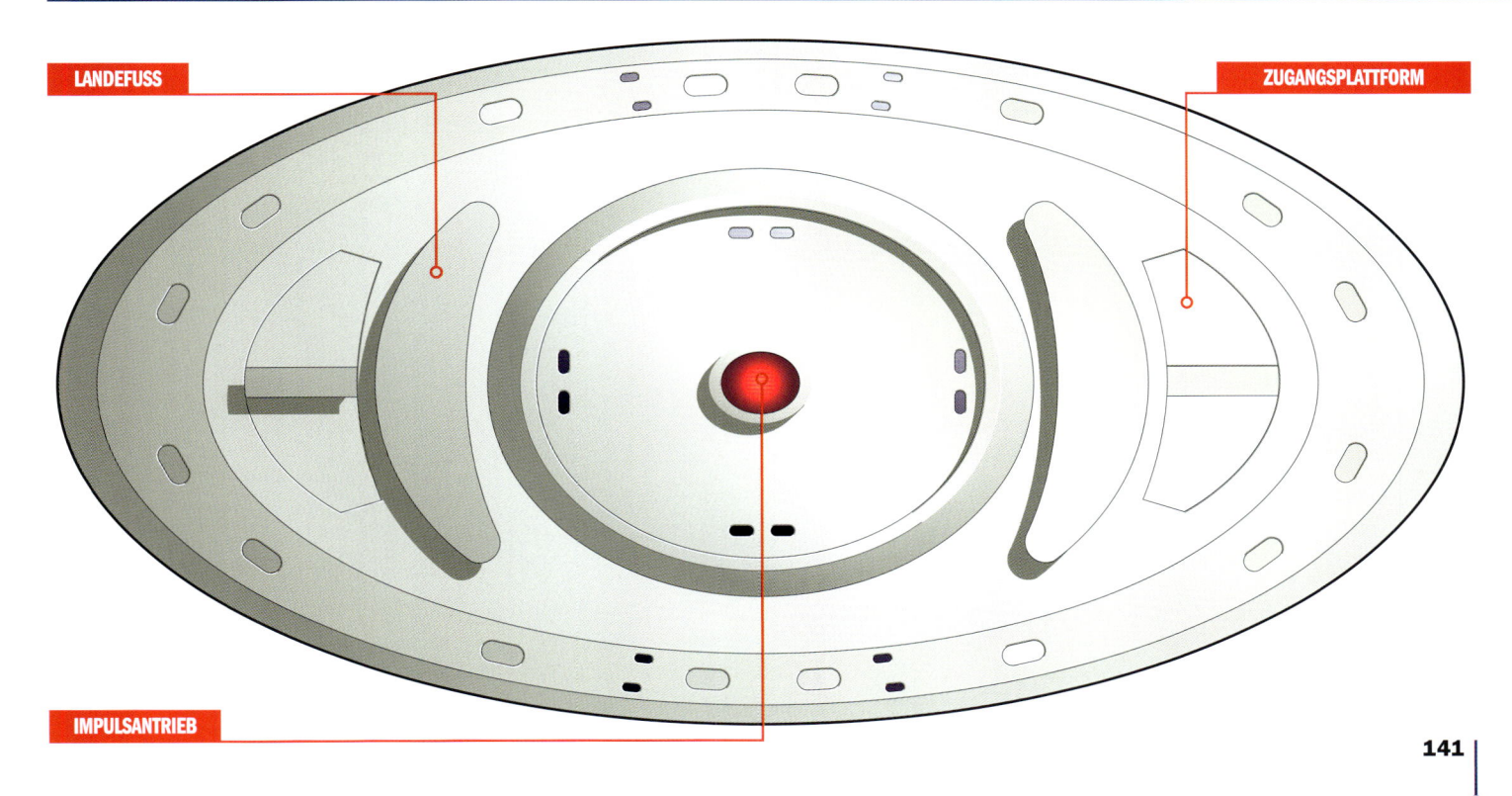

- LANDEFUSS
- ZUGANGSPLATTFORM
- IMPULSANTRIEB

141

U.S.S. ENTERPRISE NCC-1701-D

ARREST-ZELLEN

Die Arrestzellen auf der U.S.S. Enterprise NCC-1701-D wurden dazu genutzt, verdächtige Personen oder verurteilte Verbrecher festzuhalten, während sie sich an Bord befanden.

Der Arrestbereich bestand aus zwei Räumen: dem Kontrollraum und der Einzelzelle. Vom Kontrollraum aus konnte man den Status des Sicherheitsfelds um die Zelle im Blick behalten und es bei Bedarf aktivieren oder deaktivieren.

Ein Sicherheitsoffizier war üblicherweise im Kontrollraum stationiert, um den Gefangenen zu bewachen und das Sicherheitsfeld von der Arbeitsstation aus zu kontrollieren. War das Sicherheitsfeld aktiviert, schien es durchsichtig zu sein, wurde aber durch leuchtende Rechtecke rund um den Eingang angezeigt. Das Feld selbst leuchtete nur, wenn es aktiviert oder deaktiviert wurde oder wenn ein Objekt oder eine Person damit in Kontakt kam.

Die Wände der Zelle bestanden aus verstärktem Aluminium. Als vierte Wand diente fast vollständig das Sicherheitsfeld, das auf verschiedene Intensitätsstufen eingestellt werden konnte, je nach Kraft oder Verhalten des Insassen.

DIE ZELLE

Im Gegensatz zu anderen Spezies wie den Cardassianern behandelte die Föderation Gefangene nie mit Brutalität. Konsequenterweise waren die Arrestbereiche zwar spartanisch, aber doch annehmlich ausgerüstet. Die Unterbringung wurde zudem gut beleuchtet und enthielt eine Liegefläche zum Ausruhen oder über die begangenen Taten reflektieren. Ein großer Spiegel befand sich auf einer Seite der Zelle. Der darunterliegende Schrank konnte geöffnet werden und ermöglichte Zugang zu einem Waschbereich mit Frischwasser.

DAS INNERE DER ZELLE

Der Arrestbereich sollte es ermöglichen, einen einzelnen Insassen mit einem gewissen Basiskomfort unterzubringen, konnte aber in Notfällen auch für ein größeres Kontingent an Gefangenen genutzt werden. Die helle, luftige Zelle hatte jedoch keinerlei Privatsphäre. Der große, achteckige Zugang nahm fast die gesamte Front der Zelle ein und erlaubte somit eine stetige Überwachung von außen.

Insassen hatten jederzeit Zugang zu den Hygieneeinrichtungen sowie einem großen Spiegel oder einem Waschtisch.

Das Sicherheitsfeld wurde nur sichtbar, wenn es aktiviert oder deaktiviert wurde oder wenn eine Person Druck auf das Feld ausübte.

ARRESTZELLEN

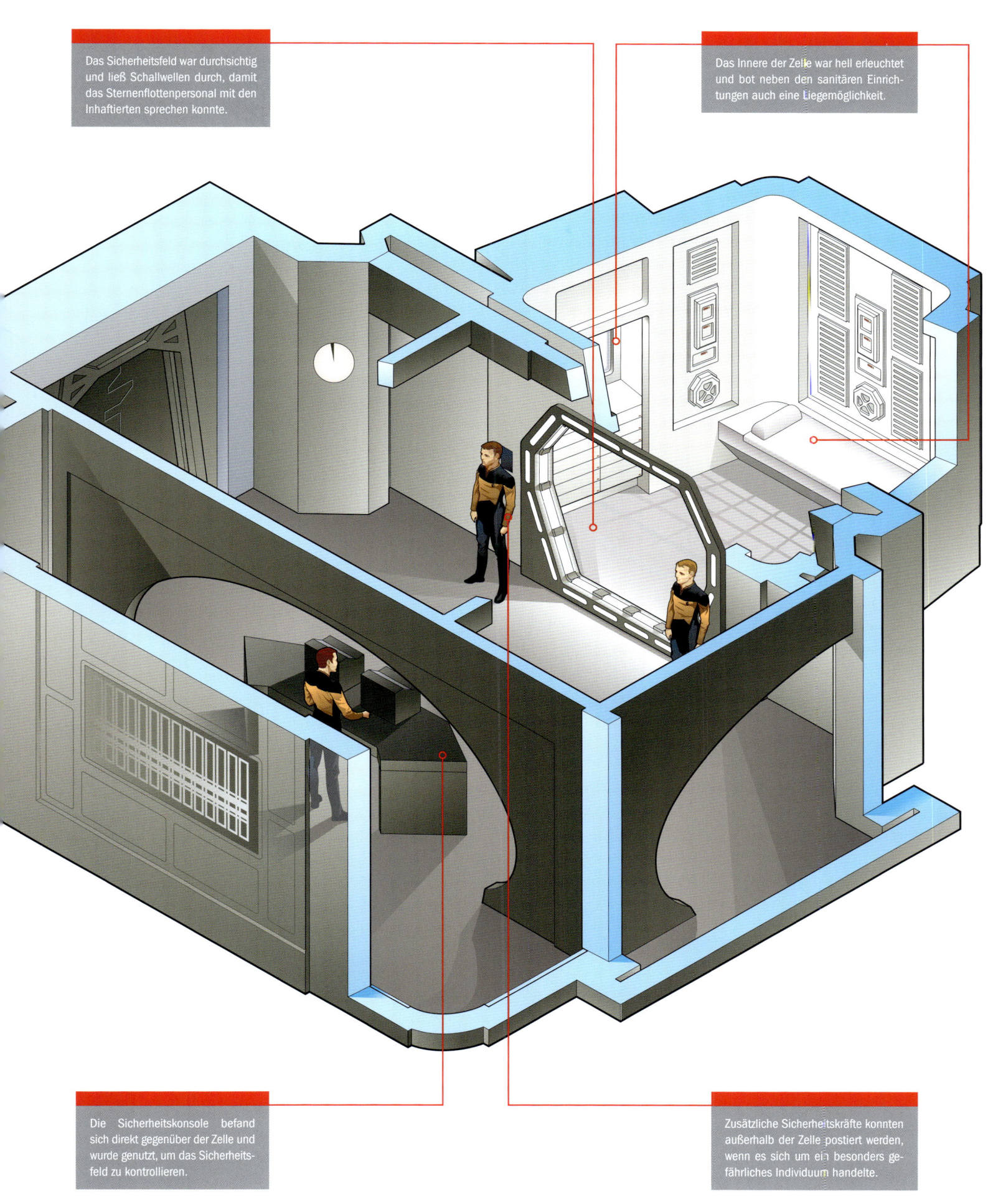

Das Sicherheitsfeld war durchsichtig und ließ Schallwellen durch, damit das Sternenflottenpersonal mit den Inhaftierten sprechen konnte.

Das Innere der Zelle war hell erleuchtet und bot neben den sanitären Einrichtungen auch eine Liegemöglichkeit.

Die Sicherheitskonsole befand sich direkt gegenüber der Zelle und wurde genutzt, um das Sicherheitsfeld zu kontrollieren.

Zusätzliche Sicherheitskräfte konnten außerhalb der Zelle postiert werden, wenn es sich um ein besonders gefährliches Individuum handelte.

ZEHN VORNE

Eine der wichtigsten Freizeiteinrichtungen für die Mannschaft der *U.S.S. Enterprise* NCC-1701-D stellte die beliebte Bar mit dem Namen Zehn Vorne dar.

Die Replikatoren der Bar boten eine breite Palette an Getränken.

Das Zehn Vorne erhielt diesen Namen, weil die Bar sich am vordersten Punkt des zehnten Decks der *U.S.S. Enterprise* NCC-1701-D befand. Es bot Offizieren, die nicht im Dienst waren, einen Ort, an dem man sich für größere Zusammenkünfte verabreden oder einfach auf einen Drink treffen konnte. Die Fenster lieferten dazu noch einen spektakulären Ausblick auf die Sterne in Flugrichtung des Schiffs.

Die Bar wurde von Zivilisten geleitet und betrieben. Die meiste Zeit, in der sich die *Enterprise* im aktiven Dienst befand, war die El-Aurianerin Guinan zuständig. Die Replikatoren konnten eine große Auswahl an Speisen und Getränken bereiten. Das beinhaltete auch Synthehol. Guinan hielt allerdings auch immer einen gewissen Vorrat an seltenen Getränken vor, die nur schwer oder gar nicht zu replizieren waren.

Die Bar stellte ebenfalls einen von 52 ausgewiesenen Schutzräumen im Falle eines Ausfalls der Lebenserhaltung dar.

Das Zehn Vorne war ein großer Freizeitbereich mit bequemen Sitzmöglichkeiten.

Getränke und Speisen waren an der Bar erhältlich.

Ebenfalls auf diesem Deck befanden sich Mannschaftsquartiere, der Impulsantrieb der Untertassensektion und die Stellarkartografie.

Die großen Fensterflächen boten einen spektakulären Blick auf die Sterne in der Flugrichtung des Schiffs.

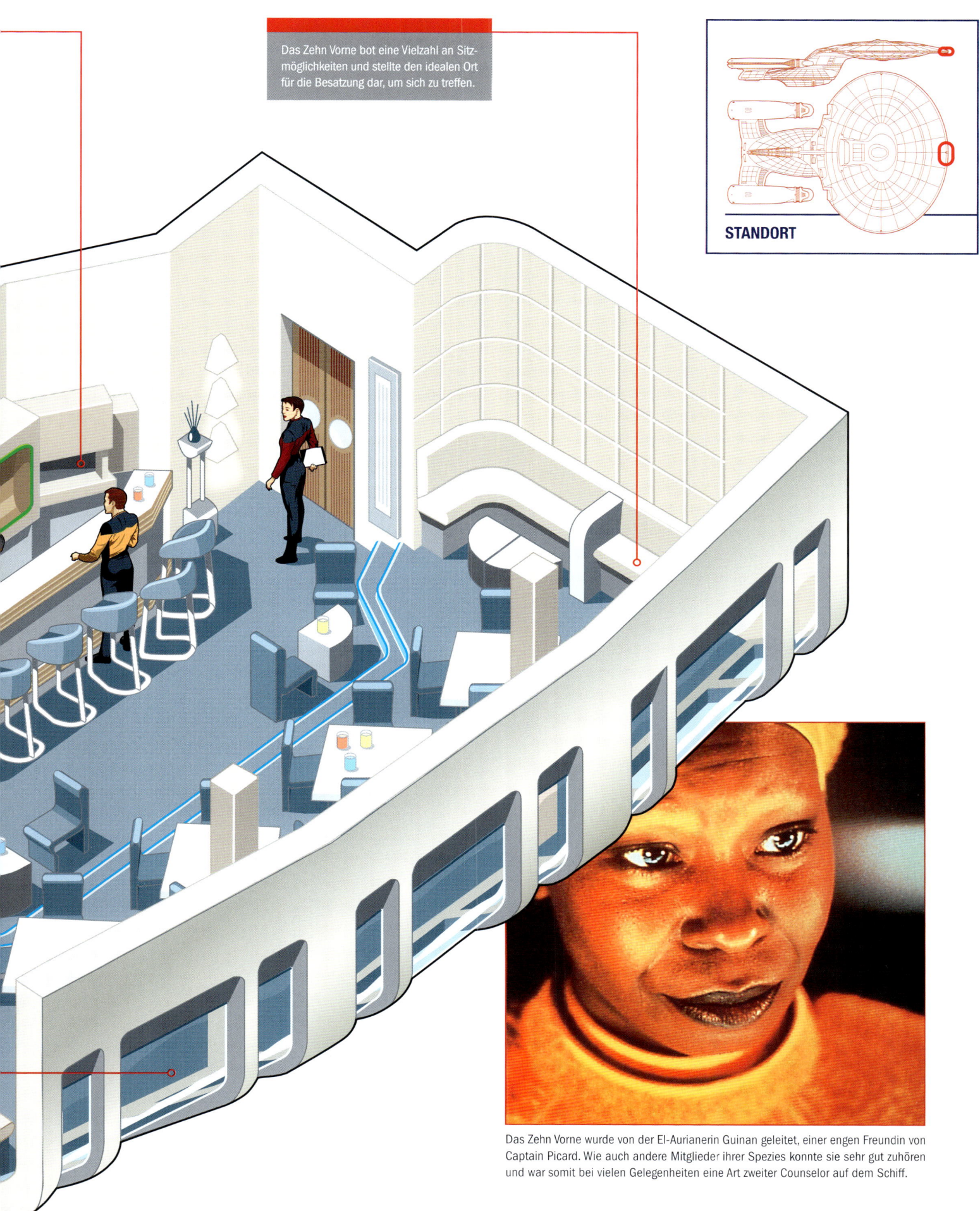

ZEHN VORNE

Das Zehn Vorne bot eine Vielzahl an Sitzmöglichkeiten und stellte den idealen Ort für die Besatzung dar, um sich zu treffen.

STANDORT

Das Zehn Vorne wurde von der El-Aurianerin Guinan geleitet, einer engen Freundin von Captain Picard. Wie auch andere Mitglieder ihrer Spezies konnte sie sehr gut zuhören und war somit bei vielen Gelegenheiten eine Art zweiter Counselor auf dem Schiff.

145

HOLOGRAFISCHE UMGEBUNGSSIMULATOREN

Der holografische Umgebungssimulator, auch Holodeck genannt, konnte Erlebnisse für Passagiere und Besatzung simulieren, die es ihnen erlaubten, jeden Ort in jeder Zeit zu besuchen.

Psychologen wissen seit Langem, dass ein längerer Aufenthalt in einer künstlichen Umgebung zu mentalen Problemen führen kann. Die Sternenflotte verbrachte Jahre mit der Konzeption eines energiesparenden virtuellen Realitätssystems, das es der Besatzung ermöglichen würde, ihrem Verstand einen dringend benötigten Urlaub zu gönnen. Während der Entwicklung der *Galaxy*-Klasse wurde auch die Holodecktechnik ausgereifter und setzte sich rasch durch, sodass sie bald auf den meisten Schiffen zur Grundausstattung gehörte. Die *U.S.S. Enterprise* NCC-1701-D war da keine Ausnahme. Auf Deck 11 befanden sich vier große Holodecks, während es auf den Decks 12 und 33 über 20 kleinere Holosuiten gab, die hauptsächlich von Einzelpersonen genutzt wurden.

SCHWARZER KASTEN

Wenn das Holodeck nicht aktiv war, sah es wie ein großer schwarzer Raum aus, der von einem Gitter aus gelben Linien durchzogen war. In den Wänden steckten zahllose mikrominiaturisierte, omnidirektionale Holodioden (OHDs). Die OHDs waren die Arbeitstiere des Holodecksystems. Jede sechsseitige OHD enthielt eine optische Sektion und eine Kraftfeldsektion. Vom Computer gesteuert erschufen die OHDs eine Welt, die alle fünf Sinne ansprach. Je komplexer eine Simulation war, desto mehr Speicher und Energie benötigten die Schiffscomputer.

HOLODECK-BILDSUBSYSTEM

Das Holodeck-Bildsubsystem verlieh der simulierten Umgebung auf zwei Arten Tiefe. Zuerst generierte es 3-D-Projektionen entfernter Objekte – die Lichter einer Stadt, eine Hügellandschaft, eine grelle Sonne – in einer raffinierten Erweiterung der erzwungenen Perspektive. Dieses Subsystem nutzte auch konzentrierte Kraftfeldstrahlen, um nahen Objekten den Anschein von Tiefe und Substanz zu geben.

MATERIEKONVERTIERUNGSSUBSYSTEM

Das Materiekonvertierungssubsystem erschuf mithilfe der Transportersysteme und des Replikators reale Materie innerhalb der Holodeckumgebung.

Der Holodeck-Bildprozessor stellte entfernte Objekte und Hintergründe dar. Das Bildsubsystem konnte zwar ein Telefon auf einen Schreibtisch projizieren, aber damit der Benutzer den Hörer in die Hand nehmen konnte, musste das Materiekonvertierungssubsystem ein echtes Telefon erschaffen.

Das Holodeck stellte natürliche Umgebungen extrem realistisch dar. Der Computer generierte passende Geräusche und Gerüche und setzte verschiedene »Tricks« ein, um dem Benutzer den Eindruck zu vermitteln, die Simulation sei viel größer als in der Realität.

Objekte aus Holomaterie wurden zerstört, wenn sie aus dem Holodeck entfernt wurden. Captain Picard demonstrierte das Professor Moriarty, indem er versuchte, ein Buch aus Holomaterie in den Gang zu werfen.

Captain Montgomery Scott wurde nach 75 Jahren aus einem modifizierten Transporterstrahl befreit. Er benutzte das Holodeck, um sein altes Schiff, die erste U.S.S. Enterprise NCC-1701, zu besuchen.

HOLOGRAFISCHE UMGEBUNGSSIMULATOREN

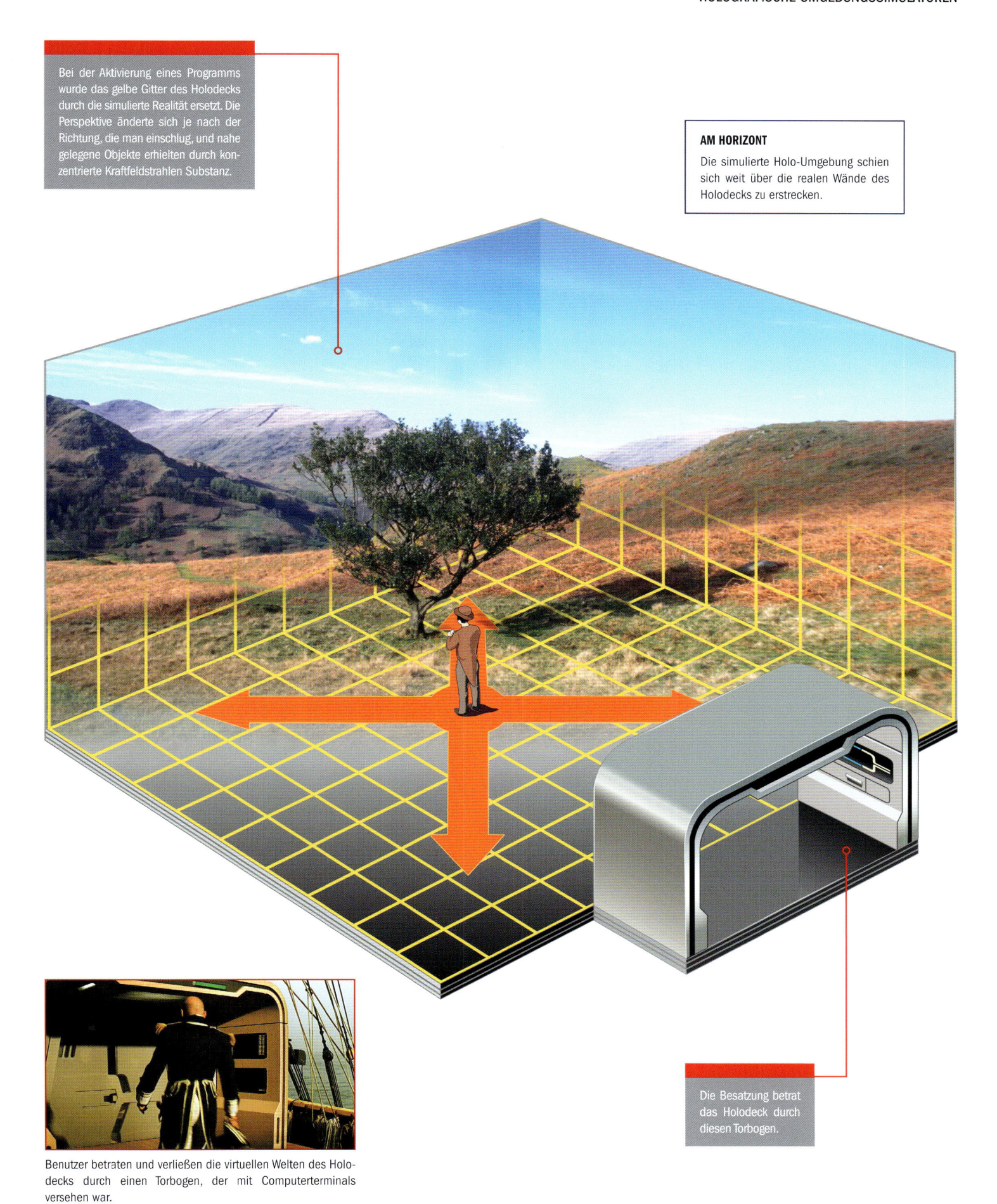

Bei der Aktivierung eines Programms wurde das gelbe Gitter des Holodecks durch die simulierte Realität ersetzt. Die Perspektive änderte sich je nach der Richtung, die man einschlug, und nahe gelegene Objekte erhielten durch konzentrierte Kraftfeldstrahlen Substanz.

AM HORIZONT
Die simulierte Holo-Umgebung schien sich weit über die realen Wände des Holodecks zu erstrecken.

Die Besatzung betrat das Holodeck durch diesen Torbogen.

Benutzer betraten und verließen die virtuellen Welten des Holodecks durch einen Torbogen, der mit Computerterminals versehen war.

Man verwendete Transporter und Kraftfeldtechnologie, um lebensechte, interaktive Wesen zu erschaffen. Diese Figuren waren stofflich und wurden von ihren eigenen Kraftfeldern und Traktorstrahlen gesteuert.

Im Gegensatz zu Holomaterie konnte die Materie, die allein vom Transporter oder Replikator erschaffen wurde, aus dem Holodeck entfernt werden. Das Objekt war real. Eine Figur, die das Holodeck verließ, konnte jedoch nicht länger von den Computern gesteuert werden. Ohne die Kraftfelder, die von den Holodecksystemen generiert wurden, löste sie sich auf.

PROGRAMME
Im Allgemeinen wurden Holodeckrealitäten anhand von Informationen aus den Schiffsdatenbanken erstellt. Als Captain Jean-Luc Picard das San Francisco der 1940er für sein Privatdetektivabenteuer nachstellen wollte, wies er den Computer an, eine Mischung aus in dieser Zeit angesiedelten Detektivromanen als Basis für die Simulation zu verwenden. Lieutenant Commander Worf hatte ein eigenes Holodeck-Sportprogramm abgespeichert – inklusive axtschwingender Monster.

STEUERUNG
Auf das Holodeck konnte man auf drei Arten zugreifen. Neben der Tür gab es ein kleines Terminal, mit dem die Benutzer dem Holodeck vor dem Betreten Anweisungen erteilten. Man konnte mit regulären Stimmbefehlen jede Szene abbrechen, einfrieren, zurückspulen oder verändern. Das Terminal im Torbogen des Holodecks konnte ebenfalls zur Steuerung verwendet werden. Dieses Terminal ließ sich auch bei laufender Simulation zur Kommunikation und zum Zugriff auf Computerfunktionen, die nichts mit dem Holodeck zu tun hatten, nutzen.

ANSTANDSREGELN
Eine der wichtigsten Holodeckregeln verbot die Verwendung lebender Personen, insbesondere solcher, die auf demselben Schiff dienten, um eigene Fantasien auszuleben. Allerdings gab es in den Holodecksystemen nichts, was Benutzer daran gehindert hätte.

SICHERHEIT
Ein Besatzungsmitglied konnte sich zwar beim Skifahren ein Bein brechen, aber die im Holodecksystem eingebauten Sicherheitsparameter verhinderten schwere Verletzungen oder gar Todesfälle. Ein Ausfall der Sicherheitssysteme war zwar möglich, aber ungewöhnlich und normalerweise das Resultat schiffsweiter Probleme. Einige Personen wurden psychologisch abhängig vom Holodeck. Das kam zwar nicht oft vor, war jedoch schwer zu heilen, vor allem weil eine Holo-Abhängigkeit meistens nur das Symptom eines tiefer sitzenden Problems war.

Die meisten Besatzungsmitglieder genossen jedoch die Simulationen und benutzten das Holodeck so, wie es gedacht war.

OMNIDIREKTIONALE HOLODIODE

Hinter den Holodeckwänden und dem Boden befand sich ein Netzwerk aus mikrominiaturisierten omnidirektionalen Holodioden. Dank dieser fortschrittlichen Holotechnologie konnten sich die Benutzer des Holodecks ganz in ihre Simulation vertiefen.

Die Holoprojektoren steckten in den Wänden des Holodecks. Das gelbe Gitter verschwand, sobald sie aktiviert wurden.

KRAFTFELDSEKTION

OPTISCHE SEKTION

HOLOGRAFISCHE UMGEBUNGSSIMULATOREN

NACHSTELLUNG FREMDER WELTEN

HOLOROMAN

Holografische Romane ermöglichten es Besatzungsmitgliedern, Figuren in einer erfundenen Geschichte zu spielen. Die Kleidung wurde dem »Spieler« holografisch hinzugefügt und sorgte für eine intensivere Erfahrung beim »Nachspielen« des Buchs.

Captain Jean-Luc Picard gefiel die Holoromanreihe um Dixon Hill, einen kalifornischen Privatdetektiv in den 1940ern. Lieutenant Commander Data zog Sherlock Holmes vor und genoss es, die Fälle des fiktionalen Detektivs aufzuklären. Die meisten Benutzer entspannten sich bei diesen Holoromanprogrammen, doch manche flohen damit aus der Realität und wurden süchtig, wie Lieutenant Reginald Barclay, der eine extrem aufwendige Version von Alexander Dumas' *Die drei Musketiere* erschuf, in der die Figuren anderen Besatzungsmitgliedern nachempfunden waren.

FORSCHUNGSLABOR

Holografische Technologie erleichterte das wissenschaftliche Arbeiten an Bord der *Enterprise-D* enorm. Es gab ein mit Holoemittern ausgestattetes holografisches Forschungslabor, in dem man wissenschaftliche Thesen testen, forensische und Tatortuntersuchungen durchführen und sogar komplexe technische Probleme des Schiffs simulieren konnte.

Besatzungsmitglieder konnten auch historische Wissenschaftler konsultieren. 2367, als Lieutenant Reginald Barclays IQ nach der Begegnung mit einer cytherianischen Sonde drastisch erhöht wurde, benutzte er das Holodeck, um hochkomplexe, auf quantenelektrodynamischen Berechnungen beruhende Fragen mit Albert Einstein, einem irdischen Physiker aus dem 20. Jahrhundert, zu besprechen.

SPORT

Auf dem Holodeck standen Besatzungsmitgliedern zahlreiche Sportarten zur Verfügung, unter anderem Felsklettern, Klippenspringen und Kajakfahren. Man konnte dort nicht nur trainieren, sondern auch gefährliche Sportarten risikolos ausprobieren.

Jedes Besatzungsmitglied auf der *Enterprise* hatte seinen Lieblingssport. Captain Picard war ein guter Reiter, der es liebte, entlang einer Holodecksimulation des Kabul-Flusses im Himalaya-Gebirge auf der Erde zu reiten. Wesley Crusher lernte mithilfe einer Simulation der denubianischen Alpen das Skifahren. Diese Fähigkeiten hätte er problemlos in die Realität übertragen können. Es gab auch rein geschicklichkeitsbasierte Sportprogramme wie »Curtis Creek«, ein Programm, das das Fliegenfischen in einem Fluss auf der Erde simulierte.

KAMPF

Die Besatzung konnte im Holodeck ihre Kampfkunst verbessern oder neue Fähigkeiten erlernen. Lieutenant Commander Worf nutzte regelmäßig das voreingestellte klingonische Sportprogramm, um seine Kampfreflexe zu verbessern. Das Programm beinhaltete einen bis zum Tod geführten Kampf gegen holografische Figuren, die in einer feuchten Dschungellandschaft auftauchten. Nahkampfwaffen wurden bereitgestellt, ebenso wie die außerirdischen, ebenfalls bewaffneten Gegner, gegen die sie eingesetzt wurden. Der Sicherheitschef der *Enterprise* stellte mit diesem Programm seine Fähigkeiten auf die Probe. Dieses extreme Nahkampftraining war für einen Großteil der *Enterprise*-Besatzung zu brutal. Commander William T. Riker gehörte jedoch zu den wenigen, die sich mit Worf durch das Programm kämpften.

FEIERN

Das Holodeck konnte unzählige Umgebungen erschaffen, die sich vielseitig nutzen ließen. Zum Beispiel wurde Worfs Beförderung zum Lieutenant Commander auf einem Zweimaster aus dem 18. Jahrhundert gefeiert. Zu den vielen Tausend voreingestellten Orten – von Bergen bis hin zu Wüsten – gehörten weit entfernte Welten, was es Besuchern und der Besatzung erlaubte, die schönsten Ziele der Galaxis kennenzulernen. Vertraute Orte wie das Café des Artistes in Paris auf der Erde, an das sich Captain Jean-Luc Picard erinnerte, halfen gegen Heimweh. Die Programme enthielten historische Orte, romantische Szenerien für besondere Anlässe und schöne Park- oder Waldlandschaften für traurige Ereignisse wie Beerdigungen. Im Holodeck konnten auch Umgebungen erschaffen werden, die in der Realität lebensfeindlich gewesen wären. So konnten Besatzungsmitglieder zwischen Asteroiden im All treiben oder inmitten eines Plasmasturms stehen.

BESATZUNGS-QUARTIERE

Die Besatzungsquartiere auf der *U.S.S. Enterprise* NCC-1701-D boten dem Personal komfortable Wohnräume, in denen sie ihre dienstfreie Zeit abseits der Schiffsaktivitäten verbringen konnten.

Raumschiffe der *Galaxy*-Klasse wie die *U.S.S. Enterprise* NCC-1701-D gehörten zu den größten Schiffen der Sternenflotte. Im Gegensatz zu früheren, kleineren Raumschiffen glich die *Enterprise* einer schwebenden Stadt im All. Diese enorme Größe ließ es zu, dass die Wohnquartiere an Bord denen eines modernen Apartmentkomplexes auf einem Planeten ähnelten.

Und so verfügte die *Enterprise* auch über alles, was man brauchte, um längere Zeit fernab eines Planeten zu überleben. Die Konstrukteure des Schiffs erkannten, dass seine Bewohner unter Bedingungen leben sollten, die einem echten Zuhause, in dem Kinder zusammen mit ihren Eltern lebten, so nahe wie möglich kamen.

DAUERHAFTES ZUHAUSE

Die *Enterprise* bot ein dauerhaftes Zuhause – und eine komfortable Wohnmöglichkeit – für jeden an Bord, von allein lebenden Offizieren wie Captain Picard bis hin zu ganzen Familien. Im Durchschnitt wurden jedem Mitglied der Besatzung 110 Quadratmeter Wohnraum zugewiesen. Jede Standardwohneinheit bestand aus einem Schlafzimmer, einem Arbeits- und Entspannungsbereich und einem Badezimmer, das typischerweise mit einer Schalldusche ausgestattet war, obwohl einige Bestatzungsmitglieder auch einen Badebereich mit einer Wanne hatten, die mit Wasser gefüllt werden konnte.

Während der Grundriss jeder Wohneinheit ähnlich aussah, durften die einzelnen Bewohner die Innenräume, einschließlich der Möbel, selbst einrichten. Die Einheiten waren so konzipiert, dass Wände entfernt werden konnten, um den von Familien benötigten größeren Wohnraum zu schaffen.

Der überwiegende Teil der Quartiere befand sich in der Untertassensektion. Die Absicht der Sternenflotte war, dass der Großteil der Besatzung in der Untertassensektion in Sicherheit war, wenn sich das Schiff teilte, um in ein Gefecht zu ziehen. Die Standardwohnquartiere fand man auf den Decks 12 bis 20. Diese waren für unverheiratete Besatzungsmitglieder vorgesehen. Besatzungsmitglieder unter dem Rang eines Lieutenants mussten sich oft ein Quartier teilen, und diese Einheiten waren für zwei oder drei Personen ausgelegt.

RUHE UND ENTSPANNUNG

Die Wohnquartiere der Offiziere waren flexibel und die Innenwände so konfiguriert, dass je nach Vorliebe und Bedarf Räume entstehen konnten. Der Raum von Lt. Commander Data war mit einem großen Arbeitsplatz ausgestattet, während andere sich für eine Einrichtung zum Entspannen und zur Unterhaltung entschieden.

Datas Arbeitsgewohnheiten unterschieden sich vom Rest der Besatzungsmitglieder, da er effektiv 24 Stunden am Tag arbeiten konnte. Sein Quartier verfügte über eine beachtliche Computerstation, die es ihm ermöglichte, seine Arbeit fortzusetzen oder persönliche Projekte zu erforschen.

Die meisten Offiziere richteten ihr Quartier nach ihren eigenen Wünschen ein und ergänzten die standardmäßigen Sofas, Tische und Betten mit kleinen persönlichen Details. Höherrangige Offiziere hatten Quartiere am Rand des Schiffs mit Fenstern zum Weltraum hin.

BESATZUNGSQUARTIERE

Für Mahlzeiten standen Gemeinschaftsräume zur Verfügung, aber einige zogen für besondere Mahlzeiten die intimere Umgebung ihrer eigenen Quartiere vor. Die Replikatortechnologie ermöglichte es, komplette Tischdekorationen sowie jedes Gericht aus der Schiffsdatenbank aus Rohmaterie zu erstellen.

Offiziere mit einem niedrigeren Rang teilten sich Unterkünfte auf der *Enterprise-D*, besaßen aber separate Schlafbereiche. Die Gemeinschaftsräume waren groß genug für ein geselliges Beisammensein, und junge Besatzungsmitglieder trafen sich regelmäßig zum Pokerspielen.

Auf den Decks 32 bis 35 gab es Notschlafsäle für die Besatzung. Diese wurden in erster Linie als vorübergehende Quartiere zugewiesen, wenn das Schiff Personal transportierte, das nicht zur Besatzung gehörte, oder wenn dem Schiff zusätzliche Besatzungsmitglieder bei Trainingsmissionen zugeteilt wurden. Diese waren zwar durchaus adäquat und komfortabel, aber nicht für ein langfristiges Wohnen vorgesehen.

Die Wohnräume für die Offiziere lagen auf den Decks 3, 4, 5, 8 und 9. Zusätzlich gab es Wohnräume für Unteroffiziere auf den Decks 2 und 9. Auf den Decks 6 bis 14 befanden sich Wohnappartements, die von Familien bewohnt wurden. Es handelte sich um Zwei- und Dreizimmerwohnungen, in denen Kinder mit ihren Eltern lebten.

In vielen Unterkünften befanden sich Schlaf- und Wohnbereich in einem einzigen Raum. In den meisten von ihnen war das Bett in eine Wand eingelassen und wurde nachts ausgeklappt, sodass der Raum tagsüber als normaler Wohnraum fungierte.

PERSÖNLICHE QUARTIERE

Einrichtungsgegenstände wie ein Schreibtisch, ein Tisch und Stühle wurden zur Verfügung gestellt. Wenn aber jemand der *Enterprise* zugewiesen wurde, hatte er die Möglichkeit, die Standardmöbel der Sternenflotte durch persönliche Gegenstände zu ersetzen. Die meisten Besatzungsmitglieder entschieden sich dafür, vor allem wenn sie nicht von der Erde stammten.

Offiziere über dem Rang des Lieutenants hatten individuelle Quartiere mit Einzelbetten. Temperatur und Licht wurden vom Computer gesteuert.

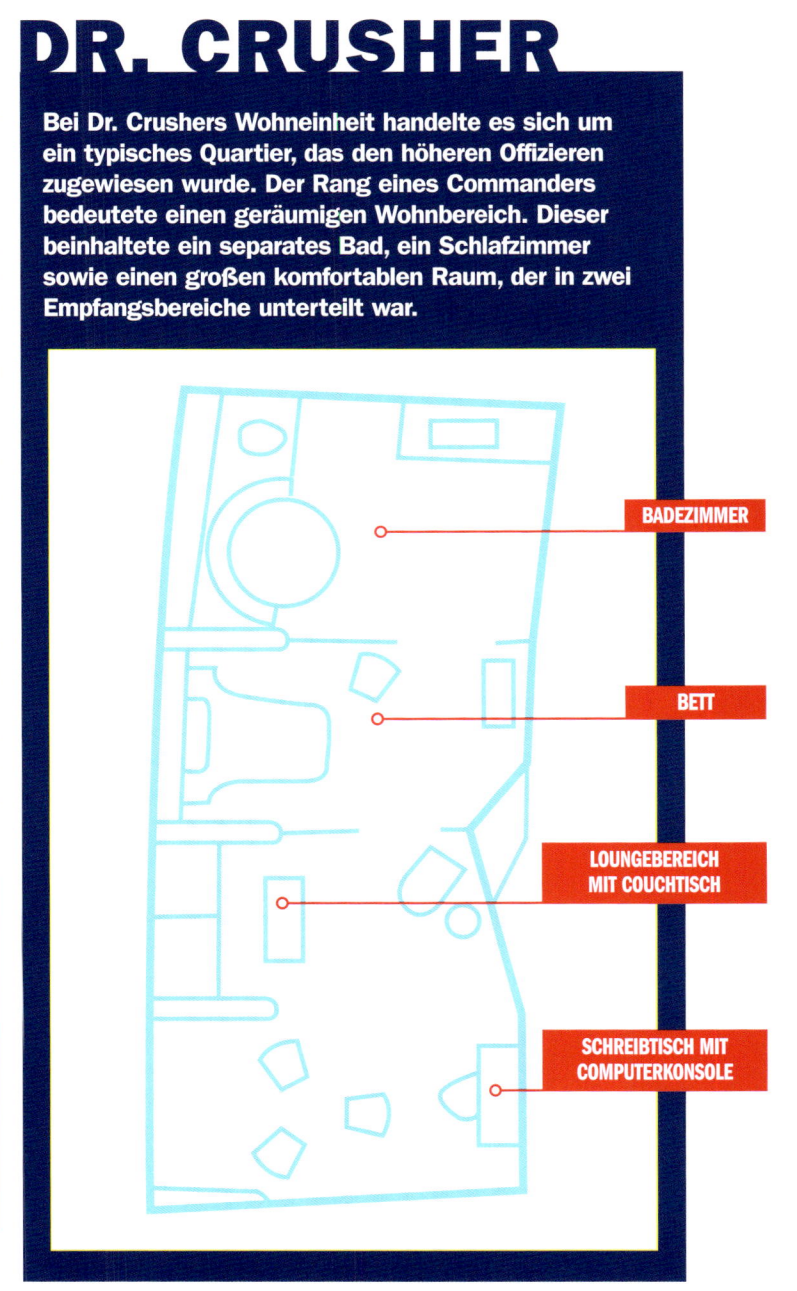

DR. CRUSHER

Bei Dr. Crushers Wohneinheit handelte es sich um ein typisches Quartier, das den höheren Offizieren zugewiesen wurde. Der Rang eines Commanders bedeutete einen geräumigen Wohnbereich. Dieser beinhaltete ein separates Bad, ein Schlafzimmer sowie einen großen komfortablen Raum, der in zwei Empfangsbereiche unterteilt war.

- BADEZIMMER
- BETT
- LOUNGEBEREICH MIT COUCHTISCH
- SCHREIBTISCH MIT COMPUTERKONSOLE

Dr. Crusher bereitete sich darauf vor, ihren Mentor Dr. Dalen Quaice in den VIP-Gästequartieren zu empfangen. Diese befanden sich am Rand der Untertassensektion, damit sie einen guten Blick auf den Weltraum boten. Sie waren komfortabel eingerichtet und standen für den Besuch von Würdenträgern zur Verfügung.

Die VIP-Quartiere waren so eingerichtet, dass sie dem Geschmack der meisten Gäste entsprachen. Leider stellten sie nicht immer jeden Besucher zufrieden. Die betazoidische Botschafterin Lwaxana Troi war zum Beispiel selten zufrieden mit ihrer Unterkunft.

Lieutenant Worfs Quartier zum Beispiel war eindeutig klingonisch. Weitere zwei Prozent der Quartiere ließen sich zudem umbauen, um Personal aus Umgebungen der Klasse N und N2 unterzubringen.

Obwohl Offiziere niedrigerer Ränge und Unteroffiziere nicht so viel Platz erhielten wie die höheren Offiziere, hatten auch sie die Möglichkeit, ihre privaten Wohnräume so einzurichten, dass sie ihre jeweilige Herkunft – menschlich oder außerirdisch – widerspiegelten. Wenn zwei oder drei Besatzungsmitglieder der gleichen Einheit zugewiesen waren, teilten sie sich einen gemeinsamen Wohnbereich, aber jede Person hatte ihren eigenen individuellen Schlafbereich.

ARBEIT UND FREIZEIT

Die Mannschaftsunterkünfte boten dem Personal auch einen Platz zum Arbeiten. Jede Wohneinheit war mit einem Schreibtisch und einem Computerterminal ausgestattet. Das Computersystem wurde nicht ausschließlich für die Arbeit genutzt. Man konnte ebenso auf die gesamte Musikbibliothek und aufgezeichnete Entertainmentprogramme in der Datenbank des Schiffs zugreifen. Alle Quartiere besaßen außerdem ein Kommunikationssystem, über das die Bewohner in Kontakt zum Rest der Besatzung treten sowie Subraumgespräche mit Kollegen, Freunden und Familie in anderen Sternenflotteneinrichtungen führen konnten.

Hier konnte die Besatzung außerdem privat zusammenkommen. Commander Riker veranstaltete zum Beispiel regelmäßig einen Pokerabend in seinem Quartier, an dem die meisten Mitglieder des Führungsstabs teilnahmen.

Angrenzend an die Mannschaftsquartiere gab es auf jedem Deck Erholungs- und Arbeitsbereiche. In der Nähe der Familienquartiere befanden sich auch speziell für Kinder gedachte Spielzimmer und andere Einrichtungen.

LUXUSQUARTIERE

VIP-Unterkünfte für den Besuch von Würdenträgern waren sowohl in der Untertassensektion als auch in der Antriebssektion vorgesehen. Die Haupt-VIP-Quartiere der Antriebssektion befanden sich am Backbordaußenrand von Deck 19 im verbindenden Rückgrat dieses Bereichs.

Das Quartier bestand aus einer Reihe miteinander verbundener Räume, die sich in unmittelbarer Nähe zu den Hauptturboliften des Schiffs befanden.

Lieutenant Commander Data hielt eine Katze namens Spot in seinem Quartier. Den Besatzungsmitgliedern auf der *Enterprise-D* stand es frei, Haustiere zu halten, weil die Tiere dazu beitrugen, ein Familienleben zu schaffen und Gefühle von Einsamkeit und Heimweh zu lindern.

Das Quartier der el-aurianischen Barkeeperin Guinan war ein Beispiel für extreme Veränderungen und wurde auf ihren eigenen, einzigartigen Geschmack zugeschnitten. Oben in der Untertassensektion gelegen, schuf sie einen luxuriösen Rückzugsort und tauschte sogar den Fußboden aus.

BESATZUNGSQUARTIERE

WORFS RÄUME

Offiziere mit dem Rang eines Lieutenants und eines Lieutenant Commanders hatten ebenfalls getrennte Wohn- und Schlafbereiche, wenngleich die Gesamtfläche kleiner war als die Unterkunft eines Commanders. Wie Offiziere höherer Dienstgrade hatten sie eigene Wohneinheiten und es wurde nicht erwartet, dass sie diese teilen.

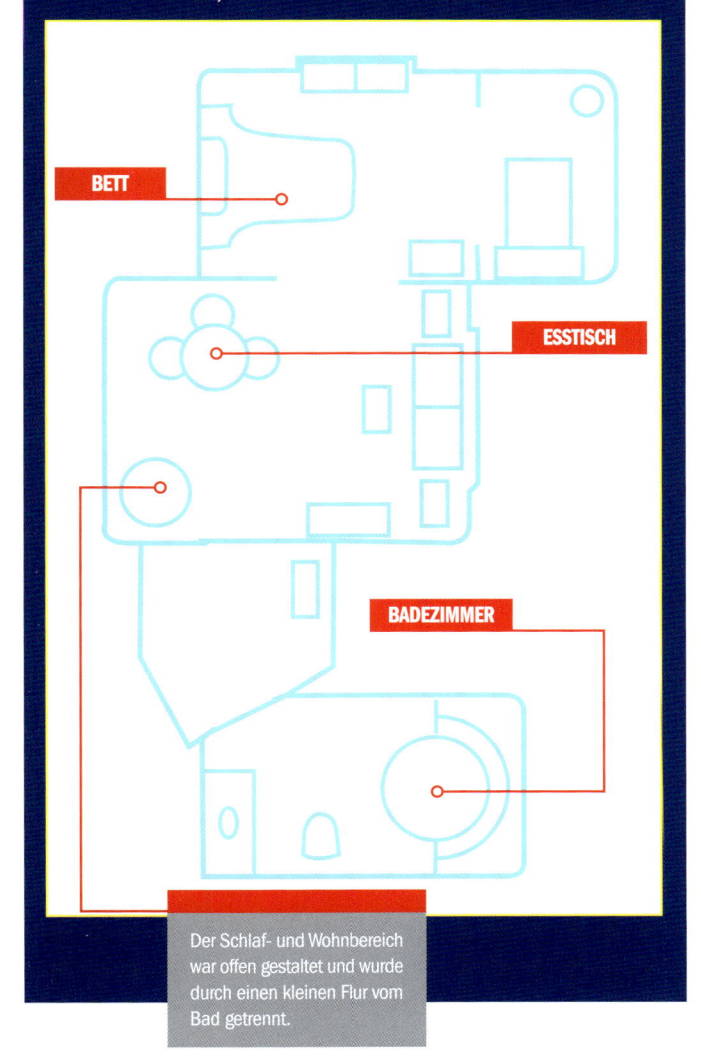

- BETT
- ESSTISCH
- BADEZIMMER

Der Schlaf- und Wohnbereich war offen gestaltet und wurde durch einen kleinen Flur vom Bad getrennt.

Würdenträger, die die *Enterprise* besuchten, wurden in drei Kategorien eingeteilt: hochrangige Offiziere der Sternenflotte, Vertreter der Föderation und bündnisfreie Regierungsvertreter oder Gäste. Die Unterbringung lag im Ermessen des Captains, und die Umgebungsbedingungen, Nahrungsreplikatoren und Sicherheitsvorkehrungen konnten an die meisten Eventualitäten angepasst werden. Sicherheit war oft ein wichtiges Thema für Würdenträger, besonders wenn das Schiff als Vermittler zwischen kriegsführenden Fraktionen fungierte. Der Erste Offizier und der Sicherheitschef teilten sich oft die Aufsichtspflichten für die VIPs.

Direkt unter den Gästequartieren auf Deck 20 befanden sich weitere VIP-Unterkünfte, die für beratende Ingenieure vorgesehen waren, die die *Enterprise* für eine Inspektion besuchten oder eine Bewertung der Schiffssysteme durchführten. Sie lagen neben dem alternativen Quartier des Captains, ermöglichten einen schnellen Zugang zum Maschinenraum und befanden sich in unmittelbarer Nähe zum Privatquartier des Chefingenieurs.

Die primären VIP-Einrichtungen befanden sich auf Deck 5 der Untertassensektion in der Mitte des ovalen Decks. Die VIP-Quartiere hatte man so konzipiert, dass sie den höchsten Einrichtungsstandard boten und im Vergleich zu den Wohnräumen der höheren Offiziere relativ luxuriös anmuteten.

Der Unterkunftsbereich innerhalb der Untertassensektion enthielt auch die Bankett- und Konferenzsuite, den höchstrangigen VIP-Raum an Bord der *Enterprise*, der sich auf der Backbordseite von Deck 12 befand.

FLEXIBLER RAUM

Insgesamt standen der *Enterprise* 1.421 Schlafplätze zur Verfügung, die bei Bedarf weiter ausgebaut oder verändert werden konnten. Große Bereiche der Decks 9, 11, 33 und 35 blieben unbesetzt, konnten aber als kurzfristige Wohnquartiere genutzt werden. Dies geschah, damit das Schiff Missionsspezialisten unterbringen konnte oder wenn es auf einen medizinischen Notfall oder eine andere Form der Evakuierung reagieren musste. Die Gästequartiere auf den Decks 5 und 6 waren so konzipiert, dass sie in zusätzliche medizinische Einrichtungen umgewandelt werden konnten. Sie hatten spezielle Anschlüsse für biomedizinische Telemetrie.

Worf entschied sich, sein Quartier mit Gegenständen zu dekorieren, die sein klingonisches Erbe widerspiegelten, darunter klingonische Kunst und Trophäen. Besatzungsmitglieder nichtmenschlichen Ursprungs konnten die Möbel auch durch Gegenstände ersetzen, die ihnen besser gefielen.

Höhere Offiziere genossen eine gewisse Privatsphäre in ihren Quartieren. Viele waren sowohl für Ehepaare als auch für Familien konzipiert. Dies half den Besatzungsmitgliedern, sich an lange Weltraummissionen fernab ihrer Heimatplaneten anzupassen.

153

QUARTIER DES CAPTAINS

Wie es sich für den kommandierenden Offizier auf einem Sternenflottenschiff gehört, war das Quartier des Captains der *U.S.S. Enterprise* NCC-1701-D großzügig und bot den gleichen Komfort wie zu Hause.

Auf Schiffen der *Galaxy*-Klasse befand sich das Quartier des Captains auf Deck 8. Die Räume bildeten einen weitläufigen Lebensbereich, der primär dem Captain zur privaten Nutzung zur Verfügung stand, aber auch für den Empfang von Gästen oder als Arbeitszimmer genutzt werden konnte. Am vordersten Rand der Untertassensektion gelegen, gewährten die Fenster einen beeindruckenden Blick ins All.

GRÖSSTES QUARTIER

Das Quartier des Captains war größer als das der anderen Besatzungsmitglieder. Die Möblierung war deshalb allerdings keineswegs luxuriöser und folgte stattdessen dem pragmatischen Design des restlichen Schiffs. Das großzügige Quartier hatte nur dezente Unterteilungen. Dadurch erzeugte man die Illusion von Weite. Die vier Hauptbereiche des Quartiers waren der Essbereich, der auch als Besprechungstisch dienen konnte, der Arbeitsbereich, eine Sitzecke mit komfortablen, einladenden Sesseln und der Schlafbereich.

ALLES AN EINEM ORT

Deck 8 beheimatete viele weitere wichtige Bereiche der *Enterprise*. Dazu gehörten die Kampfbrücke sowie die Stellarkartografie. Ziele konnten per Turbolift in Sekunden erreicht werden, was den Captain in die Lage versetzte, umgehend strategisch wichtige Bereiche zu erreichen. Dazu gehörte die Hauptbrücke, wo ihn die meisten seiner täglichen Routinen und Aufgaben erwarteten.

Gegenüber dem eher formellen Arbeitsbereich konnte der Captain auf der komfortablen Couch oder den anderen Sitzmöbeln, die sich unter den großen Fenstern befanden, entspannen.

Die Pastellfarben der Einrichtung und die Polstermöbel verliehen dem Raum ein helles und freundliches Ambiente und betonten die Weiträumigkeit.

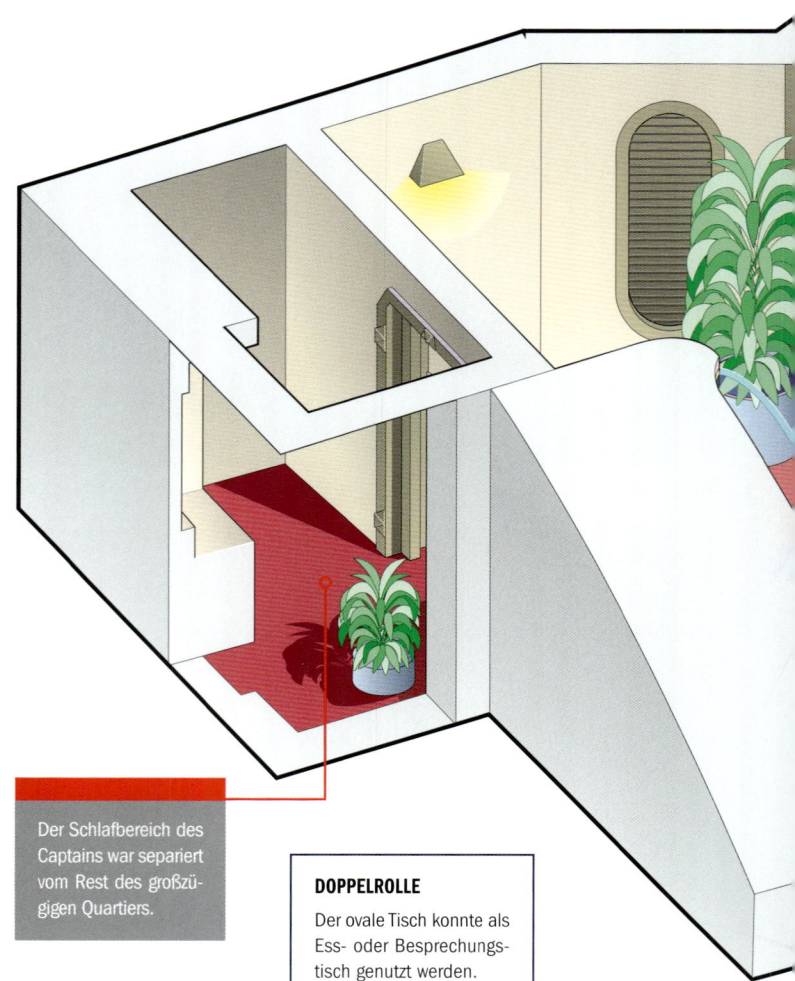

Der Schlafbereich des Captains war separiert vom Rest des großzügigen Quartiers.

DOPPELROLLE

Der ovale Tisch konnte als Ess- oder Besprechungstisch genutzt werden.

QUARTIER DES CAPTAINS

Der weite, offene Hauptbereich vermittelte ein Gefühl von Größe, bestand aber genau genommen aus einer Reihe kleinerer Räume, darunter eine Sitzecke, ein Schreibtisch sowie ein kombinierter Ess- und Besprechungstisch. Dieses ausgeklügelte System ermöglichte es, das Quartier sowohl dienstlich als auch zu privaten Zwecken zu nutzen.

DEKORATION
Captain Picard wertete die Wand hinter seinem Schreibtisch mit der Darstellung einer Sternenbasis auf.

STANDORT

Die Möbel in allen Quartieren auf der *U.S.S. Enterprise* verbanden Komfort und Funktionalität. Sie wurden robust genug für lange Missionen im All gefertigt.

Die Eingangstür führte direkt in einen Korridor, von wo aus es nur ein kurzer Weg zum nächsten Turbolift war.

155

REPLIKATOREN

Zu Beginn des Raumfahrtzeitalters musste sich die Besatzung mit Lebensmittelkonzentraten oder altmodisch gekochten Mahlzeiten zufriedengeben. Auf der *U.S.S. Enterprise* NCC-1701-D sorgten Replikatoren für eine leckere Alternative mit niedrigem Energieverbrauch.

Die Rohmasse wurde in die ausgewählten Lebensmittel umgewandelt und erschien in der Phasenübergangskammer.

Bei einem Replikator handelte es sich um ein Gerät, das mit einem niedrigauflösenden Transporter ausgestattet war. Er verwandelte Rohmasse in ein beliebiges unbelebtes Objekt, solange dessen Molekularvorlage im Speicher vorhanden war. Replikatortechnologie wurde in der ersten Hälfte des 24. Jahrhunderts eingeführt und veränderte die Raumfahrt grundlegend.

Auf Raumschiffen gab es im Allgemeinen zwei Replikatorsysteme: Nahrungsreplikatoren und Hardwarereplikatoren. Auf Raumschiffen der *Galaxy*-Klasse wie der *U.S.S. Enterprise* NCC-1701-D befand sich die Kopfstelle des Replikatorsystems auf Deck 12 im Untertassenmodul und im Hauptmaschinenraum auf Deck 34. Man griff mit Replikatorterminals auf das System zu.

WEITERE SYSTEME

In einigen Abteilungen kamen auch Spezialterminals zum Einsatz, zum Beispiel die medizinischen Replikatoren in der Krankenstation, die seltene Medikamente und Instrumente herstellten.

Der im Maschinenraum eingebaute Hardwarereplikator stellte Teile und Werkzeug her. Trotzdem wurden die wichtigsten Ersatzteile an Bord aufbewahrt, da es in Notlagen zu einem Ausfall der Replikatoren kommen konnte.

Im Replikationszentrum lockte ein kommerzieller Replikator die Besatzung mit Dingen, die normale Geräte nicht bieten konnten. In der Abfallentsorgungsabteilung setzte man im größtenteils automatisierten Recyclingsystem Replikatoren ein, um gefährlichen Giftmüll in inaktive Masse und gereinigte Abfallprodukte in rohe, recyclebare Materie zu verwandeln.

ESSEN UND TRINKEN

Dem Replikator eine Mahlzeit zu entlocken war zwar simpel, wirkte aber fast wie ein Wunder. Das Besatzungsmitglied stand vor dem Replikatorterminal und gab seinen Essenswunsch entweder per Stimmbefehl oder über einen Touchscreen ein.

Dieser Wunsch wurde mit den über 4.500 in der Datenbank gespeicherten Vorlagen verglichen. Wenn es die Vorlage im Speicher gab, dematerialisierte der Nahrungsreplikator eine angemessene Menge einer speziellen Rohmasse, die für diesen Zweck vorgesehen war. Diese Masse wurde an das Terminal geschickt, wo sie als Mahlzeit in der Phasenübergangskammer auftauchte. Dieser Vorgang dauerte nur wenige Sekunden.

Bei dem Rohmaterial für den Nahrungsreplikator handelte es sich um eine sorgfältig entwickelte organische

ERWEITERTE SPEISEKARTE AUF KNOPFDRUCK

Die zahlreichen Nahrungsreplikatoren, die es auf Raumschiffen gab, konnten an den Geschmack und die Bedürfnisse eines Besatzungsmitglieds angepasst werden. Üppige Gerichte, leichte Snacks oder ein heißes Getränk wurden in wenigen Sekunden hergestellt.

Das Terminal war einfach zu bedienen. Man musste nur die gewünschte Mahlzeit aus einer von mehreren Tausend Kombinationen auswählen, die in den umfangreichen Datenbanken des Replikators gespeichert waren.

Sekunden nach dem Aufgeben der Bestellung wurde die Rohmasse im System in das gewünschte Essen oder Getränk umgewandelt und materialisierte sich flimmernd.

Das gewünschte Objekt konnte schlicht oder aufwendig sein, ganz wie der Benutzer es wünschte. Der Replikator stellte dabei nicht nur das Essen oder Getränk her, sondern auch Besteck, Geschirr und Behälter. Diese Gegenstände wurden nach der Benutzung vom Replikator recycelt.

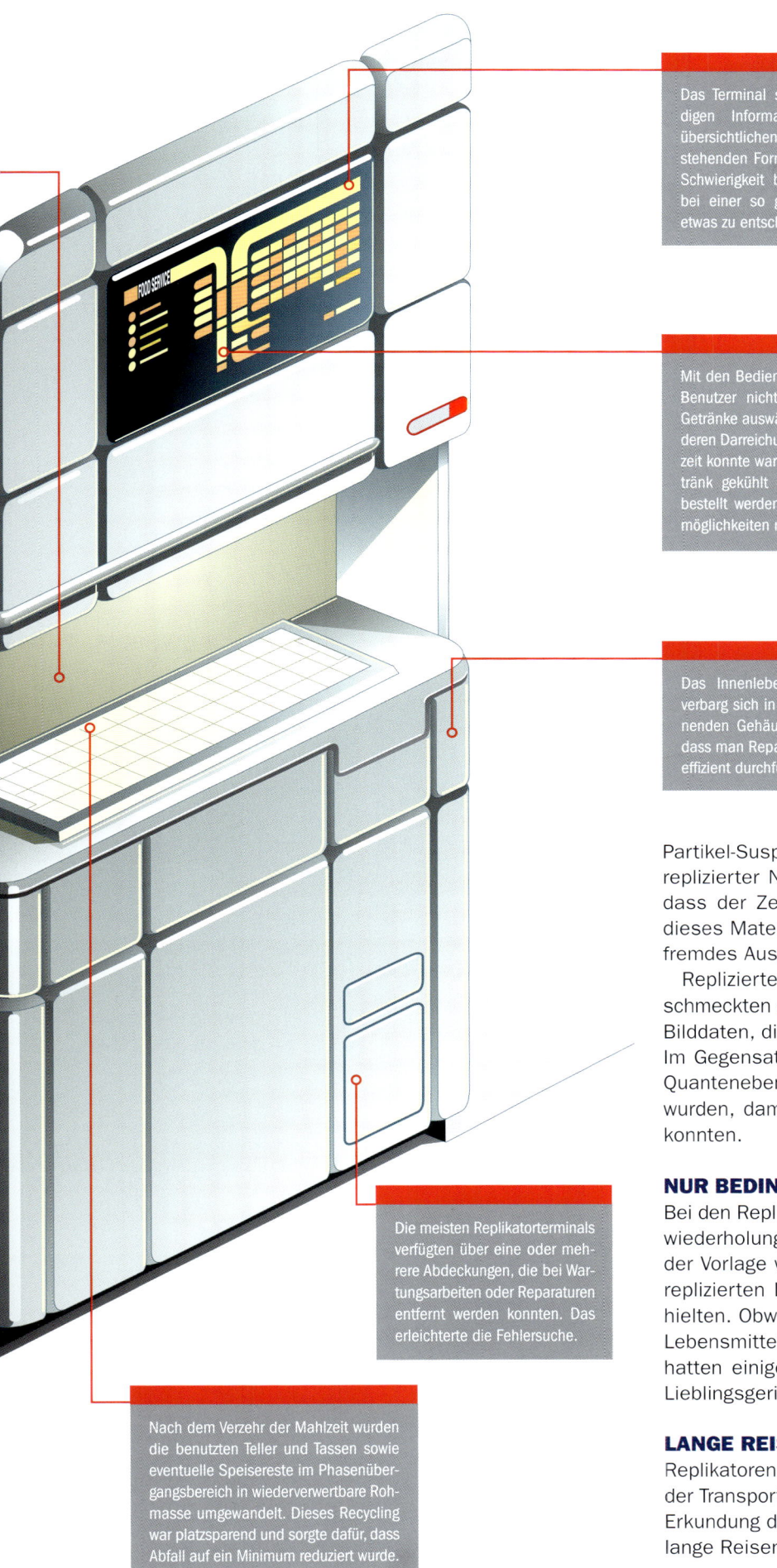

REPLIKATOREN

Das Terminal stellte alle notwendigen Informationen in einem übersichtlichen und leicht zu verstehenden Format dar. Die einzige Schwierigkeit bestand darin, sich bei einer so großen Auswahl für etwas zu entscheiden.

Replikatoren, die synthetische Lebensmittel herstellten, gab es im 24. Jahrhundert auf fast allen Raumschiffen. Durch diese moderne Technologie konnte man die altmodischen und unhygienischen Kombüsen abschaffen und durch ein bequemes, sauberes System ersetzen, das deutlich mehr Auswahl bot.

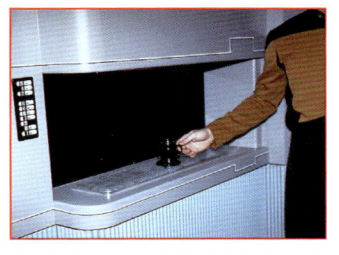

Mit den Bedienelementen konnten Benutzer nicht nur Speisen und Getränke auswählen, sondern auch deren Darreichungsform. Eine Mahlzeit konnte warm oder kalt, ein Getränk gekühlt oder kochend heiß bestellt werden, was die Auswahlmöglichkeiten noch erweiterte.

Das Innenleben des Replikators verbarg sich in einem leicht zu öffnenden Gehäuse, was bedeutete, dass man Reparaturen schnell und effizient durchführen konnte.

Es gab unterschiedliche Replikatoren je nach Standort und Hauptfunktion. Bei diesem befand sich das Bedienfeld an der Seite der Phasenübergangskammer und nicht darüber wie bei den größeren Modellen.

Die meisten Replikatorterminals verfügten über eine oder mehrere Abdeckungen, die bei Wartungsarbeiten oder Reparaturen entfernt werden konnten. Das erleichterte die Fehlersuche.

Nach dem Verzehr der Mahlzeit wurden die benutzten Teller und Tassen sowie eventuelle Speisereste im Phasenübergangsbereich in wiederverwertbare Rohmasse umgewandelt. Dieses Recycling war platzsparend und sorgte dafür, dass Abfall auf ein Minimum reduziert wurde.

Partikel-Suspensionsmaterie mit einer Struktur, die der von replizierter Nahrung stark ähnelte. Damit wurde garantiert, dass der Zeit- und Energieaufwand für die Reorganisation dieses Materials nur einen Bruchteil dessen betrug, was für fremdes Ausgangsmaterial nötig gewesen wäre.

Replizierte Lebensmittel sahen zwar aus wie echte und schmeckten auch so, aber die Vorlagen enthielten nur digitale Bilddaten, die auf molekularer Ebene erstellt worden waren. Im Gegensatz dazu nutzten die Transporter Messungen auf Quantenebene, die im digitalen Bildformat abgespeichert wurden, damit Lebewesen das System gefahrlos benutzen konnten.

NUR BEDINGT FEINSCHMECKERTAUGLICH

Bei den Replikatorvorlagen setzte man Tricks wie Anweisungswiederholungen und Mittelwertbildung ein, um die Größe der Vorlage weiter zu reduzieren. Der Nachteil war, dass die replizierten Lebensmittel oft zahlreiche Einzelbit-Fehler enthielten. Obwohl der Geschmack und der Nährstoffgehalt der Lebensmittel im Wesentlichen davon unbeeinflusst blieben, hatten einige Besatzungsmitglieder den Eindruck, dass ihr Lieblingsgericht »nicht ganz wie sonst« schmeckte.

LANGE REISEN

Replikatoren sind zwar oft nur eine Fußnote in der Geschichte der Transportertechnologie, aber man sollte ihre Rolle bei der Erkundung des Alls nicht unterschätzen. Kurz gesagt wurden lange Reisen erst durch Replikatoren praktikabel.

SENSOR-SYSTEME

Die vordringlichste Mission der *U.S.S. Enterprise* NCC-1701-D war es, unerforschte Bereiche der Galaxis zu erkunden. Das Flaggschiff war dazu mit der fortschrittlichsten Technologie in der Föderation ausgerüstet.

Die *U.S.S. Enterprise* NCC-1701-D wurde mit einer bemerkenswerten Bandbreite an Sensorsystemen ausgestattet, die der Mannschaft wichtige Informationen über Weltraumphänomene, Planeten oder Lebensformen zur Verfügung stellten. Das Schiff besaß dazu viele verschiedene Sensorphalangen, die sich auf der Außenhülle befanden.

Drei äußerst unterschiedliche Typen dieser Phanlaxen hatte man auf der *Enterprise* installiert. Jede war für einen bestimmen Zweck und für eine bestimmte Funktion gedacht: Langstreckensensoren, seitliche Sensoren und Navigationssensoren.

LANGSTRECKENSENSOREN

Die Langstreckensensorphalanx befand sich direkt hinter dem Hauptdeflektor ganz vorne an der Antriebssektion. Die normale Betriebsreichweite der Langstreckensensoren betrug ungefähr fünf Lichtjahre voraus bei höchster Auflösung. Bei niedriger Auflösung konnte die Reichweite bis auf 17 Lichtjahre ausgeweitet werden. Die wichtigste Aufgabe bestand darin, das Schiff vor interstellaren Trümmern auf der Flugroute zu schützen, die das Schiff selbst bei Unterlichtgeschwindigkeit gefährden konnten.

◀ Langstreckensensoren suchten die Flugroute der Enterprise ab und sollten Objekte finden, die sich direkt im Kurs des Schiffs befanden.

◀ Die seitlichen Sensoren informierten ständig über die Bedingungen in der näheren Umgebung des Schiffs. Dazu waren die Sensoren überall auf der Hülle angeordnet.

SEITLICHE SENSOREN

Wie die menschliche Haut wurde auch die Hülle der Enterprise durch verschiedene Sensorphalangen jederzeit in die Lage versetzt, Veränderungen in der Umgebung sofort wahrzunehmen und zu messen. Jede Phalanx bestand aus vielen individuellen Sensorpaletten. Es gab 144, die sich sowohl auf der Untertassensektion als auch auf der Antriebssektion befanden. Insgesamt standen 284 Palettenpositionen zur Verfügung; spezielle Paletten konnten zudem je nach Mission zusätzlich installiert werden.

NAVIGATIONSSENSOREN

Verschiedene Navigationssensoren fütterten den Navigationscomputer stetig mit großen Datenmengen. Diese Daten wurden dann in interpretierbare Daten umgewandelt, die Aufschluss über Position und Geschwindigkeit gaben. Hierzu gab es zwei verschiedene Arten von Navigationssensoren auf der Enterprise: Langstreckensensoren nutzte man, wenn das Schiff sich im offenen Raum befand. Dies war meist bei Warpgeschwindigkeit der Fall. Innerhalb eines Sternensystems sowie im Orbit eines Planeten kamen hingegen die Kurzstreckensensoren zum Tragen.

◀ Navigationssensoren erlaubten es der Enterprise, sicher um Planeten und andere Himmelskörper zu navigieren.

SENSORSYSTEME

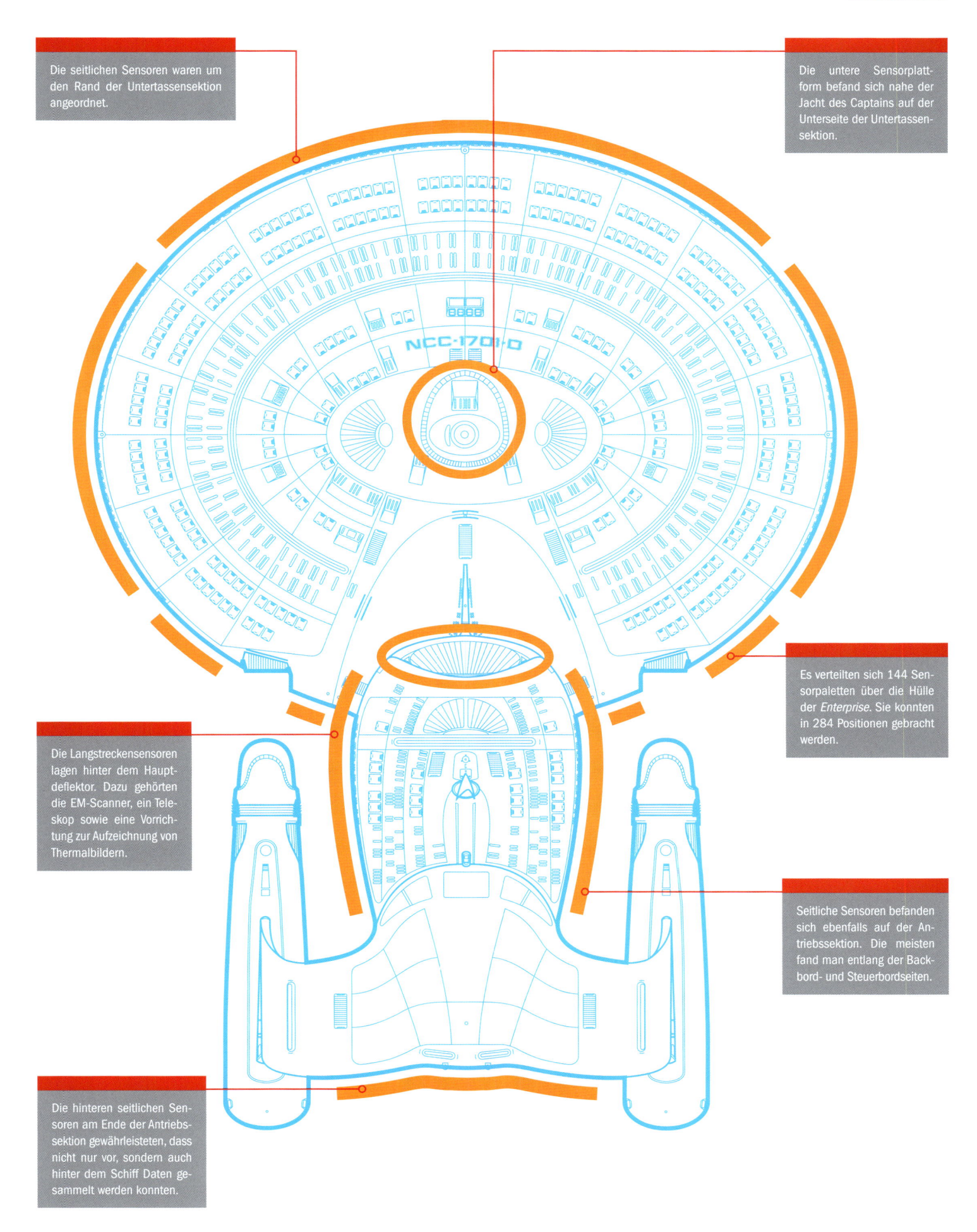

Die seitlichen Sensoren waren um den Rand der Untertassensektion angeordnet.

Die untere Sensorplattform befand sich nahe der Jacht des Captains auf der Unterseite der Untertassensektion.

Es verteilten sich 144 Sensorpaletten über die Hülle der *Enterprise*. Sie konnten in 284 Positionen gebracht werden.

Die Langstreckensensoren lagen hinter dem Hauptdeflektor. Dazu gehörten die EM-Scanner, ein Teleskop sowie eine Vorrichtung zur Aufzeichnung von Thermalbildern.

Seitliche Sensoren befanden sich ebenfalls auf der Antriebssektion. Die meisten fand man entlang der Backbord- und Steuerbordseiten.

Die hinteren seitlichen Sensoren am Ende der Antriebssektion gewährleisteten, dass nicht nur vor, sondern auch hinter dem Schiff Daten gesammelt werden konnten.

SENSOR-WARTUNGSRAUM

Um sicherzustellen, dass jeder Sensor auf einem Sternenflottenschiff optimal funktionierte, konnte der Zustand jeder Einrichtung kontrolliert und bei Bedarf verändert werden. Dies geschah direkt im Sensorwartungsraum.

Für ihre wissenschaftlichen Forschungsmissionen waren Raumschiffe wie die U.S.S. Enterprise NCC-1701-D mit einer Vielzahl an Sensoren ausgestattet. Sensorphalangen befanden sich überall auf dem Schiff, auf der Hülle der Antriebssektion wie auch der Untertassensektion. Jede dieser Phalangen bestand aus sechs Sensorpaletten, die verschiedene Scanner enthielten. Insgesamt gab es 144 Sensorpaletten, die allesamt mit dem Sensorwartungsraum durch eine Reihe von Optischen Datennetzwerkverbindungen (ODN-Verbindungen) verknüpft waren. Von hier aus konnten die Offiziere den Zustand jeder Sensorpalette kontrollieren und korrigieren.

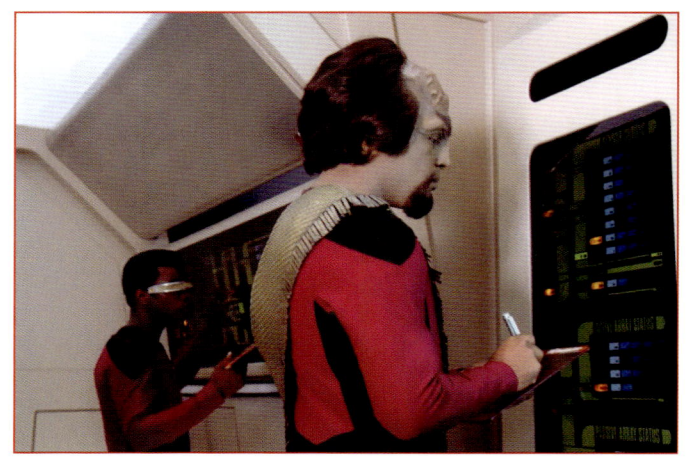

SENSORWARTUNG

Die Wartung der Sensoren lag in den Händen des Steuermanns, der auf die Daten der Sensoren zugreifen musste, um einen effizienten Kurs zu programmieren. Führt man sich jedoch vor Augen, dass alle drei Arten von Sensoren auf dem Schiff, die Langstreckensensoren rund um den Hauptdeflektor, die seitlichen Sensoren auf der Hülle sowie die Navigationssensoren, ständig im Einsatz waren, war ein gewisses Maß an Abweichungen unvermeidlich. Die dem Sensorwartungsraum zugeteilten Teams stellten daher sicher, dass sich alles in akzeptablen Grenzen abspielte, indem sie die Sensoren stetig prüften und nachjustierten. Dazu standen ihnen insgesamt drei Konsolen im Raum zur Verfügung.

Techniker, die im Sensorwartungsraum ihren Dienst verrichteten, nutzten eine Art von Eingabestift, um das Finetuning der Sensoren vorzunehmen.

Führungsoffiziere besuchten den Sensorwartungsraum, um die Einstellungen der Sensoren zu verändern.

Der Zugang zum Sensorwartungsraum.

Es gab nur eine Arbeitsstation im Sensorwartungsraum der *Enterprise*, die die Besatzung zur Arbeit an den Sensoren nutzen konnte.

SENSORWARTUNGSRAUM

Ein großer Computermonitor befand sich an der Wand hinter der zentralen Arbeitsstation. Er wurde von Technikern genutzt, um Sensoranalysen durchzuführen.

Kleine Tischcomputer führten Diagnosen der verschiedenen Sensoren auf der Enterprise durch.

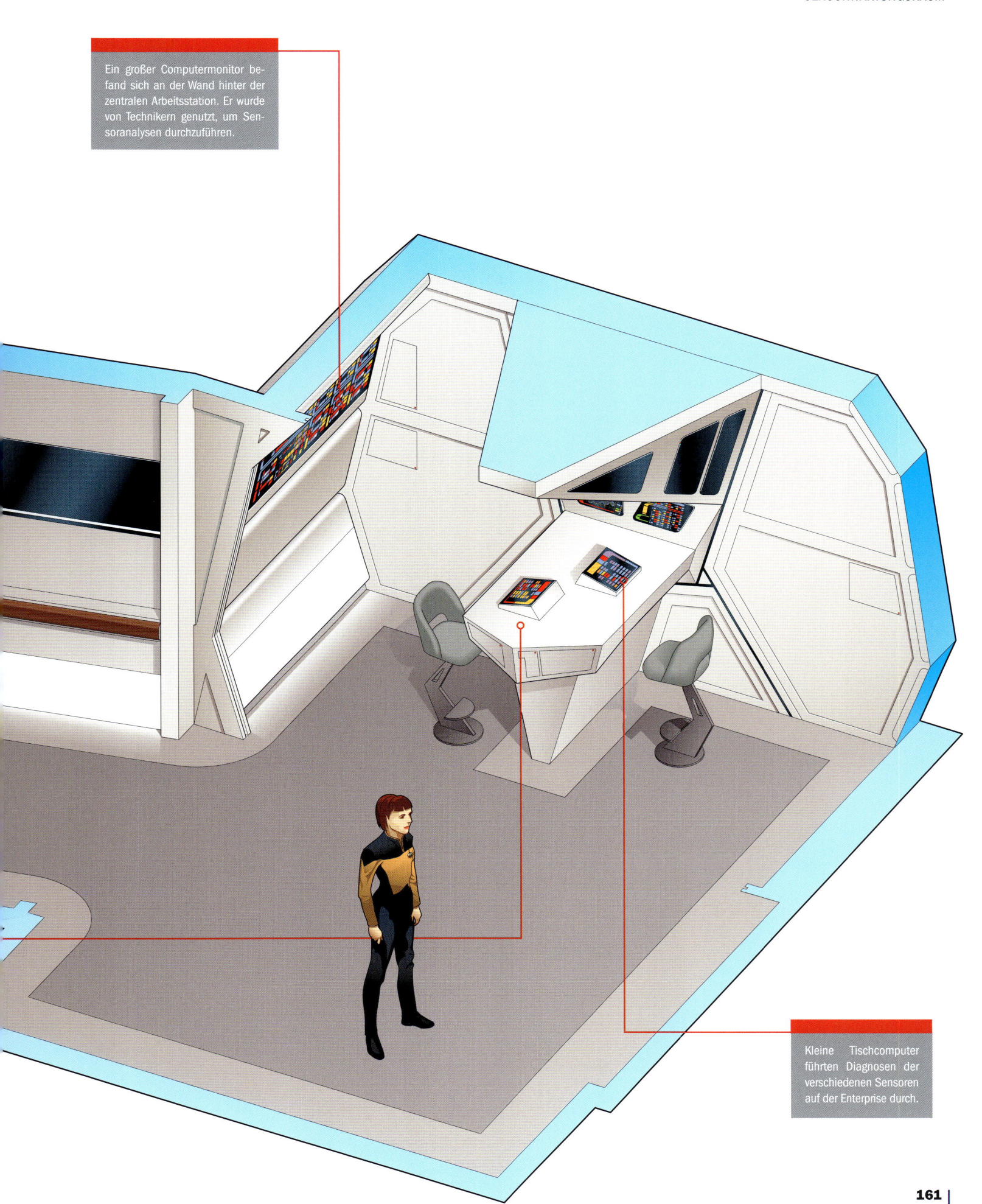

161

HAUPT-KRANKENSTATION

Die Krankenstation der *U.S.S. Enterprise* war mit hochentwickelten Diagnoseinstrumenten und Biosensoren ausgestattet, die die meisten medizinischen Probleme der aus verschiedenen Spezies bestehenden Besatzung des Schiffs behandeln konnten.

Die medizinische Abteilung auf der *U.S.S. Enterprise* befand sich auf Deck 12 und war in zwei Krankenstationen unterteilt. Die Hauptkrankenstation befand sich auf der Backbordseite des Schiffs und verfügte über einen Raum mit einer Reihe von Biobetten (einschließlich eines chirurgischen Biobetts), ein Labor, das Büro des leitenden medizinischen Offiziers und eine Kinderstation. Eine zweite Krankenstation befand sich auf der Steuerbordseite von Deck 12 und verfügte über zwei Operationssäle, eine Physiotherapie-Einrichtung, eine Schwerelosigkeitstherapiestation und eine weitere Kinderstation.

Die Krankenstation musste in der Lage sein, zahlreiche Lebensformen zu behandeln, und wurde daher mit fortschrittlicher Untersuchungs- und Analysetechnik ausgestattet; die medizinischen Laborkapazitäten konnten zudem durch die Labore der anderen Wissenschaftsabteilungen ergänzt werden.

BIOBETTEN

Die orthopädisch gestalteten Biobetten im Hauptraum waren mit einer Reihe von Biosensoren versehen, während das zentrale Biobett mit einem chirurgischen Stützrahmen bestückt war, der eine sterile Umgebung aufrechterhielt und Instrumente für die Diagnose und Genesung bereitstellte. Ein zusätzlicher Sensor wurde in die Decke über dem Biobett eingebaut. Dieser diente als Ersatz für den chirurgischen Stützrahmen und konnte eine semisterile Umgebung für den sich erholenden Patienten schaffen.

Diese Tür führte zum medizinischen Labor.

Die großzügige Krankenstation auf Deck 12 bot Dr. Crusher und ihrem medinischen Team viel Platz zum Arbeiten.

Beverly Crusher wurde 2364 zum leitenden medizinischen Offizier der *U.S.S. Enterprise* NCC 1701-D ernannt, ließ sich aber 2365 für ein Jahr beurlauben.

Im Jahr 2365 kam Dr. Pulaski als Ersatz für Dr. Crusher auf die *U.S.S. Enterprise*. Pulaskis medizinische Fähigkeiten wurden durch ihre Empathie für ihre Patienten nur noch verbessert.

Die Eingangstüren zur Krankenstation führten in einen Warteraum vor dem Privatbüro des Chefarztes.

Über dem zentralen Biobett war eine chirurgische Deckenleuchte eingebaut. Diese Leuchte beherbergte auch eine Reihe von Biosensoren und ein Kraftfeld mit niedriger Energie.

Das zentrale Biobett der Krankstation war mit einem chirurgischen Stützrahmen versehen, der ein steriles Operationsfeld um den Körper des Patienten schuf.

HAUPTKRANKENSTATION

Die Wand war mit Biosensordisplays ausgestattet.

Diese Tür führte zur sekundären medizinischen Station.

STANDORT

PERSONALLEITLINIEN

Die Krankenstation musste zu jeder Zeit von mindestens vier medizinischen Mitarbeitern besetzt sein, von denen einer über eine vollständige Ausbildung in Notfallmedizin verfügen musste.

BÜRO DES CHEFARZTES

Dieses Büro verfügte über einen großen Schreibtisch, einen Replikator, ein Standardterminal für den Zugriff auf die medizinische Bibliothek und ein Elektronenmikroskop, mit dem sich Zellscans erstellen ließen.

Diagnostische Biobetten, die mit biologischen Sensoren bestückt waren, standen an den Wänden.

163

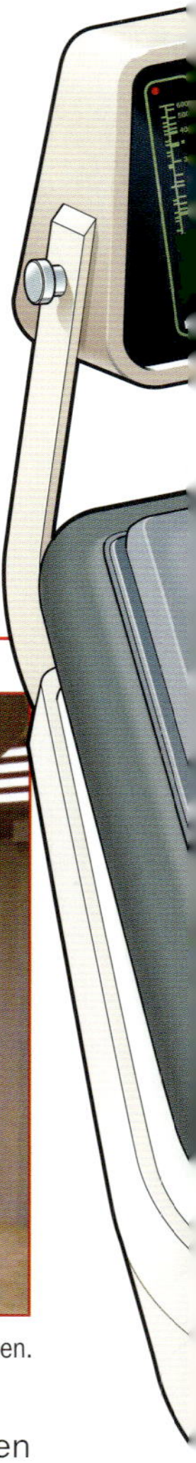

DIAGNOSTISCHES BIOBETT

Die Hauptkrankenstation der *U.S.S. Enterprise*-D war mit vier Standardbiobetten ausgestattet, um das medizinische Personal bei der Diagnose und der Behandlung einer großen Bandbreite von Verletzungen und Krankheiten zu unterstützen.

Das medizinische Personal der *U.S.S. Enterprise* verließ sich bei der Diagnose und Überwachung von Patienten auf Biobetten. Diese Diagnosebetten waren mit einer Reihe von Biofunktionssensoren ausgestattet, die wiederum eine Fülle von Informationen über den Zustand des Patienten liefern konnten. Ein Monitor am Kopfende des Betts zeigte ständig grundlegende Informationen über Vitalparameter wie Körpertemperatur, Blutdruck und Atmung des Patienten an. Weitere, detailliertere Informationen ließen sich abrufen, indem die Sensoren des Betts mit einer Vielzahl medizinischer Ferninstrumente, wie z. B. einem Trikorder, verbunden wurden.

Das Standardbiobett bot auch diverse Anschlussmöglichkeiten für medizinische Gas- und Flüssigkeitseinheiten. Hierzu gehörte der chirurgische Stützrahmen, der neben zahlreichen anderen Funktionen eine sterile Umgebung während der Operation garantierte und über den intravenös Medikamente verabreicht werden konnten.

Unter normalen Umständen wurde das zentrale Biobett für Operationen verwendet, während die Standardbiobetten, die sich an den Wänden der Hauptkrankenstation befanden, im Allgemeinen für die Erholung nach chirurgischen Eingriffen genutzt wurden. Um lange Aufenthalte in diesen Betten für die Patienten angenehmer zu gestalten, besaßen sie eine neigbare Kopfstütze.

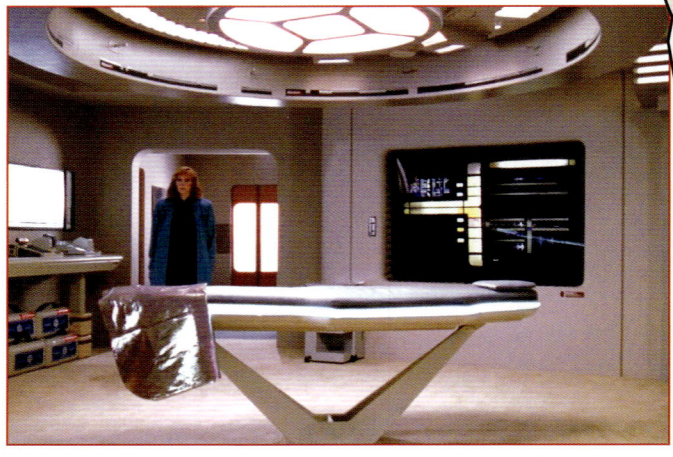

Das Biobett in der Mitte der Krankenstation diente zur Durchführung größerer Operationen.

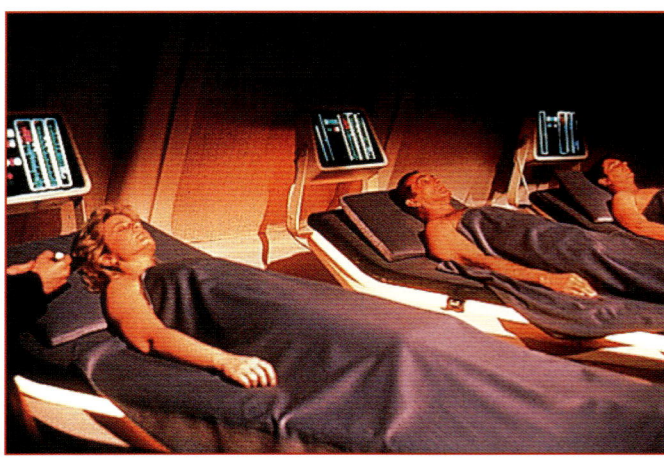

Die Hauptkrankenstation der *Enterprise* verfügte über Aufwachbetten für vier Personen. Außerdem gab es weitere medizinische Einrichtungen, die sich an verschiedenen Orten des Schiffs befanden.

Das orthopädisch gestaltete Bett war speziell angewinkelt, um den Patienten zu stützen.

Das Biobett war eine fest stehende Einheit, die nicht bewegt werden konnte.

Eine beleuchtete Leiste war um das Biobett herum angebracht.

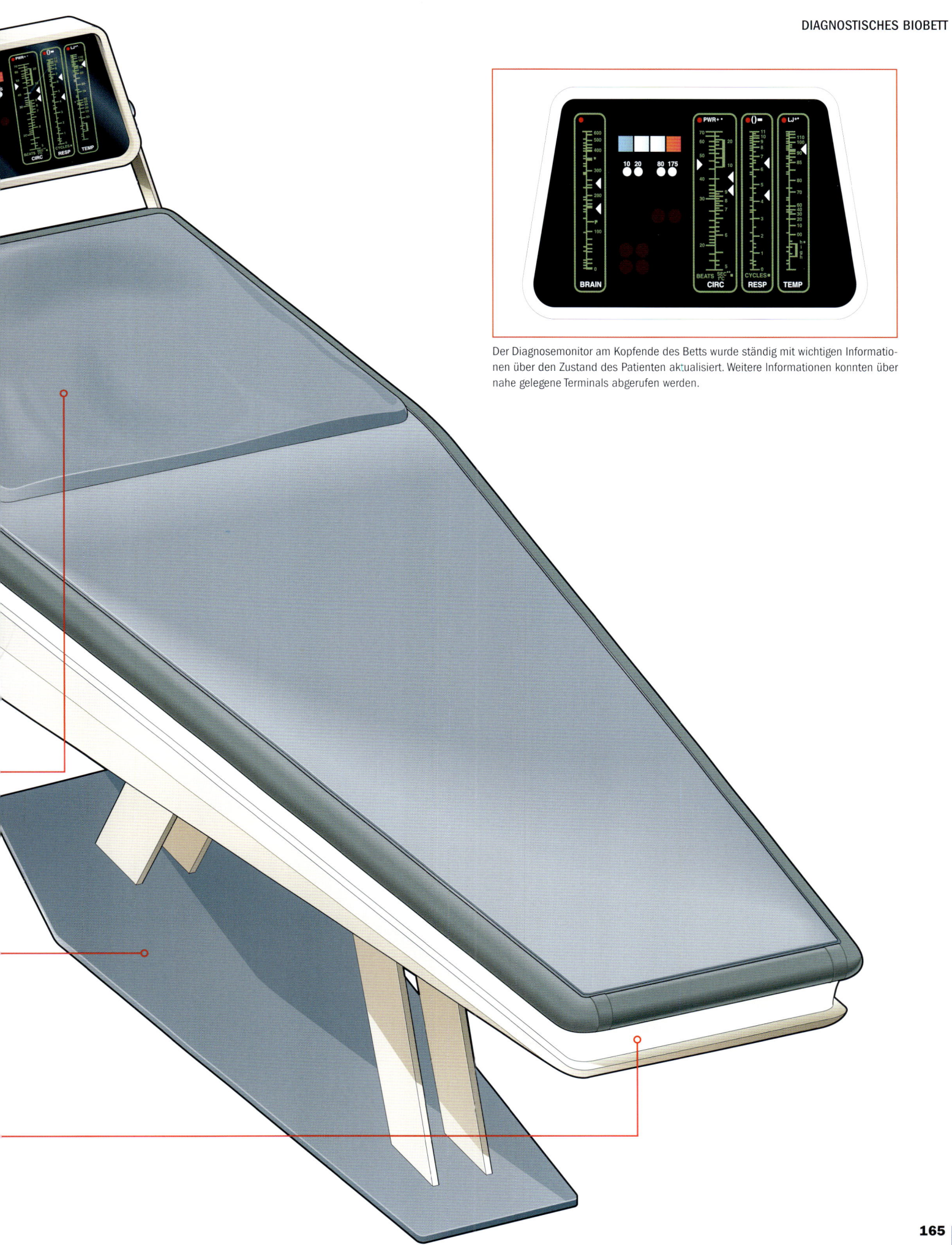

DIAGNOSTISCHES BIOBETT

Der Diagnosemonitor am Kopfende des Betts wurde ständig mit wichtigen Informationen über den Zustand des Patienten aktualisiert. Weitere Informationen konnten über nahe gelegene Terminals abgerufen werden.

165

CHIRURGISCHES BIOBETT

Komplexere medizinische Prozeduren benötigten ein hochentwickeltes Equipment. Die U.S.S. Enterprise NCC-1701-D war für solche großen Operationen mit einem chirurgischen Biobett ausgestattet.

Fast alle chirurgischen Eingriffe konnten auf einem Standardbiobett mit einem chirurgischen Stützrahmen durchgeführt werden. Die Enterprise war aber auch mit chirurgischen Biobetten ausgerüstet, die für einige kompliziertere Eingriffe benötigt wurden. Hierzu gehörte etwa die Operation, die Dr. Toby Russell im Jahr 2368 durchführte, um Worfs Rückenmark zu ersetzen.

Diese Biobetten funktionierten nach dem gleichen Prinzip wie ihre Gegenstücke auf der Hauptkrankenstation. Sie enthielten jedoch ausgefeiltere Sensoren und eine erweiterte Rahmeneinheit, die den gesamten Körper des Patienten abdecken konnte. Ferner erzeugte sie ein breiteres steriles Umfeld, das bei großen Operationen benötigt wurde. Der verschiebbare Diagnoserahmen stellte einen der beeindruckendsten Bestandteile des Bettes dar. Dieser lieferte unglaublich detaillierte Informationen über den zu operierenden Bereich. Ein Sensorcluster über dem Bett stellte zusätzliche Diagnose- und Vitalfunktionsinformationen bereit.

OP-TISCH

Das chirurgische Biobett wurde zur Behandlung von schwer verletzten Patienten genutzt, die sich einer größeren Operation unterziehen mussten, weil es effektiver die Lebenserhaltung sichern konnte.

Das Bett konnte eine Fülle von Diagnoseinformationen anzeigen.

Das chirurgische Biobett stand isoliert von den anderen Betten. Auf diese Weise konnten mehrere Chirurgen an einem Eingriff teilnehmen.

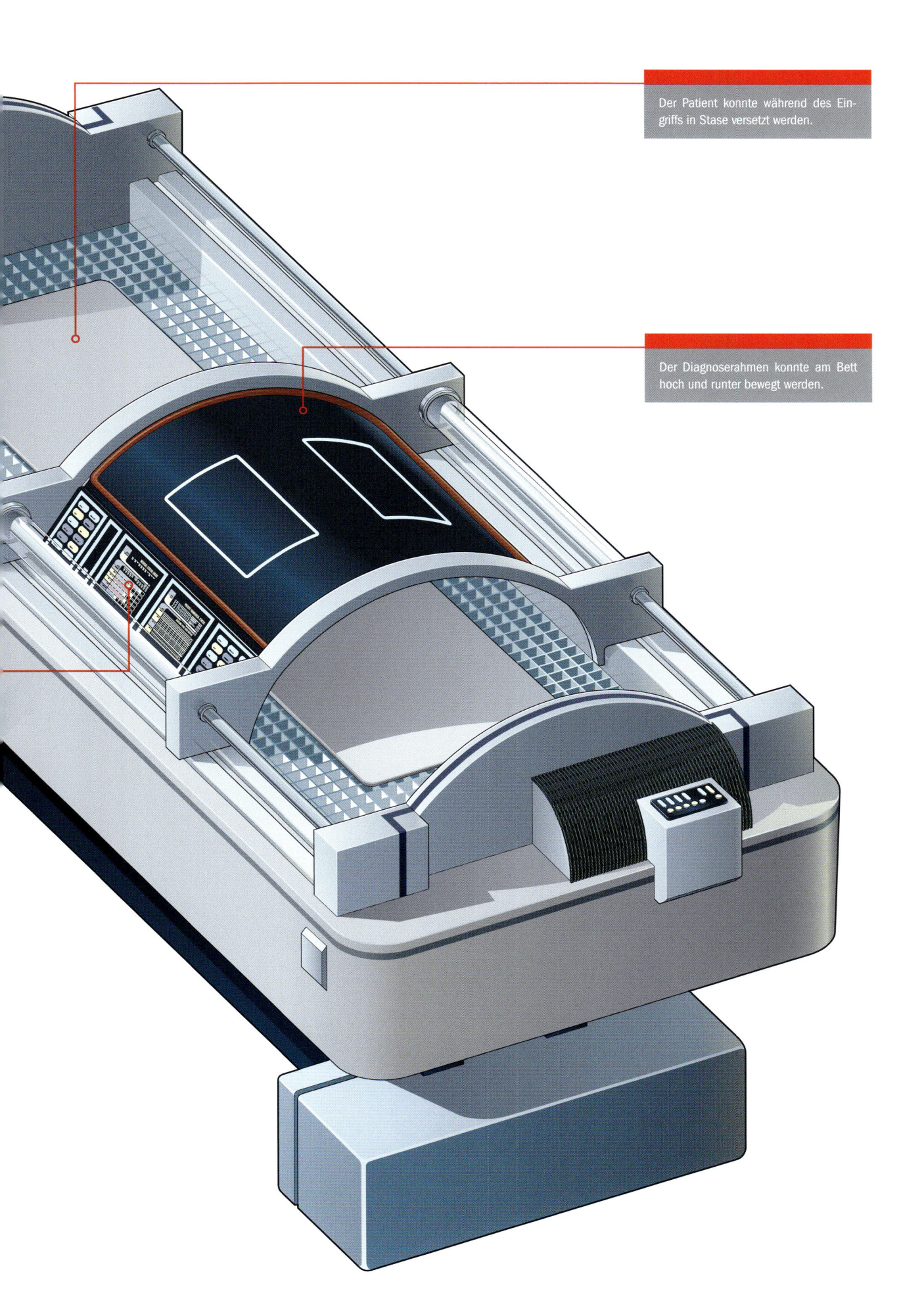

CHIRURGISCHES BIOBETT

Der Patient konnte während des Eingriffs in Stase versetzt werden.

Der Diagnoserahmen konnte am Bett hoch und runter bewegt werden.

167

U.S.S. ENTERPRISE NCC-1701-D

MEDIZINISCHES HYPOSPRAY

Das Hypospray ist eine hygienische, schmerzfreie und schnelle Möglichkeit, Medikamente mittels eines mikroskopischen Hochdruckstrahls in den Blutkreislauf des Patienten zu befördern.

Das Hypospray aus dem 24. Jahrhundert ging aus einem primitiven Gerät hervor, das sich Injektionsnadel nannte. Beide Instrumente dienten der Injektion einer Suspension in den Körper. Während die Spritze dieses Ziel jedoch mit einer feinen Hohlnadel erreichte, kam das Hypospray ohne eine Nadel aus, sodass die Prozedur schmerzfrei verlief.

Das Hypospray wurde fest an den Arm oder den Hals des Patienten gedrückt und ein Auslöser am Kopf des Gerätes betätigt. Dadurch wandelte sich das Medikament in einen mikroskopisch feinen Hochdruck-Aerosolsuspensionsstrom um, der sowohl die Kleidung als auch die Epidermis durchdringen konnte, um in den Patienten zu gelangen.

Das Hypospray konnte für eine breitere Distribution eingestellt werden, wenn eine hohe Absorptionsrate dies erforderte. Bei einer solchen Konfiguration konnte das Medikament jedoch nicht in Bereiche des Körpers injiziert werden, die tief unter der Haut lagen.

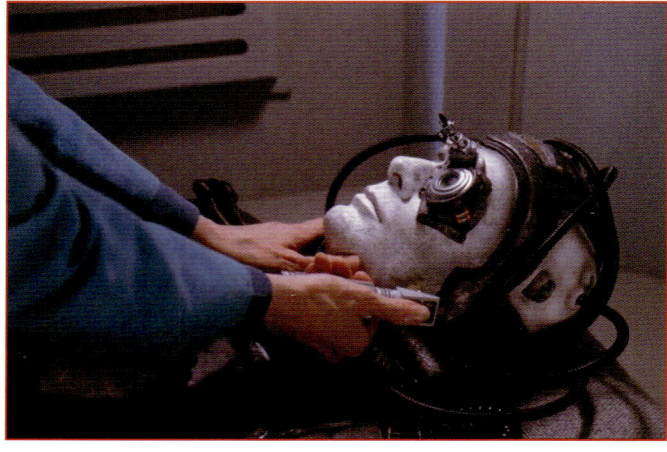

MEDIZINISCHE INHALTE

Das Hypospray gab kleine Mengen eines Wirkstoffs aus einer Ampulle ab, die einen Vorrat des entsprechenden Medikaments enthielt. Die kleinen Ampullen wurden in die Basis des Hysprays gesteckt. Die Halsschlagader stellte in der Regel die bevorzugte Injektionsstelle dar, auch wenn viele Impfstoffe in den Oberarm verabreicht wurden. Ein zweites Modell, das Hypospray für Außenmissionen, gehörte zur Standardausrüstung eines jeden Medikits der Sternenflotte. Diese Hysprays waren für medizinische Notfälle außerhalb der Krankenstation gedacht oder wenn grundlegende Ressourcen nicht zur Verfügung standen. Sie enthielten standardmäßig konzentrierte Notfallmedikamente, die bei Aktivierung des Geräts automatisch mit einer Kochsalzlösung verdünnt wurden.

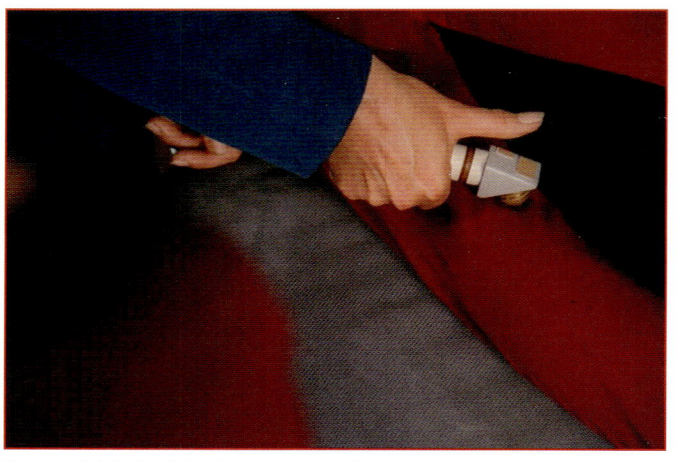

Das Hypospray wurde üblicherweise an der Halsschlagader angesetzt. Der Suspensionsstrahl konnte von konzentriert bis breit gestreut eingestellt werden.

Der angewinkelte Kopf des Hysprays vereinfachte es, das Medikament präzise in den Oberarm des Patienten zu injizieren.

Das Hypospray funktionierte im Wesentlichen nach dem gleichen Prinzip wie die althergebrachte Spritze. Ampullen wurden in das eine Ende des Zylinders gesteckt und ihr Inhalt durch das andere Ende herausgepresst, wodurch ein gleichmäßiger Injektionsfluss in den Körper des Patienten gewährleistet wurde. Anders als die Nadel einer Spritze durchdrang das Hypospray selbst jedoch nicht die Haut – eine wesentlich hygienischere Methode.

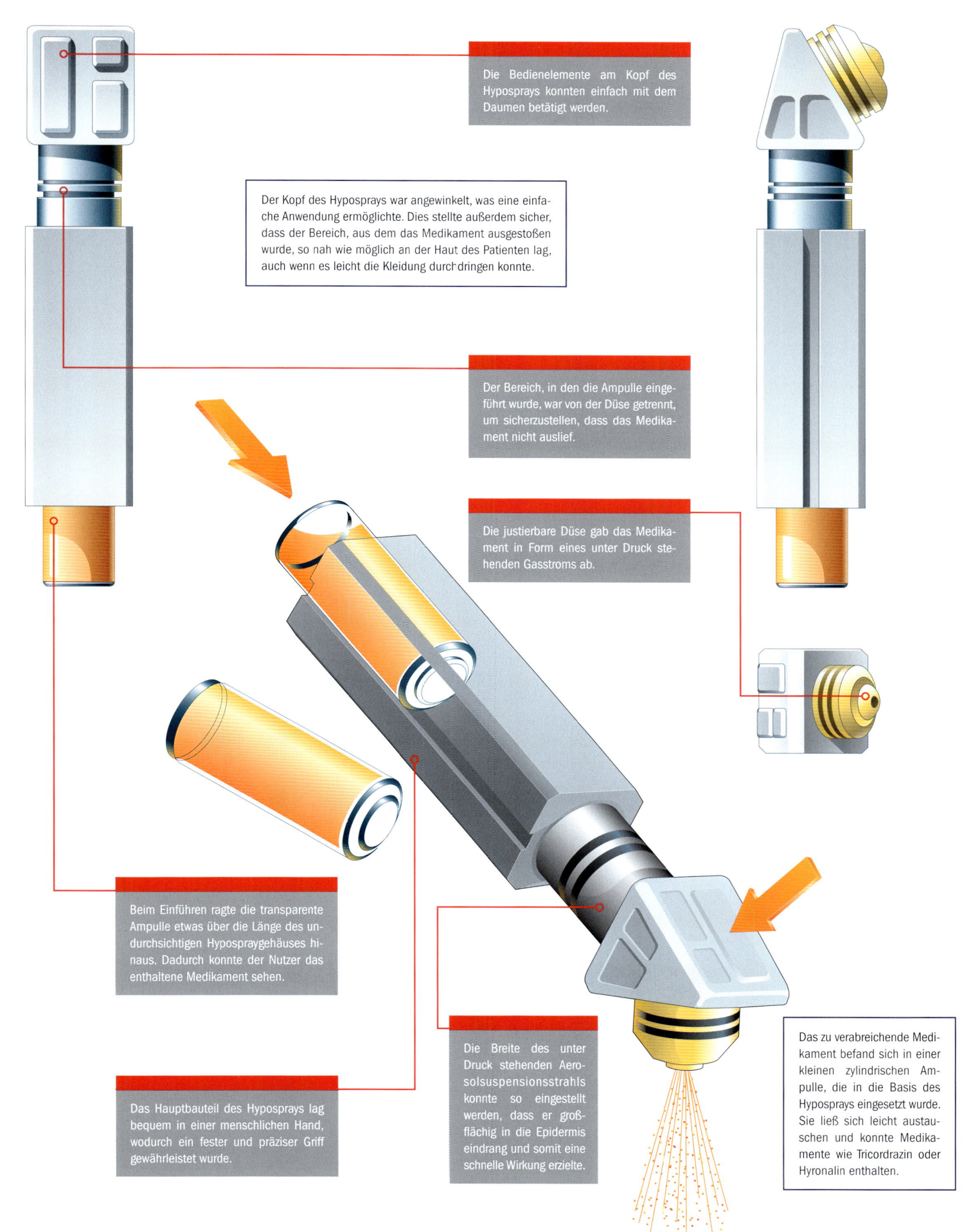

MEDIZINISCHES HYPOSPRAY

Die Bedienelemente am Kopf des Hysprays konnten einfach mit dem Daumen betätigt werden.

Der Kopf des Hysprays war angewinkelt, was eine einfache Anwendung ermöglichte. Dies stellte außerdem sicher, dass der Bereich, aus dem das Medikament ausgestoßen wurde, so nah wie möglich an der Haut des Patienten lag, auch wenn es leicht die Kleidung durchdringen konnte.

Der Bereich, in den die Ampulle eingeführt wurde, war von der Düse getrennt, um sicherzustellen, dass das Medikament nicht auslief.

Die justierbare Düse gab das Medikament in Form eines unter Druck stehenden Gasstroms ab.

Beim Einführen ragte die transparente Ampulle etwas über die Länge des undurchsichtigen Hyspraygehäuses hinaus. Dadurch konnte der Nutzer das enthaltene Medikament sehen.

Das Hauptbauteil des Hysprays lag bequem in einer menschlichen Hand, wodurch ein fester und präziser Griff gewährleistet wurde.

Die Breite des unter Druck stehenden Aerosolsuspensionsstrahls konnte so eingestellt werden, dass er großflächig in die Epidermis eindrang und somit eine schnelle Wirkung erzielte.

Das zu verabreichende Medikament befand sich in einer kleinen zylindrischen Ampulle, die in die Basis des Hysprays eingesetzt wurde. Sie ließ sich leicht austauschen und konnte Medikamente wie Tricordrazin oder Hyronalin enthalten.

169

U.S.S. ENTERPRISE NCC-1701-D

MEDIZINISCHER TRIKORDER

Leben und Tod des Personals der Sternenflotte hingen oft von einem kleinen, einfach aussehenden Kasten ab, der sich medizinischer Trikorder nannte und Daten über eine große Anzahl von Spezies enthielt.

Basis des medizinischen Trikorders war der Standardtrikorder – ein tragbares, multifunktionales Gerät, das Computer, Scansensoren und Datenspeicher enthielt. Ein interner Computer analysierte die Ergebnisse auf einem kleinen, integrierten Bildschirm. Der medizinische Trikorder unterschied sich vom Standardmodell durch seine speziellen Lebenszeichensensoren, den medizinischen Analysecomputer und seine Bibliotheksmodule.

PERIPHERIE

Außerdem verfügte er über ein optionales Medizinisches Peripheriegerät (MP) mit den Maßen 8,5 x 3,0 x 3,0 Zentimeter. Hierbei handelte es sich im Wesentlichen um ein aufsteckbares Sensor- und Verarbeitungsinstrument. Es wurde separat mit Strom versorgt und hatte eine Gesamtbetriebszeit von 18 Stunden. Im Inneren des MP befand sich ein herausnehmbarer Scanner, der die Basissensoren ergänzte, indem er hochauflösende Messwerte sammelte und an den Trikorder weiterleitete. Normalerweise untersuchten die internen Sensoren des medizinischen Trikorders Objekte, die sich direkt in seinem Umfeld befanden, um Informationen über die gesamten Körperfunktionen zu erhalten, einschließlich des elektromagnetischen Zustands, der Organfunktionen und gefährlicher Organismen. Der Trikorder verfügte darüber hinaus über 86 weitere elektromagnetische Geräte, die am inneren Rahmen, an der Außenseite und an der äußeren Oberseite installiert waren. Aktuelle medizinische Trikorder verfügten über 14 Nickel-Karbonitrium-Kristallplättchen, isolineare optische Chips und einen austauschbaren Bibliothekschip. In der Praxis bedeutete dies, dass ein medizinischer Trikorder medizinische Daten für Menschen und die meisten humanoiden Lebensformen sowie Informationen über 217 Arten von Nichthumanoiden enthielt, die auf DNA basierten.

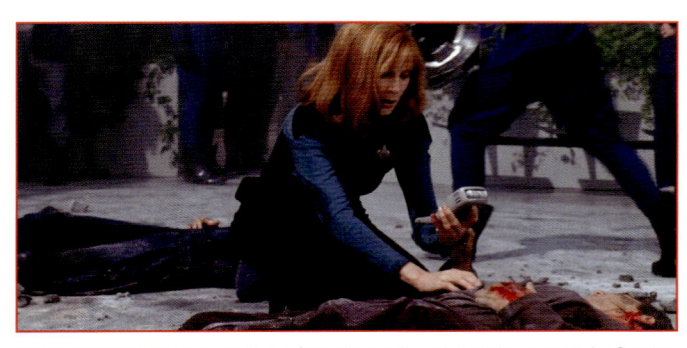

Der medizinische Trikorder enthielt Informationen über viele nichtmenschliche Spezies, wodurch sich das Gerät auch für die Behandlung anderer Lebensformen eignete.

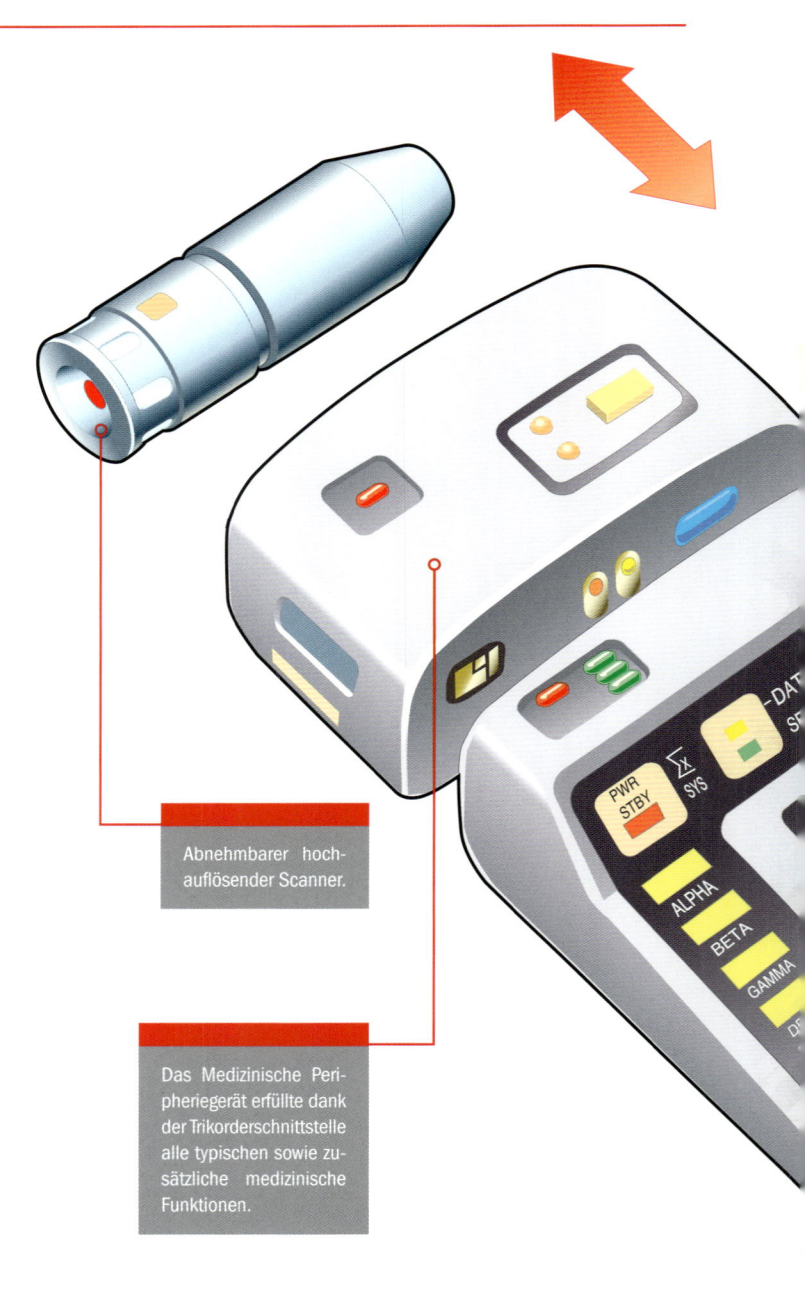

Abnehmbarer hochauflösender Scanner.

Das Medizinische Peripheriegerät erfüllte dank der Trikorderschnittstelle alle typischen sowie zusätzliche medizinische Funktionen.

Berührungsempfindliche Tasten bedeckten die Vorderseite des Geräts. Trikorder reagierten aber auch auf Sprachbefehle.

MEDIZINISCHER TRIKORDER

Selbst mit dem Medizinischen Peripheriegerät ließ sich der Trikorder mit einem Gewicht von 430 Gramm in ein kompaktes Paket zusammenfalten.

ZUSÄTZLICHER SCANNER

Alle Versionen des medizinischen Trikorders benötigten zeitweise die Unterstützung eines speziellen Scanners. Dieser konnte detailliertere Messwerte liefern als die weitreichenden internen Sensoren des Trikorders. Dieser hochauflösende Scanner wurde in die Oberseite des Medizinischen Peripheriegeräts gesteckt.

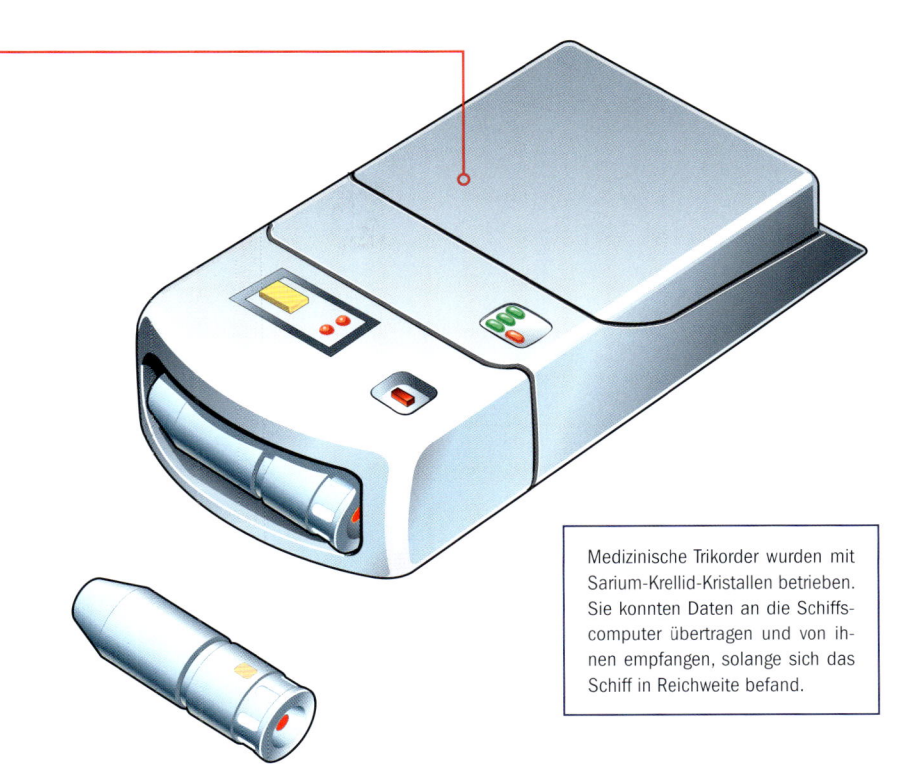

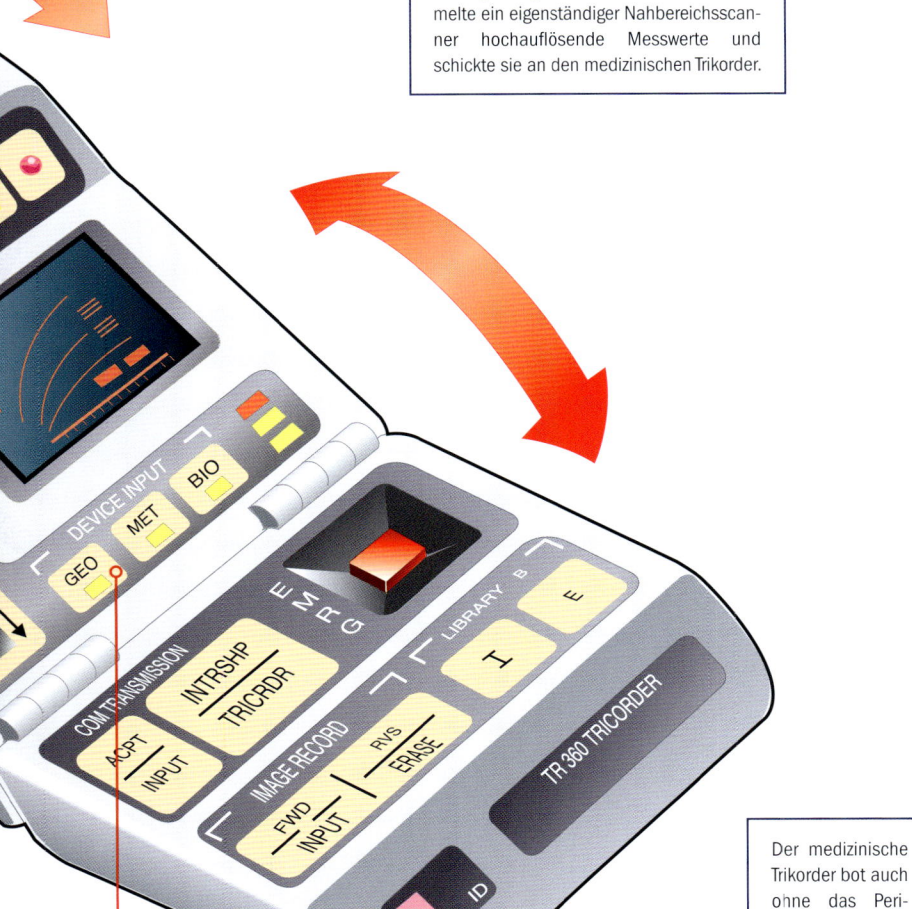

Medizinische Trikorder wurden mit Sarium-Krellid-Kristallen betrieben. Sie konnten Daten an die Schiffscomputer übertragen und von ihnen empfangen, solange sich das Schiff in Reichweite befand.

Als Ergänzung zu den Basissensoren sammelte ein eigenständiger Nahbereichsscanner hochauflösende Messwerte und schickte sie an den medizinischen Trikorder.

Der medizinische Trikorder bot auch ohne das Peripheriegerät eine Vielzahl von Funktionen.

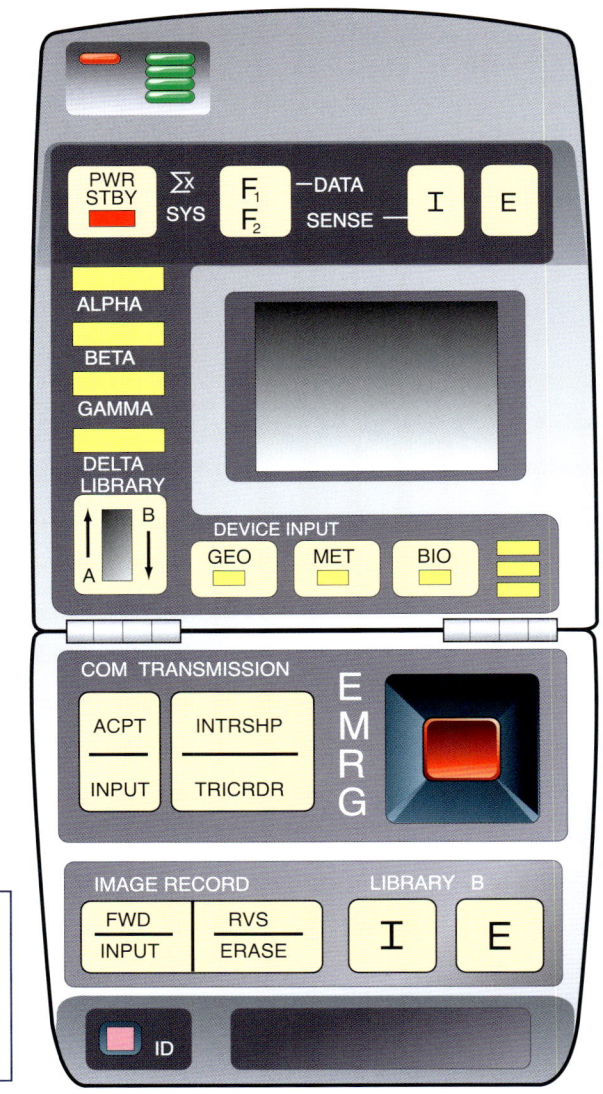

171

MEDIKIT

Das Aussehen des Medikits änderte sich im Laufe der Jahre geringfügig, aber sein Zweck blieb immer der gleiche: die Bereitstellung einer umfangreichen medizinischen Ausrüstung für Notfallsituationen.

Das Medikit wurde durch Berühren einer Taste in der Nähe des Griffs geöffnet.

Das robuste Gehäuse schützte die empfindlichen medizinischen Geräte vor Beschädigungen.

Bei den Medikits der Sternenflotte handelte es sich um kompakte Koffer, die eine Auswahl von hochentwickelten Geräten enthielten, die für die Behandlung von Verletzten und Krankheiten unerlässlich waren.

KIT DER FRÜHEN 2360er

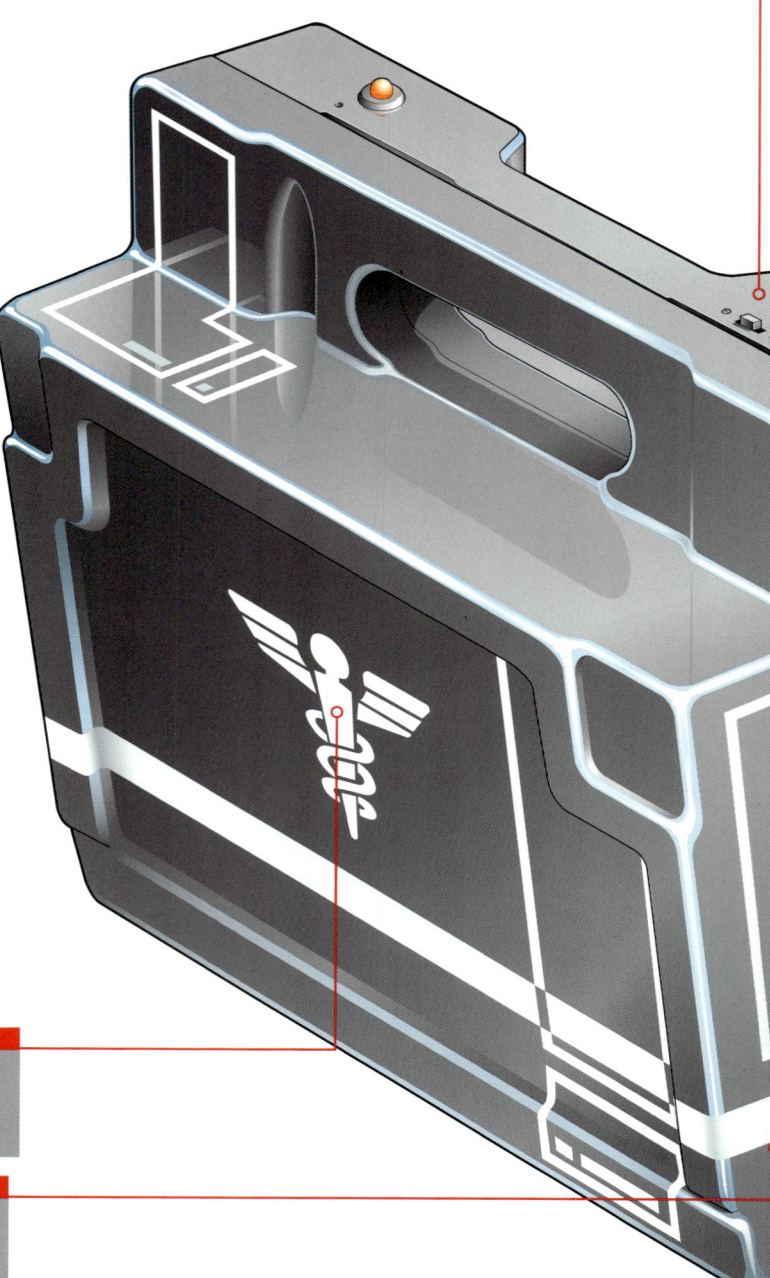

MEDIZINISCHE HILFE

Medikits wurden in großen Mengen an Bord von Raumschiffen gelagert und kamen vor allem bei Außeneinsätzen und bei der Notfallhilfe zum Einsatz, etwa um Bevölkerungen zu unterstützen, die unter Virenausbrüchen oder Epidemien litten.

Der wichtigste Ausrüstungsgegenstand des Medikits war der medizinische Trikorder. Dieses Gerät scannte den Patienten, um das Ausmaß der Verletzung oder die Art der Erkrankung festzustellen. Weitere Geräte, die normalerweise zum Kit gehörten, waren ein Beatmungsgerät, ein Hypospray für Außenmissionen, Medikamente und ein Defibrillatormodul. Die Kits konnten für die jeweilige Mission modifiziert werden, indem man die Gegenstände mitnahm, die aller Wahrscheinlichkeit nach benötigt wurden.

WECHSELNDES DESIGN

Bis Mitte der 2360er-Jahre wurden Medikits an einem Griff getragen und wie ein Aktenkoffer beim Öffnen in zwei Hälften geteilt. Die Ausrüstung der Sternenflotte wurde ständig aktualisiert und verbessert. In den späten 2360er-Jahren wurde das Medikit so umgestaltet, dass es einem Rucksack ähnelte und sich mit einem einzelnen Riemen über der Schulter tragen ließ. Die andere große Veränderung: Man musste den Koffer nicht mehr öffnen, um den Trikorder zu finden, das Gerät ließ sich aus einem speziellen Fach einfach herausziehen.

Auf dem Gehäuse war der Hermesstab zu sehen, den schon das Medizinkorps des irdischen US-Militärs verwendet hatte.

Die Farbe des Gehäuses war grau/silbern mit weißen Linien, die um das Gehäuse herumliefen.

KIT DER SPÄTEN 2360er

Im geschlossenen Zustand war das Medikit ein kompaktes Gerät. Die Gurte waren an der Oberseite befestigt und ermöglichen einen einfachen Zugriff auf den Hauptteil des Kits.

Es war wichtig, dass Diagnosegeräte, wie z. B. der Scanner, schnell gefunden werden konnten.

Das Modell der frühen 2360er hatte eine rechteckigere Form.

Das Medikit öffnete sich in zwei separate Teile. Die Innenseite war mit einer speziellen Schutzpolsterung ausgekleidet.

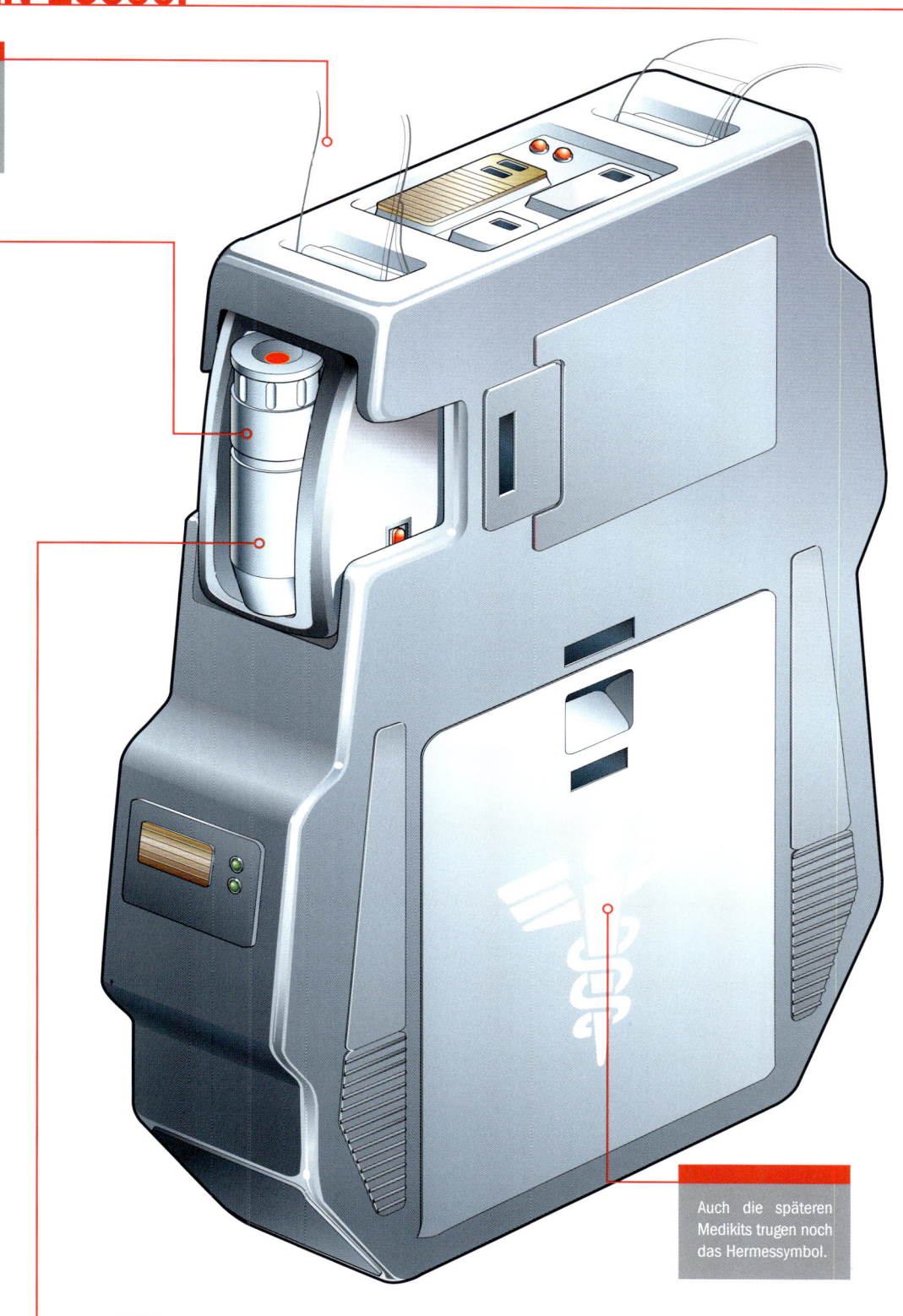

Der wichtige medizinische Trikorder war leicht von der Vorderseite des Kits aus zugänglich, wo er in das Gehäuse eingesteckt wurde.

Auch die späteren Medikits trugen noch das Hermessymbol.

AKTUALISIERTES MEDIKIT

Das jüngste Design des Medikits erschien in den späten 2360er-Jahren. Es wurde an einem Gurt getragen, sodass die Hände des Arztes frei blieben. Es gab ein separates Fach für den medizinischen Trikorder.

ISOLATIONS-KAMMER

Die Quarantänekammern der Sternenflotte dienten dazu, Patienten mit hochansteckenden Krankheiten zu isolieren, um zu verhindern, dass sie den Rest der Schiffsbesatzung infizieren.

> Die Patienten in der Quarantänekammer konnten hier behandelt und ihr Fortschritt mithilfe der medizinischen Displays oder visuell überwacht werden.

Die Fortschritte in der Medizintechnik konnten bis zum 24. Jahrhundert alle bis auf die virulentesten Infektionen erfolgreich eliminieren. Dennoch gab es weiterhin viele gefährliche Krankheiten, für die kein Heilmittel existierte. Die Mediziner der Sternenflotte sahen sich deshalb manchmal gezwungen, ansteckendes Personal zu isolieren oder den Zugang zu den Bereichen zu beschränken, die als kontaminiert galten.

Im Jahr 2364 musste Dr. Beverly Crusher ein Quarantänefeld aktivieren, nachdem ein anorganisches Wesen, bekannt als Mikrohirn, ein tödliches Energiefeld im medizinischen Labor der *U.S.S. Enterprise* NCC-1701-D erzeugt hatte. Etwa drei Jahre später, im Jahr 2367, erforderte ein weiteres ernstes Gesundheitsrisiko den Einsatz einer großen Quarantänekammer in der Hauptkrankenstation der *Enterprise*. In diesem Jahr wurde der junge Willie Potts mit hochansteckenden und potenziell tödlichen Parasiten infiziert, nachdem er eine Buchtpalme gegessen hatte, während er sich in einem Wald auf dem Planeten Ogus II versteckte. Sobald der Junge gefunden worden war, konnte seine Krankheit schnell diagnostiziert werden. Er wurde sofort an Bord des Schiffs isoliert, bevor er auf der Sternenbasis 416 eine medizinische Notversorgung erhielt.

ISOLATION

Das Gehäuse sorgte für die Regulierung der Umweltverhältnisse, unter denen der Patient lebte. Eine Filteranlage reinigte die Luft, um die Ausbreitung der Infektion zu verhindern. Die Kammer war in zwei Bereiche bzw. Abteile unterteilt, die durch einen Korridor aus durchsichtigem Plastik verbunden waren. Im vorderen Bereich stand ein medizinisches Bett. Seitlich befanden sich kleine Schlitze, durch die Gegenstände gereicht werden konnten, ohne die sterilen Bedingungen zu kompromittieren. Der physische Kontakt mit infiziertem Personal wurde generell auf ein Minimum beschränkt, aber Dr. Crusher konnte ihre Hände durch die Schlitze stecken und Injektionen, Nahrung, Medikamente oder andere therapeutische Behandlungen verabreichen.

Im hinteren Raum befanden sich Polstermöbel und Computerdisplays. Auf der linken Seite gab es eine Reihe von kleinen, weißen Schrankkästen, die Medikamente, persönliche Gegenstände und Spiele enthielten, um dem unglücklichen Bewohner etwas Unterhaltung zu bieten.

Willie wurde auf der Sternenbasis 416 erfolgreich behandelt, und dank der Quarantänevorrichtung konnte seine Infektion erfolgreich eingedämmt werden.

Patienten in der Quarantänekammer freuten sich über soziale Interaktionen mit Personen, die sich außerhalb befanden. Schließlich konnten längere Aufenthalte in der Kammer sehr langweilig sein.

Nachdem Willie Potts im vorderen Teil der medizinischen Isolationskammer unter Quarantäne gestellt war, konnte Dr. Crusher ihn durch die schützenden Schlitze gefahrlos untersuchen.

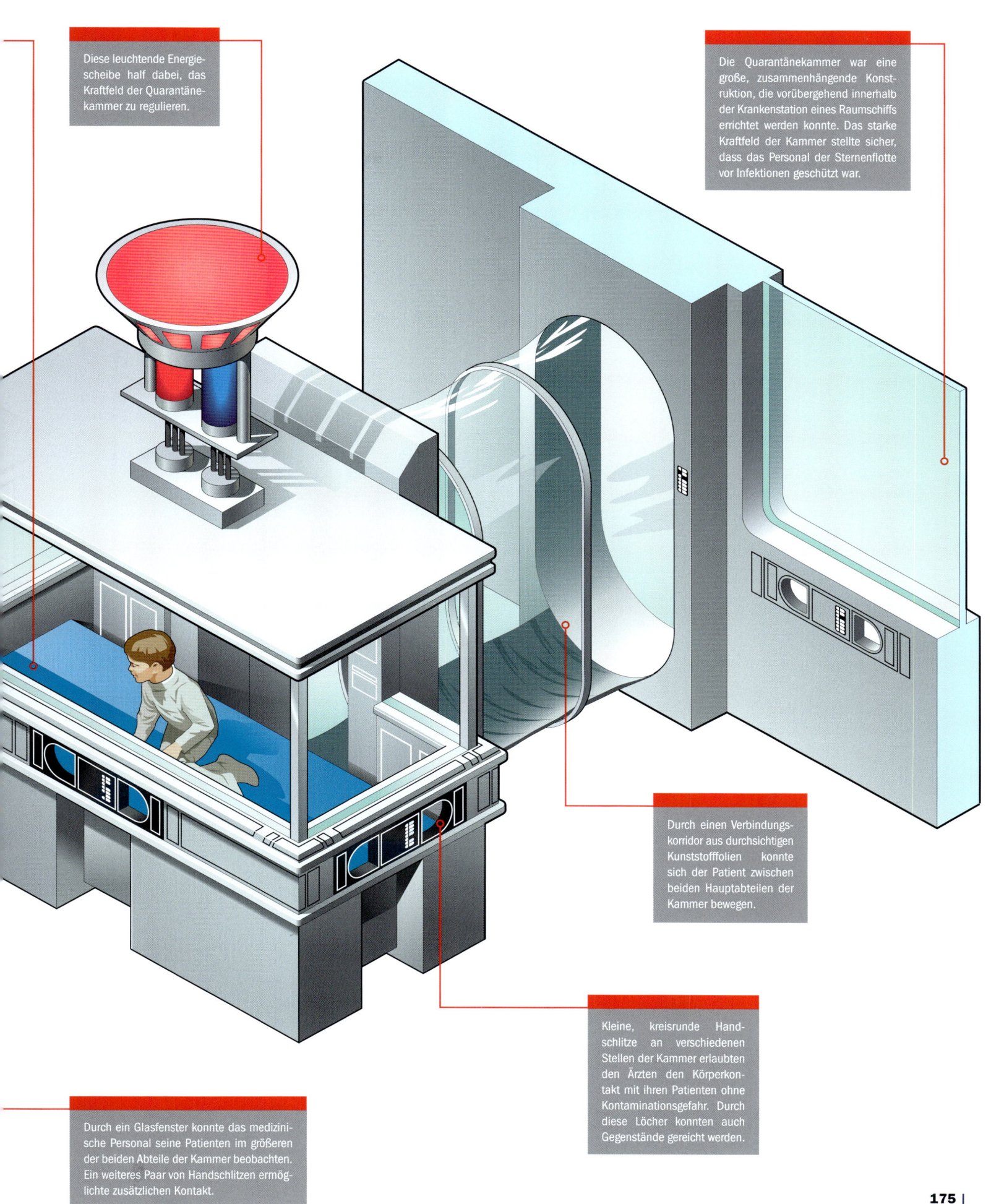

ISOLATIONSKAMMER

Diese leuchtende Energiescheibe half dabei, das Kraftfeld der Quarantänekammer zu regulieren.

Die Quarantänekammer war eine große, zusammenhängende Konstruktion, die vorübergehend innerhalb der Krankenstation eines Raumschiffs errichtet werden konnte. Das starke Kraftfeld der Kammer stellte sicher, dass das Personal der Sternenflotte vor Infektionen geschützt war.

Durch einen Verbindungskorridor aus durchsichtigen Kunststofffolien konnte sich der Patient zwischen beiden Hauptabteilen der Kammer bewegen.

Kleine, kreisrunde Handschlitze an verschiedenen Stellen der Kammer erlaubten den Ärzten den Körperkontakt mit ihren Patienten ohne Kontaminationsgefahr. Durch diese Löcher konnten auch Gegenstände gereicht werden.

Durch ein Glasfenster konnte das medizinische Personal seine Patienten im größeren der beiden Abteile der Kammer beobachten. Ein weiteres Paar von Handschlitzen ermöglichte zusätzlichen Kontakt.

175

LANGSTRECKEN-KOMMUNIKATION

Sternenflottenschiffe waren zwar tief im All unterwegs, doch ein ausgeklügeltes Kommunikationsnetzwerk ermöglichte ihnen den Kontakt zu anderen Schiffen, sodass sie nie völlig isoliert waren.

Bei ihren Entdeckungsmissionen mussten die Schiffe der Sternenflotte oft Nachrichten über gewaltige Entfernungen verschicken. Dies wurde durch extrem leistungsstarke Subraumsendeempfänger ermöglicht, die sich unterhalb des Raumschiffrumpfs befanden. Ein normales Sternenflottenschiff konnte über 18 Kiloquad Daten pro Sekunde übertragen, eine gewaltige Informationsmenge und eine äußerst hohe Geschwindigkeit.

SCHNELLER ALS DAS LICHT

Mithilfe von Subraumfrequenzen konnte man elektromagnetische Signale überlichtschnell übertragen, was eine beinahe verzögerungsfreie Kommunikation über riesige Entfernungen ermöglichte. Eine Subraumnachricht hatte im Idealfall eine Reichweite von 22,65 Lichtjahren, deshalb wurden Übertragungen mit einem interstellaren Netzwerk aus Subraumrelaisstationen verstärkt.

Die Subraumsendeempfänger auf Schiffen konnten bei Unterlicht- und Überlichtgeschwindigkeiten verwendet werden. Die Sendeempfänger der Raumschiffe enthielten sowohl einen Sublicht- als auch einen Warpgeschwindigkeits-Signalpräprozessor, einen Steuerungstreiber für adaptive Antennenstrahler, einen passiven Entfernungsbestimmer, Heisenberg- und Doppler-Kompensatoren sowie eine Signalreinigungs- und Verstärkungsstufe. Computer sorgten automatisch für ein möglichst klares eingehendes Signal, das jedoch unter Umständen von der Besatzung manuell angepasst werden musste.

VON SCHIFF ZU SCHIFF

Normalerweise wurde eine Übertragung von Schiff zu Schiff initiiert, indem ein Schiff ein Grußsignalpaket an ein anderes schickte. Die Computer des empfangenden Schiffs erkannten, entschlüsselten und verifizierten die Sicherheitsprotokolle des Pakets. Das Grußpaket identifizierte dann das rufende Schiff und lieferte die Daten.

HOLOGRAFISCHE SYSTEME

Holografische Systeme kamen auf Sternenflottenschiffen seit Mitte des 23. Jahrhunderts zum Einsatz, wurden auf der *Enterprise*-D jedoch nur benutzt, wenn besondere Gründe vorlagen.

In den 2250ern setzten Sternenflottenschiffe oft holografische Systeme zur Kommunikation ein, aber auf der *Enterprise* bevorzugte man den Hauptschirm.

Manchmal verwendete man jedoch holografische Projektionen und bei Einsatzbesprechungen wurden oft kleine Holodisplays benutzt.

Auf einem großen Schiff mit Hunderten Besatzungsmitgliedern wurden ununterbrochen private und offizielle Nachrichten verschickt. Alle wurden nach einer Sicherheitsüberprüfung an die korrekten Endpunkte weitergeleitet.

Nicht nur die Föderation, sondern auch viele andere Völker und Organisationen hatten Zugang zu Subraumtechnologie. Um ihnen entgegenzukommen, konnte die Sendeempfängertechnologie auf Sternenflottenschiffen so eingestellt werden, dass sie mit bisher unbekannten Protokollen interagierte. Wenn der Hauptcomputer des Schiffs eine fremde Sprache analysieren musste, aktivierte er automatisch den Universalübersetzer.

VON SCHIFF ZU STERNENBASIS

Die Kommunikation zwischen einem Schiff und einer Sternenbasis unterschied sich nicht von der zwischen zwei Schiffen. Beim Kontakt mit einer Sternenbasis konnte auch ein Datentransfer initiiert werden. Dabei wurden detaillierte Informationen über den Schiffsbetrieb übermittelt, unter anderem gesammelte Daten, Logdateien, der Zustand der Hardware, Personalbewertungen und mehr. Für all dies benötigte man Hunderte Subraumkanäle. Der Datenstrom ging in beide Richtungen, was bedeutete, dass das Raumschiff Missionsbefehle und komprimierte Informationen von anderen Schiffen empfangen konnte.

KONTAKT HALTEN

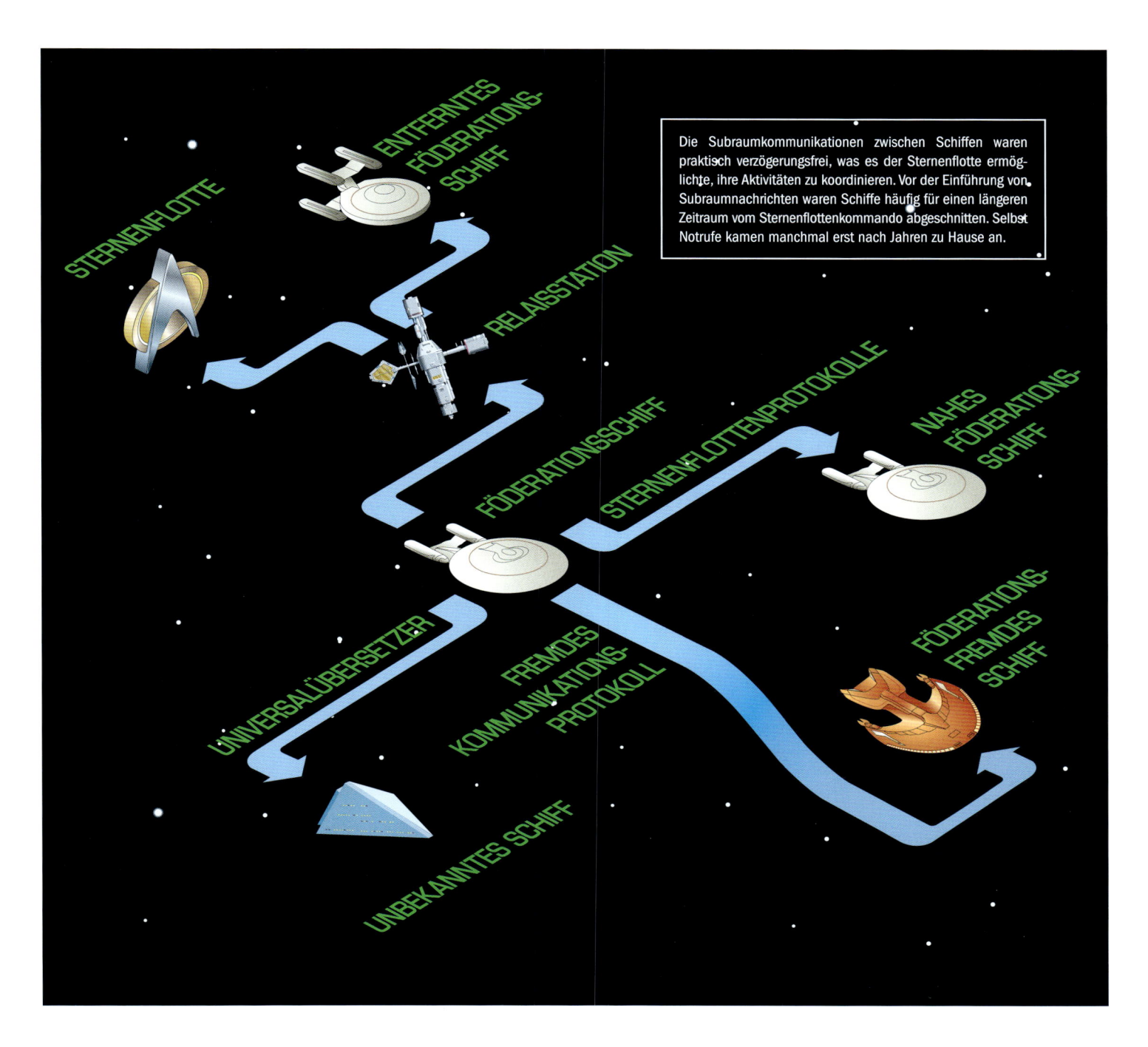

> Die Subraumkommunikationen zwischen Schiffen waren praktisch verzögerungsfrei, was es der Sternenflotte ermöglichte, ihre Aktivitäten zu koordinieren. Vor der Einführung von Subraumnachrichten waren Schiffe häufig für einen längeren Zeitraum vom Sternenflottenkommando abgeschnitten. Selbst Notrufe kamen manchmal erst nach Jahren zu Hause an.

SUBRAUM-RELAISSTATIONEN

Ein gewaltiges – und ständig wachsendes – Kommunikationsnetzwerk ermöglichte es der Sternenflotte, störungsfrei Nachrichten im gesamten Föderationsraum zu senden und zu empfangen.

Die Entdecker des Alls mussten sich unter anderem mit dem Problem befassen, wie sie bei solchen gigantischen Entfernungen den Kontakt zu anderen aufrechterhalten sollten. Das war eine Herausforderung, da Kommunikationssignale mit der Zeit unweigerlich schwächer wurden; dadurch gingen viele wichtige Informationen verloren, was die Nachrichten unbrauchbar machte. Man verbrachte viel Zeit und Mühe mit dem Aufbau eines geeigneten Kommunikationsnetzwerks, das Nachrichten so schnell und korrekt wie möglich weiterleitete.

Wissenschaftler fanden heraus, dass man mit bemannten Subraumrelaisstationen in Abständen von rund 20 Lichtjahren ein Signal verstärken konnte, bevor es schwächer wurde. Hinzu kam, dass man mithilfe dieser Stationen die Kommunikationsgeschwindigkeit um das Sechzigfache der Warphöchstgeschwindigkeit eines Schiffs steigern konnte.

ERWEITERUNG

Es gab bereits Tausende Relaisstationen im Föderationsraum. Jedes Jahr wurden 500 weitere hinzugefügt, meistens entlang von Handelsrouten oder in Bereichen, die intensiv erforscht wurden.

Wenn ein Raumschiff eine noch nicht kartografierte Raumregion erreichte, warf es auf seiner Reise immer wieder temporäre Relaisstationen ab, die später häufig durch richtige ersetzt wurden. Die *U.S.S. Enterprise* NCC-1701-D hatte aus diesem Grund eine Reihe kleiner Relaisbojen an Bord.

Das Netzwerk der Sternenflotte wurde durch das zivile Kommunikationssystem der Föderation und zahlreiche lokale Kommunikationsstationen in der gesamten Galaxis erweitert.

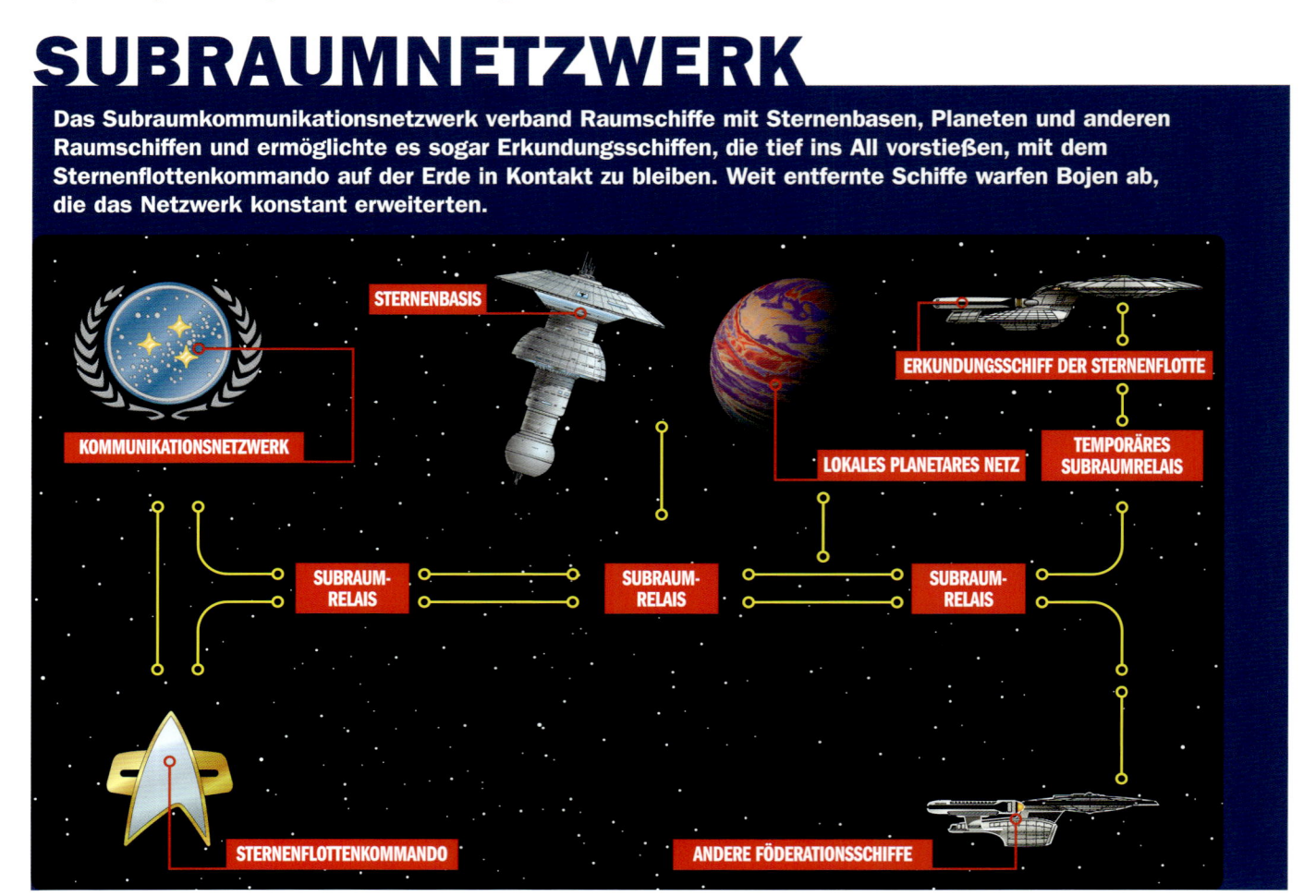

SUBRAUMNETZWERK

Das Subraumkommunikationsnetzwerk verband Raumschiffe mit Sternenbasen, Planeten und anderen Raumschiffen und ermöglichte es sogar Erkundungsschiffen, die tief ins All vorstießen, mit dem Sternenflottenkommando auf der Erde in Kontakt zu bleiben. Weit entfernte Schiffe warfen Bojen ab, die das Netzwerk konstant erweiterten.

- KOMMUNIKATIONSNETZWERK
- STERNENBASIS
- ERKUNDUNGSSCHIFF DER STERNENFLOTTE
- LOKALES PLANETARES NETZ
- TEMPORÄRES SUBRAUMRELAIS
- SUBRAUM-RELAIS
- SUBRAUM-RELAIS
- SUBRAUM-RELAIS
- STERNENFLOTTENKOMMANDO
- ANDERE FÖDERATIONSSCHIFFE

SUBRAUMRELAISSTATIONEN

RELAISSTATION 47

ARBEITSUMGEBUNG

Die Innenräume der Relaisstation 47 unterschieden sich kaum von denen eines Raumschiffs. Es wurden die Standardbildschirme der Sternenflotte verwendet und das Dekor spiegelte die blassen, neutralen Farben wider, die in den 2360ern auf Raumschiffen beliebt waren. Das Innere war hell und freundlich und bot den beiden Besatzungsmitgliedern, die dort arbeiteten, viel Platz. Zu ihren Aufgaben gehörte die Konfiguration des Relaiskontrollgitters, das zum Primärsystem gehörte. Außerdem rekalibrierten sie regelmäßig die Antennensysteme und richteten sie aus.

Das Sendeempfängermodul befand sich an der Spitze der Relaisstation und erstreckte sich über mehrere Ebene, von denen viele Fenster hatten.

FUNKTION UND LAGE

Anlagen wie die Relaisstation 47 verstärkten die Subraumkommunikationssignale der Sternenflotte und leiteten Nachrichten so schnell und effizient wie möglich weiter. Diese Station befand sich in einem abgelegenen Gebiet in der Nähe der klingonischen Grenze. Die Einsamkeit solcher weit entfernten Relaisstationen war eine Belastung für die Besatzungsmitglieder.

Dies war der temporäre Wohnbereich. Auf der Relaisstation 47 gab es nur zwei Besatzungsmitglieder, aber die Anlage selbst war riesig. Viele Bereiche bestanden aus mehreren Decks.

VORAUSGEDACHT

Die Sternenflotte war bei ihren Aktivitäten darauf angewiesen, dass Informationen rasch und fehlerfrei ihre Raumschiffe und Sternenbasen erreichten. Daher versuchten Wissenschaftler ständig, die Effizienz der Relaisstationen zu erhöhen, um die benötigte Anzahl reduzieren zu können. Man rechnete damit, dass 80 Prozent der Stationen schon bald überflüssig sein würden, während die restlichen 20 Prozent nachgerüstet würden.

Die horizontalen Arme der Station enthielten Antennen und andere Ausrüstung, mit der Subraumsignale empfangen und weitergeleitet werden konnten.

Ein Fusionsreaktor befand sich am unteren Ende der Relaisstation.

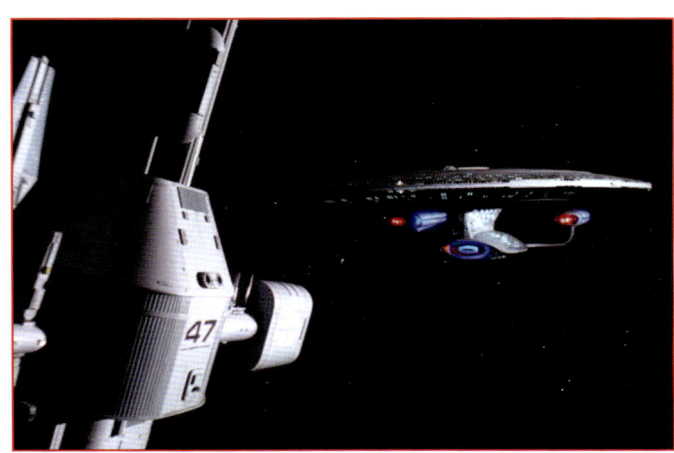

Die Relaisstation wirkte neben der *Enterprise*, die ihr Nachschub liefern sollte, riesig.

Ein Personalquartier auf der Relaisstation.

179

KURZSTRECKEN-KOMMUNIKATION

Die Missionen von Außenteams waren oft gefährlich, deshalb war ein effizientes Kommunikationssystem, das den Kontakt zum Schiff aufrechterhielt, lebenswichtig.

Alle Schiffe der Sternenflotte waren mit einem Kurzstreckenkommunikationssystem ausgerüstet. Damit konnte man den Kontakt zu Außenteams aufrechterhalten, mit der Regierung eines Planeten kommunizieren und Shuttles beim An- und Abflug Anweisungen erteilen.

SUBRAUM

Man benutzte die Kurzstreckenkommunikationssysteme hauptsächlich in einem Entfernungsradius von 38.000 bis 60.000 Kilometern. Es gab zwei verschiedene Kommunikationsarten: den Datentransfer zwischen Computersystemen und den Austausch zwischen Personen.

Kurzstreckenkommunikation erfolgte normalerweise mit überlichtschneller Geschwindigkeit, was durch Subraumsendeempfänger ermöglicht wurde. Dies verhinderte eine Signalverzögerung oder -verzerrung. Wenn man mit Kulturen zu tun hatte, die noch nicht über Subraumtechnologie verfügten, konnten einfache Funkübertragungen verwendet werden. Sie dienten auch als Back-up-System. Einige stellare und geografische Phänomene beeinträchtigten außerdem die Funktionen von Subraumsystemen.

SENDEEMPFÄNGERPHALANGEN

Ein Netzwerk von Subraumsendeempfängern mittlerer Leistung war in jeden Schiffsrumpf eingebettet. Seine Energie bezog es von den EPS-Verteilern. Jeder Sendeempfänger verfügte über separate Prozessoren für die Verarbeitung von Sprach- und Datenströmen.

Das Funksystem bestand aus einer Reihe dreifach redundanter Sendeempfänger, die ebenfalls zum Teil in den Schiffsrumpf eingelassen waren. Die effektive Reichweite der Funksignale betrug 5,2 AEs, konnte jedoch auf 1.000 AEs erhöht werden.

Die persönlichen Kommunikatoren, die viele Jahre lang von der Sternenflotte benutzt wurden, beschränkten das Außenteam auf eine Audiokommunikation, während das empfangende Schiff dank der Bildschirme an Bord auch visuelle Signale darstellen konnte. Bei der Kommunikation zwischen Schiffen und offiziellen Stellen auf dem Planeten nutzten beide Parteien oft eine visuelle Verbindung.

Sternenflottenschiffe konnten problemlos mit offiziellen Stellen auf den Welten, die sie besuchten oder unterstützten, kommunizieren.

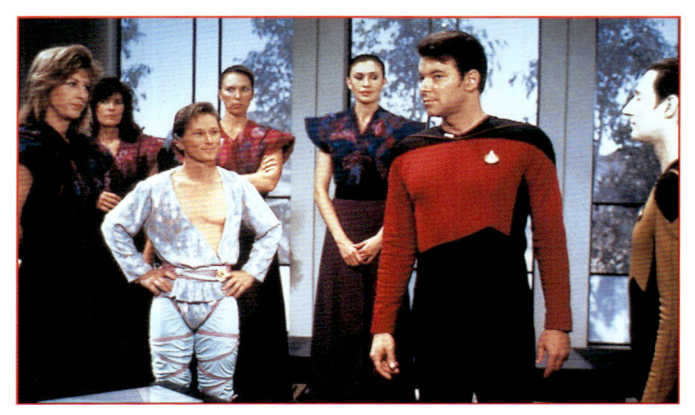

Dank der Kurzstreckenkommunikation, die auf Sternenflottenschiffen eingesetzt wurde, riss der Echtzeitkontakt zwischen Außenteam und Schiff nie ab. Auf der U.S.S. Enterprise NCC-1701-D überwachte der Sicherheitsoffizier den Kommunikationsverkehr.

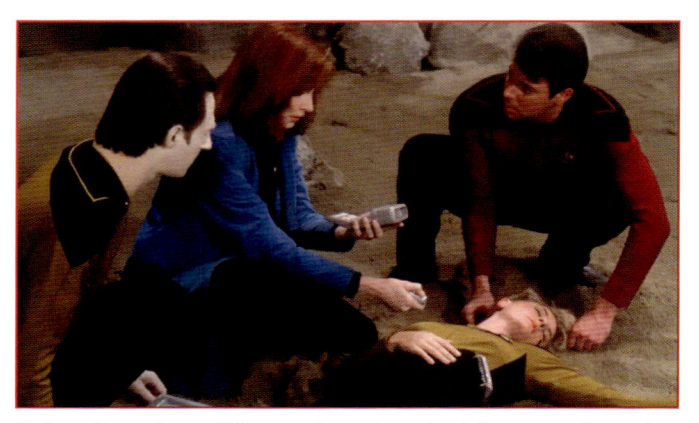

Moderne Sternenflottenschiffe waren in der Lage, das Außenteam zu überwachen, solange während des Einsatzes ein Kommunikationskanal geöffnet blieb. Das konnte über Leben und Tod entscheiden, wenn das Außenteam in Schwierigkeiten geriet.

KURZSTRECKENKOMMUNIKATION

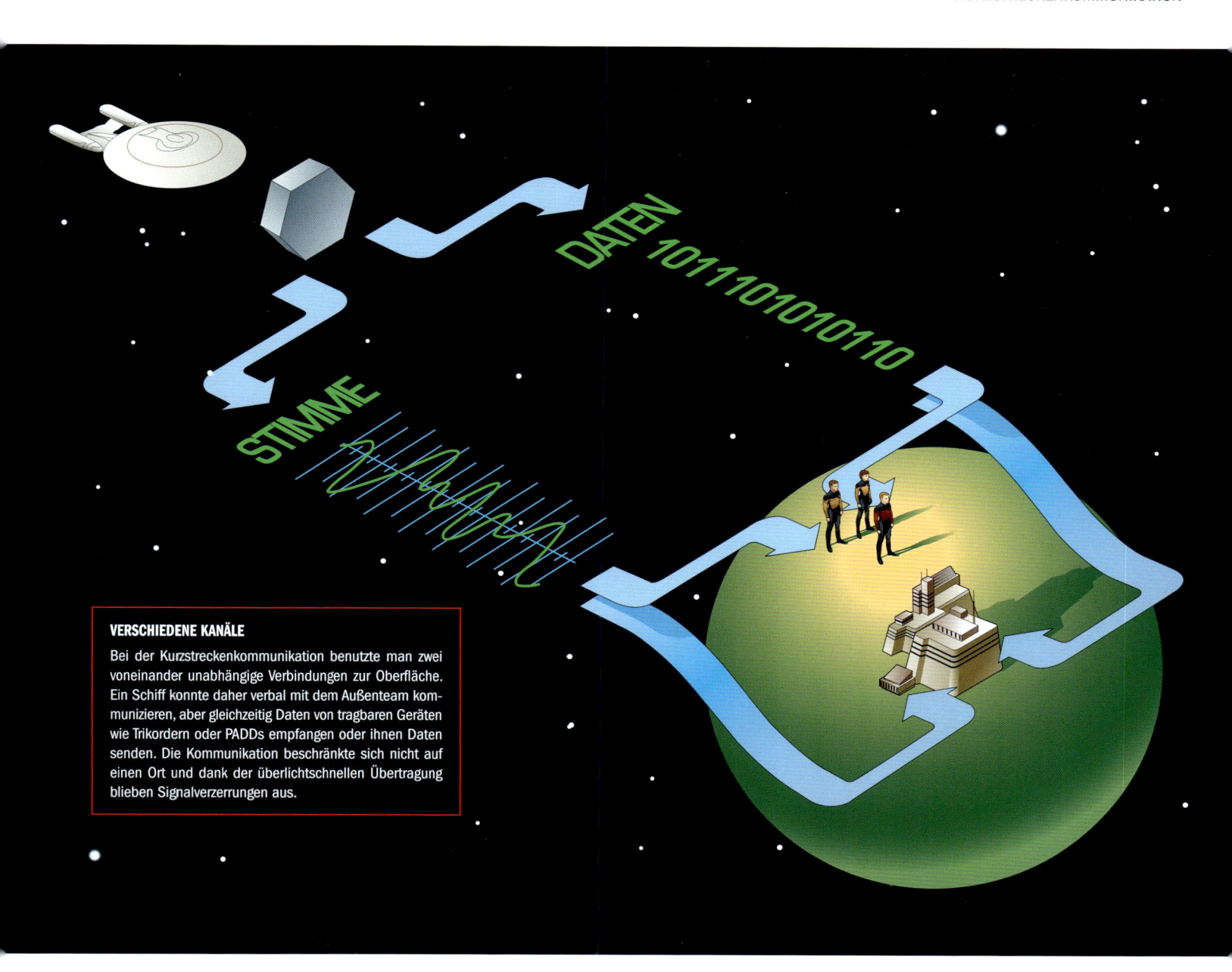

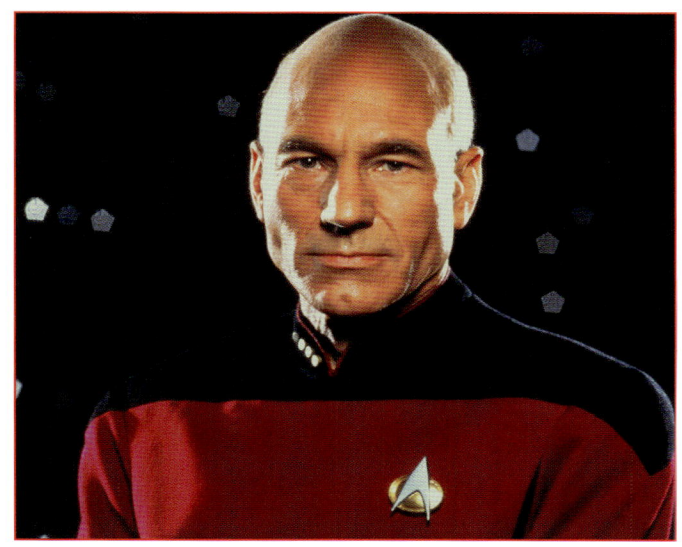

VERSCHIEDENE KANÄLE

Bei der Kurzstreckenkommunikation benutzte man zwei voneinander unabhängige Verbindungen zur Oberfläche. Ein Schiff konnte daher verbal mit dem Außenteam kommunizieren, aber gleichzeitig Daten von tragbaren Geräten wie Trikordern oder PADDs empfangen oder ihnen Daten senden. Die Kommunikation beschränkte sich nicht auf einen Ort und dank der überlichtschnellen Übertragung blieben Signalverzerrungen aus.

In den 2360ern war der Kommunikator zu einem Abzeichen geworden, das man links auf der Brust trug. Er wurde bei Berührung aktiviert.

In den 2360ern benutzten Außenteams Kommunikatorabzeichen, um mit ihrem Schiff in Kontakt zu bleiben. Dadurch hatten sie die Hände frei.

181

LEBENSERHALTUNGSSYSTEME

Potenziell gefährliche Forschungsmissionen erforderten hochentwickelte Lebenserhaltungssysteme. Diese Systeme ermöglichten auch die Nachbildung vielfältiger Umweltbedingungen auf sichere Art und Weise innerhalb des Schiffs.

Die *U.S.S. Enterprise* NCC-1701-D wies gegenüber früheren Raumschiffen eine Reihe wichtiger Verbesserungen auf. Zu diesen Verbesserungen gehörten essentielle Veränderungen an lebenswichtigen Funktionen, die das Leben der Schiffsbesatzung unter den lebensfeindlichen Bedingungen im Weltraum erhalten sollten.

Eines der wichtigsten Systeme in jedem Raumschiff stellten die Lebenserhaltung und die Umweltkontrolle dar. Auch verfügte die *Enterprise* über ein mehrfach abgesichertes Atmosphärensystem, das dazu diente, optimale Lebensbedingungen innerhalb des Schiffs zu erzeugen und aufrechtzuerhalten sowie Ressourcen wiederaufzubereiten.

PARALLEL ARBEITENDE SYSTEME

Das in sich geschlossene Atmosphärensystem stellte die primäre Lebenserhaltungsfunktion des Schiffs dar, obwohl es noch eine Reihe anderer Systeme gab, die dazu beitrugen, das Leben der an Bord des Schiffs dienenden Sternenflottenbesatzung zu erhalten. Das primäre Lebenserhaltungssystem bestand wiederum aus zwei parallel arbeitenden Systemen, von denen jedes als stetiger Ersatz für das andere diente. Es verfügte über Verbindungen zur Erzeugung der künstlichen Schwerkraft durch eine Reihe von Deckinstallationen. Das System erzeugte außerdem Atemluft und hatte direkte Verbindungen zu den EPS-Leitungen, um konstante Wärme und Beleuchtung bereitzustellen, sowie zum Wasserverteilungs- und Abfallentsorgungsnetzwerk.

Jedes der beiden primären Lebenserhaltungssysteme war außerdem mit dem Verteilungsnetz der Reserveversorgung verbunden, das begrenzte und lebenswichtige Ressourcen wie Luft, Strom und Wasser bereitstellen konnte. Auch wenn der Aufbau der Lebenserhaltungssysteme der *Galaxy*-Klasse den gleichzeitigen Zusammenbruch der beiden Primärsysteme extrem unwahrscheinlich machte, verfügten die Atmosphärensystem der Brücke über sieben eigene unabhängige Sicherheitsverriegelungen, die einen Totalausfall der Lebenserhaltung praktisch unmöglich machten.

Die wichtigsten Anlagen für die Lebenserhaltung befanden sich in der Untertassensektion auf den Decks 6, 9 und 13, während die Antriebssektion unabhängig durch Systeme auf den Decks 1, 21, 24 und 34 versorgt werden konnte. Unter normalen Flugbedingungen bildeten alle lebenserhaltenden Einrichtungen ein gemeinsames System, auch wenn der taktische Vorteil eines getrennten Flugmodus erforderte, dass völlig unabhängige Einheiten mit den gleichen redundanten Sicherheitsmerkmalen in beiden Teilen des Schiffs betrieben wurden. Schwere Schäden an einem Teil der *Enterprise* konnten dem kommandierenden Offizier keine andere Wahl lassen, als die gesamte Besatzung in den weniger beschädigten Teil des Schiffs zu evakuieren. Diese Entscheidung wurde aber nur im äußersten Notfall getroffen. Zusätzlich zu den Primär- und Back-up-Systemen befanden sich an den meisten Korridorkreuzungen Notfallatmosphärenversorgungsmodule, um bei einem größeren systemweiten Ausfall bis zu 30 Minuten lang eine atembare Atmosphäre bereitzustellen und es der Besatzung zu ermöglichen, die nahe gelegenen Notunterkünfte zu erreichen.

ZUSÄTZLICHER SCHUTZ

Die *Galaxy*-Klasse verfügte über 52 Notunterkünfte, die über das gesamte Schiff verteilt waren, wobei jede Unterkunft eine maximale Kapazität von 65 Besatzungsmitgliedern hatte. Ausgehend von einer minimalen Lebenserhaltung konnten diese

Während einer wissenschaftlichen Mission im Jahr 2366 veränderten Naniten die Umweltsysteme an Bord der *Enterprise*, um eine für die Besatzung giftige Atmosphäre zu schaffen.

Die Solanagen-Lebensformen, die die *Enterprise* im Jahr 2369 infiltrierten, versuchten, eine Umgebung zu schaffen, in der ihre Spezies existieren konnte.

LEBENSERHALTUNGSSYSTEME

Schutzräume ihre Bewohner bis zu 36 Stunden lang versorgen. Sie erhielten vorrangige Lebenserhaltungsressourcen von einer Reihe speziell geschützter Versorgungsleitungen, sodass sie auch im Falle eines katastrophalen Systemausfalls in anderen Teilen des Schiffs bewohnbar blieben. Für den Fall, dass die Atmosphärensysteme vollständig ausfallen sollten, enthielten die Schutzräume auch unabhängige Gas-, Wasser, Nahrungs- und Energievorräte, die für weitere 24 Stunden reichten. Sie beinhalteten außerdem mindestens zwei Notfallraumanzüge, die die Bewegung durch gefährliche Bereiche des Schiffs ermöglichten. Die Bauweise der *Galaxy*-Klasse war extrem widerstandsfähig und konnte ein hohes Maß an Schäden aushalten, bevor die Eindämmung ausfiel. Abgesehen von großflächigen explosiven Dekompressionen – wie einem Riss des Rumpfs über mehrere Decks – ging man davon aus, dass selbst bei einem schwerwiegenden Ausfall der atmosphärischen Versorgung eine Evakuierung des Personals in ausgewiesene Schutzräume in bis zu 50 Minuten möglich sei. Der Teil der Besatzung, der in Bereichen arbeitete, in denen die Lebenserhaltung ausgefallen war, konnte die Raumanzüge nutzen, um Reparaturarbeiten durchzuführen.

LUFTQUALITÄT

Das Atmosphärensystem erzeugte und regulierte eine Klasse-M-kompatible Sauerstoff-Stickstoff-Atmosphäre im gesamten bewohnbaren Bereich des Raumschiffs mit einer Reihe von Luftkammern, die in den inneren Schotten eingebaut waren und temperatur- sowie feuchtigkeitsgesteuerte Umgebungsgase von zwei unabhängigen primären Atmosphärensystemen lieferten.

Das atmosphärische Lebenserhaltungssystem funktionierte als in sich geschlossenes Umweltsystem und war auf das Recycling der von der Besatzung abgegebenen Gase angewiesen, um atembare Luft zu erzeugen und das ökologische Gleichgewicht aufrechtzuerhalten. Die fotosynthetische Verarbeitung entfernte Kohlendioxid aus den Abgasen, die über das Rücklaufnetz zu den Verarbeitungseinheiten zurückgeführt wurden, und füllte den Sauerstoffgehalt wieder auf, bevor das unfertige frische Atemgemisch zu den Partikelfiltereinheiten geleitet wurde. Die Temperatur und Feuchtigkeit des Atemgemischs wurde ebenfalls an diesem Punkt reguliert und an das Verteilernetz weitergeleitet, das über eine Reihe von Quereinspeisungen mit den Reserveprozessoren verbunden war und die wichtige Unabhängigkeit der Umweltsysteme garantierte.

Unter normalen Reiseflugbedingungen sahen die Betriebsregeln an Bord einen 96-Stunden-Arbeitszyklus für die Verarbeitungsmodule vor, wobei die gesamte atmosphärische Verarbeitungslast automatisch von einem Primärsystem auf das alternative Primärsystem umgeschaltet wurde, obwohl es auch möglich war, nur Teilbereiche der Systeme umzuschalten. Zusätzliche Kontrolle über die beiden Primärsysteme wurde durch die Möglichkeit der Umleitung der Atematmosphäre zwischen den einzelnen Prozessoren erreicht, was ein höheres Maß an Sicherheit durch diese Back-up-Systeme ermöglichte.

Beim Reserveatmosphärensystem handelte es sich um ein drittes Back-up, das bis zur Hälfte der nominalen Systemkapazität für bis zu 24 Stunden bereitstellte, falls beide Hauptelemente ausfielen. Das Reservesystem nutzte dasselbe Luftkammerverteilungssystem wie die Primärelemente und wurde durch eine kontinuierliche computergesteuerte Systemanalyse betrieben, die es ermöglichte, beschädigte Luftkammerabschnitte oder Prozessoren für die Reparatur zu isolieren. Unter normalen Bedingungen sollte die Besatzung keine Unterbrechung der Lebenserhaltung bemerken, da diese Systeme sich gegenseitig abwechselten, auch wenn örtliche Ausfälle durchaus vorkamen und die Übernahme der Kontrolle der atmosphärischen Systeme durch Feinde während des Enterns eine ernste Bedrohung darstellte.

Im Jahr 2367 setzten die zurückgezogen lebenden Paxaner ein biochemisches Stasisfeld ein, das die Umweltkontrollen der Enterprise beschädigte und die Besatzung bewusstlos machte, als sie versuchte, den Ngame-Nebel zu durchqueren.

▶ *Ensign Wesley Crusher blickte mit Verwunderung in die Tiefen des beißend riechenden Legeraner-Pools an Bord der U.S.S. Enterprise. Er und Lieutenant Commander Geordi La Forge konnten nur spekulieren, warum die ungesehenen Legaraner diese Umgebung genossen oder benötigten.*

LEIBLICHES WOHL

In Sachen Diplomatie war von der Mannschaft der *Enterprise* ein hohes Maß an Anpassungsfähigkeit gefordert. Dies zeigte sich bei Sternzeit 43917,4. Nach 93 Jahren waren die protokolltreuen Legaraner bereit, einen Vertrag mit der Föderation zu ratifizieren, und das Schiff wurde im Orbit über Legara IV so ausgestattet, dass es ihren Würdenträgern jeden heimischen Komfort bot. Dazu gehörte auch der Bau eines speziell angefertigten privaten Pools, der eine goldbraune, viskose Flüssigkeit enthielt; man könnte ihn mit den Schlammbädern und Jacuzzis auf der Erde vergleichen.

U.S.S. ENTERPRISE NCC-1701-D

KÜNSTLICHE SCHWERKRAFT

Auf der *U.S.S. Enterprise* NCC-1701-D sorgte künstliche Schwerkraft buchstäblich dafür, dass die Besatzung nicht die Bodenhaftung verlor. Sie wurde von Generatoren erschaffen, die ein Gravitonfeld erzeugten.

Ein Raumschiff wie die *U.S.S. Enterprise* NCC-1701-D der *Galaxy*-Klasse hätte ohne künstliche Schwerkraft nicht betrieben werden können; die Besatzung hätte unter Muskelschwund gelitten, ihre Knochen hätten Kalzium verloren und sie hätten Probleme mit dem Zellwachstum bekommen. Personen, die länger auf Schwerkraft hatten verzichten müssen, kamen in normalen Klasse-M-Umgebungen kaum zurecht und konnten die Muskelmasse, die sie verloren hatten, manchmal nie wieder aufbauen.

Natürlich auftretende Schwerkraft stellt eine Funktion der Masse dar. Anfangs vermuteten Physiker, die Schwerkraft würde ähnlich wie Magnetismus Objekte anziehen, aber im 20. Jahrhundert bewies der irdische Physiker Albert Einstein, dass die Masse eines Objekts in Wirklichkeit den Raum krümmt. Die Erde verzerrt zum Beispiel den Raum, der sie umgibt, wodurch er die Form einer flachen Schale erhält. Der Mond und alle anderen Objekte im Orbit kreisen um den Rand dieser Schale.

Zu den Standardwerken über künstliche Schwerkraft gehört *Betrachtungen des künstlichen Gravitationsfelds*. Geschrieben wurde das Buch von Dr. Leah Brahms, die später als Mitglied des Entwicklungsteams eine Schlüsselrolle bei der Konstruktion der *Enterprise*-D spielen sollte.

SCHWERKRAFTGENERIERUNG
Masse entsteht durch das sogenannte Higgs-Feld, das man künstlich verändern kann. Auf Föderationsschiffen setzte man das mit Gravitonpartikeln um, mit denen man die Decks in ein künstliches Schwerkraftfeld hüllte.

Diese Gravitongeneratoren wurden in Schwerkraftplatten eingebettet, die ihre Energie vom Elektroplasmasystem des Schiffs bezogen. Das Grundprinzip war dasselbe wie im 22. Jahrhundert, doch Fortschritte, die man in den nächsten zweihundert Jahren gemacht hatte, sorgten dafür, dass die Schwerkraftgeneratoren auf der *Enterprise* deutlich effizienter arbeiteten als früher.

Das Schwerkraftgeneratornetzwerk, das man auf der *Enterprise* verwendete, teilte sich in vier Einzelbereiche auf – zwei in der Untertassensektion und zwei in der Antriebssektion. Dieses Netzwerk sorge dafür, dass es stets ein »unten« gab. Die beiden

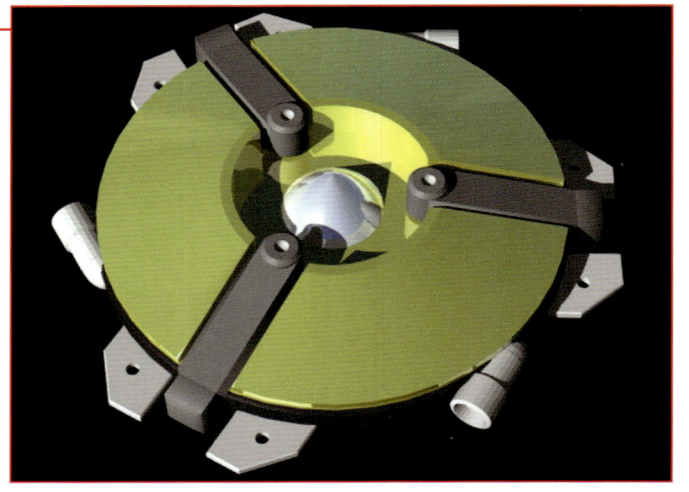

Einzelne Gravitongeneratoren mussten mit anderen verbunden und unter dem Deck angebracht werden, damit Schwerkraftbedingungen auf künstliche Weise simuliert werden konnten.

Man benutzte Gravitonfelder auch zum Transport von schweren Gegenständen und Frachtcontainern.

Generatornetzwerke, mit denen die Untertassensektion abgedeckt wurde, bestanden aus je 400 Generatoren, während die Netzwerke in der Antriebssektion sich auf je 200 einzelne Gravitongeneratormodule stützten.

Bei den Schwerkraftgeneratoren, die sich an Bord der *U.S.S. Enterprise* der *Galaxy*-Klasse befanden, handelte es sich um röhrenförmige Geräte aus Aniziumtitanid 454; der Umfang eines jeden versiegelten Geräts betrug 50 Zentimeter und es war 25 Zentimeter hoch. Ein einzelnes Ventil verband es mit dem EPS.

Das Gerät war im Grunde genommen eine Hohlkammer mit einem supraleitenden Stator aus Thoronium-Arkenid, der in unter Druck stehendem Chrylongas aufgehängt war. Wenn der Generator Energie vom EPS bezog, drehte sich der Stator. Bei Geschwindigkeiten von über 125.540 Umdrehungen pro Minute erzeugte er ein Gravitonfeld und damit künstliche Schwerkraft. Der Generator strahlte dieses Schwerkraftfeld aus, das jedoch nach nur wenigen Pikosekunden zerfiel, sodass man in bewohnten Bereichen mit Schichten aus Gravitongeneratoren arbeitete, die nie mehr als 30 Meter voneinander entfernt waren.

AUFHÄNGUNG
Der Stator konnte nur richtig funktionieren, wenn er in der Mitte des Geräts ausgerichtet war. Heftige Bewegungen konnten dazu führen, dass der Stator mit den Wänden des Generators kollidierte und aufhörte, sich zu drehen. Solch extreme Kräfte wurden normalerweise durch das

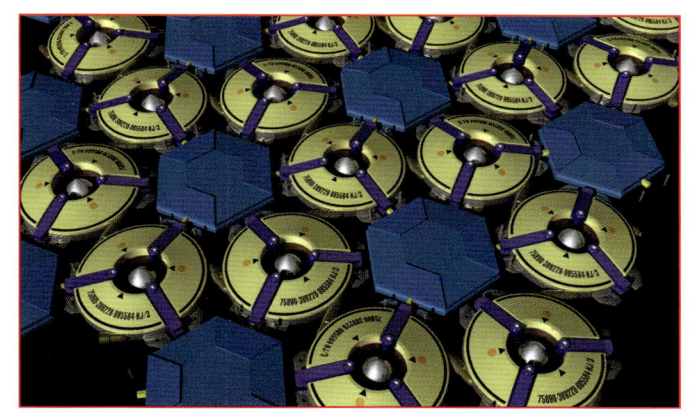

KÜNSTLICHE SCHWERKRAFT

Gravitongeneratoren waren in Schwerkraftplatten eingelassen, die auf Raumschiffen wie der *Enterprise* alle Böden bedeckten.

Trägheitsdämpfungssystem des Schiffs ausgeglichen. Die einzelnen Schwerkraftgeneratoren waren außerdem mit sinusförmigen Rippen versehen, die nicht korrigierbare ruckartige Bewegungen absorbierten.

Die Statoren wurden zum Zeitpunkt der Herstellung aufgehängt und mussten nur alle 60 Minuten durch einen Energieimpuls vom EPS miteinander synchronisiert werden. Bei einem Ausfall des EPS drehte sich der Stator bis zu 240 Minuten weiter, allerdings reduzierte sich die Stärke des Schwerefelds auf ca. 0,8g.

GEGENKRAFT

Das Netzwerk der Schwerkraftgeneratoren war mit dem Trägheitsdämpfungsfeld verbunden. Dieses setzte ebenfalls Gravitonen ein, um Kraftfelder zu erzeugen, die den bei extrem hohen Geschwindigkeiten entstehenden Kräften entgegenwirkten. Bei den Schwerkraftplatten handelte es sich also um einen Bestandteil des Trägheitsdämpfungsfelds, da sie Gravitonen dorthin weiterleiteten; die beiden Systeme arbeiteten zusammen, um die Auswirkungen von plötzlichen Bewegungen auf die Besatzung zu minimieren. Die Schwerkraftgeneratoren verteilten sich im ganzen Schiff und mussten unterschiedliche Trägheitspotenziale ausgleichen. Mit anderen Worten: Bei einigen extremen Manövern wie scharfen Kurven bewegten sich Teile des Schiffs mit unterschiedlichen Geschwindigkeiten. Das Schwerkraftfeld war so ausgelegt, dass es dies kompensieren konnte, aber in einigen Fällen funktionierte das aufgrund des Abstands zwischen den Generatoren nicht perfekt, was bei einigen Besatzungsmitgliedern zu plötzlicher Übelkeit führte. Die Schwerkraftgeneratoren waren durch eine Reihe von kleinen Wellenleitern miteinander verbunden, die das Abfließen des Felds erleichterten und so die allgemeine Schwerkraftstabilität aufrechterhielten.

ERDSTANDARD

Auf den meisten Sternenflottenschiffen wie der *Enterprise* war die Schwerkraft im gesamten bewohnbaren Teil auf Erdstandard (1g) eingestellt. Man konnte sie allerdings lokal anpassen, um Lebensformen von unterschiedlichen Planeten gerecht zu werden. Diese Anpassung war sehr präzise und die Schwerkraft konnte sogar in den Quartieren der einzelnen Besatzungsmitglieder verändert werden. Die Elaysianer, Mitglieder der Föderation, stammten zum Beispiel von einem Planeten mit sehr niedriger Schwerkraft, daher kamen sie nur in Umgebungen mit ähnlichen Bedingungen zurecht. Wenn sie auf Raumschiffen dienten, die eine Klasse-M-Umgebung aufrechterhielten, waren sie in einem Großteil des Schiffs auf Exoskelette angewiesen. Aber wenigstens konnten sie in ihrem eigenen Quartier den Komfort einer niedrigen Schwerkraft genießen. Spezies wie die Vulkanier, die an eine etwas höhere Schwerkraft gewöhnt waren, kamen normalerweise in einer 1g-Umgebung gut zurecht. Es kam auch zu keinem merklichen Schwund von Muskel- oder Knochengewebe.

Eine Anpassung der künstlichen Schwerkraft erfolgte auch in anderen Schiffsbereichen. Die Shuttlehangars der *Enterprise* waren mit Schildern versehen, die vor einer fluktuierenden Schwerkraft warnten. Zu den Freizeiteinrichtungen, die der Besatzung zur Verfügung standen, gehörte außerdem eine Turnhalle mit niedriger Schwerkraft.

Ironischerweise zwang das künstliche Schwerkraftfeld die Besatzung oft dazu, Antischwerkraft zu erzeugen, damit sie schwere oder gefährliche Objekte transportieren konnte. Dabei kamen normalerweise tragbare Geräte wie Antigrav-Schlitten und -Hebebühnen zum Einsatz. Sie erschufen ein örtlich beschränktes Feld aus Antigravitonen, mit denen die Masse des zu transportierenden Objekts reduziert werden konnte.

Schwerkraftplatten wie die auf der *Enterprise* waren auf Raumschiffen des 24. Jahrhunderts nicht mehr wegzudenken, und die meisten Sternenflottenoffiziere hatten nur wenig Erfahrung mit Schwerelosigkeit. Die Platten ließen sich in jedes Schiff und jede Anlage einbauen, die ausreichend Energie generieren konnte. Sie sorgten dafür, dass sich Schiffsbesatzungen wohlfühlten.

Auf der *Enterprise*-D setzte man Schwerkraftgeräte ein, um empfindliche medizinische Ausrüstung schwebend ans Ziel zu bringen. Damit verhinderte man das Austreten von Flüssigkeiten oder Infektionen bei der Besatzung.

Geordi La Forge mit Dr. Leah Brahms vom Entwicklungsteam der *Enterprise*-D. Brahms schrieb außerdem das Werk *Betrachtungen des künstlichen Gravitationsfelds*.

TRAKTOR-STRAHLEN

Die *Enterprise*-D benutzte unterschiedliche Traktorstrahlen, je nachdem, ob sie ein Schiff abschleppen, das eigene Schiff beim Andocken präzise steuern oder die Landung eines Shuttles im Shuttledeck vereinfachen wollte.

Die U.S.S. Enterprise NCC-1701-D war mit zahlreichen Traktoremittern ausgestattet, die sich am Rumpf des Schiffs verteilten. Diese Emitter erzeugten einen konzentrierten Gravitonstrahl, mit dem man Schiffe abschleppen, den Kurs eines sich nähernden Objekts ändern oder es in einer konstanten Entfernung zum Schiff festhalten konnte.

Insgesamt gab es auf der *Enterprise* drei primäre Traktorstrahlemitter, wobei zwei an der Unterseite der Antriebssektion angebracht waren, am Bug und am Heck, und ein weiterer oberhalb der Hauptdeflektorschüssel. Die Dichte, Reichweite und Stärke der Traktorstrahlen wurde von der Ops-Konsole auf der Hauptbrücke gesteuert.

Mit dem Emitter am Heck der Antriebssektion schleppte man andere Schiffe hinter dem und seitlich des Schiffs ab. Allerdings konnte der Bugemitter diese Funktion auch erfüllen.

INTERFERENZMUSTER

Die Traktorstrahlen des Schiffs generierten ein Interferenzmuster auf der Oberfläche des Zielobjekts. Die Stärke des Musters hing von der Größe des Ziels und von dessen Entfernung zum Traktorstrahlemitter ab. Die Intensität des Strahls hing wiederum von der Energie ab, die man ihm zur Verfügung stellte. Wenn man den Schwerpunkt des Strahls auf der Objektoberfläche veränderte, beeinflusste das auch das generierte Muster, was dafür sorgte, dass das Objekt in Richtung des Schiffs gezogen wurde.

Die Haupttraktorstrahlemitter wurden außerdem häufig eingesetzt, um ein kleineres Schiff an der Flucht zu hindern. Daher gerieten sie oft ins Visier gegnerischer Waffen oder wurden störender Rückkopplungsenergie ausgesetzt.

STRUKTURELLE ANBRINGUNG

Da der Einsatz des Traktorstrahls den Schiffsrumpf einer erheblichen mechanischen Belastung aussetzte, waren die Hauptemitter direkt mit dem Schiffsrahmen verbunden. Wenn eine strukturelle Verstärkung benötigt wurde, bettete man die Emitter zudem in das strukturelle Integritätsfeldnetzwerk des Schiffs ein.

Abgesehen von den Haupttraktorstrahlemittern war die *Enterprise* auch noch mit sekundären Emittern ausgestattet, die man in Verbindung mit dem Reaktionskontrollsystem (RKS) verwendete, um Shuttles sicher in die Shuttlehangars zu geleiten.

Die Kopplungsstrahlemitter befanden sich vorne und hinten an der Steuerbord- und Backbordseite der Untertassensektion sowie entlang der Mittellinie vorne und hinten auf beiden Seiten der Antriebssektion und auf den hinteren oberen und unteren Bereichen der Warpgondeln. Diese leistungsschwachen Traktorstrahlen verwendete man normalerweise, wenn die *Enterprise* präzise Manöver wie das Andocken an eine Föderationssternenbasis durchführen musste.

Die *Enterprise* benutzte ihren Traktorstrahl hauptsächlich, um in Not geratene Raumschiffe in Sicherheit zu bringen, wo sie dann später repariert werden konnten.

2368 erhöhten Lieutenant Commander Geordi La Forge und Hannah Bates die Leistung des Traktorstrahls, um ein stellares Kernfragment von Moab IV abzulenken.

KRAFTANPASSUNG

Die Shuttlehangaremitter befanden sich direkt unter den Außenzugängen der drei Shuttlehangars. Sie wurden von einem Computer, der dem Hangaroffizier unterstand, gesteuert. Innerhalb der Hangars gab es weitere Traktorstrahlemitter. Sie konnten Shuttles innerhalb eines Radius von 350 Metern sicher ins Innere geleiten.

Die *U.S.S. Enterprise* setzte Traktorstrahlen im Verlauf ihrer Dienstzeit oft routinemäßig ein, aber es gab auch Situationen, in denen sie auf spektakuläre Weise Gefahren ausmerzen und Leben retten konnten.

2368 verbesserte Lieutenant Commander Geordi La Forge das System, als er mithilfe von Hannah Bates von der Genom-Kolonie auf Moab IV einen Multiphasentraktorstrahl entwickelte. Dank dieser Modifikation konnte man die Warpenergie des Schiffs in den Traktorstrahl umleiten, was dessen Intensität extrem steigerte und es der Besatzung ermöglichte, ein potenziell katastrophales stellares Kernfragment von der Kolonie abzulenken.

Der Traktorstrahl-Heckemitter auf der *U.S.S. Enterprise* NCC-1701-D befand sich an der Unterseite der Antriebssektion, unmittelbar vor den Warpgondeln.

U.S.S. ENTERPRISE NCC-1701-D

Der vordere Traktorstrahl der *Enterprise* ging von Deck 28 aus. Der Strahl bestand aus einem konzentrierten, linearen Gravitonfeldstrahl, der Objekte über kurze Entfernungen anziehen oder abstoßen konnte.

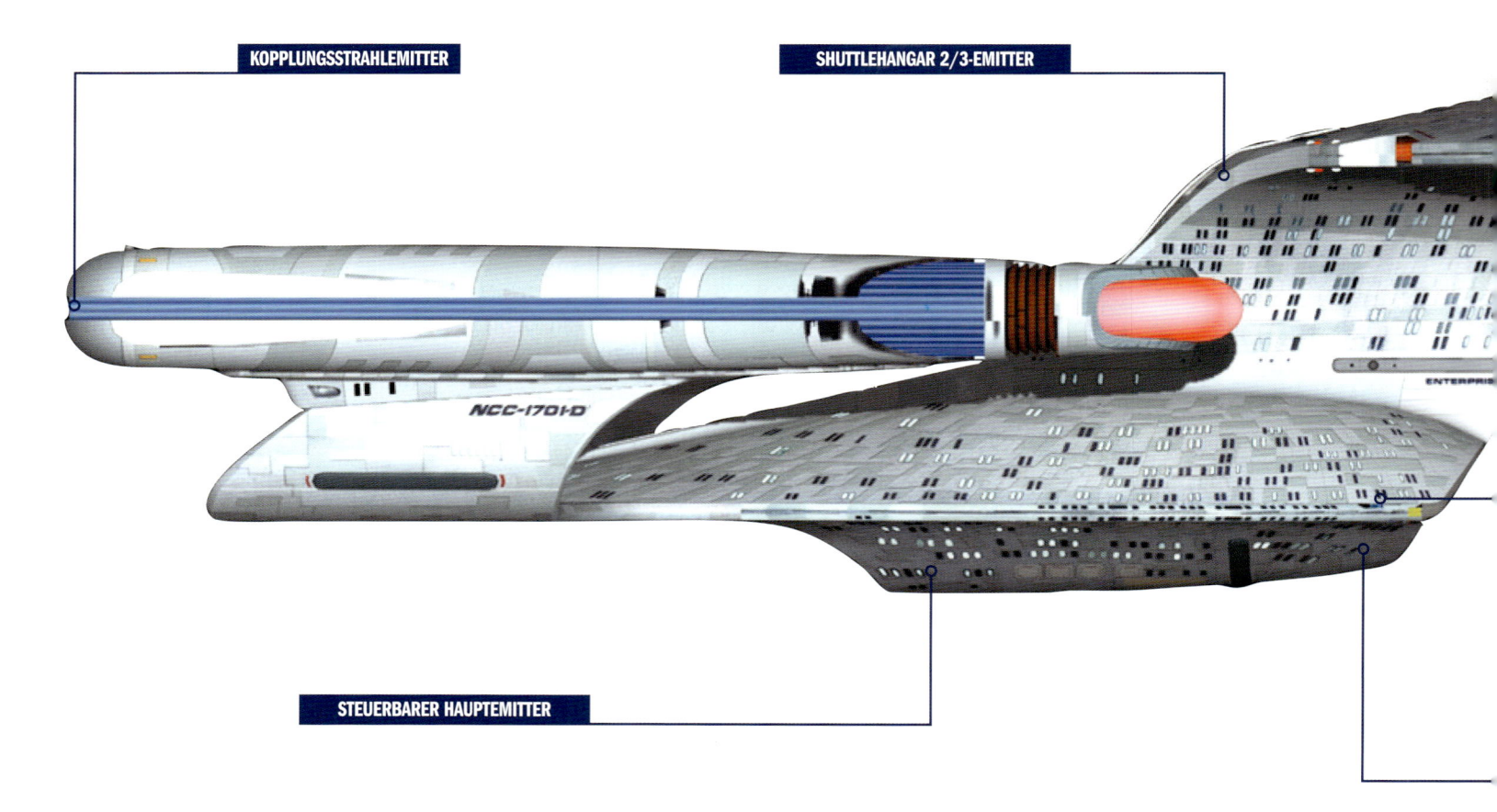

KOPPLUNGSSTRAHLEMITTER

SHUTTLEHANGAR 2/3-EMITTER

STEUERBARER HAUPTEMITTER

TRAKTORSTRAHLEN

Der Traktorstrahl breitete sich vom abschießenden Schiff aus, griff das Zielobjekt jedoch nicht an nur einer Stelle, sondern schloss es komplett ein. Dadurch ließ sich das zu ziehende Objekt präziser steuern. Außerdem reduzierte man so die Belastung des Schiffsrahmens und verhinderte Schäden.

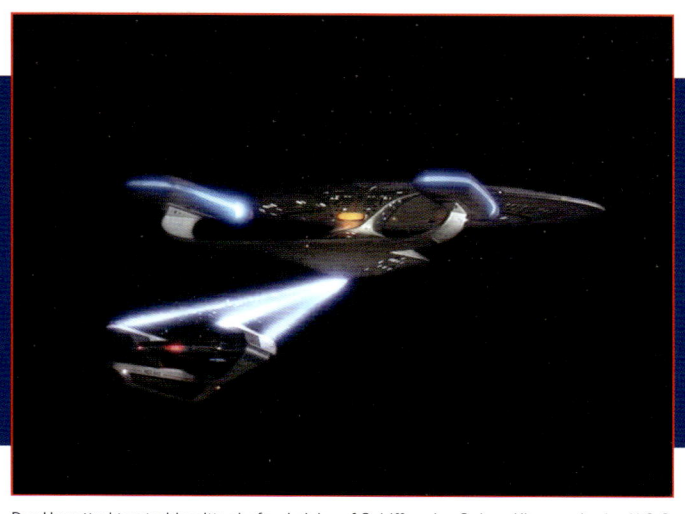

Der Haupttraktorstrahlemitter befand sich auf Schiffen der *Galaxy*-Klasse wie der *U.S.S. Enterprise* NCC-1701-D auf Deck 42 an der Unterseite der Antriebssektion. Daher nahmen viele große Objekte, zum Beispiel andere Schiffe, eine Position unter und knapp hinter dem ziehenden Schiff ein, wenn sie abgeschleppt wurden.

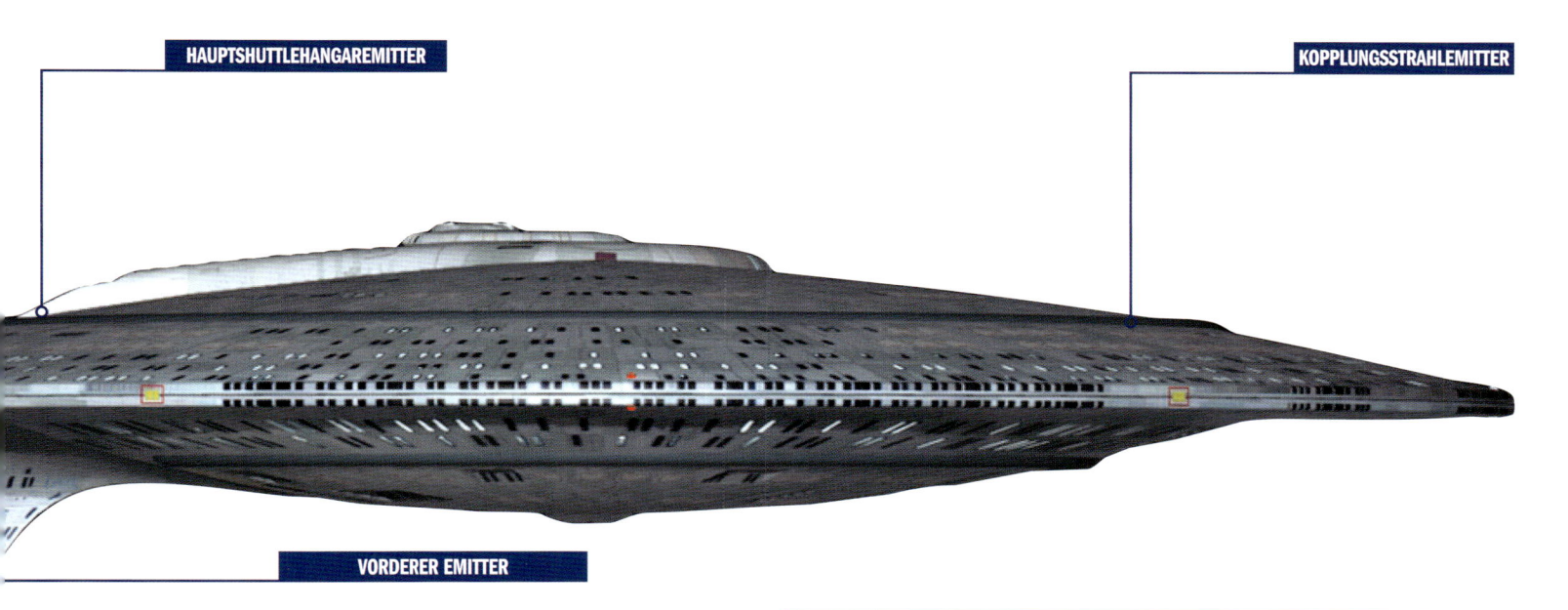

HAUPTSHUTTLEHANGAREMITTER

KOPPLUNGSSTRAHLEMITTER

VORDERER EMITTER

KOPPLUNGSSTRAHLEMITTER

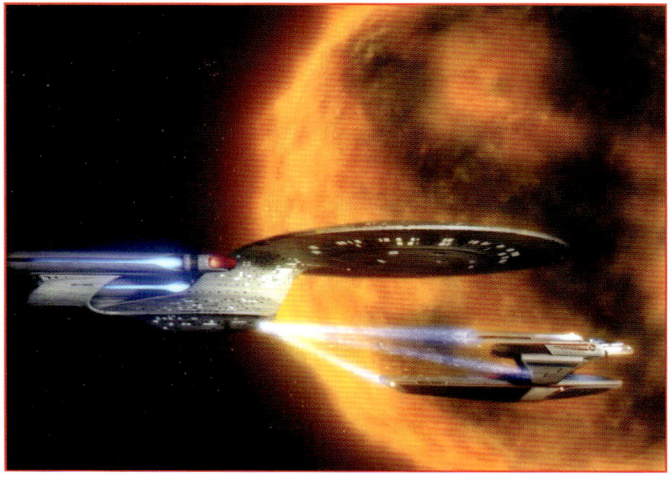

STEUERBARER HAUPTEMITTER

2364 stieß die *Enterprise* die *U.S.S. Tsiolkovsky* NCC-53911 in explodierte Sternmasse hinein.

AUSRÜSTUNG DES AUSSENTEAMS

Die Ausrüstung des Außenteams der *U.S.S. Enterprise*-D bereitete sie auf alle Eventualitäten vor – Erkundung, Erstkontakt, Forschung, gefährliche Umgebungen und sogar Kampf.

In den 2360ern trugen Sternenflottenoffiziere bei Außeneinsätzen ihre ganz normalen Uniformen. Der in ihr Abzeichen eingebaute Kommunikator sorgte dafür, dass der Kontakt zum Schiff nie abbrach. Bevor das Außenteam das Schiff verließ, wurde es mit Handphasern und Trikordern ausgerüstet, die man an der Taille der Uniform anbrachte.

Medizinisches Personal erhielt normalerweise einen medizinischen Trikorder und ein Medikit, das lebenswichtige Ausrüstung wie ein Hypospray und einen Hautregenerator enthielt.

Andere Missionsspezialisten, zum Beispiel Techniker, bekamen ebenfalls speziell auf sie abgestimmte Ausrüstung. Dazu gehörte oft ein Werkzeugkoffer und Geräte wie Musterverstärker.

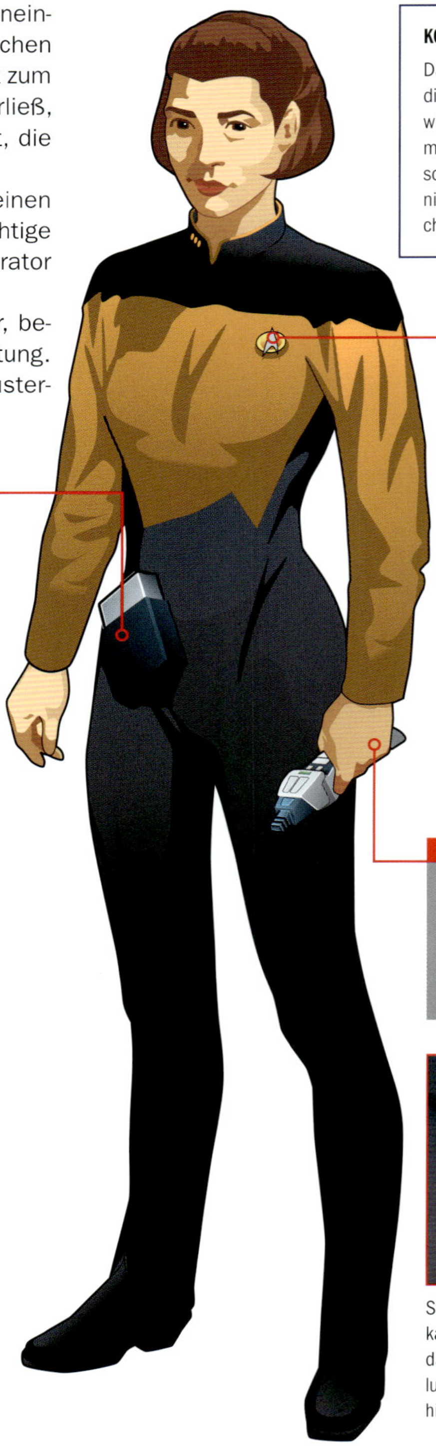

Sicherheits- und Ops-Personal hatte einen Trikorder dabei, mit dem man Umgebungsdaten sammeln sowie Lebensformen oder Energiequellen orten konnte.

TRIKORDER
Beim Standardtrikorder handelte es sich um ein leistungsstarkes Gerät, das die Umgebung scannen und die gesammelten Informationen mit seiner 4,5 Kiloquad umfassenden Datenbank abgleichen konnte. Der Trikorder war über einen Subraumsendeempfänger mit dem Schiff verbunden. Man konnte mit ihm Daten empfangen und versenden.

KOMMUNIKATOR
Das Kommunikatorabzeichen war für die Mitglieder des Außenteams der wohl wichtigste Ausrüstungsgegenstand. Damit konnten sie nicht nur miteinander, sondern auch mit dem Schiff kommunizieren. Außerdem wurde das Abzeichen für die Transporterortung benötigt.

Der Kommunikator war in das Sternenflottenabzeichen eingebaut, das man auf der linken Brustseite trug. Der Transporter konnte das Kommunikatorsignal orten.

PHASER
Außenteams waren normalerweise leicht bewaffnet und hatten Handphaser vom Typ 2 dabei. Diese erhielten sie aus einem Spind im Transporterraum. Die Waffen reichten bei Problemen meistens völlig aus.

Alle Mitglieder des Außenteams waren zum Schutz vor Gefahren mit einem Handphaser ausgerüstet. Sicherheitsspezialisten waren für den Schutz des Teams verantwortlich.

Außenteams bestanden meistens aus kleinen Gruppen, häufig vier Personen. Spezialisten hatten zusätzliche Ausrüstung dabei, zum Beispiel einen Werkzeugkoffer oder ein Medikit.

Sternenflottenoffiziere hatten in unbekannten Gebieten stets einen Phaser dabei. Der Handphaser hatte 16 Einstellungen, die von einem leichten Schock bis hin zur Auflösung des Ziels reichten.

AUSRÜSTUNG DES AUSSENTEAMS

Das Medikit enthielt alles, was man für eine Erstbehandlung benötigte, aber Personen mit schweren Verletzungen mussten aufs Schiff zurückkehren, um sich dort richtig behandeln zu lassen.

Der medizinische Trikorder war ein extrem nützlicher Ausrüstungsgegenstand und wurde bei Außeneinsätzen vom medizinischen Personal benutzt. Er enthielt eine große Datenbank mit medizinischen Informationen.

MEDIZINISCHER TRIKORDER
Beim medizinischen Trikorder handelte es sich um ein Spezialgerät, mit dem man alle organischen Lebensformen analysieren konnte. Seine medizinische Datenbank enthielt Tausende Diagnosen.

Mit dem medizinischen Trikorder konnte man neue Lebensformen umfassend analysieren. Man konnte damit auch lebenswichtige Diagnosen erstellen, sollte ein Mitglied des Außenteams verletzt werden.

Selbst medizinisches Personal hatte unter Umständen einen Handphaser dabei. Der Phaser ließ sich nicht nur als Waffe einsetzen, sondern auch als Schneidewerkzeug oder zum Erhitzen von Materie.

Zum medizinischen Trikorder gehörte ein zusätzlicher Scanner, mit dem man Daten sammeln konnte.

Medizinisches Personal hatte häufig ein Medikit mit Instrumenten dabei, die bei einem Notfall benutzt wurden. Mit ihnen konnte man eine Erstbehandlung durchführen und leichte Verletzungen behandeln.

UNIFORM
Die Standarduniform der Sternenflotte war vor allem auf Bequemlichkeit ausgelegt. Sie saß locker und bestand aus einem festen, widerstandsfähigen Stoff. Die Uniform verfügte über keine sichtbaren Verschlüsse, aber das Oberteil war eine Jacke, die bei heißen Umweltbedingungen ausgezogen werden konnte.

STERNENFLOTTEN-UNIFORMEN

Bei der Gestaltung der Sternenflottenuniformen zwischen 2350 und 2365 benutzte man ein Farbschema und Abzeichensystem, durch die sich die Abteilung und der Rang von Besatzungsmitgliedern leicht erkennen ließen.

Die Sternenflottenuniformen, die Anfang der 2350er eingeführt wurden, kehrten zum klassischen Rot-Gold-Blau-Farbschema zurück, das man bereits in den 2260ern verwendet hatte. Wie die Uniformen aus dieser Zeit wiesen auch die neueren Modelle den drei Farben je eine Hauptabteilung zu. Kommandooffiziere trugen Rot, technische, Sicherheits- oder Ops-Offiziere trugen goldene Uniformen, während medizinischen oder wissenschaftlichen Abteilungen die Farbe Blau zugewiesen wurde.

ZWEI VARIANTEN

Die Standarduniformen dieser Zeit gab es in zwei unterschiedlichen Unisex-Ausführungen: einen Overall mit langer Hose und langen Ärmeln und eine kurzärmelige Tunika-Version, die über nackten Beinen getragen wurde.

Die meisten Mitglieder einer Raumschiffsbesatzung trugen die Standarduniform, wenn sie im Dienst waren, aber es gab auch Ausnahmen. Das medizinische Personal fügte seiner Standarduniform manchmal eine blaue Jacke hinzu oder kombinierte die kurzärmelige Tunika mit einer schwarzen Hose. Besatzungsmitglieder mit besonderen Aufgaben, beispielsweise der Counselor, durften nach Ermessen des Captains individuellere Kleidung tragen.

Auch andere Sternenflottenuniformen wurden in dieser Zeit geändert. Die Admiralsuniform gab es in zwei Varianten: eine kurze rote Tunika und eine rote Jacke mit einer schwarzen, diagonal verlaufenden Schärpe. Beide Versionen waren mit breiten Goldborten versehen, ebenso wie die Galauniformen, die aus einer langen, über einer schwarzen Hose getragenen Tunika bestanden.

Alle Uniformen aus dieser Zeit waren mit dem Delta-Abzeichen der Sternenflotte versehen, das auf der linken Brustseite getragen wurde. Alle Besatzungsmitglieder erhielten das gleiche Abzeichen, unabhängig von Rang oder Abteilung. Es fungierte als Kommunikator und gleichzeitig als Sternenflottenabzeichen.

RANGSYSTEM

Mit den neuen Uniformen wurde auch ein anderes Rangabzeichensystem eingeführt. Eine Reihe kleiner kreisförmiger Knöpfe mit einem Durchmesser von jeweils nur einem Zentimeter kennzeichnete alle Ränge vom Warrant Officer bis zum Fleet Admiral. Die Knöpfe waren entweder komplett goldfarben oder schwarz mit einem goldenen Metallring. Die Anzahl und Anordnung dieser Knöpfe verriet den Rang des Trägers – dies war unerlässlich, da sich die Uniformen von Mannschaft und Offizieren ansonsten kaum oder gar nicht unterschieden. Die Rangabzeichen wurden auf der rechten Seite des Uniformkragens getragen, aber erst ab 2366 auch am Kragen der beiden Galauniformvarianten.

Als die Sternenflotte ihre Uniformen im Jahr 2369 auf überwiegend schwarze Overalls und im Jahr 2373 auf die aktuellen schwarz-grauen Overalls umstellte, änderte sich am Rangsystem kaum etwas. Nur waren einige Knöpfe nun silbern anstatt golden und bei den schwarzen fehlte der Metallring. Das Kommunikatorabzeichen blieb ebenfalls weitgehend unverändert, nur wurde nun ein silbernes Delta-Symbol mit goldenem Rand benutzt, dessen ehemals ovaler Hintergrund eine eckigere Form angenommen hatte.

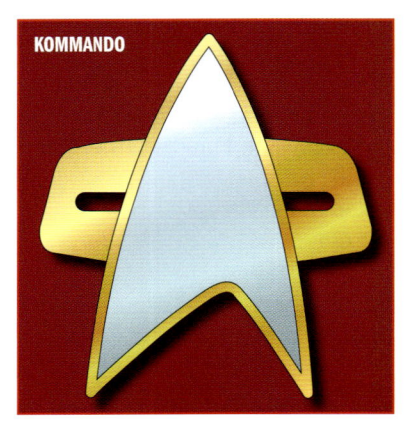

KOMMANDO

In dieser Zeit verwendete die Sternenflotte bei allen Uniformen, unabhängig von Abteilung und Rang, das gleiche Delta-Abzeichen.

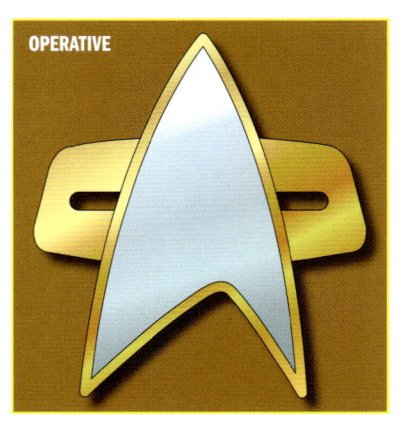

OPERATIVE

Das silberne Sternenflottenemblem wurde bereits in den 2260ern auf der *U.S.S. Enterprise* NCC-1701 benutzt.

WISSENSCHAFT

Das Sternenflottensymbol war auf einem goldglänzenden Oval platziert. Bei Berührung fungierte es zudem als Kommunikator.

STERNENFLOTTENUNIFORMEN

WISSENSCHAFTSOVERALL, 2366–2372

Die blaue Version der Standarduniform wurde von Mitgliedern der Wissenschaftsabteilung getragen, zu der Medizin, Astrophysik, Kybernetik und die Counselor gehörten. Die 2366 eingeführte neue Version behielt die Farben bei, modifizierte aber den Schnitt der Uniform.

ARBEITSOVERALL, 2350–2365

Mechaniker trugen Arbeitsoveralls. Sie wurden über einem schwarzen Unterhemd getragen, das unter dem Kragen zu sehen war. Der Rest der Uniform war hellbraun, ohne besondere Merkmale, saß jedoch an der Taille enger.

207

U.S.S. ENTERPRISE NCC-1701-D

MEDIZINISCHER LABORKITTEL

Das medizinische und wissenschaftliche Personal trug blaue Standarduniformen, aber einige Mediziner wie die leitende medizinische Offizierin fügten ihr einen einfachen blauen Laborkittel hinzu. Der Stil des Kittels blieb in den gesamten 2360ern gleich.

MEDIZINISCHE TUNIKA, ANFANG DER 2360ER

Medizinisches Personal verwendete auch eine Variante der Standarduniform, deren Oberteil aus einem dünnen Mantel bestand, der sich an der Vorderseite öffnen und schließen ließ. Den Mantel gab es in verschiedenen Versionen: mit und ohne Taschen, mit einem Gürtel oder einem Ausschnitt. Dr. Katherine Pulaski bevorzugte diese Uniform.

STERNENFLOTTENUNIFORMEN

UNIFORMVARIANTE FÜR DEN CAPTAIN, 2368

Die Sternenflotte bot den kommandierenden Offizieren mehrere Uniformvarianten an, die sie vom Rest der Besatzung unterschieden. Diese Version bestand aus einer schwarzen Hose, einem zweifarbigen schwarz-grauen Rollkragen und einer rot-schwarzen Jacke mit gerippten Schultern.

GALAUNIFORM

Die Galauniform bestand aus einem Mantel oder einer Jacke in der Abteilungsfarbe und war mit Goldbrokat abgesetzt, das vom Hals bis zur rechten Schulter verlief. Dort waren auch die Rangabzeichen angebracht. Vor 2368 war die Jacke knielang, danach wurde sie kürzer und endete in der Mitte des Oberschenkels.

209

EBENFALLS ERHÄLTLICH

DIE PHILOSOPHIE IN STAR TREK
von Klaus und Olivia Vieweg
ISBN 978-96658-176-9 | 304 Seiten | € 18,— (D)

In kurzen Essays werden philosophische Fragen behandelt, die in der *Star-Trek*-Originalserie thematisiert werden. Ist Spocks Ansicht, dass das Wohl vieler schwerer wiegt als das Wohl eines einzelnen, der richtige (logische) Weg? Anhand verschiedener Episoden der Originalserie werden Themengebiete bearbeitet – so zum Beispiel die Balance zwischen „Gut und Böse", ob der Mensch tatsächlich immer im Zentrum stehen muss, ob die „neuen Wege in der Kriegsführung" wirklich ein echter Fortschritt sind oder „Pille" McCoys Angst vor dem Beamen.

DIE LITERATUR IN STAR TREK
von Klaus und Olivia Vieweg
ISBN 978-96658-405-0 | 200 Seiten | € 14,— (D)

Von Homer und Ovid über Shakespeare und Thomas Morus bis hin zu Goethe, Schiller, Dickens, Poe und vielen weiteren haben Schriftsteller mit scharfem Auge die Menschheit betrachtet und mit dem Skalpell der Worte die Dunkelheit vom Licht getrennt. Auch die Star-Trek-Originalserie hat sich in respektvoller Anlehnung an bekannte Werke der Literatur daran gewagt, der Menschheit den Spiegel vorzuhalten.

In kurzen Essays wird den zugrunde liegenden Werken bekannter Autoren nachgespürt und darüber nachgedacht, wie sie – stets zeitgemäß – das Star-Trek-Universum bereichert haben.

WWW.CROSS-CULT.DE

EBENFALLS ERHÄLTLICH

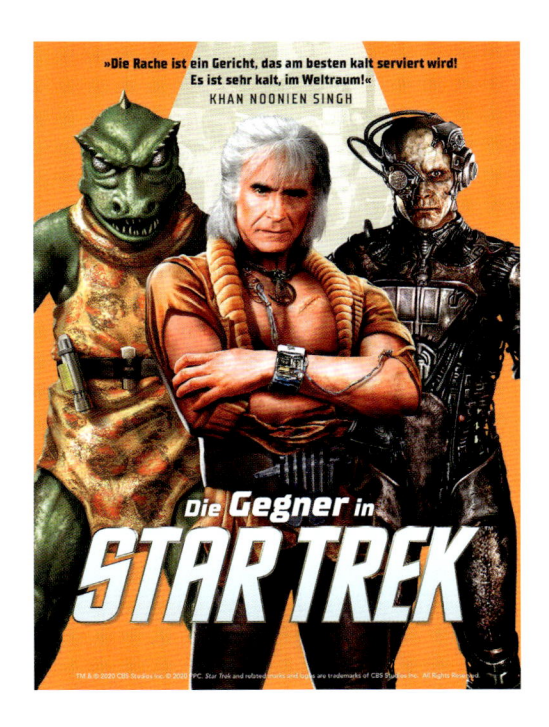

DIE GEGNER IN STAR TREK

ISBN 978-3-96658-631-3 | 176 Seiten | € 24,95 (D)

Während über 50 unglaublichen Jahren hat das *Star-Trek*-Franchise in Fernsehserien und Spielfilmen zahlreiche weithin bekannte und beliebte Schurken hervorgebracht.

Diese Sammlung enthält reichlich bebilderte Features zu einigen der allerbesten – oder allerschlimmsten – Schurken sowie klassische Interviews mit den Schauspielern, die sie dargestellt haben. Mit dabei sind die Borg (Alice Krige als die Borg-Königin), Khan (Ricardo Montalban, Benedict Cumberbatch), Q (John de Lancie), Shinzon (Tom Hardy) und unzählige mehr.

Erscheint im Dezember 2021

STAR TREK – PICARD: DER DUNKLE SCHLEIER (Roman)
von James Swallow

ISBN 978-3-96658-634-4 | ca. 400 Seiten | € 15,— (D)

Der Alpha-Quadrant steckt in einer Krise. Ein Terroranschlag auf die Schiffswerft des Mars hat in der Vereinten Föderation der Planeten zur Einstellung sämtlicher Hilfsmaßnahmen für die Millionen von Romulanern geführt, denen durch eine bevorstehende Supernova der sichere Untergang droht.

Doch als die *U.S.S. Titan* in einen katastrophalen Zwischenfall an der Grenze zwischen dem Romulanischen Sternenimperium und der Föderation verwickelt wird, finden sich Captain William Riker, seine Familie und seine Besatzung plötzlich zwischen den schockierenden Geheimnissen einer mysteriösen außerirdischen Rasse und der tödlichen Agenda eines skrupellosen Tal-Shiar-Agenten wieder.

Auch als limitierte Hardcoverausgabe erhältlich (ISBN: 978-3-96658-636-8)

Erscheint im November 2021

WWW.CROSS-CULT.DE

MITARBEIT

FÜR EAGLEMOSS:

Redaktion: Ben Robinson
Projektmanagement: Jo Bourne
Texte: Jenny Cole, Tim Gaskill, Tim Leng, Marcus Riley, Ben Robinson und die Autoren der STAR TREK™ Fact Files, mit ergänzendem Material von Mark Wright
Illustrationen: Ian Fulwood, Rob Garrard, Peter Harper und Stuart Wagland
CG Illustrationen: Robert Bonchune, Ed Giddings, Adam „Mojo" Lebowitz und Fabio Passaro
Umschlaggestaltung: Stephen Scanlan
Layout: Katy Everett und Stephen Scanlan
Korrektorat (englische Ausgabe): Joe Hawkes

Dank an Aune Butt, James King, Matt McAllister, Terry Sambridge und Colin Williams

FÜR CROSS CULT:

Redaktion: Markus Rohde
Übersetzung: Björn Sülter und Claudia Kern
Lektorat: Katrin Aust
Satz: Rowan Rüster

U.S.S. ENTERPRISE NCC-1701-D